Hans-Jürgen Fründt

Ostseeküste Schleswig-Holstein

003sh hj

„Sommerferien an der See!
Begriff wohl irgendjemand weit und breit,
was für ein Glück das bedeutete?“

Thomas Mann, „Die Buddenbrooks“

Impressum

Hans-Jürgen Fründt
Reise Know-How Ostseeküste Schleswig-Holstein

erschienen im
Reise Know-How Verlag Peter Rump GmbH
Osnabrücker Str. 79
33649 Bielefeld

10., neu bearbeitete und komplett aktualisierte Auflage 2014

Gestaltung
Umschlag: G. Pawlak, P. Rump (Layout);
Barbara Bossinger (Realisierung)
Inhalt: Günter Pawlak (Layout);
Barbara Bossinger (Realisierung)
Fotos: der Autor (hj), Susanne Muxfeldt (mux)
Titelfoto: der Autor (Motiv: Auslaufparade nach der Kieler Woche)
Karten: Catherine Raisin, der Verlag

Lektorat (Aktualisierung): der Verlag

Druck und Bindung: Media Print, Paderborn

Anzeigenvertrieb
KV Kommunalverlag GmbH & Co. KG,
Alte Landstraße 23, 85521 Ottobrunn,
Tel. 089 928096-0, info@kommunal-verlag.de

ISBN 978-3-8317-2511-3
Printed in Germany

Dieses Buch ist erhältlich in jeder Buchhandlung Deutschlands, der Schweiz, Österreichs, Belgiens und der Niederlande.
Bitte informieren Sie Ihren Buchhändler über folgende Bezugsadressen:

Deutschland
Prolit GmbH, Postfach 9, D-35461 Fernwald (Annerod)
sowie alle Barsortimente

Schweiz
AVA Verlagsauslieferung AG
Postfach 27, CH-8910 Affoltern

Österreich
Mohr Morawa Buchvertrieb GmbH
Sulzengasse 2, A-1230 Wien

Niederlande, Belgien
Willems Adventure, www.willemsadventure.nl

Wer im Buchhandel trotzdem kein Glück hat, bekommt unsere Bücher auch über unseren **Büchershop im Internet: www.reise-know-how.de**

413sh hj

Hans-Jürgen Fründt

OSTSEEKÜSTE SCHLESWIG-HOLSTEIN

Vorwort

„Schleswig-Holstein, meerumschlungen …“, so heißt es schon in der Landeshymne; aber stimmt das überhaupt? „Nein!“, rufen die Puristen, die Nordsee, ja, die sei ein echtes Meer. Schon die Wikinger sprachen vom „Nordmeer“, außerdem fließe die Nordsee in den Atlantik, einen echten Ozean also. Die Ostsee dagegen sei niemals ein Meer, das sagt ja schon der Name, Ost-s e e. Kein echtes Meer also? Die Fakten besagen, dass die Ostsee fast so groß ist wie die Fläche der gesamten Bundesrepublik. Da darf man doch wohl schon von einem Meer sprechen, oder? Zumal sogar der „Brockhaus“ dem zustimmt. Unter dem Stichwort „Ostsee“ findet sich nämlich noch der Zusatz: „Baltisches Meer, Nebenmeer des Atlantischen Ozeans“. Na bitte.

Die Ostseeküste von Schleswig-Holstein nimmt nur einen kleinen Ausschnitt ein, 383 Kilometer der gesamten Ostseeküstenlinie. Dennoch zählt sie zu den beliebtesten Feriengebieten Deutschlands. Sie alle wissen, dass die Ostsee kein spektakuläres Gewässer ist, keine meterhohen Wellen hat, die sich unter Getöse am Ufer brechen, keine Gezeiten, die das Wasser bis zum Horizont zurückziehen, nichts dergleichen. Die Ostseeküste hat andere Qualitäten.

> Strandleben in Travemünde

Urige Steilküsten sind neben weitläufigen, kilometerlangen Stränden aus weichem, feinem Sand zu finden. Tiefe Einschnitte ins Land zeichnen die Buchten und Förden auf der Landkarte, sorgen für ruhiges Badewasser. Die Eltern danken es, können die lieben Kleinen doch sorglos planschen. Und wenn im Mai das Hinterland sich ein gelbes Kleid anzieht, wenn der Raps blüht, dann ist das ein Farbenspiel sondergleichen. Die Ostseeküste bietet alles: stille Fischerdörfer, mondäne Badeorte, historische Städte und eines der sonnenreichsten Gebiete Deutschlands überhaupt, die Insel Fehmarn nämlich. Und ganz im Norden liegt ein Kleinod, das Land links und rechts der Schlei. Liebliche Hügel wechseln sich ab mit malerischen Dörfern, und als Schmankerl liegt dort die kleinste Stadt Deutschlands, Arnis.

Und wem dies alles nicht reicht, der kann diverse Attraktionen besuchen, etwa den Freizeitpark „Hansa-Park“ oder verschiedene Tierparks, das Wikingermuseum Haithabu oder das Landesmuseum im Schloss Gottorf mit seinen Moorleichen und kunsthistorischen Schätzen, oder er kann mit einem historischen Dampfzug durch die Landschaft tuckern. Viel Abwechslung also an Schleswig-Holsteins Ostseeküste – wer vermisst da schon Wellen?

Hans-Jürgen Fründt

401sh mux

Inhalt

Der Schmetterling ...
... kennzeichnet Tipps mit einer ökologischen Ausrichtung: Naturgenuss, der besonders nachhaltig oder umweltverträglich ist.

Mein Tipp: ...
... steht für spezielle Empfehlungen des Autors: abseits der Hauptpfade, persönlicher Geschmack.

Nicht verpassen!

Die Highlights der Region erkennt man an der **gelben Hinterlegung.**

Preiskategorien

Die Übernachtungstipps in diesem Buch sind in fünf Preiskategorien eingeteilt, die sich wie folgt gestalten:

Hotels, Pensionen, Privatvermieter
(Die Preise gelten jeweils für ein Doppelzimmer)

① bis 30 €
② 30–50 €
③ 50–70 €
④ 70–100 €
⑤ über 100 €

Ferienwohnungen

① bis 50 €
② 50–75 €
③ 75–100 €
④ 100–125 €
⑤ über 125 €

Karten

Landkarten

Stadtpläne

Exkurse

Lübecker Bucht

Kieler Förde

Die Schlei

Praktische Reisetipps

Menschen und Natur

1 Lübecker Bucht | S. 12

Lübeck (S. 17) ist ein architektonisches Kleinod, unzählige historische Häuser stehen in der Altstadt. Die alte Hansestadt bietet aber auch ganz viel Kultur und hat drei Nobelpreisträger, jedem ist ein eigenes Museum gewidmet. Und das Lübecker Marzipan ist ja sowieso ein „Muss!", genau wie das obligatorische Foto vom Holstentor.

In der sichelförmig geschwungenen Lübecker Bucht gibt es Vielzahl von Ferienorten, alle mit einem schönem Sandstrand und breitem Angebot. Timmendorf (S. 53) hat den Ruf eines „besseren" Seebades, auch in Travemünde (S. 39) trafen sich lange Jahre illustre Gäste im ehemaligen Spielcasino, aber die meisten Orte sind eher familiär geprägt. Viele Orte wurden aufgehübscht, haben eine schicke Promenade (Scharbeutz; S. 57) oder man baute eine futuristische Seebrücke (Kellenhusen; S. 86).

2 Fehmarn | S. 94

Die zweitgrößte deutsche Insel wird durch Sandstrände und Kliffküste geprägt und durch ganz viel Natur. Vögel können im Wasservogelreservat Wallnau (S. 113) beobachtet werden, die Unterwasserwelt im Meereszentrum in Burg (S. 103). Aktivsportler klettern einen Silo hinauf (S. 104), radeln über die flache Insel oder sausen auf Surfbrettern die Küsten rauf und runter. 40 Dörfer und eine Kleinstadt liegen verstreut über die Insel, in den meisten Orten kann man ruhige Ferien auf dem Bauerhof oder auf einem der vielen Top-Campingplätze machen.

3 Hohwachter Bucht | S. 120

Auch an der Hohwachter Bucht findet man schöne Sandstrände und einige wenige Orte. In Heiligenhafen (S. 124) gibt es noch einen „richtigen" Fischerhafen, wo stilecht Fisch vom Kutter verkauft wird. Im benachbarten Oldenburg (S. 130) wird der slawischen Vergangenheit gedacht und im Ort Hohwacht (S. 133) gibt es einige stilvolle Hotels, ideal für ruhige, entspannte Ferien. Noch weiter westlich liegen Orte mit neugierig machenden Namen wie „Kalifornien" (S. 143) oder „Brasilien" (S. 143).

4 Kieler Förde | S. 146

Die Landeshauptstadt hatte schwer unter den Kriegs-Bomben zu leiden. Viel wurde zerstört, aber der maritime Flair konnte sich erhalten. Man spürt ihn am Museumshafen oder auch bei einem Spaziergang an der kilometerlangen Kiellinie vor dem Hafen. Die benachbarten Orte am Ufer der Förde sind schnell erreicht, stilecht mit einer Fähre. In

Laboe (S. 162) kann man ein ausgemustertes U-Boot erkunden oder man besucht im Freilichtmuseum Molfsee (S. 168) historische Gebäude aus ganz Schleswig-Holstein.

5 Eckernförder Bucht | S. 172

Weit spreizt sich diese Bucht auf, an beiden Ufern liegen kleine Dörfer, mal mit einem Sandstrand (Weidenfeld; S. 198, Schönhagen; S. 196, Schwedeneck; S. 177), mal eher etwas steinig und

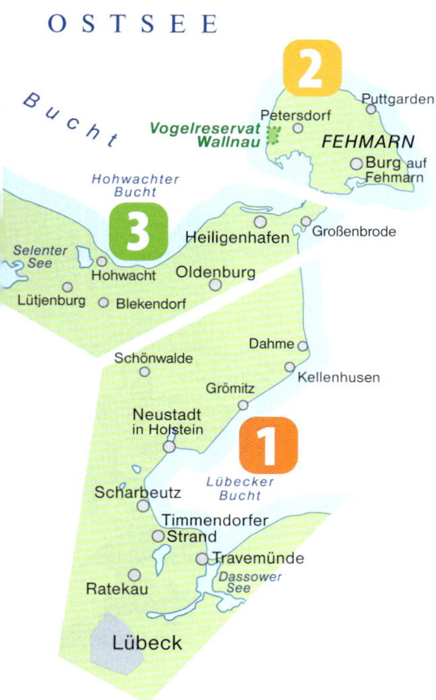

mit Steilküste (Waabs; S. 192). Eckernförde (S. 179) selbst hat einen reizenden Kern, einen gar nicht so kleinen Hafen und vor allem einen langen Sandstrand, gleich ums Eck vom Stadtkern.

6 Die Schlei | S. 200

Der Ostseefjord Schlei ragt 40 km weit ins Land hinein, an seinen Ufern liegen kleine und kleinste Dörfer, eines idyllischer als das nächste. Sieseby (S. 223) ist so reizend, dass gleich der ganze Ort komplett unter Schutz gestellt wurde. Arnis (S. 226) trägt den Titel „kleinste Stadt Deutschlands" und in Kappeln (S. 229) doktorte lange Jahre der TV-Landarzt. In Schleswig (S. 204) wird Geschichte lebendig. Sowohl im großartigen Schloss Gottorf (S. 211) als auch im Wikingermuseum Haithabu (S. 213).

7 Flensburger Förde und Angeln | S. 240

Eine liebliche Landschaft ist dieses Angeln, sanft hügelig und sehr ländlich geprägt. Natur dominiert z.B. an der Geltinger Birk (S. 247), wo noch Wildpferde frei leben. Die bäuerliche Vergangenheit wird im Freiluftmuseum Unewatt (S. 254) gepflegt, die gräfliche im schönen Wasserschloss Glücksburg (S. 255). Flensburg (S. 259) gilt als die „dänischste Stadt Deutschlands" mit einer gelassenen Stimmung und obendrein einer netten maritimen Atmosphäre. Spürbar am Museumshafen oder im Schifffahrtsmuseum. Und ein dänisches Hot Dog gibt's an jeder Ecke oder „drüben" in Dänemark, in Annies Kiosk (S. 271).

343sh mux

Wie aufgereiht liegen an der weit geschwungenen Lübecker Bucht die Badeorte. Mal etwas ruhiger, mal auch etwas mondäner,

1 Lübecker Bucht

aber immer mit einem sehr schönen Sandstrand. Außerdem lockt die Hansestadt Lübeck mit ihrer historischen Altstadt und dem leckeren Marzipan.

‹ Einer der vielen Strände an der Lübecker Bucht

STRÄNDE WIE AUF EINER PERLENKETTE

An der Lübecker Bucht ist alles zu finden, vor allem schöne Strände und Ferienorte für jeden Geschmack von familiär bis ziemlich edel. Aufgereiht wie auf einer Perlenkette liegen die Orte dicht an dicht entlang der halbrunden Bucht. Nördlich von Neustadt dann mit etwas mehr Abstand. Alle mit einer schmucken Strandpromenade, an der es sich nett flanieren lässt und mit Lokalen, mal mit mal mit ohne Fischgerichte, aber zumeist mit einer stimmungsvollen Meerblick-Terrasse. Außerdem liegt mit Lübeck die schönste Stadt von ganz Schleswig-Holstein im Süden der Bucht, ein Tagesbesuch hierher ist beinahe Urlaubers Pflicht.

360sh hj

Überblick

„Badewanne von Hamburg" wird die Lübecker Bucht auch manchmal spöttisch genannt, ein Körnchen Wahrheit steckt schon dahinter. Ostsee und Lübecker Bucht, das ist für viele immer noch ein Synonym, kein Wunder, erreicht man doch, von Hamburg kommend, die Strände in einer knappen Stunde, egal ob per Auto oder Zug. Und die Strände um Lübeck sind die beliebtesten, je weiter man nach Norden fährt, desto weniger Tagesausflügler sind zu treffen.

Die meisten **Strände** sind schön, oft genug etliche Kilometer lang und von weichem, feinem Sand. Vereinzelt sind auch Steilküsten anzutreffen.

Aufgereiht wie die Perlen einer Kette liegen nacheinander **Lübeck-Travemünde** (der Strand der Marzipanstadt), **Niendorf** (klein und beschaulich), **Timmendorf** (das Ostsee-Gegenstück zu Sylt), **Scharbeutz** (familiär), **Haffkrug** (dörflich), **Sierksdorf** (Strand und Hansa-Park) und schließlich **Neustadt** (ohne nennenswerten Strand).

Hier findet eine kleine Zäsur statt, nördlich von Neustadt reihen sich verstärkt Urlaubsorte auf, die nicht so stark von Tagesgästen angesteuert werden, hier dominieren Campingplätze. In **Pelzerhaken,** dem Strand, der am nächsten zu Neustadt liegt, ist eine klassische Steilküste mit steinigem Strand zu finden; trotzdem haben sich fast ein halbes Dutzend Campingplätze angesiedelt.

Die Strandsituation ändert sich im weiteren Verlauf abermals. Schließlich

Das hügelige Ostholstein beginnt gleich hinter der Küste

NICHT VERPASSEN!

- **Lübeck** mit seiner historischen Altstadt | 17
- Prachtvolle Bäderarchitektur in **Travemünde** | 39
- Mondänes Flair in **Timmendorfer Strand** | 53
- Endlose Sandstrände, wie in **Scharbeutz** | 57
- Sierksdorf mit dem Freizeitpark **Hansa-Park** | 64

Diese Tipps erkennt man an der gelben Hinterlegung.

Lübecker Bucht

0 10 km ©Reise Know-How 2014

ist **Grömitz** erreicht, der größte Ferienort der ganzen Ostseeküste. Der Strand dort ist erstklassig, fast kein Haus im Ort, das nicht irgendein Zimmer vermietet. Hotels, FeWos, Apartments, ein Dutzend Campingplätze, der weit und breit größte Segelhafen, dies alles in einem Ort, der nur 7100 Einwohner zählt. Wer einen schönen Ostseestrand mit reichlich Trubel sucht, der ist hier richtig.

Der Küstenverlauf strebt in großen Schritten der Insel Fehmarn zu, die Orte liegen nun weiter entfernt auseinander. **Kellenhusen** wäre der nächste (ruhiges Familienbad hinterm Deich), **Dahme** (ähnlich) und schließlich **Großenbrode,** ein ruhiger Ort, der auch seine Fans hat.

Eine Menge Orte stehen also zur Auswahl, aber ein Ziel wird wohl von allen angesteuert, ganz gleich, wo sie urlauben: **Lübeck.** Die alte Hansestadt bietet ein äußerst reizvolles Innenstadtbild mit an die 1000 historischen Gebäuden.

Lübeck

„Lübeck ist die an Baudenkmälern reichste Großstadt Deutschlands", wird in einem Lübecker Prospekt für Touristen behauptet. Wenn man in dem Satz Deutschland durch Schleswig-Holstein ersetzt, stimmt es auf jeden Fall, denn hier dürfte Lübeck mit seiner wunderschönen Altstadt unangefochten die **touristische Nummer Eins** darstellen. Das hat schließlich auch die UNESCO erkannt; die Altstadt wurde 1987 in die **UNESCO-Liste** des „Kultur- und Naturerbes der Welt" aufgenommen.

Wer sich der Stadt nähert, vielleicht gar durch das weltberühmte Holstentor schreitet, ahnt sofort warum. Die fünf großen Kirchen mit ihren insgesamt sieben Türmen geben der Stadt ihre **unverwechselbare Silhouette.** Und dann spaziert man über eine der zahlreichen **Brücken** – die Altstadt ist komplett von Flüssen umgeben – und folgt einer der leicht ansteigenden Straßen ins Zentrum.

Wohin soll man sich zuerst wenden? Es ist eigentlich egal, denn die Wege sind kurz, und es gibt in fast jeder Straße etwas zu entdecken. Also, einfach drauflosspazieren, die Lübecker **Altstadt** ist ein **Gesamtkunstwerk,** und allzu groß ist sie auch nicht. Vom Holstentor bis zur gegenüberliegenden Rehderbrücke, über die man die Altstadt wieder verlassen würde, sind es gerade mal 1000 Meter, etwa doppelt so lang wäre der Weg von der Burgtorbrücke bis zum Dom.

Auffällig sind die schlanken, hohen, alten **Kaufmannshäuser.** Meist sind sie drei, vier Stockwerke hoch und verjüngen sich im oberen Teil. Dominierend sind hier die Stufengiebel, sodass in der oberen Etage meist nur ein Fenster angebracht werden konnte. Die alten Kaufmannshäuser haben oben, knapp unter dem Dach, meist eine Winde oder einen handbetriebenen kleinen Kran. Damit wurden die gehandelten Waren hochgezogen und, sicher vor der Flut, im Speicher im zweiten Stock gelagert. Andere Waren kamen in den Keller. Die Luken, durch die diese Waren rutschten, sind noch heute auf Straßenniveau zu erkennen. Der Eingang zum Haus lag meist eine halbe Etage über dem Bürgersteig – auch dies eine Sicherung gegen mögliche Überschwemmungen.

Geschichte

819 wurde bereits eine **slawische Burganlage** am Zusammenfluss von Schwartau und Trave errichtet. 1072 wurde dann erstmals der **Name Liubice** in einer Chronik festgehalten, daraus entwickelte sich dann später der Name Lübeck. 1138 wurde diese Siedlung komplett zerstört und 1143 von Graf *Adolf II.* neu gegründet. 1157 **brannte** sie ab, und ein erneuter Versuch zur Besiedlung wurde von *Heinrich dem Löwen* 1159 gestartet. Auf der Halbinsel zwischen Trave und Wakenitz entstand Lübeck zum zweiten Mal.

Bereits 1160 wurde der **Bischofssitz** von Oldenburg in die junge Siedlung, die bald **Stadtrechte** erhielt, verlegt. Kurz danach entstand der erste Dom, weitere **Kirchenbauten** wurden noch im gleichen Jahrhundert begonnen (St. Marien, St. Petri).

1226 das nächste einschneidende Datum, Kaiser *Friedrich II.* erteilte Lübeck das Reichsfreiheitsprivileg. Damit wurde Lübeck eine **freie Reichsstadt** und unterstand auf ewig dem jeweiligen Reichsoberhaupt. Dieses Recht galt immerhin 711 Jahre, bis 1937.

Im 13. Jahrhundert begann man mit dem Bau von **Backsteingebäuden.** Vorher hatten Feuersbrünste mehrfach die bis dato existierenden Holzhäuser vernichtet.

Im 14. Jahrhundert festigte sich dann die politische und vor allem **wirtschaftliche Macht** der Stadt. Die Lübecker **Kaufleute** eröffneten Auslandskontore, bauten Frachtschiffe, trieben Handel mit verschiedenen Ostseehäfen und erhielten schließlich das Recht, als erste deutsche Stadt Golddukaten zu prägen. Bald errangen die Lübecker Kaufleute eine führende Stellung. Etwa zur Mitte des 14. Jahrhun-

154sh mux

derts entstand dann die später so bekannte **Hanse.** In Lübeck dominierten die mächtigen Kaufleute auch den Rat der Stadt. Das endete erst 1408, als die Zünfte der Handwerker mehr Rechte einforderten und sie auch bekamen.

In den folgenden Jahrhunderten blieb Lübeck eine Stadt, die stark vom **Handel** lebte, auch nach dem Untergang der Hanse. Das zeigte sich beispielsweise 1716, als ein Handelsvertrag mit Frankreich abgeschlossen wurde. Schon zu Tagen der Hanse war häufig **Rotwein** aus Frankreich nach Lübeck mitgebracht worden, ein Kaufmann kam schließlich auf die Idee, diesen nachreifen zu lassen. Durch den Handelsvertrag wurde dann Rotwein in größeren Mengen nach Lübeck geschafft und in den dortigen Kellern gelagert und veredelt. Der Lübecker **„Rotspon"** war alsbald ein Qualitätsbegriff.

Dies konstatierten auch französische Soldaten, die 1806 die Stadt eroberten. Angeblich soll ihnen der Lübecker Rotwein besser gemundet haben als der daheim. Die **französische Besetzung** war erst 1813 beendet, zwei Jahre später trat Lübeck dem deutschen Bund bei. 1871 schließlich wurde die „Freie und Hansestadt" Mitglied des **Deutschen Reiches.**

1933 kamen die **Nazis** an die Macht, der Senat wurde abgesetzt, die Bürgerschaft aufgelöst, die NSDAP regierte. Diese gliederte Lübeck 1937 in die preußische Provinz Schleswig-Holstein mit ein, nach 711 Jahren war die Reichsfrei-

Fassadenschmuck und

typische Häusergiebel in der Lübecker Altstadt

342sh mux

heit beendet. Am 28. März 1942 wurde etwa ein Fünftel der Altstadt durch **Bombenangriffe** vernichtet, aber von weiterer Zerstörung blieb die Stadt weitestgehend verschont.

Nach dem Krieg blieb Lübeck im neu gegründeten Land Schleswig-Holstein, und die Altstadt wurde wieder aufgebaut. 1987 wurde die letzte Kirche, St. Petri, restauriert, im gleichen Jahr erklärte die UNESCO die **Altstadt zum Weltkulturerbe.**

Sehenswertes

Noch einmal sei es wiederholt, die Altstadt ist ein Gesamtkunstwerk, zielloses Bummeln und zufälliges „Stoßen" auf eins der herausragenden Bauwerke ist hier wie wohl nirgends sonst anzuraten. Es gibt an die **1000 historische Bauwerke,** absolut unmöglich, sie an dieser Stelle auch nur halbwegs ausführlich zu beschreiben.

Die Bebauung erfolgte nach einheitlichem Muster, noch heute in jeder Straße wiederzuerkennen. Die **Häuser** sind relativ schmal, aber hoch aufragend, und meist aus rotem Backstein gebaut. Die Giebel verjüngen sich, allerdings auf unterschiedlichste Weise. Neben den Stufengiebeln finden sich Rund- oder auch Spitzgiebel. Hinter der Fassade versteckt sich aber oftmals ein viel kleineres Haus, der breite Giebel lässt es viel größer erscheinen, als es tatsächlich ist. Vereinzelt hat das Haus nicht mal so viele Stockwerke, wie die Fassade andeutet. Außerdem erstrecken sich noch heute oftmals langgestreckte Innenhöfe und Wohngänge, die teilweise auch noch bewohnt werden.

Das Wahrzeichen der Stadt ist natürlich das **Holstentor,** jahrzehntelang uns allen vom Fünfzigmarkschein, dem „Lübecker", bekannt. Gar nicht so wuchtig, wie man meinen könnte, steht dieses ehemalige Stadttor am Ende einer etwa 100 Meter langen Grünanlage. Fast schon obligatorisch, das Foto vom gegenüberliegenden Ende zu schießen. So selbstverständlich ist dies für wohl alle Touristen, dass einer der beiden Löwen, die hier „Wache" halten, sich bereits gelangweilt zum Schlafen gelegt hat. 1464–1478 wurde das Holstentor erbaut. Es ist von zwei dreistöckigen Türmen mit spitzem Dach eingerahmt, der Mittelbau begrüßt den Besucher mit goldenen Lettern und der Inschrift „Concordia Domi Foris Pax" (drinnen Eintracht, draußen Frieden). Die Mauern des Holstentores sind bis zu 3,50 Meter dick, und einst fanden 30 Geschütze hier Platz.

Das Holstentor beherbergt auch noch ein Museum, das **Holstentor-Museum** oder auch „Stadtgeschichtliches Museum" genannt. Hier sind vor allem Erinnerungsstücke aus der Zeit der Hanse zu besichtigen, wie historische Schiffs- und Stadtmodelle und Waffen. So wird durch verschiedene Modelltypen die Entwicklung Lübecks dokumentiert. Ausführlich wird auch das Thema Seefahrt und Lübecks Stellung im Ostseeraum behandelt.

■ **Holstentor-Museum,** Holstentorplatz, Tel. 12 24 129, http://museum-holstentor.de, geöffnet: Jan.–März Di–So 11–17 Uhr, April–Dez. täglich 10–18 Uhr. Eintritt: 6 €, ermäßigt 3 €.

[>] Vielleicht noch vom 50-DM-Schein bekannt: das berühmte Lübecker Holstentor

014sh hj

Gleich neben dem Holstentor ist der alte **Salzspeicher** zu finden, er liegt direkt an der Trave. Das in Lüneburg gewonnene Salz wurde hier gelagert, nachdem es über die noch heute so benannte „Salzstraße" in die Hansestadt gebracht worden war. Das Salz war in früheren Jahren eines der wertvollsten Handelsgüter und wurde von Lübeck hauptsächlich nach Skandinavien geliefert.

Nach dem Durchqueren des Holstentores passiert man die Trave und hält sich ein kurzes Stück nach links. Dort liegen die Schiffe der „Blauen Linie", der Cityschiffahrt. Die „Weiße Flotte" der Quandt-Linie ist übrigens gegenüber vom Salzspeicher zu finden, also nach dem Passieren des Holstentores nach rechts halten. Beide bieten etwa einstündige Stadtkanal- und **Hafenrundfahrten** an. So kann man die Schönheiten der Stadt von einer ganz neuen Seite erleben, zumal der Kapitän die Mitfahrer mit einer wahren Flut von Döntjes (halbwahre, halb übertriebene bis gelogene Erzählungen) und Fakten zuschüttet. Wer jetzt noch ein Stückchen am Ufer der Trave entlangspaziert, stößt nach ein paar hundert Metern auf den **Museumshafen,** auch Oldtimer-Hafen genannt. Dort liegen ein gutes Dutzend historische Segelschiffe, die meisten noch klassisch aus Holz gearbeitet. Von hier legen auch regelmäßig Schiffe nach Travemünde ab.

Von der Untertrave geht es durch irgendeine der leicht ansteigenden Straßen dann in Richtung **Zentrum.** Wenn vom Zentrum gesprochen wird, ist der

345sh mux

Kern der Altstadt mit Rathaus, dem dazugehörigen Platz und die sich direkt anschließende Marienkirche, das Buddenbrookhaus und das Café Niederegger gemeint. Doch der Reihe nach.

Das **Rathaus** stammt teilweise noch aus dem 13. Jahrhundert und erfuhr seitdem eine Reihe von Veränderungen. Unverändert ist die Außenfassade mit den schönen Wappenbildern und den Türmen mit den vergoldeten Spitzen und den „Windlöchern", diese sind vom Innenhof aus zu erkennen.

Hinter der Eingangstür wird ein großes Foyer betreten. Rechts liegt der **Audienzsaal,** der von 1754 bis 1761 im Rokokostil gebaut wurde. Er war früher ein Gerichtssaal, denn hier tagte das höchste Hansegericht, heute wird er für besondere feierliche Anlässe genutzt. Erst beim Verlassen dieses Saales fällt auf, dass das Portal zwei unterschiedlich hohe Türen hat. Wer vor Gericht schuldig gesprochen wurde, musste zwingend die rechte Tür nehmen. Diese ist niedriger, sodass der schuldig Gesprochene nur mit gebeugtem Haupt den Raum verlassen konnte. Freigesprochene konnten die linke – höhere – Tür nehmen und erhobenen Hauptes hinaus gehen.

Die **Freitreppe** führt in die obere Etage zum Bürgerschaftssaal. Der **Bürgerschaftssaal** entstand 1891 durch Abtren-

⌃ Der alte Salzspeicher im Winter

› Die Marienkirche in voller Pracht

nung vom Börsensaal. Hier tagen am letzten Donnerstag im Monat die 60 Mitglieder der Bürgerschaft, des Stadtparlamentes von Lübeck. Nebenan tagt im **Roten Saal** jeden Mittwoch der Senat der Stadt Lübeck. Der Name stammt von der roten Wandbespannung, die aus venezianischer Seide besteht.

Eine der ersten Anbauten entstand zwischen 1298 und 1308 mit dem sogenannten **„Langen Haus".** Dieses stand auf Arkaden, da unten die Goldschmiede ihre Verkaufsbuden hatten und diesen Platz nicht aufgeben wollten. Das rechtwinklig angelegte Rathaus grenzt an seiner nördlichen Seite mit seinen Arkaden den **Marktplatz** ab zur Fußgängerstraße Breite Straße. Dieser Markt ist historisch belegt seit dem Mittealter als Treffpunkt der Marktbeschicker, die sich noch heute dort am Montag und Donnerstag treffen und ihre Waren anbieten. In der Vorweihnachtszeit findet hier ein zauberhafter Weihnachtsmarkt statt.

■ **Rathaus,** Breite Str. 62, Tel. 22 10 05, Besichtigungen sind nur im Rahmen einer Führung möglich: Mo–Fr 11, 12, 15 Uhr, Sa 13.30 Uhr, Eintritt: 4 €, ermäßigt 2 €.

Direkt neben dem Rathaus liegt die **Marienkirche,** erbaut zwischen 1250 und 1350 im gotischen Stil. Die Türme sind stolze 125 Meter hoch. Allein drei kleine, nette Geschichtchen oder Legenden ranken sich um diese Kirche, alle drei sind „überprüfbar".

307sh mux

Kleine Sagen rund um St. Marien

Rund um St. Marien existieren **drei Sagen,** die durch kleine Figuren am oder im Gotteshaus dokumentiert werden. Draußen neben dem Eingang hockt ein kleiner, eigentlich wütender **Teufel** auf einem Steinblock, auch wenn er gar nicht so böse aussieht. Er wurde von den Lübeckern hintergangen, denn er hatte ihnen unwissentlich beim Bau der Kirche geholfen. Man hatte ihm vorgeschwindelt, dass ein Wirtshaus entstehen sollte, daraufhin half der Teufel tatkräftig mit. Kurz vor Fertigstellung erkannte er seinen Irrtum, wurde wütend, schnappte sich einen großen Stein und wollte die Kirche damit zertrümmern. Der Stein aber verfehlte das Gotteshaus und blieb vor dem Eingang liegen. Bis heute liegt er dort und obendrauf hockt er nun, der arme Teufel.

Links vom Eingang hockt in etwa fünf Metern Höhe ein **steinernes Männchen.** In grauer Vorzeit gelang es einem Lübecker Kaufmann, den Tod zu überreden, ihn noch nicht zu holen. Im Laufe der Zeit starben aber alle Freunde und Verwandten und auch der Tod vergaß irgendwann den Kaufmann. Also suchte der uralte, mittlerweile nur noch gebeugt gehende Mann selbst den Tod. Man sagte ihm, er sei in der Marienkirche. Da diese verschlossen war, kletterte er neben dem Eingang hoch, um hineinzuschauen. Er fand den Tod aber nicht und weigerte sich danach, wieder von der Mauer herunterzusteigen. So wurde er von allen vergessen, von den Menschen, vom Teufel und auch von der Zeit, und verwandelte sich schließlich in Stein. Und hockt noch heute dort oben.

Die kleine **Maus,** die man links im Bild des Abendmahls am Chorumgang sieht, wird von Besuchern gerne gestreichelt, denn das bringe angeblich Glück. Dabei brachte der Nager ursprünglich Unglück über die Stadt: Neben der Marienkirche wuchs ein Rosenstock und es hieß, dass die Stadt so lange frei von Fremdherrschaft bleiben würde, so lange die Rosen am Stock blühten. Dann aber knabberte jene Maus einfach die Wurzeln des Rosenstocks an – und tatsächlich geriet Lübeck kurze Zeit später unter Fremdherrschaft. Als die Stadt diese wieder abschütteln konnte, ließ der Rat die Maus in der Kirche als Glücksbringer in Stein meißeln.

017sh bj

☒ Der (gar nicht mal so) wütende Teufel vor der Marienkirche

Das **Innere der Marienkirche** zeigt sich ziemlich groß, mit 38,50 Metern Mittelschiffshöhe und hohen, schlanken Pfeilern. Die Decke und die Pfeiler sind hell und relativ schlicht gehalten, der Marienaltar dagegen ist reich verziert und kostbar. Die Marienkirche soll die drittgrößte Kirche Deutschlands sein und steht auf dem höchsten Punkt der Stadt, so rundet die Statistik das eindrucksvolle Bild ab.

Bemerkenswert ist noch, dass in der Bombennacht im Jahr 1942 Teile der Kirche **zerstört** wurden. So stürzten die Glocken auf den Boden, und unter dem zentnerschweren Gewicht zerbarsten Glocken und Fußboden. Immerhin wogen die Glocken 40 bzw. 144 Zentner! Die Reste sind noch heute zu besichtigen.

Interessant ist auch die **astronomische Uhr,** die in einem Seitenflügel untergebracht ist und mit einer verblüffenden Exaktheit das Datum und die Uhrzeit etwas verklausuliert angibt. Diese Uhr war ein absolutes Meisterwerk, ja, einige Fachleute sprechen sogar von einem Weltwunder. Fertig gestellt wurde sie 1566, nachdem ein Uhrmachermeister jahrelang daran gearbeitet hatte. 376 Jahre funktionierte sie tadellos, dann fiel sie den Bomben des Zweiten Weltkrieges zum Opfer.

Ein anderer Meister, der Lübecker Uhrmacher *Paul Behrend,* arbeitete ebenfalls jahrelang an der **Neugestaltung der Uhr,** ohne festen Auftrag, nur durch Spendengelder der Lübecker unterstützt. Die neue Uhr ist der alten komplett nachempfunden worden, die Kalenderscheibe kann bis ins Jahr 2080 zählen.

Das **Kalendersystem** der Uhr besteht aus zwei Kreisen. Der innere Kreis zählt die Jahreszahlen von 1911 bis 2080 mit den jeweiligen Ostersonntagen, weiterhin ist bei jeder Zahl ein roter Buchstabe zu finden, der sogenannte Sonntagsbuchstabe. Der äußere Kreis zeigt neben den 365 Tagen in roten Buchstaben die fortlaufenden Wochentage, A B C D E F G, die Buchstaben wiederholen sich ständig. Ein Sonntag ist durch die roten Buchstaben neben den Jahreszahlen ersichtlich. Neben 1964 ist z.B. ein rotes E zu finden, dies zeigt, dass im Jahr 1964 alle mit einem roten E bezeichneten Tage des äußeren Kreises Sonntage sind. Folglich ist F ein Montag, G ein Dienstag usw.

346sh hj

Staunende Besucher vor der astronomischen Uhr

Thomas Mann – der Lübecker Bürgerschreck

Das Bürgertum war überhaupt nicht begeistert, im Gegenteil. Sogar hochkarätig **verärgert** sollen ehrbare Kaufmannsleute gewesen sein. So sehr, dass ein Onkel des Geschmähten eine Anzeige im örtlichen Blatt aufgab, um sich von seinem Neffen zu distanzieren. Was war bloß geschehen? Eigentlich nichts weiter, als dass ein Roman erschienen war, der Titel: „Buddenbrooks – Verfall einer Familie".

Autor war ein gewisser *Thomas Mann.* Der wurde 1875 als Spross einer alteingesessenen Kaufmannsfamilie in Lübeck geboren. Der Vater war Inhaber einer Getreidefirma und Senator, altehrwürdige hanseatische Distinguiertheit also. Nach dem Tod des Vaters 1893 zog die Mutter mit den Kindern nach München. Dort, sozusagen aus sicherer Entfernung, schrieb *Thomas Mann* seinen **ersten Roman,** der 1901 veröffentlicht wurde: „Die Buddenbrooks". 1929 erhielt er dafür den Nobelpreis und charakterisierte den Roman „als Seelengeschichte des deutschen Bürgertums, von der nicht nur dieses selbst, sondern auch das europäische Bürgertum überhaupt sich angesprochen fühlen konnte."

Zunächst einmal fühlten sich Lübecker **Bürger angesprochen,** immerhin waren Schauplatz und etliche Personen so klar erkennbar, dass sogar **Namenslisten** kursierten, welche Romanfigur wem im wirklichen Leben entsprach. So war schnell klar, dass die Firma Buddenbrook der eigenen Firma der Familie *Mann* nachgezeichnet war, der Konsul Johann B. dem Großvater von *Thomas* entsprach, der eigene Vater genauso vorkam wie ein Onkel, eine Tante, ja, sogar der Autor selbst (Justus B.).

Was aber regte sie so auf? Im Untertitel wird vom **„Verfall einer Familie"** gesprochen, und diesen beschreibt *Mann* über vier Generationen. Die ehrbar-spießige Vorzeigefamilie des Bürgertums bemerkt nicht die Veränderungen der Zeit, hält an alten Ritualen fest, die Kinder in der letzten Generation verlassen den Kaufmannspfad, wenden sich künstlerisch-träumerischen Tätigkeiten zu. Parallel dazu steigt eine weniger traditionell eingestellte Familie auf, die Wertvorstellungen der Buddenbrooks und damit die des Bürgertums gehen unter.

Thomas Mann blieb in München in sicherer Entfernung, veröffentlichte **weitere bedeutende Werke,** u.a. „Tonio Kröger", „Der Tod in Venedig", „Der Zauberberg". 1933 emigrierte *Mann* in die Schweiz. Die **Nazis** sprachen ihm später die deutsche Staatsbürgerschaft ab, *Mann* nahm daraufhin die tschechische an. 1939 ging er schließlich in die USA und wurde 1944 dort US-Staatsbürger. Nach Kriegsende kam er zurück in die **Schweiz,** wo er auch am 12.8.1955 im Alter von 80 Jahren starb.

Kurz zuvor, am 20. Mai verlieh ihm die Stadt Lübeck die **Ehrenbürgerschaft,** allerdings nur mit einer einzigen Stimme Mehrheit, so ganz hatte man ihm wohl damals immer noch nicht verziehen. Das ist jetzt vorbei, heute hält die Hansestadt die Erinnerung an *Thomas Mann* und seinen Bruder *Heinrich Mann* in hohen Ehren. So wurde an der Stelle, wo sein Geburtshaus stand, in der Beckergrube 38, eine Gedenktafel anlässlich seines hundertsten Geburtstages enthüllt.

Wie **liest** man nun die Uhr? Wer z.B. wissen will, auf welchen Wochentag der 24.12.1966 fiel, schaut zunächst auf die Jahreszahl 1966. Dort stehen die roten Buchstaben, die den Sonntag markieren, B und C. (Wenn zwei rote Buchstaben zu finden sind, gilt der erste für die Monate Januar, Februar, der andere für die restlichen.) Für unsere Frage gilt also Buchstabe C. Neben dem 24. Dezember auf der Skala des äußeren Kreises steht ein rotes B. Da nun der Buchstabe C einen Sonntag anzeigt, muss B ein Samstag sein. Der 24.12.1966 war also ein Samstag.

Täglich um 12 Uhr kann man auch noch einen Figurenreigen auf dem Uhrensockel bewundern.

■ Schüsselbuden 13, Tel. 39 77 00, www.st-marien-luebeck.de, geöffnet: 1.4.–3.10. täglich 10–18 Uhr, 4.10.–31.10. 10–17 Uhr, 1.11.–31.3. 10–16 Uhr, Eintritt 2 €.

Das **Buddenbrookhaus** liegt in der Mengstr. 4 und ist den weltberühmten Schriftsteller-Brüdern *Thomas* und *Heinrich Mann* gewidmet. Im unteren Bereich findet sich eine sehr ausführliche biografische Darstellung zur Familie *Mann,* einschließlich der Nachkommen von *Thomas Mann* bis in die Gegenwart. Das obere Stockwerk ist überwiegend dem Roman „Buddenbrooks“ gewidmet, u.a. werden Filmsequenzen gezeigt und historische Wohnbereiche nachgestellt.

■ Mengstr. 4, Tel. 122 41 90, http://buddenbrookhaus.de, geöffnet: Jan.–März täglich 11–17 Uhr, April–Dez. 10–18 Uhr. Eintritt: 6 €, Schüler und Studenten 2,50 €, außerdem Familien- und Kombikartentarife.

☒ Unterwegs durch Lübecks enge Gassen

In der Mengstraße (Nr. 48), also an der Untertrave gelegen, ist auch das **Schabbelhaus** zu finden, das ein typisches Beispiel für die Lübecker Kaufmannshäuser ist. Heute befindet sich hier ein sehr geschätztes Restaurant.

In der Altstadt findet sich noch eine Reihe von sehr schmalen **Gängen,** die von Straßen abzweigen und schnell zu übersehen sind. Sie entstanden im Mittelalter, als Wohnraum knapp war, aber die Menschen innerhalb der Stadtmauern untergebracht werden sollten. Die Lösung: Es wurden Gänge in die Vorderhäuser gebrochen, die zu Hinterhöfen führten und dort baute man winzige einstöckige „Buden“, Häuser mit nur einem Zimmer. Etliche dieser Gänge und Wohnungen existieren noch. Mancher Gang ist durch eine Pforte verschlossen, andere können betreten werden. Zu finden

347sh hj

Die Hanse – Europas erste Wirtschaftsgemeinschaft

„Europe's first Common Market", so charakterisierte die Zeitschrift „National Geographic" die Hanse. Das ist nicht einmal übertrieben, gleichwohl bleibt fasziniertes Erstaunen, schaut man auf die Hintergründe. Immerhin war die Hanse nur ein loser Städteverbund, ohne gemeinsame Verwaltung, Kasse und militärische Macht im Hintergrund. Wie konnte sie also zur Wirtschaftsmacht aufsteigen?

Im 12. Jh. wurden im Ostseeraum viele **Städte gegründet,** zunächst Lübeck, später Rostock, Danzig, Reval und weitere. Schnell blühte der Handel zwischen diesen Orten. Die **Kaufleute schlossen sich zusammen,** fuhren gemeinsam von einem Ort zum nächsten, kauften fremde Waren ein und transportierten sie nach Hause. Sie bildeten eine „Schar" oder „Gemeinschaft", eine „Hanse" eben.

Damals war die schwedische Insel **Gotland Hauptumschlagplatz** für russische Waren, also mussten alle Kaufleute nach Visby, dem Hauptort, fahren und dort Waren einkaufen. Schnell kam der Gedanke, gleich ein Büro, ein **Kontor,** wie es damals hieß, vor Ort in Gotland einzurichten, um ständig präsent zu sein. So konnte man Ware zu jeder Zeit aufkaufen und per Schiff nach Lübeck transportieren.

Da das so gut funktionierte, wurden **weitere Kontore** in Nowgorod, in Schweden, später in Brügge und London errichtet, die Hanse in ihrer neuen Funktion war geboren. Es dauerte nicht lange, und Leute der Hanse saßen **in allen wichtigen Handelsplätzen.** Die „Hanseaten" machten sich breit, verdrängten alteingesessene Kaufleute und trotzten den Regenten **Sonderrechte** ab: Sicherheit für die Kaufleute und ihre Waren und vor allem ermäßigte Zölle. Gehandelt wurde mit den jeweiligen **Hauptprodukten der einzelnen Länder:** Pelze aus Russland, Kupfer und Eisen aus Schweden, Heringe

Koggensiegel

aus Dänemark, Stockfisch aus Norwegen, Stoffe und Tuche aus Flandern und England, Wein und Salz aus Südfrankreich.

Transportiert wurde dies alles mit speziellen Schiffen, den **Hanse-Koggen.** Das waren kleine, bauchige Schiffe von knapp 20 Metern Länge, zeitweise sollen an die 1000 Koggen die Ostsee durchpflügt haben. Eine Nachbildung liegt noch im Museumshafen in Kiel. Heutige Experten beurteilen diese Schiffe übrigens ziemlich kritisch. So zitierte der „Spiegel" einen Kieler Bootsbaumeister, der über eine vier Jahre getestete Nachbildung sagte: „Es waren lecke Kisten mit haarsträubenden Konstruktionsmängeln." Gleichwohl beherrschte die Hanse mit ihren Koggen die Ostsee und Teile der Nordsee. Eine fahrplanmäßige **Handelsroute** lag bereits im 13. Jh. fest: Nowgorod – Reval – Visby – Lübeck – Hamburg – Brügge – London und zurück.

Jahrzehntelang hielt dieser **lose Bund,** Probleme und Bündnisse wurden auf einem „Hansetag" beratschlagt. Dennoch erwies sich der lose Zusammenhang schließlich als **Schwäche.** Die Städte wurden politisch stärker, kontrollierten die Hansekontore genauer und beschnitten sogar die Privilegien der Hanseaten. Die eigenen Kaufleute gewannen langsam wieder Oberwasser. Letztlich fehlte auch ein politisches und militärisches Druckmittel, und somit begann ein **schleichender Niedergang.** Hinzu kam das Aufstreben süddeutscher Kaufleute, die massiv in den Handel eingriffen, hier sei nur der bekannteste Name erwähnt, die Familie Fugger. Der lose Bund zerbröselte langsam.

1669 fand in Lübeck der **letzte Hansetag** statt, nur noch neun Städte nahmen teil. Ohne besondere Beschlüsse ging man auseinander, die Hanse war erledigt. Drei Städte versuchten noch eine Fortsetzung, Lübeck, Hamburg und Bremen, das klappte aber auch nicht sonderlich gut.

In der **Gegenwart** ist nicht mehr viel von der Hanse geblieben. Im **Autokennzeichen** der drei Städte Lübeck, Hamburg und Bremen findet man heute als schmückenden Zusatz jeweils den Buchstaben **H für „Hansestadt".** Nach dem Fall der Mauer kamen weitere Städte hinzu: HRO steht beispielsweise für Hansestadt Rostock. Und die Rostocker gingen sogar noch einen Schritt weiter, der **Fußballclub** der Stadt erinnert an alte Zeiten im Namen und Wappen, denn die Spieler von Hansa(!) Rostock tragen eine Hanse-Kogge als Vereinssymbol auf dem Trikot.

Frühform der Kogge um 1250

Kogge des 15. Jh.

308sh mux

309sh mux

sind sie beispielsweise in den Straßen Engelsgrube, Bäckergang oder Fischergrube.

Eine weitere Besonderheit sind die **Höfe.** Einst von wohlhabenden Lübeckern gegründete Wohnungen, die um einen Hinterhof liegen und früher für weniger betuchte Mitbürger bestimmt waren. Einige sind sehr schön renoviert, wie der bekannte Füchtingshof, der von der Glockengießerstraße abzweigt.

Das **Haus der Schiffergesellschaft,** Breite Straße 2, ist wie das Schabbelhaus heute eine vielgepriesene Gaststätte, früher war es das Versammlungshaus der Schiffer und Bootsleute. 1535 wurde das Haus erbaut, das Portal 1768 neu gestaltet. Im Hauptraum, der Diele, wie sie auch heute noch heißt, stößt man auf die „Gelage", die rustikalen Sitzgelegenheiten. Aus dicken Eichenplanken sind die durchgehenden Tische und Bänke gezimmert. Dort saßen die Schiffer nach bestimmten Gruppen unterteilt. An der Rückwand befindet sich leicht erhöht ein besonderes „Gelag", hier saßen die „Älterleute", ältere und erfahrene Seemänner. Sie beobachteten das Treiben, und durch ihre Altersautorität konnten sie so manchen Streit schlichten, behauptet jedenfalls die Chronik. Alte Wappen der Seefahrer, unzählige Erinnerungsstücke und der 431 Pfund schwere Kronleuchter tragen zu dieser einmaligen Atmosphäre bei.

< Typischer Hinterhof

^ Traditionslokal Schiffergesellschaft

> Glaskunst im Heiligen-Geist-Hospital

Die **Jakobikirche** in der Breiten Straße gilt auch als die Kirche der Seefahrer, sie stammt ebenso wie die Marienkirche aus dem 13. Jahrhundert. Der Turm ist 112 Meter hoch. Die Ausstattung konnte den Krieg unbeschädigt überstehen.

Wer sich nach dem Passieren des Haupteingangs nach rechts wendet, findet knapp vor dem Hochaltar auf der rechten Seite die Brömbse-Kapelle, benannt nach *Heinrich Brömbse,* einem ehemaligen Lübecker Bürgermeister. Hier steht eines der wertvollsten Kunstwerke der Kirche, **der Brömbse-Altar.** Es handelt sich um einen Sandsteinaltar, auf dem sehr detailgetreu die Kreuzigungsszene abgebildet ist. Den spätbarocken Hochaltar von St. Jacobi schuf 1717 *Hieronymus Hassenberg.* Die Kanzel aus Holz wurde 1698 vom Bildhauer *Jakob Budde* erschaffen. Das auffällige Taufbecken wurde bereits 1466 von *Klaus Grude* aus Bronze gegossen, drei kniende Engel tragen das Becken. Die Kirche hat zwei Orgeln. Die **Stellwagenorgel** schräg gegenüber vom Eingang stammt aus dem 15. Jh., sie gilt als eine der ältesten bespielbaren Kirchenorgeln weltweit. Die prächtige Große Orgel stammt ursprünglich auch aus dem 15. Jh., wurde aber in späteren Jahren mehrfach erweitert.

In einer Seitenkapelle liegt das Rettungsboot des 1957 gesunkenen Segelschulschiffes Pamir (siehe auch Lübeck-Travemünde). Nur sechs Mann konnten sich damals retten. Eine Gedenktafel erinnert außerdem an alle gesunkenen Lübecker Schiffe.

■ Jakobikirchhof 3, Tel. 30 80 10, www.st.jakobi-luebeck.de, geöffnet: April–Oktober Di–So 10–18, Nov.–März Di–So 10–16 Uhr, im Sommer auch Mo.

Das **Heiligen-Geist-Hospital,** Große Burgstraße, wurde bereits 1276–1286 erbaut. Es ist das älteste und am besten erhaltene deutsche Hospital. Der Komplex bestand aus Kirche und Langhaus. Sehr auffällig ist die Außenfassade mit ihren drei Giebeln und den vier schlanken Türmen.

Der Eingangsbereich besteht aus der ehemaligen **Kirche,** die dem Langhaus vorgelagert ist. Auffällig sind im Inneren **sehr schöne Glasmalereien** und auch der schmuckvolle Lettner über dem Eingang zum Hospitalbereich. Außerdem befinden sich im Kirchenraum 13 Holzfiguren von Heiligen aus dem 14. und 15. Jh., sowie zwei Altäre und eine Kanzel. Prägend für den Raum sind zwei sehr schöne, großformatige Wandgemälde, die auf etwa 1320 datiert werden.

348sh hj

Das **Langhaus** war die Wohnstätte für weit über 100 ältere Lübecker. Die Bewohner schliefen im Langhaus, zunächst standen die Betten in langen Reihen in der großen Halle angeordnet. So konnten sie auch dem Gottesdienst folgen. Die kleinen, erst 1820 errichteten Kojen sorgten dann für etwas Privatsphäre. Rechts im Gang schliefen die Männer, links die Frauen. Die typischen Wohnkojen, **„Kabäuschen“** genannt und 6 m^2 groß, sind noch erhalten, eine davon kann exemplarisch besichtigt werden.

■ Koberg 11, Tel. 799 56 10, geöffnet: April–Sept. 10–17 Uhr, Okt.–März 10–16 Uhr (Mo geschlossen).

Das **Café Niederegger** liegt gegenüber dem Rathaus, ist weit mehr als ein Kaffeehaus, es ist Synonym für Lübecker **Marzipan.** Unten im Erdgeschoss wird das Niederegger-Marzipan verkauft. Über 300 Spezialitäten sind im Angebot, vom kleinsten Marzipanbrot bis zum sehr aufwendigen Präsentkorb. Im hinteren Bereich der unteren Etage und vor allem auch in der ersten Etage befindet sich das große Café Niederegger, wo leckere Torten und kleinere Gerichte serviert werden. Noch eine Etage höher liegt der **Marzipan-Salon,** der durch eine Tür zum Treppenhaus etwa im mittleren Bereich des Cafés betreten werden kann. Dort erhält man einen **kulturgeschichtlichen Überblick zum Marzipan** und eine Zusammenfassung der Geschichte des Hauses Niederegger. Vor allem aber stehen dort zwei sehr **eindrucksvolle Modellgruppen:** zum einen die Silhouette der Lübecker Altstadt mit den sieben Türmen, zum anderen eine lebensgroße Personengruppe mit 12 Berühmtheiten, teils aktuelle, teils historische. Alles aus Marzipan modelliert!

■ Breite Straße 89, Tel. 530 11 27, www.niederegger.de, geöffnet: Mo–Fr 9–19 Uhr, Sa 9–18 Uhr, So 10–18 Uhr.

Das **Burgtor,** am Beginn der Großen Burgstraße, war das nördliche Stadttor; es schützte einst den einzigen Stadtzugang. Auf beiden Seiten sind Teile der Stadtbefestigung von 1230 zu finden.

Die **Katharinenkirche,** derzeit geschlossen wegen Umbaus, wurde Ende des 13. Jahrhunderts errichtet. Die Kirche erlebte eine wechselvolle Geschichte. Das angeschlossene Langhaus war Kloster, Lateinschule, später Realschule, Lazarett und sogar Sammelstelle für Lübecker Kunstaltertümer. Heute dient die Kirche als Ausstellungsraum. Interessant ist noch die Westfassade, wo Terrakottafiguren von *Ernst Barlach* zu finden sind.

Die **Glockengießerstraße** beherbergt bestens erhaltene mittelalterliche Innenhöfe und Gänge. Diese sind hervorragend restauriert worden und noch heute bewohnt. Ein besonders gelungenes Beispiel ist der **Füchtingshof** aus dem Jahr 1639. *Johann Füchting* stiftete einen Teil seines Vermögens für die Armen, und so entstand diese Wohnanlage. Weitere Innenhöfe sind noch in der Glockengießerstraße zu finden, meist erklärt eine Wandtafel die historischen Hintergründe.

In der Glockengießerstraße befindet sich das **Günter-Grass-Haus.** Im Eingangsbereich hängt eine ausführliche biografische Übersicht, während im Hinterhaus hauptsächlich Skulpturen und Zeichnungen des Nobelpreisträgers ausgestellt sind. Im Hauptraum stehen mehrere Touch-Screens, unter denen verschiedene Lebensthemen von Grass aufbereitet sind. Im oberen Stockwerk finden ergänzend Wechselausstellungen statt.

■ Glockengießerstr. 21, Tel. 122 42 30, http://grass-haus.de, geöffnet: Jan.–März Di–So 11–17 Uhr, April–Dez. täglich 10–17 Uhr. Eintritt: 6 €, Schüler und Studenten 2,50 €.

Interessant ist auch das **Willy-Brandt-Haus.** Dem dritten Nobelpreisträger aus Lübeck wird ein eigenes Dokumentationszentrum gewidmet. In sieben Räumen wird das Leben und Vermächtnis *Brandts* dokumentiert, von der Weimarer Republik bis zur Wiedervereinigung. Schwerpunkte der Ausstellung sind seine Jugendzeit, die Exilphase, die Berliner Jahre und schließlich die Regierungszeit bis zu seinem Rücktritt. Bei dieser interaktiven Ausstellung können Besucher an verschiedenen Stationen Text-, Film- und Tondokumente auswählen.

■ **Willy-Brandt-Haus,** Königstr. 21, www.willy-brandt-luebeck.de, geöffnet Jan.–März Di–So 11–17 Uhr, Apr.–Dez. täglich 11–18 Uhr, Eintritt frei.

Die **Aegidienkirche** in der gleichnamigen Straße dürfte zu Beginn des 14. Jahrhunderts gebaut worden sein, ganz genau festlegen kann sich nicht mal die Stadtchronik. Sie ist die kleinste der fünf Stadtkirchen und gilt als die Kirche der Handwerker. Im Innern zeigt sie sich reich geschmückt, weist einen barocken Hochaltar aus dem frühen 18. Jh. auf. Ebenso datiert die Kanzel aus dieser Zeit. Das Taufbecken entstand 1453, die mächtige Orgel wurde zwischen 1624 und 1626 gebaut. Der Turm hat eine Höhe von 86 Metern. In der Aegidienstraße Nummer 46 befindet sich noch ein gutes Beispiel für die damaligen engen Wohngänge.

■ Aegidienstr. 75, Tel. 70 56 22, geöffnet: Di–Sa 10–16 Uhr.

Die **Petrikirche** stammt aus dem 13. Jahrhundert, sie liegt nur wenige Schritte vom Holstentor entfernt in einer Seitengasse vom Kohlmarkt. Die Kirche wurde im Krieg schwer beschädigt, die Renovierungsarbeiten wurden erst 1987 abgeschlossen. Kirchliches Leben findet hier nicht mehr regelmäßig statt, ein Besuch lohnt sich dennoch, denn man kann per Fahrstuhl auf die Turmplattform fahren und einen superben Ausblick genießen.

349sh mux

☒ Die Petrikirche hinter historischen Häusern

■ Petrikirchhof 1, Tel. 397 73 23, www.st-petri-luebeck.de, geöffnet: Di–So 11–16 Uhr, Turm April–Sept. 9–21 Uhr, Okt.–März 10–19 Uhr; Eintritt: 3 €.

Der **Dom zu Lübeck** wurde 1173 von *Heinrich dem Löwen* in Auftrag gegeben, 1247 wurde er dann geweiht. Der aus rotem Backstein gebaute Dom hat zwei wuchtige, 115 Meter hohe Türme, das Gebäude ist 132 Meter lang. Ursprünglich ein romanischer Bau, wurde das Gotteshaus im 13. Jahrhundert zu einer gotischen Hallenkirche umgestaltet. In der Bombennacht von 1942 wurde der Dom schwer beschädigt, der Wiederaufbau begann erst 1960.

Zentraler Blickfang im Langhaus ist das 17 m hohe **Triumphkreuz** von *Bernt Notke*, erschaffen zwischen 1470 und 1477, das mit reichhaltigem Schnitzwerk („Jesus am Lebensbaum") versehen ist. Hinter dem Kreuz befindet sich der steinerne **Lettner** mit seiner hölzernen Verkleidung aus der Mitte des 14. Jh. Der Lettner war ursprünglich eine Art Schranke in einer Kirche, die den Laienbereich vom priesterlichen Raum trennte. Später wurde diese Schranke stabiler gebaut, reicher verziert und diente teilweise auch als Kanzelersatz zur Verkündung der Predigt. Auffällig ist die große Uhr von 1628 an der rechten Seite des Lettners.

■ Mühlendamm 2–6, Tel. 747 04, www.domzuluebeck.de, geöffnet: April–Okt. 10–18 Uhr, Nov.–März 10–16 Uhr.

Direkt hinter dem Dom wird im **Museum für Natur und Umwelt** auf drei Etagen in Dioramen, Lebensraumgruppen, Aquarien und Terrarien die Tierwelt und Naturgeschichte Schleswig-Holsteins vorgestellt.

■ Musterbahn 8, Tel. 122 41 22, http://museum-fuer-natur-und-umwelt.de, geöffnet: Di–Fr 9–17 Uhr, Sa/So 10–17 Uhr, Eintritt: 6 €, ermäßigt 3 €, Kinder 2 €.

Die **Herz Jesu-Kirche** war die erste nach der Reformation neu gebaute katholische Kirche in Lübeck. Sie wurde 1891 geweiht. In der Krypta befindet sich eine Gedenkstätte für vier Lübecker Geistliche, die am 10.11.1943 hingerichtet wurden, nachdem sie sich offen gegen das NS-Regime positioniert hatten. Drei von ihnen waren katholisch, einer ein evangelischer Pastor. Anhand von Schautafeln wird das Leben der einzelnen Geistlichen dargestellt, ein zeitkritischer Bezug zur Nazizeit gegeben und auch das begleitende soziale Umfeld beschrieben.

Im Jahr 2011 wurden die drei katholischen Kapläne selig gesprochen.

■ Propstei Herz Jesu, Parade 4, Tel. 709 87 65, geöffnet: Mo–Sa 10–18, So 10–14 Uhr, www.kath-kirche-luebeck.de.

Etwa 700 m weiter in Richtung Holstentor befindet sich rechts in einer Seitenstraße das **TheaterFigurenMuseum.** Etwa 1200 Theaterpuppen aus Europa, Afrika und Asien werden hier in fünf miteinander verbundenen Gebäuden gezeigt, damit gilt es als das größte seiner Art in Europa. Handpuppen, Marionetten, Stabpuppen, Schattenfiguren sind ebenso ausgestellt wie afrikanische Masken oder asiatische Musikinstrumente.

■ Kolk 14, Tel. 786 26, www.theaterfigurenmuseum.de, geöffnet: Nov.–März Di–So 11–17 Uhr,

April–Okt. täglich 10–18 Uhr, Eintritt: 6 €, ermäßigt 5 €, Kinder 2 €.

Gleich nebenan liegt das **Figurentheater Lübeck** (Kolk 20, Tel. 70 060, www.figurentheater-luebeck.de). Hier wird beinahe täglich eine Vorstellung gegeben. Da das Theater nur 100 Plätze hat, ist eine Voranmeldung ratsam.

Unweit des TheaterFigurenMuseums verläuft auch die Straße **Große Petersgrube** hinunter zur Trave. An dieser Straße stehen Häuser aller wichtigen Baustile, die ursprünglichen Fassaden sind erhalten geblieben, so Häuser im Stil der Gotik (Nr. 7, 11, 15), der Renaissance (Nr. 4) und des Barock (Nr. 9, 21). Unten an der Obertrave liegen mehrere Restaurants mit teilweise recht großen, einladenden Terrassen direkt am Fluss.

Einen Besuch lohnt auch das **Museumsquartier St. Annen.** In dem ehemaligen Kloster aus dem 16. Jh. wird sakrale Kunst des Mittelalters und in einem Ergänzungsbau moderne Kunst nach 1945 gezeigt. Im Erdgeschoss befindet sich die einzigartige Sammlung mittelalterlicher Schnitzaltäre, die überwiegend aus Lübecker Kirchen stammen. Die meisten Altäre wurden von Kaufleuten der Zünfte gestiftet. Neben den Altären finden sich liturgische Gebrauchs- und Schmuckgegenstände.

In der oberen Etage ist in 25 Themen- und Epochenräumen die Lebenswelt von Lübecker Bewohnern dargestellt. Man erhält Einblicke in die Zeit vom späten Mittelalter bis zum frühen 19. Jh. Berücksichtigt werden dabei sowohl einfache Handwerker als auch reiche Kaufleute. Außerdem wird die Geschichte Lübecks anhand audiovisueller Medien und einer Zeitleiste anschaulich präsentiert.

Die angeschlossene **Kunsthalle** bietet auf vier Ebenen moderne Kunst nach 1945 und wechselnde Ausstellungen.

■ St. Annen-Str. 15, Tel. 122 41 37 (Kasse), http://museumsquartier-st-annen.de, geöffnet: 1.1.–31.3. Di–So 11–17 Uhr, 1.4.–31.12. Di–So 10–17 Uhr, Eintritt: 10 €, Kinder bis 18 Jahre 4 €.

Praktische Tipps

Info

■ **PLZ:** Lübeck hat elf Postleitzahlen, die Innenstadt hat die PLZ 23552.
■ **Vorwahl:** 0451.
■ **Touristeninformation:** Welcome Center, Lübeck und Travemünde Marketing, Holstentorplatz 1, 23552 Lübeck, Tel. 889 97 00. Öffnungszeiten: Jan.–April, Sept.–Nov. Mo–Fr 9–18 Uhr, Sa 10–15 Uhr, Mai–Aug. und Dez. Mo–Fr 9–19 Uhr, Sa 10–16 Uhr.
■ **Internet:** www.luebeck-tourismus.de.

Spartipps

Mit der **HappyDay Card** können Besucher viele Sehenswürdigkeiten **vergünstigt,** manche sogar kostenlos besuchen. Obendrein fährt man mit städtischen **Bussen** und nach Travemünde umsonst. Die Lübeck-Card gibt's für 24 Stunden (11 €), 48 Std. (13 €) oder 72 Std. (16 €) und wird über das **Welcome Center** und in vielen Hotels verkauft.

Für alle, die mehrere (oder gar alle) **Museen** in Lübeck besuchen wollen, gibt es verschiedene **Kombi-Tickets.** Infos an der jeweiligen Museumskasse oder unter www.museen.luebeck.de.

An- und Weiterreise

■ **Infos:** www.stadtverkehr-luebeck.de.
■ **Bahn:** Der Bahnhof ist keine zehn Minuten zu Fuß vom Holstentor entfernt.
■ **Busse:** Der ZOB liegt an der Hansestraße, nur durch eine Querstraße vom Bahnhof entfernt.
■ **Parken:** Parkplätze sind ausgeschildert, u.a. am Bahnhof oder in der Nähe der Trave, aber außerhalb der Innenstadt. Lübeck hat den Individualverkehr weitestgehend aus dem Zentrum verbannt, Anwohner erhalten einen Parkausweis.

Unterkunft

■ **Zimmerreservierungen** über Lübeck und Travemünde Marketing.
MEIN TIPP: **Hotel Anno 1216**③, Alfstr. 38, Tel. 400 82 10, www.hotelanno1216. de. Hier nächtigt man in einem der ältesten Häuser der Hansestadt aus dem Jahr 1216. Angeboten werden sechs DZ, zwei EZ und drei Suiten. Jedes Zimmer hat seinen individuellen Charme und eine eigene Geschichte, die auf kleinen Wandtafeln erzählt wird. Die Zimmer sind unter Erhaltung der historischen Bausubstanz topmodern eingerichtet.
MEIN TIPP: **Atlantic Hotel Lübeck**④, Schmiedestr. 9–15, Tel. 38 47 90, www.atlantic- hotels.de. Mitten in der Altstadt liegt dieses große 4-Sterne-Hotel, das dank aufeinander abgestimmter Farben und Dekore eine sachlich-moderne Eleganz ausstrahlt. Es bietet 135 komfortabel eingerichtete Zimmer, Studios und Suiten, ein hauseigenes Restaurant, eine Bar, einen Sauna- und Fitnessbereich und eine Dachterrasse mit tollem Blick über die Dächer der Stadt. Außerdem findet sich es im dritten Stock eine Smokers Lounge. Mit WLAN-Internetzugang.
■ **Ibis Budget**②, Berliner Str. 1, Tel. 585 58 20, http://ibisbudgethotel.ibis.com. Im Preis-Leistungs-Verhältnis kaum zu schlagen. Korrekte Zimmer, minimalistische Einrichtung und Service, aber alles okay. Etwas außerhalb der City gelegen, Buslinie 7 ab ZOB bis Haltestelle „Etap-Hotel". Kostenloses WLAN.

Cafés vor geschichtsträchtiger Kulisse findet man am Rathausmarkt

■ **Hotel Jensen**④, An der Obertrave 4–5, Tel. 70 24 90, www.hotel-jensen.de. Es gehört zur Gruppe der Ringhotels und bietet neben einer stilvollen Einrichtung einen schönen Blick auf die Trave und das Holstentor.

■ **Klassik-Altstadt-Hotel**⑤, Fischergrube 52, Tel. 70 29 80, www.klassik-altstadt-hotel.de. Charmantes Haus mit 28 Zimmern, die „klassisch-romantisch" eingerichtet sind (Zitat) und jeweils einem berühmten Lübecker Künstler gewidmet sind. Sehr zentrale Lage.

■ **Hotel Alter Speicher**④, Beckergrube 91–93, Tel. 71 045, www.hotel-alter-speicher-luebeck.de. Sehr zentrale Lage in der Altstadt. Insgesamt 43 komfortable Zimmer, außerdem gibt es eine Sauna, eine Dachterrasse und einen ruhigen Garten.

■ **Hotel Zur Alten Stadtmauer**③, An der Mauer 57, Tel. 73 702, www.hotelstadtmauer.de. Kleines Hotel in ruhiger Lage am Rande der Altstadt. Funktionale und farblich abgestimmte Zimmer. Nichtraucherhaus. Kostenloses WLAN.

■ **Hotel Rucksack**①, Kanalstr. 70/Ecke Glockengießerstr., Tel. 70 68 92, www.rucksackhotel-luebeck.de. Wohl mit die billigste Bleibe im Zentrum, im „Werkhof" (dort auch das legere Café Affenbrot): sechs Räume, 28 Betten, also auch Mehrbettzimmer. Kostenloses WLAN.

■ **Jugendherberge Altstadt**①, Mengstr. 33, Tel. 70 20 399. 73 Betten hat das Haus, das in der Altstadt liegt.

■ **Jugendherberge**①, Vor dem Burgtor, Am Gertruden-Kirchhof 4, Tel. 33 433, vom ZOB per Buslinie 1, 3, 8, 11, 12 bis Gustav-Radbruch-Platz fahren und ein Stück die Travemünder Allee gehen bis zur ersten Straße links.

■ **Campingplatz Schönböcken,** Steinrader Damm 12, Tel. 89 30 90, www.camping-luebeck.de. Ganzjährig geöffnet. 70 Stellplätze, Lebensmittelladen, Imbiss, Spielplatz, einfache Ausstattung. Autobahnausfahrt „Lübeck-Moisling" von der Autobahn A 1 wählen, dann ist es ausgeschildert, der Platz liegt etwa drei Kilometer von der Stadt entfernt. Busverbindung mit Linie Nr. 7 in die Stadt.

■ **Wohnmobil Treff Lübeck,** An der Hülshorst 11, beim Sportpark Hülshorst, Bus Nr. 12 fährt in die Innenstadt, Tel. 32 111, www.sportpark-huelshorst.com/stellplatz, geöffnet: 2.1.–31.10. Der Platz liegt außerhalb der Altstadt in Richtung Travemünde in einer Seitenstraße neben einem Sportpark, wo es auch ein Lokal gibt. Stromanschluss und eine Versowie Entsorgungsstation sind vorhanden. Insgesamt etwa 40 Stellplätze.

Gastronomie

■ **Im Alten Zolln,** Mühlenstr. 93, Tel. 72 395, täglich ab 11 Uhr. Rustikaler Charme mit einem studentischen Touch in einer alten Lübecker Kneipe. Handfeste Gerichte, leicht verwinkeltes Gebäude, auf zwei Ebenen verteilte Gasträume mit mehreren großformatigen Wandgemälden. Separater Raucherbereich.

■ **Remise,** Wahmstr. 43–45, Tel. 77 773, geöffnet: Mo–Fr ab 12, Sa/So ab 9 Uhr, Frühstück bis 15 Uhr. Das in einem Hinterhof gelegene Lokal wird treffend beschrieben mit: Restaurant, Café, Bar, also ein guter Platz für jede Tageszeit. Die hohen Decken, Palmen und großformatigen Spiegel geben dem Ganzen einen angenehmen, warmen Charakter.

■ **Ratskeller,** Am Markt 13, Tel. 72 044, geöffnet täglich ab 11.30 Uhr, zentral gelegen, mit geschützter Terrasse, bürgerlich-holsteinische Küche in einem urigen Kellergewölbe.

■ **Café Calma,** Hüxstr. 67, Tel. 72 729, Mo–Sa 9–24, So. 9–22 Uhr. Sehr gemütliches Café mit Innenhof. Das vielfältige Frühstücksangebot (z.B. ein „Kutter-Frühstück" mit viel Fisch oder ein „Ranger-Frühstück" mit einer großen Portion Rührei) wird Mo–Fr bis 12 Uhr, Sa/So bis 13 Uhr angeboten, außerdem kleine warme Gerichte wie Pasta, Quiche und holsteinische Speisen.

■ **Kartoffelkeller,** Koberg 6–8, Tel. 76 234, täglich ab 11.30 Uhr, liegt in einem Gewölberaum, im Sommer mit Terrasse. Hier dreht sich alles um die Kartoffel.

■ **Das kleine Restaurant,** An der Untertrave 39, Tel. 70 59 59. In einem 300 Jahre alten Haus speist man regionale Saison-Küche. Ab 18 Uhr, Mo geschl.

■ **Lübecker Hanse,** Kolk 3–7, schräg gegenüber vom Figurentheater, Tel. 78 054. Gehobene regionale Küche. Geöffnet Di–Fr ab 17, Sa/So ab 12 Uhr.

■ **Schiffergesellschaft,** Breite Str. 2, Tel. 76 776. Norddeutsche Küche und Fischgerichte in nostalgischem Ambiente, täglich ab 10 Uhr.

■ **Brau Berger,** Alfstr. 36, Tel. 71 444, Traditionsbrauerei in urigem Kellergewölbe, Mo–Sa ab 17 Uhr.

■ **La Rusticana,** Obertrave 11, Tel. 70 60 977. Klassische Pizzeria am Rande des Zentrums mit Terrasse mit Blick auf die Trave.

Schiffstouren

■ **Könemann Schifffahrtslinien,** Teerhofsinsel 14a, Tel. 28 01 635, www.koenemannschiffahrt.de, bietet zweimal am Tag (9.30 und 14 Uhr) Fahrten nach Travemünde an. Abfahrt vom Anleger Drehbrücke, unweit vom Oldtimer-Hafen. Dauer: 90 Min.

■ **Cityschiffahrt Gabriel,** Wallstr. 17, Tel. 29 63 424, www.cityschifffahrt.de, etwa stündliche Abfahrten zur großen Stadt-, Kanal- und Hafenrundfahrt. Der Anleger ist keine 50 Meter vom Holstentor entfernt.

■ **Die weiße Flotte der Quandt-Linie,** Büro: Willy-Brandt-Allee 13, Tel. 77 799, www.quandt-linie.de. Unternimmt ebenfalls Stadt- und Hafenrundfahrten, bietet aber auch eine Fahrt nach Travemünde. Abfahrten jeweils vom Anleger Holstentorterrassen, gegenüber vom alten Salzspeicher oder vom Anleger Wallhalbinsel vor der MuK.

Stadtführungen

■ Stadtführungen finden meist um 11 Uhr statt, Dauer ca. 2 Std. Infos: Tel. 409 19 50, www.luebeck-stadtfuehrung.de.

157sh mux

Einkaufen

Direkt in der Lübecker Altstadt konzentriert sich eine ganze Reihe von bezaubernden, kleinen Geschäften auf relativ wenige Straßen. Kauflustige können so ganz entspannt von einem Shop zum nächsten schlendern und die ganze Bandbreite des Angebots auf sich wirken lassen. Hier einige herausragende Shopping-Spots:

- **Hüxstraße:** Gilt für viele als Lübecks schönste Einkaufsstraße mit einer Vielzahl von kleinen, interessanten Läden.
- **Fleischhauerstraße:** Ähnlich attraktiv wie die Hüxstraße, mit der einzigen Einschränkung, dass sich hier etwas weniger Läden befinden – diese sind aber genauso originell.
- **Breite Straße:** Diese Fußgängerstraße wird auch „Modemeile" genannt, aber dort findet sich viel mehr als nur Bekleidungsgeschäfte. Hier sind auch Filialen großer Ketten angesiedelt.
- **Königsstraße:** Ist keine reine Einkaufsstraße, aber es gibt dort dennoch einige spannende Läden zu entdecken.
- **Einkaufszentrum Königspassage,** Fleischhauerstraße, Ecke Königstraße, Mo–Sa 8–20 Uhr. Sehr zentral gelegene, nicht zu große Einkaufspassage, in der etliche kleinere Geschäfte und einige Lokale zu finden sind.
- **Marzipan-Speicher,** An der Untertrave 98, täglich 10–18 Uhr. In diesem historischen Haus wird Lübecker und Königsberger Marzipan verkauft, obendrein gibt es ein Café und eine tägliche Marzipanshow.

◁ Die prächtige Wappenfassade des Lübecker Rathauses

Lübeck-Travemünde

„An diesem Ort, in Travemünde, wo ich die unzweifelhaft glücklichsten Tage meines Lebens verbracht habe, Tage und Wochen, deren tiefe Befriedigung und Wunschlosigkeit durch nichts Späteres in meinem Leben (...) zu übertreffen und in Vergessenheit zu bringen war – an diesem Ort gingen das Meer und die Musik in meinem Herzen eine ideelle, eine Gefühlsverbindung für immer ein."

Kein Zweifel, *Thomas Mann* liebte Travemünde, dieses Geständnis machte er 1926. Heute dürfte dies für viele Lübecker, aber auch für eine nicht geringe Zahl von Hamburgern ebenfalls gelten. Für beide ist Travemünde problemlos zu erreichen, die Hamburger müssen nur länger fahren.

Und was macht den **Reiz dieses Seebades** aus? Es dürfte die Mischung sein. Natürlich lockt der **Strand** in erster Linie, immerhin gute vier bis fünf Kilometer lang und teilweise 100 Meter breit, das macht ihm kaum ein anderer Ostseestrand nach. Im weichen, hellen Sand können sich buchstäblich Tausende aalen, um die 2000 Strandkörbe stehen in der Hochsaison bereit. Aber das ist nicht alles.

Eine **Promenade** läuft parallel zum Strand und endet, genau wie dieser auch, an der Mündung der Trave. Hier steht das weithin sichtbare **Maritim-Hochhaus** mit 35 Stockwerken, in dem auch ein Hotel untergebracht ist. Nicht weit davon entfernt steht der **älteste Leuchtturm** (1539) des Landes. 142 Stufen führen hoch zur Plattform auf 31 Meter. Be-

sichtigung inklusive eines kleinen Museums zur Leuchtfeuergeschichte, aber vor allem den tollen Fernblick genießen:

■ **Alter Leuchtturm,** Am Leuchtenfeld 1, geöffnet: April–Okt. täglich 13–16 Uhr, Juli/August 11–16 Uhr, Nov.–März So 11.30–12.30 Uhr, Eintritt 2 €.

Beide Komplexe liegen am Mündungsbereich der Trave, und die schon erwähnte Promenade verläuft, nachdem sie einen „Knick" gemacht hat, über gut 1,5 Kilometer entlang der Trave weiter. Hier flanieren die Touristen in Richtung **Altstadt,** passieren dabei einige Lokale, einen Park, den Hafen, und später geht es in die Altstadt.

Travemünde bietet eine reizvolle **Mischung von Strandleben und Stadtflair** in einem eigenständigen Ort, der entgegen landläufiger Meinung nicht ausschließlich durch den Tourismus entstanden und geprägt ist.

Sehenswertes

Das **Segelschiff „Passat",** eine Viermastbark der legendären Flying-P-Linie, liegt in der Mündung der Trave. Dieser stolze Segler wurde 1911 fertiggestellt. Etliche Reisen nach China und vor allem nach Chile, um Salpeter zu laden, wurden für eine Hamburger Reederei unternom-

350sh mux

Auf dem Dach des Maritim-Hochhauses befindet sich mit 115 m das höchste Leuchtfeuer Europas

men. Bis 1957 fuhr die Passat für verschiedene Reeder, später auch als Schulschiff. 1957 fand die letzte Reise statt, denn die Zeit der Großsegler war vorbei. Nach einigem Hin und Her liegt die Passat nun seit 1965 an ihrem Ankerplatz in Travemünde, sie ist mittlerweile zum Wahrzeichen des Ortes geworden. Ein gleichartiges Schwesterschiff, die Pamir, ging übrigens 1957 unter, in der Lübecker Jakobikirche wird mit einer Gedenktafel daran erinnert.

Ein Rundgang über das Schiff lässt staunen – staunen über die schiere Größe, über die Enge der Kojen, über das ausgeklügelte Konzept, nach dem Segel gesetzt und gerefft wurden. Man ahnt und spürt fast die körperliche Arbeit, die dahinter steckte. Besucher bewundern die Takelage, die gewaltigen Ruder, die enorme Höhe der Masten, die Dicke der Taue. Außerdem können der tiefe Frachtraum, die unterschiedlich großen Kojen und ein Funkraum besichtigt werden. Unter Deck befindet sich auch eine Dokumentation zur Passat mit vielen alten Fotos, Arbeitsgerätschaften und erklärenden Hinweistafeln.

Zu besichtigen: Ostern bis Mitte Mai täglich 11–16.30 Uhr, Mitte Mai bis Mitte Sept. täglich 10–17 Uhr, Mitte Sept. bis Okt. täglich 11–16.30 Uhr, Eintritt: Erw. 4 €.

Der **alte Ortskern** liegt rund um die **St.-Lorenz-Kirche.** Diese stammt aus dem Jahr 1522 und birgt in ihrem Inneren einen wertvollen Holzaltar. In der Nähe liegt auch das **Vogteigebäude** in der gleichnamigen Straße, ein Backsteingiebelhaus aus der Zeit um 1600. Besonders auffällig ist das Sandsteinwappen über der Tür.

Rings um die St.-Lorenz-Kirche finden sich auch etliche **Giebelhäuser** aus dem 18. und 19. Jahrhundert, so besonders in der **Straße Vorderreihe.** Diese Straße ist, genau wie die Kaiserallee, unter Denkmalschutz gestellt worden. Eine ganze Reihe erhaltenswürdiger Häuser, teilweise liebevoll restauriert, stehen hier und zeugen von alter Pracht. Das älteste Haus stammt aus der zweiten Hälfte des 16. Jh. und steht in der Jahrmarktstraße 13.

Großsegler – Stolz der Seefahrt

„Einmal noch nach Bombay oder nach Schanghai, einmal noch nach Rio oder nach Hawaii", *Hans Albers* traf den Nerv der Zeit. Wenn ein Großsegler, ein Schiff mit drei oder gar vier Masten, im Hafen lag, dann drückten sich die Jungs die Nasen platt und bekamen gestandene Seeleute feuchte Augen. Kein Wunder, das war ein Anblick! Ein **Viermastschiff weckt Sehnsüchte,** lässt Abenteuervisionen aufkommen, ist der Stolz der Seefahrt. Und wenn es dann voll aufgetakelt ausläuft, dann schwört sich so mancher: „Nächstes Mal bin ich dabei, ganz sicher!" Aber das ist Schnee von gestern – eine Epoche ist vergangen, die Zeit der Großsegler unwiederbringlich vorbei.

Um die Wende zum 20 Jahrhundert war das mal anders, und die heute in Travemünde liegende „Passat" gehörte dazu. Damals wurden beispielsweise von der Reederei Laeisz eine ganze **Flotte Großsegler** gebaut und betrieben, die sogenannten Flying-P-Liner. Insgesamt 65 Schiffe, darunter 17 Großsegler, wurden gebaut, und alle 65 **Namen** begannen mit dem Buchstaben P: Padua, Pamir, Passat, Perkeo, Peking, Pola usw. Diese Besonderheit hatte einen einfachen Hintergrund, soll doch die Ehefrau des Reeders auf den Kosenamen „Pudel" gehört haben, und so wurde dann auch 1856 das erste Schiff getauft. Das galt als gutes Omen, und Reeder *Laeisz* beließ es dabei, so einfach war das damals.

Bis zum Ersten Weltkrieg gab es insgesamt 210 Großsegler, die meist als **Frachtsegler auf allen Weltmeeren** im Einsatz waren. Teilweise lieferten sich die Kapitäne regelrechte **Wettfahrten** auf dem Weg um Kap Hoorn oder nach Australien, „Weizen-Regatta" wurde das genannt, weil es darum ging, bei den Weizen-Auktionen als erster im Ziel einzulaufen. Den Kapitänen wurde dafür eine Prämie gezahlt, und so knüppelten sie ihre Schiffe und Mannschaft regelrecht über die Ozeane.

310sh mux

1911 wurde die **„Passat"** auf Jungfernfahrt nach Valparaiso in Chile geschickt, um Salpeter zu laden. Insgesamt 15 große Fahrten unternahm die „Passat" dann später, umrundete 39 Mal Kap Hoorn. Und 1949 wurde dann das **letzte große Weizen-Rennen** ausgetragen, die „Passat" gegen die „Pamir" auf der Strecke Australien – Europa. Die „Passat" siegte nach 109 Tagen, die „Pamir" lief 19 Tage später ein.

Dann änderten sich langsam die Zeiten, die schnelleren und wirtschaftlicheren **Motorschiffe** verdrängten nach und nach die Segler. Aber auch für die Mannschaften wurde bei aller Romantik die Arbeit durch die Motorschiffe angenehmer; das sollte man nicht vergessen. Dazu kam noch der Schock des **Untergangs der „Pamir".** Am 21. September 1957 wurde das Schiff in Höhe der Azoren von einem fürchterlichen Sturm überrascht, kenterte und versank binnen kurzer Zeit. 80 Mann ertranken, nur sechs konnten gerettet werden. Damit war das **Ende der Großsegler** besiegelt, nur einige wenige Einzelkämpfer wollten das nicht wahrhaben und schickten Segler trotz ungünstiger Frachtraten auf Reisen. Vergebens, gegen die Containerschiffe kam kein Segler an.

Heute sind **vier Schiffe der Flying-P-Line** übriggeblieben: die „Padua" läuft als russisches Schulschiff „Kruzenstern", die „Pommern" liegt auf den Aalandinseln als Museumsschiff, die „Peking" in New York und die „Passat" in Travemünde.

Großsegler sieht man heute nur noch **selten im Einsatz,** beispielsweise in Kiel, wenn das deutsche Segelschulschiff „Gorch Fock" mal im Hafen liegt oder bei Großereignissen wie der **„Sail", einem Segler-Treff,** der alle zwei Jahre stattfindet.

◁ Die „Passat" im Hafen von Travemünde

Das kleine **Seebadmuseum** am Marktplatz nahe der Lorenzkirche erinnert an die lange Geschichte Travemündes als Seebad, denn seit 1802 zieht es „Sommerfrischler" an die Ostsee. Die alte Zeit wird hier wieder lebendig durch Filme, Hörstationen und Exponate und speziell Kinder werden wohl über die „uncoole" frühere Bademode nur staunen.

■ Torstr. 1, Tel. 999 80 94, geöffnet: März–Dez. Di–So 11–17 Uhr, Eintritt: 5 €, ermäßigt 2,50 €.

Der **Fischereihafen** liegt am westlichen Ende der Promenade, gleich neben der Autofähre zum Priwall. In diesem kleinen, netten Abschnitt landen noch echte Fischerboote an, von denen der Fang teilweise noch direkt verkauft wird. Passend dazu befinden sich am Hafen eine Handvoll uriger Kneipen, die frisch gezapftes Bier und Fischbrötchen anbieten, mit vereinzelt aber doch etwas rauem Charme.

Die **Kaiserallee** führt in Höhe des luxuriöses Columbia Hotels parallel zum Strand, und hier liegen weitere schöne, alte Häuser im Stil der **Bäderarchitektur.** Diese beherbergen heute zum größten Teil kleine Hotels und Pensionen, die überwiegend sehr stil- und geschmackvoll gehalten sind. Die Straße wird gesäumt von kastenförmig geschnittenen Lindenbäumen.

Die winzige **Landzunge Priwall** war, als die DDR noch existierte, ein **deutsch-deutsches Kuriosum.** Gebietsmäßig gehörte diese Halbinsel zu Travemünde, also zur Bundesrepublik. Der einzige Landweg aber führte in die DDR, war damit also versperrt. Bis 1989 war Priwall deshalb nur mit einer Fähre zu erreichen, diese pendelt heute noch.

109sh mux

Mittlerweile existiert eine zweite, von der Vorderreihe legt eine Personenfähre ab, von der Nordermole auch eine Pkw-Fähre. Der Priwall hat einen sehr **schönen Sandstrand,** der einst als FKK-Strand genutzt wurde (heute nur noch der östliche Teil). Die DDR-Grenzer hatten von ihrem Wachturm einen ungehinderten Blick darauf. In dieser erzwungenen Abgeschiedenheit konnten aber auch seltene Tiere und Pflanzen überleben, ein Teil des Gebiets ist heute **Vogelschutzgebiet.** Mittlerweile gibt es am Priwall einen Segelhafen und ein paar touristische Einrichtungen wie Lokale und Unterkünfte.

„Warum ist die Scholle platt?" Fragen wie diese werden in der **Ostseestation Priwall** beantwortet. Erfahrene Meeresbiologen führen Besucher in keinen Gruppen zu etwa **20 Schau-Aquarien** und berichten äußerst informativ über die vielen Geheimnisse der Ostseebewohner.

- **Ostseestation Priwall,** am Priwallhafen 10, Tel. 30 87 05, geöffnet: 1.4.–31.10. Di–So 10–16 Uhr, 1.11.–31.3. Do–So 10–17 Uhr. Eintritt: 6 €, Kinder 4 €.

Besonders schöne Villen finden sich in der Kaiserallee

Praktische Tipps

Info

- **PLZ:** 23570.
- **Vorwahl:** 04502.
- **Welcome Center,** Strandbahnhof, Bertlingstraße 21, Tel. (0451) 88 99 700. Geöffnet: 2.1.–28.2. und 1.11.–31.12. Mo–Fr 9.30–18 Uhr, 1.3.–31.5. und 1.9.–31.10. Mo–Fr 9.30–18, Sa 10–15, So 11–15 Uhr, 1.6.–31.8. Mo–Fr 9.30–18, Sa/So 10–17 Uhr.
- **Internet:** www.travemuende-tourismus.de.

An- und Weiterreise

- **Bahn:** Der Bahnhof liegt keine drei Minuten Fußweg vom Strand entfernt. Achtung: Travemünde hat drei Bahnhöfe: Travemünde Skandinavienkai, Hafenbahnhof und Bahnhof Travemünde-Strand.

Letzterer ist die Endstation und liegt in Strandnähe. Es gibt etwa stündlich Verbindungen nach Lübeck.

■ **Busse:** Die Linienbusse haben ihren zentralen Platz vor dem Strand-Bahnhof. Linien 30 und 40 fahren nach Lübeck zum ZOB.

■ **Parken:** Es gibt vier gebührenfreie Zonen und elf gebührenpflichtige, die ausgeschildert sind. Außerdem existiert ein Parkhaus am Strand, in der Tiefgarage des Hotels Maritim, das rund um die Uhr geöffnet ist.

■ **Taxi:** Trave-Taxi, Tel. 40 11.

Unterkunft

Eine ganze Reihe von Unterkünften liegt in schönen, meist familiären Häusern entlang der **Kaiserallee,** also in unmittelbarer Strandnähe. Die Lage hat allerdings ihren Preis.

■ **Hotel Atlantic**④-⑤, Kaiserallee 2a, Tel. 75 057, www.hotel-atlantic-travemuende.de. Zimmer mit Terrasse und Seeblick in historischer Villa.

■ **Hotel Sonnenklause**③-④, Kaiserallee 21, Tel. 86 130, www.hotel-sonnenklause.de. Ein etwas größeres Haus mit Café. Seit 1925 in Familienbesitz, die Zimmer sind modern ausgestattet und haben teilweise Meerblick, zum Strand sind es kaum 100 Meter.

■ **Deutscher Kaiser**②-③, Vorderreihe 52, Tel. 84 20, www.deutscher-kaiser-travemuende.de. Das Hotel liegt direkt an der Travemünder Flaniermeile und bietet komfortable Zimmer und Apartments, teilweise mit Blick auf die Trave, außerdem einen Sauna- und Fitnessbereich.

■ **Ferienhäuser auf dem Priwall,** der Ferienhaus-Anbieter *Novasol* hat etliche schmucke und gemütliche Ferienhäuser nach skandinavischem Vorbild auf dem Priwall im Angebot. Sie liegen unweit der Passat am Dünenweg. Infos: Tel. (040) 23 88 59 82 oder www.novasol.de.

■ **Campingplatz Ivendorf,** Frankenkrogweg 2–4, etwa drei Kilometer außerhalb von Travemünde. Von der B 75 nach Ivendorf abzweigen, ausgeschildert. Ganzjährig geöffnet, Tel. 48 65, www.camping-travemuende.de. WLAN und ein Natur-Schwimmbecken.

■ **Camping Katt,** auf dem Priwall, am Dünenweg 3, nicht weit von der Passat entfernt, Tel. 28 35, www.strandcamping-priwall.de. 1.4.–30.9. geöffnet.

■ **Wohnmobilstellplatz,** ganz in der Nähe vom Brodtener Ufer liegt der ganzjährig geöffnete WoMo-Stellplatz „Kowitzberg" mit Platz für 49 Fahrzeuge. Strom, Wasser und Entsorgungseinrichtungen sind vorhanden und gegen Gebühr nutzbar, Tel. 80 41 30.

■ **Wohnmobilstellplatz,** Auf dem Baggersand 15 am Fischereihafen. Gar nicht so kleiner Platz (90 Stellplätze), nicht sehr weit von der Priwall-Fähre entfernt, Infos unter Tel. 13 00, www.park-and-sail.de.

Gastronomie

Es gibt eine ganze Reihe von Lokalen in der Vorderreihe, die meisten haben auch eine Terrasse.

■ **Café Niederegger,** Vorderreihe 56, Tel. 20 31, täglich ab 9 Uhr, So ab 10 Uhr geöffnet, aber saisonal unterschiedlich. Ableger aus Lübeck.

■ **Luzifer,** Auf dem Baggersand 3, Pier 3, Tel. (04502) 30 78 11, tägl. ab 9 Uhr. Das relativ große Lokal mit schöner Terrasse liegt knapp vor dem Fischereihafen direkt an der Trave, daher bietet sich von hier ein toller Blick auf die Trave bis hinunter zur Passat. Das Lokal serviert gute Bistroküche in lockerer Atmosphäre.

■ **Marina,** Trelleborgallee 2a, Tel. 74 347, geöffnet: Mitte April–Mitte Okt. täglich 11–22 Uhr, restliche Jahreszeit Do–So 12–20 Uhr. Dieses Lokal liegt auf dem Gelände des Lübecker Jachtclubs. Geboten wird v.a. regionale Küche, aber es gibt auch Kaffee und Kuchen sowie Brunchangebote. Von der großen Terrasse prima Blick auf die Trave.

Schiffstouren

- **Könemann Schifffahrt,** Tel. (0451) 28 01 635. Verbindet mehrmals tgl. Travemünde mit Lübeck.
- **„MS Sven Johannsen“,** veranstaltet u.a. Ostseetörns. Abfahrt mehrmals täglich von der Prinzenbrücke, Dauer der Tour: eine Stunde, Infos unter www.ms-sven-johannsen.de.
- Ebenfalls eine einstündige Bootstour auf der Ostsee mit Restauration bietet die **„MS Marittima“** von der Überseebrücke 2 an, Tel. (0163) 64 75 772.
- Mit der **TT-Linie** nach Schweden: Angeboten werden unterschiedliche Touren nach Trelleborg. Es sind sogenannte Mini-Kreuzfahrten, die Nacht wird an Bord verbracht, kurzer Landgang ist möglich. Abfahrt: Skandinavienkai, Infos unter Tel. 80 181, www.ttline.com.
- **Nordoe-Link,** Tel. 80 550, Fax 36 51, www.finnlines.com, bietet Touren nach Malmö an, und zwar auf einer Fähre, die hauptsächlich Lkw und Fracht transportiert, aber eben auch Passagiere mitnimmt. Die Überfahrt dauert neun Stunden, wer über Nacht reist, muss eine Kabine buchen, es gibt aber auch Fahrten über Tag. Abfahrt am Skandinavienkai.

Wassersport

Segeln

- **Segelschule Mövenstein,** Kaiserallee 40, Tel. (0171) 24 52 400, www.moevenstein.de. Katamaran- und Anfängerschulungen auf Jollen.
- **Schött Segelschule,** Teutendorfer Weg 2, Tel. 45 04, www.wasserfahrschule.de. Bietet Segelkurse sowie Ausbildung für alle Wassersportscheine.

Weitere Aktivitäten

Fahrradverleih

- **Firma Beitsch,** Kurgartenstr. 67, Tel. 66 22.
- **Das Fahrrad,** Moorredder 15, Tel. 35 50.
- **Cars & Bike,** Kurgartenstr. 124, Tel. 70 71 08.

Minigolf

- Anlage an der Außenallee 6 gegenüber dem Kurhaushotel, Tel. 88 88 73.
- Am Priwallhafen 14 A, Priwall, Tel. 28 78.

Reiten

- **Reiterhof Travemünde-Priwall,** Fliegerweg 11, Tel. 30 96 98, www.ostseereiterhof.de, täglicher Reitunterricht oder auch Ausritte am Strand.

Einkaufen

- **Wochenmarkt:** Mo und Do 8–13 Uhr.

Post

- Filiale bei „Papier Träume“, Vorderreihe 56–57.

Ausflüge

Brodtener Steilufer

Dieses **tolle Steilufer** liegt nur wenige Kilometer nördlich von Travemünde (von der B 76 an ist es auch ausgeschildert). Der Weg dorthin führt über eine zwei bis drei Kilometer lange Piste. An schönen Sommertagen ist hier **kein Parkplatz** zu bekommen, dann staut sich die Blechlawine entlang des ganzen Weges. Sowohl von Travemünde als auch von Niendorf können Sie auf einem Wanderweg zu Fuß oder per Rad sehr schön immer an der Steilküste entlang jeweils zum anderen Ort gelangen.

Dort angelangt, steht man auf einem etwa 20 Meter hohen **Kliff,** tief unten sieht man das Steilufer. Das Kliff steigt sogar an manchen Stellen bis zu 30 Me-

352sh mux

ter hoch und zieht sich über etliche Kilometer hin, ein beeindruckender Anblick. Geröllmassen brechen durch Herbststürme immer mal wieder ab und sammeln sich unten am Fuß des Kliffs. Problemlos kann man hier bis zum Nachbarort Niendorf wandern oder radeln und dabei traumhaft schöne Ausblicke genießen.

Auch ein bekanntes **Restaurant,** die Hermannshöhe, kann man hier aufsuchen und genießt eine wunderbare Aussicht vom gemütlichen Kaffeegarten aus.

■ **Hermannshöhe,** Tel. 88 85 425, geöffnet: Mo–Do 11–18, Fr–So 8–20 Uhr, Sa/So Frühstücksbüffet 8–11 Uhr. Tolle Lage direkt am oberen Rand der Steilküste mit einer großen Außenterrasse. Geboten wird eine saisonale Holsteiner Küche, aber auch Snacks, Pizza, Flammkuchen sowie selbstgebackener Kuchen und Torten. Das Ganze allerdings bei Selbstbedienung. Ein Minimarkt mit regionalen Produkten ist angeschlossen.

⌃ Das Brodtener Steilufer

Gothmund

Gothmund ist ein **winziges Dorf** an der Trave, das knapp vor Lübeck liegt, unweit der Herrenbrücke. Hier lebten seit altersher **Fischer,** urkundlich erwähnt wurden sie schon im frühen 16. Jh. Ursprünglich lagerten die Fischer hier nur kurzfristig auf ihren Weg von der Ostsee die Trave hoch nach Lübeck. Deshalb standen dort ursprünglich auch nur einfache Katen, heute jedoch befinden sich dort richtig schmucke **Reetdachhäuser,** die liebevoll gepflegt werden. Gothmund ist so ein richtig kleines Schmuck-

023sh mux

stück geworden, ein Ort, der übrigens **nur zu Fuß** erkundet werden kann. Das Dorf liegt an der Trave, an der ein **Treidelpfad** verläuft, an dem früher die Schiffe „getreidelt", also gezogen wurden. Heute kann man hier per Fahrrad entlangfahren.

Anfahrt: Von Travemünde führt ein Weg durch Felder und kleine Dörfer hierher, aber die Trave muss durch den Herrentunnel gequert werden, das geht für Radler und Fußgänger nur mit einem kostenlosen Shuttle-Bus. Per Auto geht es über die B 75 bis zur Dorfgrenze.

Idyllisches Dörfchen an der Trave: Gothmund

Niendorf

Böse Zungen behaupten, Niendorf sei nichts weiter als ein Vorort von Timmendorfer Strand. Wer einen Blick auf den Stadtplan wirft, könnte diese Meinung teilen. Könnte, sollte aber nicht, denn Niendorf ist anders und zeichnet sich besonders durch seine **Ruhe und Beschaulichkeit** aus.

Niendorf wurde bereits 1385 erstmalig als **kleines Dorf,** das von Bauern und Fischern bewohnt war, erwähnt. Landwirtschaft und Fischfang blieben auch über Jahrhunderte die einzigen Erwerbsquellen der Niendorfer und spielen teilweise auch heute noch eine Rolle. Dann kam der Tourismus, und vieles änderte sich, aber eben nicht alles.

MEIN TIPP: Ein **alter Kern um den kleinen Hafen** hat sich noch erhalten können, er liegt am Ortsende an der Strandstraße. Einige Fischerboote dümpelt hier im Hafenbecken. An einigen Buden wird **fangfrischer Fisch** verkauft. Zwei, drei Lokale sind dort auch zu finden und als originelles Fotomotiv die Figur eines alten „Sailors", der auf einer Bank sitzt und versonnen aufs Meer blinzelt. In der Saison findet an jedem ersten Sonntag ab 9 Uhr ein Fischmarkt direkt am Hafen statt. Insgesamt hat sich hier eine Art maritimes Zentrum gebildet, es gibt noch eine Töpferei, eine Galerie und 100 m entfernt in Richtung Timmendorf ein Eiscafé am Hafen, das oberleckeres italienisches Eis anbietet.

Der **Strand** ist sehr schön, weichsandig fast völlig frei von Steinen. Außerdem geht er flach ins Meer über. Er soll über acht Kilometer lang sein und führt, nur durch den Niendorfer Hafen unterbrochen, weiter bis nach Timmendorf.

Direkt hinter dem Strand verläuft eine **Promenade** zwischen Strand und Häuserzeile, unterbrochen von einigen Lokalen. Die Promenade wurde richtig nett aufgehübscht und zeigt sich ziemlich schmuck. Unmittelbar dahinter liegen Häuser, darunter auch einige Ferienwohnungen. Wer hier sein Zimmer zur richtigen Seite hat, schaut aufs Meer, ansonsten auf die Strandstraße, eine der zwei Straßen, die sich durch das Dorf schlängeln.

Außer dem Hafen findet man nur noch ein **Meerwasserschwimmbad,** das Abwechslung bietet, ansonsten dominiert ruhiges Strandleben. Wer mehr Ab-

Die Karl-May-Spiele

Seit 1952 ein Hit, nicht nur bei Kindern, sind die Karl-May-Spiele im Freilichttheater in Bad Segeberg vor dem Kalkberg. Hier wurde seit 1645 **Kalk abgebaut,** und das ging auch über Jahrhunderte gut, aber 1931 wurde die Grube dann doch geschlossen.

Später wurde dann eine **Freilichtbühne** in der ehemaligen Grube angelegt, und am 16. August 1952 war **Premiere.** Das erste Karl-May-Abenteuer ging über die Bühne, zu Tausenden kamen die Kinder aus den Ostsee-Ferienlagern. Und so ging es weiter, Jahr für Jahr.

Die Themen drehten sich immer wieder um **Winnetou** – unvergessen hier *Pierre Brice* in seiner Paraderolle. Und so erzählen die Geschichten das hohe Lied vom wackeren Westmann, vom edlen Indianer, von hinterhältigen Ganoven. Das Ganze ist gemischt mit viel Action, einem Schuss Rührseligkeit und vor allem der **einmaligen Atmosphäre** vor dem Kalkberg. Davon sind sowohl Kinder als auch Erwachsene regelmäßig begeistert.

■ Infos und Kartenreservierung unter: Karl-May-Spiele Bad Segeberg, Karl-May-Platz, 23795 Bad Segeberg, Tel. (01805) 95 21 11, www.karl-may-spiele.de.

Von Lübeck nach Bad Segeberg gelangt man problemlos über die Bundesstraße B 206, es sind etwa 30 Kilometer. Gespielt wird von Mitte/Ende Juni bis Anfang Sept. jeweils Do, Fr, Sa um 15 und 20 Uhr, So um 15 Uhr.

wechslung und Unterhaltung wünscht, muss „rüber" nach Timmendorf fahren.

Ein Muss sollte für jeden Ostsee-Urlauber ein Besuch im **Vogelpark Niendorf** sein. Er ist zu Fuß von Niendorf erreichbar und liegt am Nordufer des Hemmelsdorfer Sees. Einfach der Straße An der Aalbek, die in Höhe des Hafens abzweigt, folgen, eine überdimensionale Eule weist obendrein den Weg. 1000 Vögel in 250 Arten aus aller Welt, aber vor allem heimische, sind hier zu finden, so Kraniche, Störche, Reiher, aber auch Fasane, Adler oder Geier. Weiterhin findet man hier die weltgrößte Sammlung lebender Eulen (laut Eigenwerbung). Ein großer Teil der Vögel lebt frei auf dem Gelände, das durch Schilfbewuchs, kleine Teiche und ein natürliches Sumpfgebiet geprägt ist. Deswegen sprechen die Betreiber auch vom „natürlichsten Vogelpark Deutschlands".

■ **Vogelpark Niendorf,** An der Aalbek (ohne Hausnummer), geöffnet: täglich 9–20 Uhr, in der Nebensaison 10 Uhr bis Einbruch der Dunkelheit. Infos: Tel. (04503) 47 40, www.vogelpark-niendorf.de. Eintritt: Erwachsene 8,50 €, Kinder (3–15 Jahre) 4,50 €.

Wer dem Weg anschließend noch bis zum Hemmelsdorfer See folgt (ist aber doch schon recht weit, jedenfalls für Fußgänger), gelangt zum **Aussichtsturm Hermann-Löns-Blick.** Ein toller Ausblick auf den See und zur Küste belohnt für die Mühe.

☐ Viel los im Hafen von Niendorf

Praktische Tipps

Info

■ **PLZ:** 23669.
■ **Vorwahl:** 04503.
■ **Gästezentrale:** Strandstraße 121a, Tel. 35 77 60, geöffnet: 1.7.–31.8. Mo–Sa 9–18, So 10–17 Uhr, 1.9.–30.10. und 1.5.–30.6. Mo–Fr 9–18, Sa/So 13–17 Uhr, 1.11.–30.4. Mo–Fr 9–17 Uhr.
■ **Internet:** www.niendorf-ostsee.de.

An- und Weiterreise

■ **Bahn:** in Timmendorfer Strand.
■ **Busse:** Linienbusse nach Lübeck, Travemünde und Timmendorf passieren die Durchgangsstraße.
■ **Taxi:** Tel. 20 11.

Unterkunft

Häuser, die an der **Strandstraße** liegen, haben prinzipiell eine gute Lage. Besonders wenn das Zimmer dann noch zum Meer zeigt, kann es kaum besser sein, denn man blickt direkt auf den Strand. In den **abzweigenden Straßen,** die meist Sackgassen sind, liegen weitere Unterkünfte, zwar fast alle ziemlich ruhig, aber halt ohne Meerblick.

■ **Hotel Friedrichsruh**④, Strandpromenade 65, Tel. 89 50, www.friedrichsruh.de. Unweit vom Hafen direkt am Strand, 42 Zimmer, teils mit Meerblick.
■ **Strandhotel Miramar**④, Strandstr. 59, Tel. 80 10, www.miramar-niendorf.de. Stilvolles Haus mit 36 Zimmern, Wellness-Bereich und Blick aufs Meer, ebenfalls direkt am Strand gelegen.
■ **Hotel Atlantic**③, Strandstr. 119, Tel. 88 91 00, Fax 88 91 05, www.hotel-atlantic-niendorf.de. Ein familiäres Haus, freundliche Zimmer, teilweise mit Meerblick.

353sh hj

■ **Best Western Hotel Yachtclub**⑤, Strandstr. 94, Tel. 80 60, www.hotel-yachtclub.bestwestern.de. Modernes 4-Sterne-Haus mit 48 komfortabel eingerichteten Zimmern. Ergänzend bietet das Hotel ein Hallenbad, finnische Sauna, Fitness-Studio sowie ein Feinschmecker- und ein Halbpensions-Restaurant.

■ **Ferienhäuser oder Apartments** liegen überwiegend in den Nebenstraßen, die aber fast alle Sackgassen sind, also eine ruhige Lage aufweisen.

■ **Residenz Windrose**①-③, Travemünder Landstr. 7, Tel. 71 190, www.windrose-online.de. Insgesamt 16 FeWos in einem Anwesen, das 200 Meter vom Strand entfernt liegt. Liegewiese, Schwimmbad, Sauna sind vorhanden.

■ **Villa Hansa**④-⑤, Strandstr. 56. Tel. 25 92, www.villa-hansa.de. Wunderschöne Villa in historischer Bäder-Architektur. Apartments mit einem bis drei Räumen, die exklusiv und mit viel Liebe zum Detail eingerichtet sind und auch einen Balkon haben. Wunderbarer Ostseeblick, u.a. aus dem Wintergarten.

Gastronomie

■ **Hafenräucherei Klüver,** Tel. 68 80, direkt am Hafen gelegen mit Selbstbedienung. Geräucherter oder panierter Fisch mit Kartoffelsalat ist der Renner!

■ **Altes Zollhaus,** Tel. 10 83, direkt am Hafen, mit schönem Blick aufs Wasser von der kleinen Terrasse. Geboten werden Fischgerichte, aber auch Steakfans werden fündig.

■ **Riff Strandbar,** direkt am Strand beim Hafen zu finden, am Ende vom Grüner Weg. Sehr entspanntes Beach-Feeling bei einem kühlen Drink und chilliger Lounge-Musik. Geöffnet: Mai–Okt. 10–22 Uhr.

■ **Fischkiste,** Strandstr. 56, Tel. 31 543, März–Okt. täglich 11–22 Uhr durchgehend, Nov.–März Fr–Di 12–21 Uhr. Direkt am Hafen zu finden und entsprechend werden wunderbare Fischgerichte gezaubert. Aber es gibt auch Fleischiges, falls jemand keinen Fisch mag. Besonderer Clou: eine verglaste Außenterrasse mit Blick aufs Meer.

■ **Café Süfke & Witzig,** Strandstr. 131, Tel. 66 66. Liegt sehr schön an der Promenade und hat eine langgezogene Meerblick-Terrasse. Frühstück ab 9 Uhr, Sa/So ab 8 Uhr, sonst auch durchgehend warme Küche, obendrein hausgebackene Torten und Kuchen.

■ **Café Strandvilla,** Grüner Weg 5, Tel. 31 404. Befindet sich am Hafen in einer schicken, alten Villa und hat ebenfalls eine Meerblick-Terrasse. Motto des Hauses: „Hier backt Oma selbst". Neben Kuchen und Torten gibt es auch Flammkuchen. Täglich 12–18 Uhr.

Schiffstouren

■ **Reederei Möller,** Tel. 16 35, fährt nach Boltenhagen oder bietet eine Panoramafahrt zur mecklenburgischen Küste entlang der Steilküste bei Travemünde und in die andere Richtung nach Grömitz. Infos: www.ms-dana.de.

■ **Reederei Belis,** Tel. 52 72, fährt nach Grömitz, Scharbeutz, entlang des Steilufers bis Travemünde. Weiterhin werden im Sommer eine Lampionfahrt am Abend angeboten sowie eine kleine Ostsee-Rundfahrt. Infos: www.ostsee-rundfahrten.de.

Wassersport

■ **Schwimmbad:** Meerwasserhallen, Strandstraße 133, Tel. 54 56, www.meerwasserhallenbad-niendorf.de. Liegt am Strand und bietet bei 28 °C einen tollen Blick aufs Meer. Geöffnet: generell mit leichten Abweichungen 10–18 Uhr, Mi und Fr ab 7 Uhr, Fr Jugenddisco an ausgesuchten Terminen.

■ **Segelschule Skipper,** Am Hafen, Tel. 70 12 90, www.segelschule-skipper.de.

Weitere Aktivitäten

■ **Fahrradverleih:** *M. Lemnitz,* Strandstr. 62, Tel. 26 65; *Bräuning,* Strandstr. 82, Tel. 22 78.

■ **Karls Erlebnishof,** Fuchsbergstr. 4, 23626 Warnsdorf, Tel. (045029) 88 84 32, www.karls.de, geöffnet ab 8 Uhr. Etwa zwei Kilometer im Hinterland in Warnsdorf befindet sich dieser Bauernhof mit diversen Unterhaltungsmöglichkeiten wie Ponyreiten, Treckerfahren, Spielen, Tiere streicheln und natürlich Einkaufen auf einem großen Bauernmarkt. Außerdem wird von 8 bis 11 Uhr ein Landfrühstück geboten und ab 19 Uhr heißt es: „Resteessen zum halben Preis". Anfahrt: Höhe Meerwasserschwimmbad von der Küstenstraße abbiegen und Niendorf über die Häver Allee verlassen.

Galerie

■ **Hafengalerie Niendorf,** Tel. 874 33, direkt am Hafen werden in einem kleinen Holzhaus Aquarelle und Zeichnungen ausgestellt. Geöffnet: Mai–Okt. täglich 11–17 Uhr, Nov.–April Sa/So 11–16 Uhr.

■ **Hafentöpferei,** Am Hafen 3, Tel. 70 39 35, täglich 11–17 Uhr, außer am Mittwoch.

Post

■ Strandstr. 120, Tel. 88 12 05, geöffnet: 8.30–13, 15–18 Uhr,Mi nur 8.30–13 Uhr, Sa 8.30–13 Uhr.

> Die Seebrücke von Timmendorf

Timmendorfer Strand

Dieser Ort hat ein fast großstädtisches Flair, weist herrliche Villen auf, teure Hotels und elegante Restaurants – aber nicht nur. Es stimmt schon, Timmendorf hat eine bestimmte **mondäne Atmosphäre,** die ein wenig an Sylt erinnert. Einen Hauch von Exklusivität mag man verspüren und nicht zufällig wird ein sehr beliebtes und zentral gelegenes Lokal auch „Café Wichtig" genannt. Wenn die Sonne scheint, kommen schnell viele Tagesgäste, denn Hamburg ist (relativ) nah, und ein kurzer Abstecher hierher schnell gemacht. Aber warum auch nicht, schließlich ist der Strand für alle da, und der ist glücklicherweise lang. Wer also Spaß am Bummeln, Flanieren und Teilnehmen am Sehen-und-Gesehen-werden hat, hält sich eben im Bereich der Fußgängerzone auf.

Wer es **ruhiger** wünscht, der braucht nur ein Stück dem Strand zu folgen und hat diese Welt hinter sich gelassen. Der **Strand** erscheint endlos lang, er ist feinsandig und gut 30 bis 40 Meter breit. Im oberen Strandbereich Richtung Niendorf verläuft ein Holzbohlenweg durch die Dünen direkt am Strand und dort finden sich auch einige pfiffig geformte Ruhebänke.

Etwa in Höhe des zentralen Punktes des touristischen Lebens, d.h. bei der Kurpromenade, ragt eine **Seebrücke** ins Meer hinein. Hier legen noch immer die

354sh mux

357sh mux

Schiffe der Ostsee-Linien an, und jeder Spaziergänger muss einmal bis zur Spitze hinaus gelaufen sein.

Und dann steht da noch eine etwa zwei Meter hohe **Doppel-Skulptur** aus Eisen vom Panik-Rocker *Udo Lindenberg*. Zu finden hinter dem Maritim Seehotel, wo *Udo* einst den Song „Horizont" schrieb und weshalb die Skulptur auch dieses eine Wort trägt.

Sehenswertes

Timmendorf ist ein **gewachsener Ort,** kein künstlich aus dem Boden gestampftes touristisch geprägtes Ferienzentrum. Zwar dominieren an heißen Tagen die Urlauber ganz eindeutig, aber sobald man sich einmal von der „ersten Straße" entfernt, zeigt sich kleinstädtisches Leben.

Eine Art **Zentrum** bilden der **Kurpark** und die **Kurpromenade** mit einer Fußgängerzone, in der Boutiquen, Freiluftcafés und jede Menge Restaurants liegen. Eine typische Bummel- und Flaniermeile mit exklusiven Schmuckläden, Designermode, aber auch schicken Deko-Artikeln. Kleine Besonderheit am Rande: Quer durch die Fußgängerzone verläuft der **54. Breitengrad,** auffällig markiert auf dem Pflaster.

Dieses Ambiente ist an sich schon sehenswert, darüber hinaus jedoch lockt als eine der spektakulärsten Sehenswürdigkeiten der ganzen Küste das **Sea Life Center.** In insgesamt **40 verschiedenen Aquarien** stellen die Betreiber die heimischen Fische aus Nord- und Ostsee, aber auch aus Süßwasserseen in ihrer jeweiligen Lebensumwelt, ihrer ureigenen Gewässerzone, vor. Die Fische tummeln sich in Aquarien, die die Bedingungen der Ostsee, der Atlantiktiefen, aber auch eines rauschenden Wasserfalls nachahmen. Alles ist naturgetreu nachgebildet, selbst eine Fjordlandschaft und ein Hafen sind zu finden. Daneben ist sogar eine Seepferdchenausstellung zu bewundern.

Den Besuchern wird die Möglichkeit gegeben, sich den Tieren weitestgehend zu nähern, überall sind Vergrößerungsfenster und Panorama-Glaskuppeln eingebaut. Dort steckt man den Kopf hinein und schaut wie ein Taucher den Fischen direkt in die Augen. Die größte Attraktion ist zweifelsohne ein acht Meter langer **Unterwasser-Tunnel,** der die Menschen direkt durch ein Aquarium auf dem Meeresboden gehen lässt, über den Menschen schwimmen die Fische und glotzen genauso neugierig zurück. Sogar eine Möglichkeit zum Streicheln bestimmter Fische ist vorgesehen. Zu festen Uhrzeiten werden bestimmte Tiere gefüttert.

■ **Sea Life Center,** Kurpromenade 5, geöffnet: täglich 10–18 Uhr, im Sommer bis 19 Uhr, Nov.–Febr. 10–17 Uhr; Eintritt: Erwachsene 14,95 €, Kinder (3–14 Jahre) 11,95 €. Wer online bucht, kann bis zu 20 % sparen.

Praktische Tipps

Info

■ **PLZ:** 23669.
■ **Vorwahl:** 04503.
■ **Tourist-Service:** Timmendorfer Platz 10, Tel. 35 770; geöffnet: 1.7.–31.8. Mo–Sa 9–18, So 10–15 Uhr, 1.9.–31.10. und 1.5.–30.6. Mo–Fr 9–18, Sa/So 10–15 Uhr, 1.1.–30.4. und 1.11.–31.12. Mo–Fr 9–17, Sa/So 11–14 Uhr.
■ **Internet:** www.timmendorfer-strand.de.

An- und Weiterreise

■ **Bahn:** Der Bahnhof liegt an der Straße Am Bahnhof, kaum 20 Minuten Fußweg vom Zentrum entfernt, regelmäßige Verbindungen bestehen nach Lübeck, Tel. 11 878.
■ **Busse:** Der ZOB liegt am Höppnerweg, vielleicht 10 Min. Fußweg vom Zentrum entfernt. Linie 5951 nach Scharbeutz und nach Lübeck.
■ **Parken:** Etliche größere Parkflächen sind ausgeschildert, am ZOB gebührenfrei. Das Parkleitsystem führt zu folgenden Parkplätzen: P1 (Eissporthalle), P2 (Zentrum), P3 (Wiesenweg), P4 und P5 liegen im benachbarten Niendorf.

☒ Ruhezone am Strand von Timmendorf

■ **Taxi:** Taxi-Zentrale, Tel. 20 11; Ostseetaxi, Tel. 88 11 11; Krukau, Tel. 88 11 22.

Unterkunft

■ **Zimmervermittlung** auch über das Online-Buchungsportal www.timmendorfer-strand.de oder über Tel. 35 770.

In Timmendorf stehen von etwa 200 Anbietern Unterkünfte zur Auswahl. Die preisliche Spanne reicht von etwa 250 € für das Doppelzimmer bis knapp 25 € für ein Privatzimmer, dazwischen ist alles möglich. Etliche Unterkünfte liegen an der Strandallee, das ist die Straße, die am nächsten zum Strand liegt. Viele sind auch in der Poststraße zu finden, dies ist eine Straße der zweiten Reihe, aber dennoch dicht am Geschehen und am Strand. Hier nur eine kleine Auswahl.
■ **Hotel Country Inn**⑤, Strandallee 136–140, Tel. 80 80, www.countryhotel-tdf.de. Funktionales Haus mit 93 Zimmern im Stil eines amerikanischen Landhauses, nur 50 Meter vom Strand entfernt.
■ **Seestern**③-④, Strandallee 124, Tel. 26 51, www.seestern-timmendorf.de. Zentrale Lage, zwölf Zimmer, Garni-Betrieb. Zum Strand sind es über einen nahen Zugang nur wenige Schritte. Sauna, Solarium, eigener Parkplatz vorhanden.
■ **Hotel Royal**④, Kurpromenade 2, Tel. 359 50, www.royal-timmendorf.de. 40 komfortable Zimmer in gediegenem Ambiente, mit eigenem Schwimmbad. Sauna, Solarium, Hallenbad, WLAN.
■ **Landhaus Carstens**④, Strandallee 73, Tel. 60 80, www.landhauscarstens.de. Kleines, feines Haus am Strand mit 31 Zimmern, davon 22 im alten Gebäude an der Seepromenade, die anderen in einem moderneren Haus gegenüber. Insgesamt sehr freundlich und hochwertig-modern eingerichtet. Eingangsbereich und Kamin-Lounge sind im englischen Stil gehalten. Neben einem Wellness-Bereich mit Sauna und chlorfreiem Pool gibt es ein gutes Restaurant mit Gartenterrasse.

■ **Hotel Holsteiner Hof,** ab ③, Strandallee 92, Tel. 357 40, www.holsteiner-hof.de. Familienhotel mit Stil, nur 70 Meter von der Ostsee entfernt. 28 individuelle Zimmer, Sonnenterrasse, Sauna, Solarium und ein Kuriosum: Im hauseigenen Restaurant besteht die Einrichtung teilweise aus Kirchenmobiliar. Kostenloser Internetzugang.

■ **Ringhotel Fuchsbau**④, Dorfstr. 9–11, Tel. 80 20, www.fuchsbau.com. Kleines Privathotel mit einem guten Restaurant. Modern und schick eingerichtete Zimmer mit Nespresso Kaffee-Maschinen, kostenloses WLAN, Bäder in Naturstein.

Gastronomie

■ **Portobello,** Am Platz 4–5, Tel. 12 21, geöffnet: täglich mittags und ab 17.30 Uhr, Sa/So durchgehend ab 11.30 Uhr. Die Adresse sagt es treffend: direkt am zentralen Platz liegt dieses Lokal, in dem italienische Küche auf hohem Niveau zelebriert wird, außerdem gibt es ein gutes und passendes Wein-Angebot.

■ **Reethus,** Wohldstr. 25, Tel. 88 87 90, täglich außer Di 12–23 Uhr. Das Lokal trägt den Zusatz „Steakhaus" und so werden in einem historischen Haus vor allem Steaks in allen Varianten und in bester Qualität geboten, u.a. vom Lava-Grill. Hochgelobt sind auch die hausgemachten (!) Pommes und Pasta.

■ **Filou,** Kurpromenade 2, Tel. 12 15, ab 11.30 Uhr geöffnet, Küche bis 22 Uhr. Angeboten werden Snacks, Salate, Pasta, aber auch Fisch- und Fleischgerichte, außerdem gibt es als Besonderheit den „heißen Stein", auf den man sich Fleischgerichte zubereiten lassen kann.

■ **Schifferklause,** Strandallee 60, Tel. 80 90, maritimes Ambiente, breite Auswahl mit Schwerpunkt Fisch.

■ **Café Engel's Eck** und **Central Café Fitz,** beide in der Fußgängerzone mit riesiger Terrasse. Man sieht und wird gesehen. Eines dieser Cafés wird übrigens deshalb auch „Café Wichtig" genannt und wirbt mittlerweile auch selbst mit diesem Etikett.

■ **Gosch,** Kurpromenade 6, Tel. 89 83 475, täglich ab 11 Uhr. Der Sylter Groß-Gastronom *Gosch* hat einen Ableger im Kurpark eröffnet mit einer beachtlichen Außenterrasse. Bekannt gute Gosch-Qualität mit Selbst-Abhol-Service, wie bei Gosch halt üblich, natürlich mit viel Fischigem, aber auch mit mediterraner Küche.

Schiffstouren

■ **H. Böttcher,** Tel. 70 70 50, www.boettcher-schiffahrt.de, organisiert Schiffstouren, von der Seebrücke, Tagesfahrten nach Grömitz, Travemünde, Fehmarn oder sogar nach Wismar mit der „MS Holstentor".

■ Ähnliches bietet **G. Möller** mit dem Schiff „MS Dana" an, www.ms-dana.de, Tel. 16 35.

Wassersport

Tauchen

■ **Nice Dive,** Oeverdieker Weg 9, Tel. 89 82 48, www.nicedive4u.de. Bietet u.a. Schnorchelkurse und Schnuppertauchen an.

Weitere Aktivitäten

Fahrradverleih

■ **Schütz,** Strandallee, Ecke Birkenallee, bei der Minigolfanlage, Tel. (0172) 64 20 080.

■ **Max Bike,** Poststr. 8–10, Tel. 898 87 98.

Fitnesscenter

■ **Center Pro Vital,** An der Mühlenau 14, Tel. 88 15 88, www.pro-vital-fitness.de.

Minigolf

■ **Anlage am Kurpark,** Tel. 62 11.

■ **Anlage Schütz,** Strandallee, Ecke Birkenallee, Tel. (0172) 64 20 080.

Bücherei

■ Im Haus des Kurgastes, Strandstraße 121 a, Tel. 35 77 60.

KinderClub

■ Im Sommer (Ende Juni bis Ende August) kümmert sich der **Seepferdchen KinderClub** am Strand von 10–17 Uhr um die lieben Kleinen und bietet einen Programm-Mix aus Bewegung und Kreativität.

Kirchen

■ **Evangelische Waldkirche,** Zur Waldkirche 3, Gottesdienst So 10 Uhr.

■ **Katholische Kirche St. Paulus,** Poststr. 30 A, Gottesdienst So 9.15, Di 18.30 Uhr.

Internet

■ **WLAN:** „Surfen im Strandkorb" ist am Strandabschnitt 18–20 möglich, außerdem gibt es am Vorplatz der Seebrücke einen kostenfreien Hotspot, weiterhin kann man dank WiFi im Park neben dem „Alten Rathaus" oder im Bereich der Cafés am Brunnen ins Internet gehen.

■ **Internetcafés:** In der Bücherei, Timmendorfer Platz 10; Haus des Kurgastes, Strandstr. 121 a.

Post

■ Im Edeka-Markt, Kurpromenade 12, Tel. 88 14 33, geöffnet: Mo–Sa 8–18 Uhr.

Scharbeutz

Bereits vor 1000 Jahren wurde eine slawische Siedlung mit dem Namen Scorbuze erwähnt, urkundlich verbrieft ist Scharbeutz seit 1271, als dieser Flecken an eine Adelsfamilie übertragen wurde. Stolze **700 Jahre** zählt also Scharbeutz, gleichzeitig ist die Großgemeinde Scharbeutz eine der jüngsten in Schleswig-Holstein. Wie das? 1974 wurden mehrere kleinere Verwaltungseinheiten zu einer Großgemeinde Scharbeutz zusammengelegt, ein junger Ort mit langer Historie also. Die Gemeindechronik erzählt, dass sich Badeleben bereits um 1837 entwickelte. Im größeren Stil setzte dann in den 1950er Jahren ein Tourismus ein, der bis heute anhält und den Ort entscheidend geprägt hat.

Hauptattraktion war schon immer der schöne **Strand,** etwa 6 Kilometer lang, gut 30 bis 40 Meter breit, feinsandig und sacht ins Wasser übergehend. Eine klassische **Seebrücke** ragt weit ins Meer hinein, Ausflugsdampfer legen noch heute hier an.

Der Strand wird in verschiedene **thematische Zonen** unterteilt. So gibt es einen Aktionsstrand für Unterhaltung (Abschnitt 19 bei der Seebrücke), einen eigenen Bereich für Kinder, für Sportler, für Hunde und auch einen Relaxstrand (Abschnitt 25, gegenüber der Strandkirche). Ganz toll wurde die **Strandpromenade** umgestaltet zu einer „Dünenmeile". Ein Bohlenweg führt am Strand entlang durch die Dünen mit angepflanztem Strandhafer, alles wirkt sehr ansprechend. Schön integriert und damit in bester Meerblick-Lage sind einige Holz-

häuser im farbenfrohen skandinavischem Stil mit Dachbepflanzung, wo u.a. die Lokale von „Gosch" und das „Café Wichtig" zu finden sind. Etwas außerhalb an der Grenze zu Haffkrug gibt es ebenfalls an der Promenade eine **Dünengolf-Anlage,** das ist eine Mischung aus traditionellem Golf und Minigolf. Durch diese Umgestaltung und das Ansiedeln einiger lässiger Lokale direkt am Strand hat Scharbeutz seine Atmosphäre etwas verjüngt und wirkt trendiger.

Scharbeutz ist ein **kleiner und kompakter Ort,** seine wichtigsten Einrichtungen konzentrieren sich rund um den Kurpark, und auch die Unterkünfte liegen nicht weit entfernt vom Strand in den Seitenstraßen.

Die **Ostsee-Therme** hat mittlerweile einen über die Ortsgrenzen hinaus reichenden Ruf erlangt. Sie ist ein klassisches Erlebnisbad mit heißen Whirl Pools, Strömungskreiseln, einer Tropenlandschaft und insgesamt 310 Meter langen Rutschen. Natürlich fehlen auch Ruhezonen, Bars und Sauna nicht.

Die Promenade von Scharbeutz

Praktische Tipps

Info

- **PLZ:** 23683.
- **Vorwahl:** 04503.
- **Tourismus-Service:** Strandallee 134, Tel. 77 09 64, Fax 72 122; geöffnet: Mo–Do 9–17, Fr 9–15, Sa/So 10–14 Uhr, außerhalb der Saison kann es zu Abweichungen kommen.
- **Internet:** www.scharbeutz.de.

An- und Weiterreise

- **Bahn:** Der Bahnhof Scharbeutz liegt ca. 15 Min. Fußweg vom Meer entfernt. Es gibt stündliche Verbindungen nach Lübeck.
- **Parken:** Parkplätze sind ausgeschildert, sie sind alle kostenpflichtig.
- **Taxi:** *Brede*, Tel. 89 89 56.

Unterkunft

Gerade in Scharbeutz gibt es eine Reihe von Häusern, die alle nicht weit vom Strand liegen, darunter viele in der Strandallee. Die FeWos sind hier in Scharbeutz in der deutlichen Überzahl, da der Ort relativ klein ist, gibt es keine ausgesprochen schlechte Lage. Hier ein paar Tipps:

- **Bayside Hotel**⑤, Strandstraße 130a, Tel. 609 60, www.bayside-hotel.de. Topmodernes, neues Haus mit 132 liebevoll dekorierten Zimmern und Suiten sowie einem großen Spa- und Beautybereich. Außerdem gibt es mehrere Gastronomiebetriebe, darunter ein Dachrestaurant.
- **Petersens Landhaus**④, Seestr. 56a, Tel. 35 510, www.petersens-landhaus.de. Ein Garni-Hotel mit Schwimmbad im Landhausstil, im Ortskern gelegen.
- **Pension Haus am Hang**③, Am Hang 10, Tel. 72 334, www.haus-am-hang.de. Kleine Pension in toller Lage, leicht erhöht direkt am Strand. Sechs Zimmer mit Bad/WC, zwei Zimmer mit Gemeinschaftsbad.
- **JH Scharbeutz-Strandallee,** Strandallee 98, Tel. 72 090. Sehr schön mitten im Ort gelegene JH, nur durch eine Straße vom Strand getrennt. Dort hauseigener Strandabschnitt mit Beachvolleyballfeld. Insgesamt 142 Betten in 38 Zimmern.
- **Ostseestrand Ferienpark Scharbeutz,** Strandstr. 98b, Tel. 779 4755, www.ferienpark-scharbeutz.de. Neuer Platz für Camper, bietet aber auch Ferienhäuser an, WLAN.
- **WoMo-Stellplatz** für 58 WoMos mit Ver- und Entsorgungsstation auf dem Parkplatz Hamburger Ring, Ecke Trelleborgstraße. Nur wenige Meter vom Strand entfernt in einer Seitenstraße, Tel. (0172) 412 01 01.

Gastronomie

- **Sol y Mar,** Strandallee 143, Tel. 35 26 24, geöffnet täglich ab 12 Uhr, in der Nebensaison Mo Ruhetag. Leicht spanisches Ambiente, in dem speziell auf dem Lava-Grill zubereitete Fleischgerichte serviert werden, aber auch Fisch und Vegetarisches. Zu finden neben der Ostsee-Therme.
- **Herzberg's Restaurant,** Strandallee 129, Tel. 74 159, täglich 11.30–15, 17–22 Uhr. Fisch dominiert die Karte, nettes Ambiente, gute regionale Küche.
- **Gosch,** Strandallee 134, Tel. 89 80 986, täglich ab 11 Uhr. Eine Dependance des bewährten Sylter Gosch-Konzepts liegt hier sehr schön in den Dünen beim Strand. Die bewährte Gosch-Küche zum Selbstabholen und das ebenso bewährte lässige Ambiente locken Gosch-Gäste wie eh und je.
- **Café Wichtig,** Strandallee 134 A, Tel. 89 81 000, täglich ab 9 Uhr. Liegt ebenfalls in der Dünenmeile und ist eine Filiale des bekannten Café Engel aus Timmendorf, das hier seinen Spitznamen als Namen für das Scharbeutzer Lokal gewählt hat. Tolle Meerblick-Lage und gute Küche, was zumeist ein volles Haus bedeutet.

356sh hj

■ **Brechtmanns Botschaft,** Strandallee 116, Tel. 73 331, täglich 12–14.30 und ab 18 Uhr, außer Di und Mi mittags. Regionale Feinschmeckerküche mit einem Hauch asiatischen Touch, auch vegetarische Gerichte.

■ **Beach Lounge,** Strandallee 139. Liegt am Strand und fällt auf. Schicke Sitzgruppen aus Lärchenholz mit hellen Polstern, weiße Sonnensegel und eine sehr entspannte, chillige Atmosphäre. Speziell zum Sundowner sitzt man hier wirklich göttlich!

■ **Pier 1**, Strandallee 139, Tel. 898 277, geöffnet ab 12 Uhr. Direkt am Strand gelegenes, modern aufgemachtes Haus, mit Treppen, die direkt zum Strand führen, mit Rundumverglasung und einer Außen-Terrasse mit Meerblick. Geboten wird eine regionale und saisonale Küche.

⌃ Die Beach Lounge von Scharbeutz

› So spielt man Dünengolf

Wassersport

■ **Schwimmbad:** Ostsee-Therme, An der Kammer, Tel. 35 260, www.ostsee-therme.de, geöffnet täglich 9–23 Uhr. Geboten wird einiges: eine Riesen-Rutsche, Whirlpools, Sauna-Paradies mit Strandzugang und eine eigene Kinderwelt.

Weitere Aktivitäten

■ **Fahrradverleih:** Tobis Fahrradverleih, Badeweg, Am Kurpark, Tel. 70 28 61; Fahrradgeschäft Hesse, Strandallee 130, Tel. 77 98 92.

■ **Parkgolf Scharbeutz im Kurpark,** Golfbahnen von 15 bis 35 m Länge und unterschiedlichen Schwierigkeitsgarden sind im Kurpark angelegt. Geöffnet: Juli–Sept. ab 10 Uhr, Okt. ab 11 Uhr, Tel. 0172-429 81 84.

■ **Gumdas Spielestrand,** Kinder-Spiel-Treff am Strand. Hier können Kinder unter Anleitung und Aufsicht spielen, toben, basteln. Geöffnet von April

358sh mux

bis Ende September Di und Do 10–13 Uhr, Infos: Tel. 77 09 64.

■ **Dünengolf-Anlage,** Strandallee, Pönitzer Chaussee, Tel. 0172 429 81 82, geöffnet: April bis Oktober ab 10 Uhr. Mal was anderes. Eine Mischung aus Minigolf und „richtigem" Golf, gespielt wird auf Bahnen, die mit Kunstrasen ausgelegt sind, die aber auch betreten werden.

■ **Bollerwagenverleih:** Tobis Fahrradverleih, s.o.

Internet

■ **Bücherei Scharbeutz,** Am Bürgerhaus 2, Tel. 77 09 35, geöffnet: Mo 14–18, Di/Mi 9–13, Do 15–20, Fr 12–16 Uhr.

Kino

■ **Beach Club,** Seestraße 2, Tel. 72 211. www.beach-club-kino.de.

Kirche

■ **Ev.-luth. Strandkirche,** Strandallee 111, Gottesdienst: So 9.30 Uhr.

Post

■ **Postagentur:** Filiale „Papier-Träume", Hamburger Ring 14, geöffnet: Mo–Fr 8.30–13, 15–18, Sa 8.30–13 Uhr.

Haffkrug

Haffkrug ist ein **kleines Dorf,** so klein, dass es 1974 mit dem kaum größeren Scharbeutz zusammengelegt wurde. Und kaum hat man Scharbeutz verlassen, stolpert man auch schon über das Ortsschild Haffkrug. Die Verbindungsstraße, die in unmittelbarer Nähe zum Strand verläuft, heißt zunächst Strandallee, später Sierksdorfer Weg. Das deutet schon die Richtung an, immer entlang des Strandes und dann weiter nach Sierksdorf, dem nächsten Ort.

Zu sehen oder besser zu besichtigen gibt es praktisch nichts. Der **Strand** ist immer noch ganz schön, also feinsandig und flach ins Wasser übergehend. Begrenzt wird er von einer leichten Düne, dahinter verläuft die neu gestaltete Promenade samt Radweg, und dann folgt schon besagte Durchgangsstraße. Entlang der ziemlich langen Promenade wurde ein **Fisch-Lehrpfad** geschaffen. Kleine Infotafeln erklären die verschiedenen Fischarten und informieren über das harte Leben der Fischer mit etlichen historischen Fotos.

Haffkrug zählt sich zu den ältesten Seebädern an der Lübecker Bucht. Diese lange touristische Tradition hat den Ort aber nicht völlig in den Griff genommen, es geht hier nach wie vor recht beschaulich zu, der ursprüngliche Charme konnte erhalten bleiben. Besonders die alteingesessenen **Räuchereien** bieten teilweise seit Jahrzehnten erstklassige Fischspezialitäten an. Der Ort hat noch ein paar abzweigende Straßen, und überall liegen auch vereinzelt **Unterkünfte.**

Am Strand von Haffkrug

359sh mux

Praktische Tipps

Info

- **PLZ:** 23683.
- **Vorwahl:** 04563.
- **Information:** über Tourismus-Service Scharbeutz.

An- und Weiterreise

- **Bahn:** stündliche Verbindung von/nach Lübeck.
- **Parkplätze:** am Waldweg und am Wiesenweg (gebührenpflichtig).
- **Taxi:** Hering, Bahnhofstr. 43, Tel. 43 030.

Unterkunft

- **Zimmervermittlung** über Scharbeutz.
- **Hotel Meerzeit**④, Bahnhofstr. 9, Tel. 478 87 88, www.hotel-meerzeit.de. Etwa 200 m vom Meer entfernt beim Kurpark, 20-Zimmer-Haus mit komfortablen, zweckmäßig eingerichteten Zimmern.
- **Hotel Landhaus Haffkrug**⑤, Karkstieg 26, Tel. 47 87 90, www.landhaus-haffkrug.de. Mediterraner Landhausstil, geschmackvolle Zimmer, schöner Garten, 500 Meter zum Strand.
- **FeWo Haus Schäfersruh**②-③, Waldweg 10, Tel. 55 62, www.schaefersruh.de. 10 Wohnungen, teilweise mit Balkon. Nur 5 Minuten zum Strand.
- **Campingplatz Waldesruh,** Tel. 52 03, www.campingwaldesruh.de, von April bis Oktober geöffnet. Liegt an einem Wald, etwa 1500 m vom Strand.

Gastronomie

- **Aalkate,** Strandallee 30, Tel. 12 84, Traditionshaus, in dem Fisch noch selbst geräuchert wird.
- **Fischerhaus,** Strandallee 31, Tel. 51 38, gleich nebenan, ebenfalls reichhaltige Fischauswahl.

MEIN TIPP: **Bromunds Fischhaus,** Strandallee 91, Tel. 42 26 71. Liegt an der Ortsgrenze zu Scharbeutz und ist ein Traditionslokal seit 60 Jahren mit eigener Räucherei. Hier werden Aale über Buchenholz nach alter Art geräuchert.

- **De ole Fischschuppen,** Tel. 13 57, ein Fischlokal mit Terrasse am Ortsrand Richtung Sierksdorf, direkt am Strand bei der Seebrücke gelegen.
- **Restaurant Muschel,** Strandallee 10, Tel. 42 28 03. Di Ruhetag, sonst 11.30–14, 17.30–21, Sa/So ab 11.30 Uhr durchgehend. Geerdetes Lokal mit guter Fischküche, aber es gibt auch Fleischgerichte und eine Empfehlungskarte.

Aktivitäten

- **Fahrradverleih:** *Kai-Uwe Denker* (Grillkiste), Strandallee 47, Tel. 47 39 11; *Henner Hinz*, Strandallee 38 sowie Strandeingang Nr. 39, Tel. 52 01.
- **Minigolf:** Anlage im Kurpark.
- **Surfen:** Surf-Center Lübeck, An der kleinen Mole, Strandzugang 27/28, Tel. (0451) 79 64 82. Schnupperkurse, sowie Kurse für Anfänger und Fortgeschrittene.
- **Bollerwagenverleih:** *Swantje Marks,* Timmerhorst 12, Tel. 47 87 27.
- **Hundestrand:** Strandabschnitt 31.

Einkaufen

- **Zum Bunten Laden,** Strandallee 14, Tel. 15 62, geöffnet: Mitte März bis Oktober 10–18 Uhr. Der Name ist Programm: Alles, was ein Urlauber so benötigt, kann hier erworben werden.

Post

- Filiale im Edeka Frischemarkt, Bahnhofstr. 2a, geöfffnet: Mo–Sa 8–18 Uhr.

Sierksdorf

Sierksdorf ist ein kleiner, aber **langgestreckter Ort,** der sich über einige Kilometer zwischen Bundesstraße und Strand entlang zieht. Im unteren Abschnitt führt eine Straße mit dem bezeichnenden Namen „Am Strand" parallel an eben diesem entlang. Das ändert sich aber schon bald, die Straße führt weg vom Strand, steigt etwas an und wechselt folgerichtig auch ihren Namen zu „Bergweg".

Hier liegen etliche einzeln stehende Häuser, vereinzelt regelrechte Villen mit üppigem Gartenbewuchs. Dieser Bereich umfasst den **älteren Ortskern,** in dem das touristische Geschehen jedenfalls nicht dominiert. Etwas außerhalb hiervon liegen die für den Feriengast errichteten Bauten. In erster Linie ist damit der **Hansa-Park** gemeint, ein Freizeit- und Familienpark mit breitem Angebot. Und hier liegen auch die **Apartment-Anlagen** Ferienpark und Panoramic. Beides sind Hochhäuser, teilweise mit beinahe 20 Stockwerken, wahre Betonklötze also. Neben dem Strand gibt es in Sierksdorf nur noch eine Sehenswürdigkeit, das **Bananenmuseum.** Man muss es so deutlich sagen, allzuviel los ist hier nicht. Vor über 50 Jahren weilte einer der bekanntesten Expressionisten während der Sommermonate in Sierksdorf, **Karl Schmidt-Rottluff.** In der Touristeninformation wurde eine Dokumentation aufgebaut, außerdem können Urlauber an einer Exkursion auf den Spuren dieses Malers teilnehmen.

Ein **Schulwald,** um den Wald mit allen Sinnen zu erleben, wurde im örtlichen Wald eingerichtet. Dazu wurden neben erklärenden Hinweistafeln etliche Stationen zum hautnahen Fühlen (beispielsweise auf einem speziellen Fühlpfad) und Erleben eingerichtet. Der Eingang liegt an der Prof.-Haas-Straße.

Der **Strand** ist immer noch ansprechend, hellsandig, kilometerlang, etwas schmaler als in den anderen Orten, aber immer noch mit genügend Platz.

Sehenswertes

Der **Hansa-Park** ist einer der besten Themenparks Deutschlands. Da gibt es Achterbahnen mit 360-Grad-Looping, eine Wasserrutsche, in die man mit viel Gekreische hineinrauscht, den fliegenden Hai, in dem es siebenmal kopfüber geht, den Fliegenden Holländer, den „Fluch von Novgorod" („mit dem steilsten Absturz im Dunkeln weltweit" – Zitat) und und und ... Aber es gibt auch ruhigere Attraktionen: Ein Spielparadies „Kiddie-Camp", ein Spielschiff „Niña", der Kolumbus-Karavelle nachempfunden, 300 m² große Hüpfberge, eine Westernstadt und so weiter. Abgerundet wird das Programm durch verschiedene Show-Veranstaltungen. Das Angebot ist riesig und wird ständig erweitert. Der Hansa-Park ist leicht zu finden, da überall ausgeschildert. Wer über die A 1 kommt, wählt die Ausfahrt „Neustadt-Süd". Vom Bahnhof Sierksdorf sind es fünf Minuten Fußweg.

■ **Hansa-Park,** Am Fahrenkrog 1, Tel. 47 40, www.hansapark.de; geöffnet: täglich ab 9 Uhr, etwa von Ende März/Anfang April bis Mitte Oktober, die genauen Öffnungszeiten wechseln jährlich; Eintritt: 4–14 Jahre und über 60 Jahre 26 €, ab 15 Jahre 32 €. Kinder unter 4 Jahre und Geburtstagskinder bis 14 Jahre haben freien Eintritt. Alle Fahranlagen, Shows, Ausstellungen und Sonderveranstaltungen sind im Eintrittspreis enthalten.

Praktische Tipps

Info

- **PLZ:** 23730.
- **Vorwahl:** 04563.
- **Tourist-Information,** Vogelsang 1, Tel. 70 23, geöffnet: Mo–Fr 9–16 Uhr, 1.5.–30.9. Mo–Fr 9–17 Uhr, Sa/So 10–12 Uhr, Juli/August Sa 10–16, So 10–13 Uhr.
- **Internet:** www.sierksdorf.de.

An- und Weiterreise

- **Bahn:** Stündliche Verbindung von und nach Lübeck.
- **Taxi:** *Jansen,* Tel. (0800) 77 08 00 00 (kostenfrei).

Unterkunft

- **Zimmervermittlung** in der Tourist-Information (s.o.).
- **Ferienpark Sierksdorf②**, Am Fahrenkrog 13. Die Anlage liegt direkt am Strand, 70 Wohnungen (ein bis drei Zimmer), www.ferienpark-sierksdorf.de, Tel. 88 56.
- **Pension Schwabenland②**, Am Strand 46, Tel. 86 65. Direkt am Strand gelegenes, kleines, familiäres Haus.

MEIN TIPP: **Hotel Seehof④-⑤**, Gartenweg 30, Tel. 477 70, www.seehof-sierksdorf.de. Sehr schön und ruhig inmitten eines großen Gartens direkt oberhalb der Steilküste gelegen. Nebenan das Restaurant Lütt Huus.

- **Hof Sierksdorf,** Am Strand 32, Tel. 88 84, www.hofsierksdorf.de. Schöne Anlage mit 18 bes-

Die Wasserski-Anlage in Süsel

Ich kann Ihnen versichern, ein Heidenspaß! Glauben Sie mir, ich habe es selbst ausprobiert. Auf einem Baggersee ist eine Seilbahn installiert worden, die den Wasserskiläufer auf einem rechteckigen Kurs auf zwei Bahnen entweder 400 m oder 1000 m herumzieht.

Also kein Von-einem-Motorboot-gezogenwerden, sondern man wird mit 28 km/h (Anfänger) oder sogar mit 60 km/h (Profis) über das Wasser gezogen. Wer es noch nie gemacht hat, sollte an einem Anfängerkurs teilnehmen. Eine extra kleine Bahn von 400 Metern wird für Neulinge bereitgehalten. Wer schon etwas sicherer auf den Brettern steht, reiht sich auf der großen Bahn ein, dort sind aber wirkliche Könner unterwegs! Die Bahn ist auch gut 1000 Meter lang. Am meisten Spaß macht es, wenn eine ganze Anfängergruppe die kleine Bahn für sich mietet und sich von einem Trainer einweisen lässt, auch das ist möglich. Und wer es dann tatsächlich geschafft hat, eine gute Runde „unfallfrei" zu laufen, schielt auch nicht mehr neidisch zur großen Bahn rüber – garantiert!

- Süselermoor 6 (an der alten B 207), ausgeschildert, Tel. an der Seilbahn (04524) 17 77, www.wasserski-suesel.de. Zwei-Stunden-Karte: 24 €, Jugendliche bis 15 Jahre 17,50 €, Tageskarte: 35 €, bis 15 Jahre 28 €. Anfängerkurse (mit persönlicher Betreuung, inkl. Neoprenanzug, Ski und Schwimmweste): 32 € bzw. 25 € für Jugendliche.

Geöffnet: Anfang April bis Mitte Okt. ab 12 Uhr. Neoprenanzüge und Bretter können geliehen werden.

tens eingerichteten FeWos sowie sieben Hotelzimmern. Ausgestattet mit Balkon oder Terrasse, teils mit Meerblick; unten gemütliches Lokal. Hotel④, FeWo④-⑤.

■ **Campingplatz Hof Sierksdorf,** Altonaer Straße 7, Tel. 47 80 26, www.camping-hofsierksdorf.de, geöffnet April–Okt. Ein strandnaher Platz ausschließlich für Reisemobile, auf der Homepage heißt es konkret: „Kein Zeltplatz!"

Gastronomie

■ **Hof Sierksdorf,** Am Strande 32, Tel. 88 84. Vom Strand nur durch eine Straße getrennt gelegenes Lokal mit Terrasse und Blick auf die Ostsee.

■ **Restaurant Seehof,** Gartenweg 30, Tel. 477 70, täglich ab 12 Uhr geöffnet. Stilvolles Restaurant mit Gartenterrasse. Regionale Spezialitäten, ergänzt um Elemente der internationalen Küche, sowie hausgebackenen Kuchen.

Museen

■ **Bananenmuseum,** Prof.-Haas-Str. 59, Tel. 83 35, www.bananenmuseum.de. Nur am Sa und So 11–13 Uhr geöffnet, da es sich um eine private Sammlung handelt. Eintritt frei. Die Exponate drehen sich ausschließlich um die Banane, z.B. als Plüschtiere oder Trabbi, beleuchten aber auch die Historie der Frucht.

Wassersport

■ **Surfen:** Surfschule *Axel Sommer,* Strandbereich gegenüber Hof Sierksdorf, Tel. (0173) 25 23 718, www.surfschule-timmendorf.de.

■ **Tauchen:** Schnuppertauchen im Panoramic-Schwimmbad, Pfingstberg 2–6, mit Tauchschule nicedive4u. Infos: Tel. (0173) 41 82 033, www.nicedive4u.de.

■ **Schwimmen:** Panoramic Schwimmbad, Pfingstberg 2–6, mit subtropischen Wassertemperaturen von 29 °C, Tel. 71 217.

Weitere Aktivitäten

■ **Fahrradverleih:** *Karin Stellmacher,* Prof.-Haas-Str. 59, Tel. 83 35.

Ausflüge

Gömnitzberg

Liebe Bayern, bitte lachen Sie jetzt nicht. Ich weiß, ich weiß, ich mute Ihnen eine Menge zu, wenn ich Sie zu einem Ausflug zu einem 94 Meter hohen Berg ermuntere. Tja, an Höhenzügen haben wir ja in Norddeutschland nicht viel zu bieten, und dies ist der **zweithöchste Berg in Ostholstein** – toll was? (Der höchste Berg Schleswig-Holsteins, der Bungsberg, misst zwar nur 168 Meter, hat aber immerhin einen Ski-Lift (!) und liegt ganz in der Nähe.) Der Gömnitzberg lockt in die zauberhafte, sanft geschwungene **Landschaft** Ostholsteins, ideal für eine Fahrradtour! Und obendrein kann ein Rundturm besichtigt werden, der seit 1828 als Seezeichen fungierte. Wenn das nichts ist! Anfahrt: Richtung Roge fahren, dann nach Bujendorf, und schließlich dem Schild Gömnitz folgen.

Museumshof Lensahn

Das Motto lautet: **„Historische Landwirtschaft und altes Handwerk zum Anfassen".** Vorgestellt werden Techniken und Gerätschaften, die vor gar nicht mal so langer Zeit noch Alltag in der Landwirtschaft waren. Die Geräte können angefasst, ja ausprobiert werden. Außerdem führt ein 2,4 km langer Naturlehrpfad an 150 Obstbaumsorten und über 200 Waldbaumarten vorbei; auf halbem Weg wartet ein Aussichtsturm. Außerdem gibt's viele Tiere, mehrere thematisch geordnete Gärten (u.a. ein Duft- und Färbergarten), ein Backhaus und das Lokal „Im alten Kuhstall".

■ **Museumshof Lensahn,** Prienfeldhof, Tel. 91 122, Fax 91 144, www.museumshof-lensahn.de. Zu finden: Von Sierksdorf auf die A 1 Richtung Puttgarden bis zur Abfahrt Nr. 12 „Lensahn" fahren. Der Hof liegt direkt in Lensahn. Geöffnet: Mai–Sept. täglich 10–18 Uhr, April und Okt. 10–17 Uhr; Eintritt: 5 €, Jugendliche (13–17 Jahre) 3,50 €, Kinder (4–12 Jahre) 2,50 €.

Harmsdorf

Harmsdorf ist ein kleines Dorf an der Straße von Lensahn nach Lütjenburg. In der Hauptstraße 25 findet der Besucher hier eine weit in der Region bekannte Delikatesse: **Braasch's Schinkenräucherei.** Seit 1663 werden in einer historischen Räucherkate die leckeren Schinken verkauft. Hunderte hängen von der Decke, aber nur in der „Räuchersaison". Die geht traditionell vom 15. Oktober (Gallustag) bis Mai, wobei die einzelnen Schinken mindestens drei Monate geräuchert werden. Eine echte Holsteiner Spezialität, die sich jeder mal gönnen sollte und die besonders lecker im Frühjahr zu Spargel schmeckt. Aber nicht nur ...

■ **Braasch Schinkenräucherei,** Hauptstr. 25, 23738 Harmsdorf, Tel. 16 12 oder 16 43, www.schinken-braasch.de.

Holsteinische Schweiz

Weit ist es nicht, nur wenige Kilometer von den Ostseestränden entfernt liegt ein **landschaftliches Kleinod,** die Holsteinische Schweiz. Eine sanft geschwungene Hügellandschaft mit mehreren Dutzend Seen und einigen schönen Ortschaften. Hier ein paar Tipps zu besonders reizvollen Orten und Sehenswürdigkeiten.

Eutin

Die Kleinstadt wird auch **„Rosenstadt"** genannt, da im Sommer an sehr vielen Häusern wunderschön die Rosenstöcke blühen. Nett lässt es sich hier durch die historischen Straßenzüge bummeln, wie auch durch den Schlossgarten. Dort finden auch jedes Jahr die **Eutiner Festspiele** auf einer Freiluftbühne statt.

Rund um den Marktplatz stehen viele historische Häuser, so beispielsweise das Ende des 18. Jh. gebaute **Rathaus.** Das möglicherweise älteste Haus steht unter der Hausnummer 10, es wurde zwischen 1635 und 1638 erbaut.

Unter der Adresse Markt 11 befindet sich die **Privatbrauerei St. Michaelis-Bräu,** eine Eutiner Institution.

Einen Block hinter dem Marktplatz verläuft die **Stollbergstraße,** die zu den ältesten Straßen der Stadt zählt und wo etliche historische Häuser stehen. Im Haus Nr. 8/10 lebte **Johann Tischbein,** ein Maler und Freund *Goethes,* der das bekannte Bild „Goethe in der Campagna" schuf.

Hinter dem Marktplatz erhebt sich die **St. Michaeliskirche,** die ursprünglich im 13. Jh. erschaffen wurde. In späteren Jahrhunderten veränderte man sie dann mehrfach.

Das Eutiner Schloss

Das **Eutiner Schloss** ist ein trutziges Bauwerk, das auf einer kleinen Landspitze liegt, die von zwei Wasserläufen gerahmt wird. Die Ursprünge gehen auf das Jahr 1150 zurück, als eine Wehrburg hier entstand auf Wunsch des damaligen Bischofs. Nach einem Brand wurde das Gebäude zwischen 1717 und 1727 wieder aufgebaut. Heraus kam ein dreigeschossiger Flügelbau mit etwas vorstehendem Eingangsturm.

Der erste **Schlossgarten** entstand im frühen 17. Jh., spätere Herrscher gestalteten ihn jeweils nach ihren Vorstellungen. Noch heute gibt es französische Elemente (die 335 Meter lange Lindenallee)

sowie Teile nach englischem Muster. Direkt am See und mitten im Park steht die Freiluftbühne, auf der im Sommer Opern aufgeführt werden.

Bad Malente-Gremsmühlen

Dieser Kurort liegt zwischen zwei größeren **Seen** (Kellersee und Dieksee) und galt lange Zeit als „besseres Seebad". Schön entspannt kann man tatsächlich am Ufer vor allem des Dieksees spazieren. Dort stehen einige schicke Hotels und locken Lokale mit traumhafter Seeterrasse. Der Ort selbst wirkt teilweise ziemlich geschäftig, in den Randlagen dagegen durchaus idyllisch, dort stehen auch einige richtig schicke **Villen.**

Malente ist Ausgangspunkt der uralten **Fünf-Seen-Fahrt.** Das ist eine knapp zweistündige Schiffstour, die von Malente über fünf Seen nach Plön-Fegetasche und zurück führt.

Infos: Tel. (04523) 22 01, www.5-seen-fahrt.de.

025sh hj

Plön

Diese Stadt ist der **größte Ort** der Holsteinischen Schweiz, er ist von mehreren Seen umgeben. Der größte ist der **Große Plöner See,** an dessen Ufer auch das strahlend weiße **Schloss** steht, das heute der Fielmann-Gruppe gehört. Am Ufer kann man stundenlang Spaziergänge unternehmen oder eine Schiffstour über den großen See mit Halt in weiteren Orten.

Infos: Tel. (04522) 67 66, www.grosseploener see-rundfahrt.de.

Unterhalb des Schlosses erstreckt sich ein **Park** mit einigen historischen Gebäuden und dahinter wiederum liegt die kleine **Altstadt.** Hier dominiert eine Fußgängerzone mit etlichen Geschäften und einigen Lokalen. In den schmalen Nebengassen findet man noch historische Häuser, sogenannte **Twieten.** Ganz reizvoll liegt auch der **Bahnhof** direkt am See und nicht weit davon entfernt verläuft die Eutiner Straße, an der einige Lokale mit Seeterrasse auf Gäste warten.

Neustadt

Bereits 1244 wurde dem damaligen Flecken „Nygenstadt by der Cremper" das **Stadtrecht** zugesprochen, das können nicht viele Orte von sich behaupten. Neustadt liegt direkt an der Ostsee. Ein kleiner Binnensee war schon frühzeitig als **sicherer Hafen** bekannt. Dieser wird noch heute genutzt, und von hier bis zum alten Stadtkern mit dem rechteckigen Marktplatz sind es nur ein paar Schritte. Der alte Reiz ist teilweise noch spürbar, denn einige wenige jahrhundertealte Gebäude sind insbesondere am Hafen und beim Binnensee erhalten geblieben.

Der **Name „Neustadt"** bezieht sich auf die Neugründung eines Ortes unweit des alten Dorfes, nämlich von Altenkrempe (siehe Seite 77). Schon zur Zeit der Hanse war der Hafen dieses neuen Ortes ein wichtiger Umschlagplatz, obwohl Neustadt nie Mitglied der Hanse war. Dennoch flossen genügend Waren über diesen kleinen Hafen und ließen einige Händler zu Wohlstand kommen. Im Mittelalter zerstörten mehrere Brände große Teile der Stadt, so dass nicht mehr viele historische Gebäude erhalten sind. Von den ehemals drei Stadttoren existiert noch eines, dort befindet sich das stadtgeschichtliche **Museum zeiTTor.**

Sehenswertes

Der **Hafen** und die Hafenatmosphäre – na ja, allzuviel ist davon zwar nicht zu spüren, aber ein wenig wohl doch. Vereinzelt dümpelt ein Fischerboot und ständig liegen hier ein paar Museumsschiffe, schöne alte Segler aus Holz. Jede Menge Spanten, Tauwerk und Holzrollen lassen den Laien staunen und den Seebären neidische Blicke werfen. Am Hafenbecken steht ein fensterloser, weißer Turm – ein Silo von zehn Stockwerken. Dort übt die Marine den Ausstieg von U-Bootfahrern aus 30 Meter Tiefe. Das Gebäude ist von Grund auf bis zur oberen Etage mit Wasser gefüllt, über anderthalb Millionen Liter.

Ein historisches Bauwerk ist übrigens direkt an der Brücke am Hafen zu finden, etwas unscheinbar allerdings, nämlich das **Brückengeldeinnehmerhaus.** Hier wurde immerhin noch bis 1930 der Brückenzoll kassiert, für Personen, Vieh und Fahrzeuge. Wenn die Stadtväter das heute noch könnten, wäre Neustadt die reichste Gemeinde des Landes! Unmittelbar vor der Brücke liegt das **Hospital zum Heiligen Geist.** Es wurde 1344 von der Stadt gegründet, um kranke Pilger auf dem Weg zum Kloster Cismar aufzunehmen. Heute leben hier in zehn Wohnungen ältere Bürger der Stadt. Im Sommer kann durch eine gläserne Tür ein Blick in die historische **Kapelle** geworfen werden. Die kleine Saalkirche entstand 1408. An den Wänden sind noch Reste gotischer Quaderfugenmalereien aus dem 14. Jh. erkennbar, außerdem steht im Inneren noch ein Altar aus Kalksandstein (1670). Die Kanzel aus dem 16. Jh. ist geschmückt mit Evangelistenbilder.

Ist nun die Brücke passiert, läuft man auf einen alten Speicher zu, den **Pagodenspeicher,** der 1830 erbaut und in dem Korn gelagert wurde. Heute befindet sich hier eine **Teehandlung.** Wissenswertes rund um den Tee kann man erfahren, und ausgeschenkt werden die verschiedensten Sorten auch noch.

Mit Gründung der Stadt 1244 begann auch der Bau der **Stadtkirche** in der typisch norddeutschen Backstein-Architektur. 1344 folgte der 56 m hohe Turmbau. Die Kirche wirkt ziemlich groß, so misst beispielsweise das Mittelschiff 17,30 m in der Höhe. Der Barockaltar entstand 1643 und zeigt die wichtigsten christlichen Geschehnisse wie Abendmahl, Kreuzigung, Auferstehung. Das Triumphkreuz aus dem 15. Jh. zählt mit zu den ältesten Kirchenschätzen. Die Kanzel stiftete 1571 ein Elternpaar als Dank für den Freispruch ihres Sohnes vor dem Reichskammergericht von der Anklage wegen Hinrichtung eines Gutarbeiters. An den Kirchenwänden hängen großformatige Portraits, zumeist von Pastoren.

Der Hafen von Neustadt

311sh hj

Der **Marktplatz** ist der zweitgrößte Schleswig-Holsteins nach dem sehr großen Platz in Heide. Hier findet am Dienstag- und Freitagvormittag ein Wochenmarkt statt. Der Marktplatz hat in der Mitte eine Fontainen-Installation und am Rande steht die Skulptur zweier Fischer, die von einem ortsansässigen Reeder gestiftet wurde.

Wer den Marktplatz überquert, erreicht eine Fußgängerzone, und diese führt zum **Kremper Tor.** Hier befand sich einst der städtische Einlass, der Unterbau des Tores stammt noch aus dem Jahr 1244, als Neustadt sein Stadtrecht bekam. Im Torgebäude wurde das **Museum der Stadt Neustadt** eingerichtet, es trägt den richtungsweisenden Namen **zeiTTor,** denn Besucher sollen „durch unser Tor in die Vergangenheit reisen" (Zitat), und zwar bis zur Steinzeit. An vielen Mitmach-Stationen wird die jeweilige Epoche deutlich gemacht, beispielsweise kann sich jeder Besucher einmal im steinzeitlichen Feuermachen per Holzkeil versuchen. So „reisen" Besucher durch die Bronze- und Steinzeit, durchs Mittelalter und gelangen schließlich in die jüngere Vergangenheit. In einem Nebenraum wird mit vielen Fotos, Erklärungstafeln und einem Schiffsmodell dem Untergang der Cap Arkona gedacht.

■ **zeiTTor,** Am Markt 1, Tel. 61 93 07, www.zeittor-neustadt.de, geöffnet: Ostern bis Oktober Di–Sa 10.30–17, So 14–17 Uhr, November bis Ostern Fr 15–17, Sa/So 14–16 Uhr, Eintritt: 3,50 €.

Vom Kremper Tor zweigt die Straße Haakengraben ab, in der teilweise noch **Kopfsteinpflaster** aus dem 16. Jahrhundert zu finden ist. Sie führt zum sogenannten **Binnenwasser,** das heute Naturschutzgebiet ist. Über die gleichnamige Straße gelangt man wieder zur Brücke.

Seit 1996 wird in Neustadt die erfolgreiche **Serie „Küstenwache" gedreht.** Die Filmcrew ist übers Jahr immer wieder im Ort und dreht u.a. am Hafen. Das

361sh hj

◁ Das Kremper Tor mit dem Museum zeiTTor

Studio 1 an der Werftstraße am Hafen (auf der Seite des Bahnhofs) kann teilweise besichtigt werden. Generell zwischen Juni und August jeweils Do, Fr, Sa 14–18 Uhr. Auch an drehfreien Tagen bestehen Besichtigungschancen. Eintritt: 6 €. Infos unter Tel. (04561) 10 88 oder unter www.fanclubkuestenwache.de.

Das **Strandbad** liegt am Stadtrand und ist ausgeschildert. Falls Zweifel bestehen, dem Schild „Umwelthaus" folgen, es liegt gleich nebenan. Der Strand ist relativ klein, und in Sichtweite sind Segelhafen und Schiffe der Marine; Badefreuden kommen hier nur bedingt auf. Zum Entspannen ist es aber ganz schön, liegt es doch in einem größeren Waldgelände.

Praktische Tipps

Info

- **PLZ:** 23730.
- **Vorwahl:** 04561.
- **Tourismus-Service:** Dünenweg 7, 23730 Neustadt-Pelzerhaken, Tel. 70 11; geöffnet: Juli/August: Mo–Fr 9–12, 14–17 Uhr, Sa 10–14, So 10–12 Uhr, Mai/Juni und Sept. Mo–Fr 9–12, 14–16 Uhr, Sa 10–14, So 10–12 Uhr, restliche Jahreszeit Mo–Do 9–12, 14–16 Uhr, Fr 9–13 Uhr.
- **Internet:** www.neustadt-holstein.de.

An- und Weiterreise

- **Bahn:** stündliche Verbindung von und nach Lübeck.
- **Busse:** Der ZOB liegt direkt beim Bahnhof, vom Marktplatz gibt es nur noch wenige Verbindungen, beispielsweise nach Scharbeutz, Haffkrug oder nach Eutin.
- **Parken:** Schild „P2-Centrum" folgen, Parkplatz liegt unweit vom Hafen.
- **Taxi:** Taxen stehen am Bahnhof und am Marktplatz. *Taxi Nier,* Tel. 504 55; *Martins Taxi,* Tel. 91 50; *Taxi Reimer,* Tel. 65 19.

Unterkunft

Neustadt ist kein primäres Übernachtungsziel, fast alle Urlauber zieht es in die umliegenden Orte. Das schlägt sich auch im städtischen Bettenangebot nieder.

- **Seehotel Eichenhain**④, Eichenhain 2, Tel. 53 730, www.eichenhain.de, Ringhotel, mit Garten bis zum Strand in Pelzerhaken, mit schönem Ostseeblick. Modern-elegante Einrichtung, großer Wellness-Bereich mit breitem Angebot an Entspannungsmöglichkeiten.
- **Das Strandhaus**②-⑤, Haffkamp 98, 23730 Brodau/ Rettin, Tel. (0160) 90 63 60 37, www.dasstrandhaus.de. Nur 15 Meter vom Strand entfernt stehen insgesamt 13 schlanke zweistöckige Häuser nach schwedischem Vorbild mit einer Wohnfläche von etwa 80 m^2. Durch die großen Fenster schaut der Gast direkt aufs Meer. Es gibt unterschiedliche Häusertypen, auf Wunsch werden einem sogar die Brötchen geliefert.

In der Nähe von Neustadt liegen etliche Campingplätze, die meisten am Strand von Pelzerhaken. Hier eine kleine Auswahl:

- **Campingplatz Seeblick,** Pelzerhakener Straße 55–59, Tel. 74 28, www.campingplatz-ostsee.de, geöffnet 1.4.–30.9. Direkte Ostseelage.
- **Campingplatz Südstrand,** an der Pelzerhakener Straße 65, Tel. 72 38, www.camping-ostsee.de, geöffnet 1.4.–30.9. Recht großer Platz direkt am Strand gelegen.
- **Campingplatz Am hohen Ufer,** Pelzerhakener Straße 47, Tel. 72 22, www.camping-neustadt.de, geöffnet 1.4.–15.10. 300 Stellplätze, tolle Südlage, WLAN.

Die Tragödie der „Cap Arcona"

Am 3. Mai 1945 war die Neustädter Bucht **Schauplatz einer Tragödie.** Fünf Tage vor Kriegsende bombardierten britische Jagdflugzeuge irrtümlich eine KZ-Häftlings-Flotte, die vor Neustadt vor Anker lag.

Kurz vor der Kapitulation versuchten die **Nazis** noch schnell, überall ihre grauenvollen Spuren zu verwischen, indem sie z.B. größtenteils die Konzentrationslager von den Häftlingen räumten. Die Gefangenen des Hamburger **KZ Neuengamme** wurden beispielsweise auf **zwei Schiffen** in der Neustädter Bucht zusammengepfercht, der „Cap Arcona" und der „Thielbeck". Auf der „Thielbeck" waren 2800 Gefangene, auf der „Cap Arcona" 4200 untergebracht. Bis heute ist nicht restlos geklärt, was die Nazis mit ihnen vorhatten. Einen Angriff der Briten provozieren? Das Schiff mit all den Menschen selbst versenken? Mehr Fragen als Antworten.

Am 3. Mai 1945 flog die Royal Air Force noch einmal einen **Bombenangriff,** während die britischen Panzer schon kurz vor der Stadt standen. Die Schiffe wurden mit Brandbomben beschossen. Die „Thielbeck" sank innerhalb von 15 Minuten, es gab nur 50 Überlebende. Die „Cap Arcona" erhielt ebenfalls etliche Treffer und brannte lichterloh. In der flachen Ostsee konnte das Schiff nicht untergehen, deshalb kippte es auf die Seite. Dieses Inferno überlebten gerade einmal 450 Menschen. Insgesamt **starben** an diesem Tag an die **7000 Menschen.**

Am Strand von Pelzerhaken steht heute ein **Ehrenmal** zur Erinnerung an 7000 KZ-Häftlinge, die fünf Tage vor Kriegsende in der Neustädter Bucht ihr Leben verloren.

- **Campingplatz Am Strande,** Sandberger Weg 94, Tel. 41 88, www.am-strande.de, geöffnet 1.4.–30.9., relativ stadtnah.
- **WoMo-Stellplatz Ostsee,** Auf der Pelzerwiese 45, Tel. 74 28, www.wohnmobilstellplatz-ostsee.de. Etwa 50 Stellplätze mit Ver- und Entsorgungsmöglichkeiten am Surfstrand von Pelzerhaken.

Gastronomie

- **Café Wahlburg,** Am Heisterbusch 4, Tel. 512 20, tägl. 7–22 Uhr, Frühstück 8–11 Uhr, Sa/So 8–13 Uhr. Nettes Hotel-Café mit Blick aufs Wasser. Serviert werden leckere hausgemachte Torten mit Produkten aus der Region.
- **Marienhof Restaurant,** Rosengarten 50, Tel. 16 00 10, tägl. außer Di 12–14 und ab 17.30 Uhr. Rustikal-gemütliches Ambiente in einem ehemaligen Kuhstall, der zu einem schmucken Restaurant umgebaut wurde. Serviert wird gute regionale Küche mit saisonalen Angeboten, auch Mittagstisch. Das Lokal liegt nicht sehr weit hinter dem Museum zeiTTor.
- **Dolce Vita,** Am Hafen 2, Tel. 47 69. Pizzeria mit kleiner Terrasse.

Mein Tipp: **Klüver's Brauhaus,** Schiffbrücke 2–4, Tel. 71 48 11. Superbe Lage direkt am Hafen mit kleiner Terrasse. Drei hausgebraute Biere im Ausschank, außerdem werden maritime und rustikale Speisen serviert. Geöffnet: täglich ab 10.30 Uhr.

Mein Tipp: **Miera Mare,** Schiffbrücke 15, Tel. 52 68 815, Pfingsten bis Oktober Di–So. ab 12 Uhr, restliche Jahreszeit Di–Do ab 17, Fr–So ab 12 Uhr. Rustikal-gemütliches Lokal am Hafen mit ambitionierter regionaler Fisch- und Fleischküche.

Wassersport

- **Surfen:** Surf- und Kiteschule Pelzerhaken-Rettin, Strandweg 66, Tel. (04561) 52 83 93, www.surfschule-pelzerhaken.de.

■ **Sail and Surf Pelzerhaken,** Auf der Pelzerwiese 24, Pelzerhaken, Tel. 52 48 172, www.sailand surfpelzerhaken.de.

Weitere Aktivitäten

■ **Fahrradverleih:** Egler, Auf der Pelzerwiese 4, Pelzerhaken, Tel. 72 49; Beachpoint, Strandallee 21 in Pelzerhaken, Tel. 52 47 876; ancoratreff, An der Wiek 7, Tel. 517 16 84.
■ **Bücherei:** Waschgrabenallee 7, Tel. 55 85 10.
■ **Minigolf:** Minigolfplatz Pelzerhaken, Strandallee in Pelzerhaken.

Einkaufen

■ Buchladen **Buchstabe,** Am Markt 13, Tel. 44 11.
■ **Wochenmarkt:** Di und Fr 8–13 Uhr

Kino

■ **Kino-Center,** Vor dem Kremper Tor 5, Tel. 48 98, www.kinoneustadt.de.

Kirche

■ Gottesdienst in der Stadtkirche: So 10.30 Uhr.

Post

■ Waschgrabenallee 3, geöffnet: Mo–Fr 9–18, Sa 9–12.30 Uhr.

Pelzerhaken

Pelzerhaken gilt als der Strand von Neustadt, was im Prinzip stimmt, aber auch ein wenig ungerecht ist, denn Pelzerhaken ist durchaus ein selbstständiger Ort, wenn auch ein kleiner.

Auf der Fahrt, von Neustadt kommend, geht es über die **Pelzerhakener Landstraße.** Unübersehbar finden sich hier ein gutes halbes Dutzend **Campingplätze.** Das sollte auf einen tollen Strand hinweisen, der aber nur teilweise vorhanden ist. Die Camper, die es hierher zieht, genießen die Luft und den ständig wehenden Wind.

Den Wind nutzen auch **Surfer.** Es hat sich offenbar als eine Art Geheimtipp herumgesprochen, dass man hier ganz prima surfen kann. Wo genau? Am Hinweisschild zur Klinik abbiegen und dem Weg bis zum Ufer folgen. (Ein weiteres Schild weist zum Ehrenfriedhof Cap Arcona.) Die Surfer parken hier auf einem kleinen Platz, manche bleiben sogar mit ihrem Wohnmobil über Nacht.

Wer jetzt dem Weg entlang des Strandes in entgegengesetzter Richtung noch ein paar hundert Meter folgt, passiert ein kleines Restaurant (leckere Fischgerichte mit Blick auf die Ostsee) und erreicht dann den **Ehrenfriedhof Cap Arcona.** Hier wird an ein Drama erinnert, das sich kurz vor Kriegsende ereignete.

Zurück zur Hauptstraße. Der kleine **Ort** Pelzerhaken ist nach wenigen Kilometern erreicht. Hier ist insgesamt nicht viel los, aber der Strand erstreckt sich über insgesamt gut zehn Kilometer! Außerdem wurde die Promenade neu gestaltet, und man kann hier sehr nett fla-

115sh hj

nieren. Der Strand zeigt sich in diesem Abschnitt feinsandig und weitestgehend frei von Steinen. Ideal also zum entspannten Relaxen.

Praktische Tipps

Siehe Neustadt.

Ausflüge

Bungsberg

Jetzt wird es ein wenig heikel, denn wir kommen nun zur Vorstellung einer ganz besonderen Sehenswürdigkeit, dem **höchsten Berg Schleswig-Holsteins.** Bungsberg heißt er und erreicht eine Höhe von, nun ja, bitte jetzt nicht lachen, 168 Metern! Tusch!

Das an sich wäre ja bestenfalls nur eine statistische Randnotiz wert, aber der Clou kommt jetzt: Am Bungsberg befindet sich ein **Skilift!** Jawohl, das ist kein Witz, Schleswig-Holsteins einziger Skilift funktioniert tadellos. Sobald es, was ja selten genug vorkommt, in Ostholstein schneit, fahren begeisterte Abfahrtsläufer zum Bungsberg. Die Abfahrt ist zwar in weniger als 30 Sekunden zu Ende, aber das beeinträchtigt den Spaß überhaupt nicht. Rauf geht es in gemütlichen drei Minuten, und dann das Ganze noch mal. Ein Kiosk direkt beim Gipfelkreuz verkauft Glühwein, und jedermann ist sich des besonderen Reizes bewusst – Skilaufen in Schleswig-Holstein, es geht also doch!

Am „Gipfel" steht besagtes Gipfelkreuz, etwa 50 Meter entfernt, am Weg, der vom Parkplatz hierher führt, liegt ein kleiner Markierungsstein. Stolz gibt er die „Höhe" noch einmal ganz offiziell an: 168 Meter.

Auf der höchsten natürlichen Erhebung unseres Landes stehen noch **zwei Aussichtstürme.** Der ältere, Elisabethturm genannt, entstand 1864 und misst

22 Meter. Dieser Turm ist heute von den umstehenden Bäumen fast verschluckt und kann auch nicht mehr genutzt werden. Gegenüber steht ein Fernmeldeturm mit einer Aussichtsplattform in 45 Meter Höhe, knapp 200 Stufen führen hinauf. Von dort oben reicht der Blick bis zur Ostsee, die Hochhäuser von Travemünde sind erkennbar und zur anderen Richtung bei guter Sicht auch die Bucht bei Laboe.

■ **Fernmeldeturm,** geöffnet: 10–17 Uhr.
■ **Anfahrt zum Bungsberg:** Autobahnabfahrt „Neustadt-Nord", und dann in Richtung Schönwalde am Bungsberg, ausgeschildert ist später Bungsberg.

Gut Hasselburg

Dieser **Gutshof** hat eines der schönsten Torhäuser überhaupt. Schon die Zufahrt besticht, da man sich dem Gut durch eine lange Lindenallee nähert. 1763 wurde das stattliche **Torhaus** errichtet, heute befindet sich dort eine **Galerie.**

Nach dem Durchschreiten des Torhauses öffnet sich eine großzügige Hofanlage. Links und rechts stehen Stallgebäude mit einem hohen Dach und deutlich niedrigeren Mauern. Ein Graben und Ehrenhof trennt diese Zone vom im Hintergrund liegenden **Herrenhaus,** das nicht betreten werden kann und auf Privatgelände steht. Dort finden öfters **Konzerte** statt, wie übrigens auch in der großen Scheune.

■ **Anfahrt:** Hasselburg liegt ganz in der Nähe von Altenkrempe und wird über die B 501 angesteuert.

Altenkrempe

Dieser Ort liegt fast schon in Sichtweite zu Neustadt. Er ist **uralt,** wurde bereits **1197** als „Crempene" erstmals erwähnt. Seit 1316 trägt er den Zusatz „Alt" in dem man seinen Namen zu Oldhenkrempe änderte. Das war notwendig, um ihn von der Neugründung „de Nyge Crempe" (dem heutigen Neustadt an der Ostsee) zu unterscheiden.

1197 erbaute man auch die unübersehbare **Backsteinkirche.** Damals wollte

363sh hj

◁ Einer rasanten Ski-Abfahrt steht nichts mehr im Wege …

▷ Der Elisabethturm ist vom Wald schon halb verschluckt

der Herzog der aufstrebenden Handelsmetropole Lübeck Konkurrenz machen. Entsprechend entstand ein prächtiges Gotteshaus, dessen hoher Kirchturm auch von der nahen Autobahn sichtbar ist. Die Kirche entstand recht schnell, aber so richtig entwickelte sich der Ort dann doch nicht, Altenkrempe blieb ein Dorf. Aber mit einer eindrucksvollen Kirche!

Viel später ließ der Gutsherr vom nahen Hasselburg hier einige **Kätnerhäuser** bauen, die heute noch stehen. Dieses Gesamtensemble von gedrungenen Reetdachhäusern im Umfeld der Kirche gibt Altenkrempe noch heute eine unverwechselbare Note.

Grömitz

Grömitz sei weit und breit der **größte Ferienort,** sagen viele, und das dürfte auch einer objektiven Betrachtung standhalten. Ob Travemünde oder Timmendorf zahlenmäßig größer ausfallen, soll dabei unberücksichtigt bleiben. Grömitz ist ein Ferienort, der sich weitestgehend dem Tourismus und seinen Wünschen geöffnet hat und erfolgreich sehr viele Besucher anlockt.

Allein die Fakten sind bereits beeindruckend: 7800 Einwohner, **acht Kilometer Sandstrand** mit 3,6 km Strandpromenade, 780 Jachtliegeplätze im Hafen. Klarer Fall also, hier dominiert der Tourist. Eine ganze Reihe von Gaststätten und Shops animieren den Bummler zur Einkehr. Eine klassische **Seebrücke** ragt 398 Meter in die Ostsee hinaus, Ausflugsdampfer legen hier tagtäglich an. Und nicht allzu weit entfernt befindet sich die Marina, also der große Segelhafen von Grömitz. Dort entstand auch eine maritime **Promenade.** Breite, flache Stufen führen ins Meer, Holzstege durch die Dünen und für Kinder wurde ein maritimer Spielplatz geschaffen. Die zahlreichen Besucher schätzen vor allem den schönen Strand. Und auch dies ist möglich: Im Strandkorb lümmeln und gleichzeitig im Internet surfen.

Grömitz vereint eine ganze Menge: am Strand dösen, an der Promenade flanieren, shoppen, speisen, einen Drink nehmen, oder auch Sport treiben (Segeln, Golf): Alles ist möglich.

Geschichte

Die Anfänge der **touristischen Entwicklung** waren allerdings bescheidener. 1813 begann man, in der Ostsee zu Grömitz zu baden, und das führte schnell dazu, dass (wohlhabende) Leute nun hierher reisten. Die bis dato relativ bescheiden lebenden Handwerker witterten ein Geschäft. *Gerhard Eckert,* der eine Chronik über Grömitz geschrieben hat, zitiert die Anzeige eines Schuhmachers, der seine „gut eingerichteten Badekarren" anpreist.

Es dauerte allerdings noch etliche Jahre, bis ein **breites Publikum** regelmäßig nach Grömitz kam. Anfang des 20. Jahrhunderts entstanden die ersten **Hotels,** dann wurde eine **Schiffsverbindung** von Travemünde eingerichtet, und endlich kamen auch die Urlauber in größeren Mengen. 1912 waren es stolze 8000.

Doch die **Weltkriege** unterbrachen die touristische Entwicklung von Grömitz. Erst zu Beginn der 1950er Jahre

änderte sich die Situation zum Vorteil. Nach dem Zweiten Weltkrieg waren fast drei Viertel aller bislang erreichbaren Ostseestrände verlorengegangen – nicht nur für Grömitz ein Glücksfall. Jetzt war der Aufstieg unaufhaltsam, gegenwärtig wird die Rekordmarke von 200.000 Übernachtungsgästen angepeilt, wobei Tagesgäste noch nicht mal eingerechnet sind.

Sehenswertes

Im Ort selbst gibt es recht wenige Sehenswürdigkeiten. Die **St.-Nicolai-Kirche** aus dem 13. Jh., in der Fußgängerzone der Kirchenstraße, ist so etwas wie die örtliche historische Attraktion. Erbaut um 1230, wurde die Kirche urkundlich erstmals 1259 erwähnt. Teile des Gebäudes, konkret das rechteckige Langhaus, stammen noch aus der Gründungsphase. Der Altar entstand 1734 in einem hier in der Gegend eher ungewöhnlichen österreichischen Barockstil. Der Taufstein ist eine Kopie der ursprünglich 1703 erschaffenen hölzernen Taufe. Die verschnörkelte Taufkrone wurde um 1700 gefertigt. Auch die Rokoko-Kanzel stammt aus dem 18. Jh. Der Turm entstand vermutlich im 15. Jh. und bekam 1665 seine heutige Gestalt.

Unweit vom Zentrum an der Straße nach Cismar befindet sich der **Zoo Arche Noah.** Zu besichtigen sind rund 300 heimische Tiere, aber auch Schimpansen, Emus und Lamas. Unter anderem gibt es hier auch noch einen Streichelhof, an dem bestimmte Tiere angefasst und gestreichelt werden dürfen.

■ **Zoo Arche Noah,** Mühlenstr. 32, Tel. 56 60, www.zoo-arche-noah.de. Fütterungszeiten: ca. 11–12 Uhr und ca. 15.30–16 Uhr. Geöffnet: März–Okt. 9–18 Uhr, Nov.–Febr. bis 17 Uhr, Eintritt 9 €, Kinder (2–14 Jahre) 5 €.

Die Hauptattraktion ist und bleibt aber der **Strand,** er ist so groß, dass jeder „sein" Plätzchen findet. Die **Promenade** ist schon nett gestaltet, mit einer Reihe von Lokalen bestückt, die alle offen zum Meer sind. Direkt am Ende der See-

364 sh mux

brücke kann man mit einer **Tauchgondel** zu einer 40-minütigen Unterwasserreise aufbrechen und lernt dabei noch einiges über den Lebensraum Ostsee. Geöffnet: April–Okt. ab 10 Uhr, sonst ab 11 Uhr, Mo/Di Ruhetag, allerdings nicht in den Ferien. Eintritt: Erwachsene 8 €, Kinder 5 €, www.tauchgondel.de.

Praktische Tipps

Info

- **PLZ:** 23743.
- **Vorwahl:** 04562.
- **Tourismus-Service Grömitz,** Kurpromenade 58, Tel. 25 60. Geöffnet: 31.3.–2.11. Mo–Fr 9.30–18 Uhr, Sa/So 10–16 Uhr, 4.1.–30.3. Mo–Sa 10–16 Uhr.
- **Internet:** www.groemitz.de.

An- und Weiterreise

- **Bahn:** Der nächstgelegene Bahnhof ist Neustadt, von dort direkter Busanschluss nach Grömitz.
- **Busse:** Linienverkehr nach Dahme, Neustadt, Oldenburg, Lübeck, Infos: www.autokraft.de, Abfahrt von verschiedenen Stellen, u.a. Marktplatz, also im Zentrum.
- **Parken:** Der Tourismus-Service versucht einen Spagat. Feriengäste reisen in der überwiegenden Mehrzahl mit Pkw an; gleichzeitig, so weiß die Kurverwaltung, sind eben diese Gäste sensibler geworden gegen hohes Verkehrsaufkommen am Ort. Was tun? Das Verkehrskonzept bietet eine Reihe von gebührenpflichtigen und kostenfreien Parkplätzen. Erstere liegen alle relativ dicht zum Strand, während man von den kostenfreien schon einige Schritte laufen muss. Alle Plätze sind ausgeschildert.
- **Taxi:** Grömitz-Car, Tel. 61 71.

☒ Seebrücke mit Tauchgondel

Unterkunft

- **Zimmernachweis:** Tourismus-Service, Tel. 25 62 56.

Das **Angebot ist erschlagend,** das Unterkunftsverzeichnis von Grömitz ist ein mittelschwerer Katalog von über 300 Seiten, aber mit dem Angebot von Dahme und Kellenhusen zusammen. Wo also beginnen, zumal es noch zehn Campingplätze in unmittelbarer Nähe gibt? Unterkünfte werden über den ganzen Ort verteilt angeboten, aber auch in den Randgemeinden. Die erste Reihe sind hier Häuser in den Straßen Pappelallee, Am Seestern oder Uferstraße. Von hier sind es nur wenige Schritte zum Strand, und in diesen Straßen herrscht ein Nachtfahrverbot für Autos. Eine ganze Reihe von Ferienwohnungen sind in den Straßen Am Strande, Blankwasserweg, Wicheldorfstraße, Schützenstraße zu finden. Diese gelten als so etwas wie die zweite Reihe von Grömitz, d.h. man ist schnell im Zentrum und noch schneller am Strand.

- **Villa am Meer**⑤, Seeweg 6, Tel. 25 50, www.villa-am-meer.de. In einer sehr ruhigen Sackgasse unweit vom Strand gelegen, bietet das Haus 30 größere Zimmer mit Balkon und WLAN.

MEIN TIPP: **Hotel Seemöwe**⑤, Fischerstr. 3, Tel. 25 53 90, www.seemoewe.de. Historisches Haus (erbaut 1910), das 2005 komplett renoviert wurde und nun den Charme der Tradition mit den Erfordernissen der Moderne (u.a. WLAN und Flachbild-TV) verbindet. Heute hat das Haus nur sieben DZ und vier Suiten, fast alle mit eigener Küche. Kein Restaurant, aber das reichhaltige Frühstück wird bis 11 Uhr serviert.

- **Hotel Strandidyll**③-④, Uferstr. 26, Tel. 18 90, www.strandidyll.de. Größeres, geschwungenes Ge-

116sh hj

bäude in ruhiger Lage unmittelbar am Strand gelegen, Richtung Jachthafen. WLAN in allen Zimmern.

■ **Strandhotel**⑤, Uferstr. 1, Tel. 22 55 00, www.strandhotel-groemitz-ostsee.de. Im Jahr 2008 neu erbautes Haus, direkt an der Strandpromenade zu finden, dementsprechend viele der 39 schick und modern eingerichteten Zimmer mit Meerblick.

■ **Apartments Belvedere**③, Schützenstr. 49, Tel. 22 24 40, www.haus-belvedere.de. Komfortable Apartments mit zwei bis drei Zimmern unmittelbar am Deich in ruhiger Lage, 80 Meter vom Strand entfernt.

■ **Apartmenthaus Zwei Linden**③, Wicheldorfstraße 3, Tel. 56 51, www.zweilinden-groemitz.de. 14 Wohnungen mit 2–3 Zimmern in einem ökologisch gebautem Haus in ruhiger, zentraler Lage, nur fünf Minuten vom Strand entfernt. WLAN.

Insgesamt **zehn Campingplätze** reihen sich ab Ortsrand von Grömitz auf, am Lensterstrand. Aus dem Ort raus über den Mittelweg fahren, und schon passiert man sie alle. Auch hier ist es schwierig, einen Platz hervorzuheben. Die Plätze Lerchengrund, Camaro und Porta del Sol Mare liegen am nächsten zur Stadt, das besagt aber nicht viel, die anderen schließen sich alsbald an. Eine Besonderheit noch: Der Campingplatz Sonnenland liegt am weitesten entfernt, weil er vor dem örtlichen FKK-Strand angesiedelt ist.

■ **Wohnmobilstellplatz:** Ein Großraumparkplatz mit Entsorgungsstation findet sich in der Gildestraße 14. Ein weiterer liegt am Lensterstrand gleich hinter dem Deich. Höchstparkdauer: jeweils nur 24 Stunden.

⌃ Umkleidekabine anno dazumal

› Ruhiger Morgen am Strand von Grömitz

365sh mux

Gastronomie

■ **Eishörnchen,** Seestr. 3, Tel. 46 93. vorzügliches Eis in fantasievollen Kreationen.

■ **Steakhus,** Neustädter Str. 28, Tel. 25 58 51, geöffnet: täglich 17–22 Uhr. Ein Tipp für alle, die eine Alternative zur Fischplatte suchen. Ein klassisches Steakhaus, leicht außerhalb von Grömitz-City gelegen, aber noch in Lauf-Distanz. Serviert wird argentinisches Rinderfleisch.

An der **Strandpromenade** liegen mehrere Restaurants mit zum Teil recht großen Terrassen, beispielsweise:

■ **Strandhalle,** Kurpromenade 56, Tel. 22 25 70, geöffnet: Di–So ab 11 Uhr, durchgehend warme Küche, So Brunch. Ein sehr großes Lokal in zentraler Lage an der Promenade. Dazu gehört auch das „Proviantaurant Klabautermann", das gleich nebenan liegt und holsteinische Küche bietet. Direkt am Strand dann noch die „Ostseelounge", eine chillige Location, wo man sich bei einem Cocktail in weichen Sitzen schön aufs Meer wegträumt.

■ **Bistrorant Scampi,** Kurpromenade 48, Tel. 81 92. Der Gast wählt an der Theke sein Gericht und die Speisen werden ruckzuck zubereitet und rasch geliefert. Durchgehend warme Küche von „früh bis spät", wie es so schön heißt.

■ **Falkenthal Seafood Bar,** Kurpromenade 6, Tel. 51 52, täglich ab 11 Uhr. Ein Bistro mit größerer Terrasse. Neben Fischgerichten werden auch Suppen, kleinere Gerichte, Pasta und spezielle Kinderteller geboten. Zwanglose Atmosphäre, flinker Service.

■ **Seaside,** Kurpromenade 54, Tel. 25 880, geöffnet: täglich außer Di 11–21.30 Uhr. Strategisch sehr gut gelegen am Hauptzugang zur Promenade und zum Strand. Chillige Atmosphäre, Mischung aus Bar und Restaurant mit saisonaler, regionaler Küche.

■ **Café Florida,** Kurpromenade 42, Tel. 42 21, geöffnet ab 11 Uhr. Ein Klassiker an der Strandmeile.

Bietet auf zwei Etagen und auf der Terrasse zum Meer nordisches Frühstück, warme Mahlzeiten (Fisch, Fleisch) und vor allem hausgemachte Torten.

Einkaufen

Hof Klostersee, Grömitz-Grönwohldshorst, Tel. 517, www.klostersee.org. Auf diesem Demeter-Biohof wird Klosterseekäse hergestellt, außerdem Joghurt, Quark und ein gutes Dutzend verschiedener Brote. Gemüse, Wurstwaren, Obst und weitere Bio-Lebensmittel im gut bestückten Hofladen (Mo–Sa 9–18 Uhr), dazu gibt es Kuchen und Torten im angeschlossenen Café.

Schiffsausflüge

■ Ab **Seebrücke Grömitz** u.a. nach Travemünde, Poel, Boltenhagen, sowie Ostseerundfahrten. Infos über die allgegenwärtigen Aushänge.

Wassersport

■ **Segeln:** Segelschule Blauer Peter, Jachthafen 6, Tel. 71 56, www.segelschule-blauer-peter.de. Fünftägige Kursprogramme gibt es von Juni bis September, außerdem immer am Samstag ab 10 Uhr die Möglichkeit zum Schnuppersegeln (Anmeldung bis Freitag 12.30 Uhr).

■ **Schwimmbad:** Grömitzer Welle, Kurpromenade 58, Tel. 25 62 47, ein Freizeitbad mit Meerwasserbrandungsbecken und 26 °C warmem Wasser. Darüber hinaus gibt es Wasserrutschen, Whirlpool, Sauna, Ruhezonen, eben alle Bestandteile eines Spaßbades. Geöffnet: Das Schwimmbad bleibt bis voraussichtlich Ende 2014 wegen Umbauarbeiten geschlossen.

■ **Surfen:** Wassersportschule Grömitz, Kurpromenade 100, Tel. 266 50 15, www.wassersport-groemitz.de. Segel-, Surf- und Kitekurse, aber auch Kajak- und Katamaran-Ausbildung werden angeboten.

Weitere Aktivitäten

■ **Fahrradverleih:** *Behrens,* Blankwasserweg 25, Tel. 22 58 09; „Fahrräder für die ganze Familie", Christian-Westphal-Str. 4, Tel. 16 71; *Hannelore Bach,* Brandenburger Weg 2, Tel. (0178) 66 54 210, u.a. Vermietung von Bollerwagen; Haus Kehrwieder, Fischerstr. 1, Tel. 81 34, vermietet auch Bollerwagen.

■ **Reiten:** Pappelhof, Pappelhof 15, Tel. 77 39, www.groemitz-pappelhof.de.

■ **Minigolf:** El Dorado bei den Tennisplätzen Pappelallee 9, Tel. 55 13.

■ **Golf:** der Golfclub bietet einen 18-Loch-Meisterschaftsplatz oder einen Neun-Loch-Kurzplatz. Am Schnoor 46, Tel. 22 26 50, www.golfclub-groemitz.de.

■ **Hochseilgarten:** Kletterpark Grömitz, Blankwasserweg 120, Tel. 26 62 940, www.kraxelmaxel.de, Erw. 20 €, Jugendliche (13–17 Jahre) 17 €, Kinder (6–12 Jahre) 15 €. In diesem Kletterpark kann man in Höhen zwischen 4 und 10 Metern zu über 60 Stationen klettern.

■ **Strandhaus,** Kurpromenade 20, Tel. 22 38 32. Ein Treff für Kinder mit vielen Spielsachen, Tobeecken und Abenteuerlandschaften, wo die Kleinen unter Aufsicht in ihrer eigenen Welt leben können. Obendrein gibt es jede Menge Veranstaltungen. Geöffnet: ab April Mo–Fr ab 9.30 Uhr.

› Kloster Cismar

Kino

- Kirchenstraße 27–29, Tel. 22 36 43, www.kino-groemitz.de.

Kirche

- Gottesdienst in der St.-Nicolai-Kirche So 10 Uhr.

Post und Internet

- **Post:** Filiale bei Blumen-Thiel, Kirchenstr. 2.
- **Internet:** WLAN-Hotspots liegen bei der Touristeninformation, am Vorplatz der Seebrücke und beim Yachthafen.

Einkaufen

- **Wochenmarkt:** Do am Neuen Markt-Rathaus.

Cismar

Dieser kleine Ort, etwa sechs Kilometer in nördlicher Richtung von Grömitz entfernt, gilt als **Künstlerdorf,** und tatsächlich trifft diese plakative Beschreibung zu. Mittelpunkt ist das **Kloster Cismar,** ein wuchtiger roter Backsteinbau mit schönem Garten, in dessen Zentrum eine riesige, Schatten spendende Kastanie wächst. Cismar ist die größte mittelalterliche Klosteranlage in Ostholstein. Etwa um 1245 entstand diese Anlage, von der ein Teil noch erhalten geblieben ist. Nach der Reformation 1561 wurde das Kloster aufgelöst und das Gebäude ging auf die Herzöge von Schleswig-Holstein-Gottorf über. Nach Umbauten in den Jahren 1982 bis 1987 gehört es heute zum Landesmuseum Schloss Gottorf.

313sh hj

Das im rechten Winkel erbaute Gebäude ist drei Etagen hoch und besitzt ein tief heruntergezogenes großes Dach. Gut erhalten ist der mittelalterliche **Kreuzgang.** Im Brunnenkeller befindet sich eine **Dauerausstellung** zur Historie des Klosters. Die **Kirche** entstand zwischen 1245 und 1330, sie zeigt einen eindrucksvollen, lichtdurchfluteten Chorbereich. Seit dem 18. Jh. wird nur noch der Ostteil als Kirche genutzt, im westlichen Teil wurde eine **Amtmannswohnung** eingerichtet. Bedeutendstes Stück ist der gotische **Flügelaltar,** der um 1315 erschaffen wurde und Szenen aus Christi Leben zeigt.

■ **Kloster Cismar,** Bäderstr. 42, Tel. (04366) 10 80, geöffnet: März bis Oktober Di–So 10–17 Uhr. Eintritt: 3 €, Kinder 2 €, Familien 7 €. Im Sommerhalbjahr werden am Mittwoch und Samstag um 17 Uhr einstündige Führungen angeboten.

Ein kleiner Spaziergang von nur 150 Metern führt zum **Haus der Natur.** Dies ist ein nettes, kleines privates Naturmuseum mit einer Sammlung von über zehntausend Exponaten. Schwerpunkt ist eine unglaublich vielfältige Sammlung von Muscheln und Schnecken, man glaubt gar nicht, wie viele Arten es gibt. Insgesamt 4000 unterschiedliche sind ausgestellt, und sie gilt somit als die **größte Muschelsammlung Deutschlands.** Darüber hinaus findet sich aber noch eine breite Palette von präparierten heimatlichen Vögeln, an einer Schattenrisswand kann jeder seine ornithologischen Kenntnisse überprüfen.

■ Bäderstr. 26, geöffnet: täglich 10–19 Uhr, an der B 501 im Ortskern gelegen. Eintritt: 4 €, Kinder 1 €.

Das angenehme Ortsbild wird durch ein paar **Galerien** noch abgerundet. Außerdem findet sich noch eine echte handwerkliche Rarität. Das **Geschäft „Alte Schriftkunst“** bietet Texte und Spruchweisheiten in altdeutscher Schrift an, zu finden an der Bundesstraße unweit vom Kloster in der Bäderstr. 36, Tel. (0172) 90 70 012. Zur Stärkung geht man abschließend dann ins auffällige Naturkostcafé, das ebenfalls an der Bundesstraße liegt.

Alljährlich findet am zweiten Wochenende im August ein **Klosterfest** mit historischem Markt statt.

Kellenhusen

Ein Ort, dem man das Etikett **Familienbad** geben kann. Damit ist gemeint, dass es ziemlich ruhig zugeht, der Tourismus zwar überall spürbar ist, er aber keine dominierende Stellung einnimmt. Kellenhusen ist eher ein Dorf, das seinen schönen Strand nutzt, um auch Gäste anzulocken, aber nicht, um sich vollständig der Ferienindustrie zu verschreiben. Das hat zur Folge, dass immer noch mehrheitlich **kleine, familiäre Unterkünfte** zu finden sind, und längst nicht jeder Hausbesitzer vermietet auch Zimmer. Sicher, es gibt auch ein paar modernere Bauten, Apartment-Anlagen mit sieben Stockwerken, aber die bleiben die Ausnahme.

Der Strand ist feinsandig, immerhin stolze vier Kilometer lang und flach ins Wasser übergehend. Eine einzigartige **Seebrücke** von gut 300 Metern verläuft ins Wasser über drei künstlich aufgeschüttete Inseln. Dort kann man von

Rampen ins Wasser springen. Auch die **Promenade** wurde neu gestaltet, und sie bricht so manches Klischee auf. Ziemlich verspielt, mit Ruheecken und kleinen Kunstwerken versehen, verläuft sie parallel zum Strand. Hier liegen auch ein paar Lokale und Shops, aber auch kleinere Waldstücke. Es fällt auf, dass sich doch ein recht beachtlicher Baumbestand erhalten hat, der in weiten Teilen fast bis an den Strand grenzt. Das selbstgewählte Attribut „Wald und Wellen" trifft es somit ausgezeichnet. Ein Deich verläuft etwa 50 Meter hinter dem Strand, und erst danach findet man die Häuser des Ortes.

Kellenhusen ist über eine **Zufahrtsstraße** zu erreichen, die Bundesstraße B 501 verläuft weit außerhalb vorbei, dies ist ein weiterer Grund für die ruhige Atmosphäre. Gleich außerhalb von Kellenhusen liegt ein riesiges Waldgebiet, der **Eutiner Staatsforst.**

Praktische Tipps

Info

- **PLZ:** 23746.
- **Vorwahl:** 04364.
- **Tourismus-Service:** An der Strandpromenade 15, Tel. 497 50.
- **Internet:** www.kellenhusen.de.

☐ Die ungewöhnliche Seebrücke von Kellenhusen

366sh mux

An- und Weiterreise

■ **Bahn:** Die nächstgelegenen Bahnhöfe sind in Neustadt oder Oldenburg zu finden.
■ **Parken:** Am Süd- und Nordstrand, am ZOB und, etwas außerhalb, unweit vom Campingplatz sind ausgeschilderte Parkmöglichkeiten zu finden.
■ **Taxi:** Taxi Hensen, Gruberhagen, Tel. 264.

Unterkunft

Kellenhusen ist ein kleiner, ruhiger Ort, „gute" oder „schlechte" Lagen sind jedenfalls nicht zu erkennen. Der schöne Sandstrand ist von jedem Punkt spielend zu Fuß zu erreichen, und das Verkehrsaufkommen ist gering.
■ **Kurhotel Steenbock**③, Schützenweg 2, Tel. 218, www.kurhotel-steenbock.de, mittelgroßes Gebäude mit nettem Garten, 50 Meter vom Strand entfernt. Geöffnet von Ostern bis Oktober.
■ **Landhotel garni Haus Sophie**③, Am Ring 41, Tel. 336, www.ostsee-landhotel.de. Das Haus hat eine lange Tradition und liegt zentral, etwa 200 m vom Strand entfernt. Es bietet EZ, DZ und Familienzimmer, aber auch Apartments für 2 bis 4 Personen. Außerdem einen großen Naturgarten, Sitzecken am alten Backhaus und das Restaurant Kartoffelstube. Geöffnet: März bis Oktober.
■ **Hotel Erholung**③, Am Ring 31, Tel. 47 09 60, www.hotel-erholung.de. Ein Haus mit gut einhundertjähriger Tradition, das 20 DZ und auch einige Familienzimmer hat. Zum Strand sind es nur 100 Meter.
■ **Am Walde**②-③, Fasanenweg 12, Tel. 94 49, www.amwalde.de. Ferienhäuser im nordischen Stil und Apartments in ruhiger Lage am Wald in einem 12.000 m² großen Park.
■ **Campingparadies Kellenhusen,** Kirschenallee 16–18, Tel. 81 40, der Platz liegt etwas südlich des Hauptstrandes in ruhiger Lage vor dem Deich, geöffnet 1.4.–30.9., Tel. 81 40, www.campingparadies-kellenhusen.de.

Gastronomie

■ **Restaurant Vier Linden,** Lindenstr. 4–6, Tel. 49 50, u.a. gibt es ostseefrische Fischspezialitäten.
■ **Georgsklause,** Strandpromenade 33, Tel. 84 50, geöffnet: täglich außer Di 9–22 Uhr. Recht großes Lokal mit Terrasse. Neben einer Mittags- und Abendkarte werden Frühstück und Bistrogerichte serviert, aber auch hausgemachte Kuchen und Torten, sowie verschiedene Kaffees aus einer Privatrösterei. Und am Freitag finden zweimal im Monat Jazz-Konzerte statt.
■ **Strand-Casino,** an der Promenade 31 bei der Seebrücke, Tel. 13 16. Fischgerichte dominieren das Angebot, es gibt aber auch Holsteiner Katenschinken. Tägl. ab 11 Uhr.
■ **Restaurant Vogelsang,** Vogelsang 7, etwas außerhalb gelegen. Tel. 94 61, täglich außer Di 10–22 Uhr. „Super Essen zu moderaten Preisen" (Leserzitat), bei abwechselnder Karte, neben deutschen Gerichten gibt es auch u.a. Flammkuchen.
■ **Landgang,** Strandpromenade 25, Tel. 47 00 70, geöffnet: Ende März bis Ende Oktober täglich 10–21 Uhr, in den Sommerferien ab 9 Uhr. Beste Lage, knapp neben der Seebrücke, mit einer Terrasse direkt am Strand. Breite Auswahl, u.a. Suppen, Fisch, Eis, Fischbrötchen, also sowohl für den kleinen als auch für den großen Hunger.

Wassersport

■ **Schwimmbad:** Ein Meerwasser-Hallen-Freibad ist im Kurzentrum zu finden. Geöffnet: Ende März bis Anfang November 10.30–17.30 Uhr, mit einer Pause zwischen 13 und 15 Uhr, Freibad: 17.5.–14.9. geöffnet 10.30–17.30 Uhr.

Weitere Aktivitäten

■ **Fahrradverleih:** Dat Radhus, Strandpromenade 22, Tel. 18 76; *Hoepke,* Waldstr. 14, Tel. 94 25;

Knauff, Strandpromenade 37, Tel. 92 65; *Moisel,* Ostlandstr. 18, Tel. 97 07.

- **Minigolf:** Zwei Anlagen, die am Nordstrand bzw. Mitte Südstrand hinter der DLRG-Station zu finden sind.
- **Kinder:** *Käpt'n Kelli Klub* ist ein Strandkindergarten für Kinder ab 3 Jahren, geöffnet: Ostern bis Oktober Mo–Fr 9.30–12.30 Uhr.

Kirchen

- **St.-Petri-Kirche,** Kirchweg 20, Evangelischer Gottesdienst So 10.30 Uhr.
- **Katholischer Gottesdienst** So 10 Uhr und Sa 18 Uhr im Nachbarort Dahme in der St.-Stephanus-Kirche.

Post und Internet

- **Postagentur „Zugehör",** Am Ring 10, Tel. 47 94 48.

Dahme

Wer sich dem Ort nähert, wird zunächst etwas überrascht feststellen, dass man sich an einer Weggabelung für „Dahme Nord" oder „Dahme Süd" entscheiden muss. Das deutet auf einen großen Ort hin, was aber bei näherem Hinsehen dann doch nicht zutrifft. Dahme **erstreckt sich über einige Kilometer,** allerdings mehr im Bereich des Strandes. Das ergibt sich vor allem daraus, dass Hochhäuser so gut wie unbekannt sind, der Ort sich entsprechend in der Fläche breit machen musste.

Schnell erkennt man auch, dass Dahme einen **gewachsenen Ortskern** hat. Die Bewohner vermieten zwar auch Ferienwohnungen, aber die neueren Apartment-Anlagen liegen am Ortsrand. Dort sind teilweise siebenstöckige Häuser jüngeren Datums zu finden, im Ortskern dagegen mehr Einfamilienhäuser. Da es keine Durchgangsstraße gibt, bleibt es praktisch überall ziemlich ruhig.

Der **Strand** zeigt sich auch hier von einer schönen Seite, feiner weißer Sand, 20 bis 25 Meter breit, 6,5 endlose Kilometer lang und sacht ins Meer übergehend. Dann folgt die 1,5 km lange **Promenade** mit einigen Gastronomiebetrieben, dem Meerwasserwellenbad etc., dahinter verläuft ein Deich mit breitem Deichvorland. Entlang der Promenade stehen relativ viele kleine reetgedeckte Häuschen, in denen man in halbwegs regelmäßigem Wechsel essen, trinken, Eisessen oder shoppen kann.

Allzuviel los ist hier wahrlich nicht, es ist **familiär und ruhig.**

Örtliche Sehenswürdigkeit ist der **Leuchtturm Dahmeshoved,** das Wahrzeichen von Dahme. Obwohl schon 1878 erbaut, ist er immer noch im Dienst, allerdings mittlerweile vollautomatisch, kein Leuchtturmwärter muss noch einsame Schichten schieben. Von oben (108 Stufen!) hat man einen tadellosen Fernblick. Führungen von April bis Oktober täglich außer am Samstag halbstündlich zwischen 15 und 16.30 Uhr.

Die nahen **Waldgebiete** laden übrigens zu ausgedehnten Wanderungen ein, im Staatsforst Eutin sind entsprechende Wege angelegt worden.

Etwa drei Kilometer nördlich von Dahme liegt ein **FKK-Strand.**

367sh mux

Praktische Tipps

Info

- **PLZ:** 23747.
- **Vorwahl:** 04364.
- **Kurbetrieb Dahme,** Seestraße 50, Tel. 492 00, Mo–Fr 9–17 Uhr, Sa/So 10–13 Uhr.
- **Internet:** www.dahme.com.

An- und Weiterreise

- **Busse:** Regelmäßige Verbindungen nach Kellenhusen, Grömitz und Neustadt. Wer eine OstseeCard hat, zahlt pro Fahrt nur 1 €.
- **Taxi:** Taxi Hensen, Gruberhagen, Tel. 264.

⌃ An Dahmes Strandpromenade stehen reetgedeckte Häuschen

Unterkunft

- Ein größeres Angebot hat die **Zimmervermittlung Billiau,** Seestr. 48, Tel. 326, www.ostseeurlaub.de.
- Ebenfalls ein breites Angebot an FeWos hat das **Vermittlungsbüro Knauff,** Memelstraße 15, Tel. 92 65, www.uado.de.
- **Seehotel Lönö**④, Strandstr. 9, Tel. 47 09 31 34, www.seehotel-loenne.de. Komplett renoviertes 3-Sterne-Haus. Es liegt ruhig direkt hinterm Ostseedeich, hat einen Gastronomiebetrieb, WLAN und 32 helle Zimmer mit Balkon oder Terrasse.
- **Haus am Deich**②-③, Am Deich 15, Tel. 80 97, www.hausamdeich-dahme.de. Insgesamt 11 Wohnungen mit Balkon in Deich- und somit auch Strandnähe.
- **Haus Deichgraf**③, Anfragen über Vermittlungsbüro Knauff, www.deichgraf-dahme.de. Direkt an der Strandpromenade gelegenes Reetdachhaus mit traumhaftem Meerblick.

Stranddorf Augustenhof⑤, Rosenfelderstrand, im benachbarten Ort Grube, Tel. (04365) 97 91 94, www.stranddorf.de. Ein Lesertipp: Nur durch einen Deich getrennt liegen hier auf einem Naturgrundstück 30 ökologisch orientierte Ferienhäuser in drei Größen von 55 bis 72 m^2.

Jugendherberge, Dahmeshöved 1, Tel. 47 01 73. Top-Lage direkt am Meer, 2006 eröffnet, mit insgesamt 144 Betten in überwiegend Vierer- und Zweierzimmern, die eigene Dusche und WC haben.

Campingplatz Zedano, Tel. 366, Fax 83 59, www.zedano.de, ganzjährig geöffnet. 350 Stellplätze, diverse Einrichtungen, Grill, Restaurant, Bootssteg, auf naturbelassenem Gelände. Wer will, kann einen Wohnwagen mieten oder ein Mobilheim oder sogar eine sogenannte Komfort-Camping-Parzelle mit eigenem Privatbad! Über Dahme-Nord erreichbar. WLAN.

Campingplatz Stieglitz, Tel. 14 35, www.camping-stieglitz.de, geöffnet Anfang April bis Ende Oktober, am Wasser, über Dahme Nord erreichbar.

Gastronomie

Entlang der 1,5 Kilometer langen **Strandpromenade** liegen eine Reihe von Lokalen.

Milchbar, Strandpromenade 14, Tel. 47 12 50, täglich ab 9.30 Uhr. Durchgehend warme Küche mit Fisch- und Fleischgerichten sowie hausgemachten Torten, aber auch mit Gerichten gegen den kleinen Hunger, wie Kartoffelpuffer oder Waffeln. Eine Terrasse liegt direkt am Strand, wo das Hausmotto „Lecker essen, trinken, Schiffe gucken" umgesetzt wird.

Restaurant-Café Blöser, Strandpromenade 22, Tel. 48 020, geöffnet: 9.30–23 Uhr. Sehr schöner Blick auf den Strand vom eigenen Strandgarten unter einem Glasschiebedach. Neben vegetarischen Gerichten werden Fisch und Fleisch serviert, aber auch hausgemachte Torten. Außerdem gibt es noch direkt am Strand eine Terrasse.

Zum kleinen Anker, Strandpromenade 10, Tel. 47 97 77, April bis Oktober ab 11 Uhr. Das gar nicht so kleine Lokal fällt auf, ist charmant dekoriert mit viel Holz und hat mehrere Bereiche, auch eine seitliche Terrasse. Auf der Speisekarte werden Fisch- und Fleischgerichte angeboten, aber auch eine einfache Currywurst.

Wassersport

Schwimmbad: Hallenbad, Wasser-Erlebnis-Bereich mit Poolbar. Mit auf 28 Grad aufgeheiztem Meerwasser. Tel. 47 09 914, tägl. 10–18 Uhr.

Surfen: Surfschule am Nordstrand, Tel. (0176) 24 80 89 59, www.surfschule-dahme.de.

Weitere Aktivitäten

Fahrradverleih: *Dieter Schulz,* An der Strandpromenade 27, Tel. 18 96; *Uwe Voigt,* An der Strandpromenade 9, Tel. 83 78.

Go-Kart-Verleih: *Tramigo,* Strandpromenade 34 a, Tel. (0177) 83 58 042 und auf dem Campingplatz Zedano.

Minigolf: *Tramigo,* Tel. (0177) 83 58 042, an der Strandpromenade.

Reiten: Reitschule Lütt Piergorn, Gruberhagen 2, Tel. 525.

Rundflüge: Flugplatz Grube, vier Kilometer von Dahme entfernt an der B 501, Tel. (04365) 399.

Kinderhafen, Strandpromenade. Großer Spiel-, Bastel- und Tobebereich mit Animation für kleine und etwas größere Kinder. Von April bis Oktober Mo–Fr 10–17 Uhr, So 10–13 Uhr.

Sauna: Ein großzügiger Saunabereich befindet sich im StrandSpa, Tel. 47 09 912.

Einkaufen

Naturkostwaren und Tee bei **Marcelo Schneider,** Am Deich 51, Tel. 90 08.

Kirchen

- Evangelische Geroldkapelle, Am Wittenwiewerbarg, Gottesdienst wechselnde Termine, So 9.30 oder 10 Uhr.
- Katholische St.-Stephanus-Kirche, An der Allee 21, Gottesdienst so 10 Uhr, Sa 18 Uhr.

Post und Internet

- Postagentur bei **Bäcker Olandt,** Seestr. 25, Tel. 48 080.
- **Internet:** WiFi-Zone und Internetzugang im Haus des Gastes, Strandpromenade 15.

Großenbrode

Dies ist der letzte Ferienort und touristisch genutzte Strand vor der großen Insel Fehmarn. Und ein wenig im **touristischen Abseits** liegt er schon, dieser kleine Ort. Die Europastraße 47 führt haarscharf vorbei, die Bahnlinie führt mitten hinein. Vereinzelt halten Züge noch einmal, die meisten brausen aber durch, Gleis und Straße laufen schließlich parallel zur Fehmarnsundbrücke, bringen den eiligen Reisenden an Fehmarns Strände oder auf die Fähre nach Dänemark. Alles ein wenig ungerecht, denn Großenbrode kann mit einem **schönen Strand** und ruhiger Beschaulichkeit dienen.

Der 1,5 Kilometer lange Strand ist flach und feinsandig. Eine **Promenade** ist zu finden und eine Handvoll von drei- bis viergeschossigen Häusern. Die meisten haben einen Balkon zum Meer, das sind dann die Ferienwohnungen. Vor der Seebrücke öffnet sich ein größerer **Platz** mit einem netten Flanierbereich, an der auch einige Lokale liegen.

Der **alte Ortskern** mit der Bahnstation liegt ein, zwei Kilometer vom Strand entfernt. Dort steht die örtliche Sehenswürdigkeit, eine Backsteinkirche, die **St.-Katharinen-Kirche** mit einem seltenen hölzernen Glockenturm aus dem 17. Jahrhundert. Der Altar stammt von 1694, und die Kirche wurde erstmals schon um 1230 erwähnt. Das zeigt, wie lange dieses Gebiet schon besiedelt ist.

Praktische Tipps

Info

- **PLZ:** 23775.
- **Vorwahl:** 04367.
- **Tourismus-Service,** Teichstr. 12, Tel. 99 71 13, geöffnet: Mo–Fr 8.30–12 Uhr, Mo, Di, Do 14–16 Uhr. Von Mai bis September gibt es ein Büro am Südstrand, auch am Wochenende, Tel. 97 88 30.
- **Internet:** www.grossenbrode.de.

An- und Weiterreise

- **Bahn:** Züge nach Lübeck verkehren alle zwei Stunden.
- **Taxi:** Ostsee-Taxi, Tel. (04361) 632 32.

Unterkunft

Direkt am Südstrand liegen einige Häuserblocks mit **FeWo**②-③, mehrere Stockwerke hoch, mit Balkon, aber unschlagbarer Lage direkt am Strand. Verschiedene Größen werden angeboten. Infos über Bodendieck GbR, Am hohen Ufer, Tel. 97 257, www.suedstrand-feriendienst.de oder Bünning

GmbH, Südstrandpassage, Tel. 50 66 180, www.buenning-immobilien.de. Die Preise richten sich nach verschiedenen Kategorien.

■ **Hotel Alter Krug**③-④, Schmiedestr. 13, Tel. 394, www.alter-krug-grossenbrode.de. Nur wenige Zimmer hat dieses gemütliche Haus, das mitten im Ortskern liegt und einen netten Garten mit Liegewiese hat. Außerdem ist ein gutes Restaurant angeschlossen.

■ **Ostsee Hotel**④, Südstrand 8, Tel. 71 90, www.ostsee-hotel-grossenbrode.de. Liegt am Südstrand, modernes Haus, Balkone mit Meerblick, bietet 27 hochwertig ausgestattete Zimmer mit Balkon (Ostseeblick!), außerdem gibt es einen Wellness-Bereich mit unterschiedlichen Saunen.

■ **Campingplatz Strandparadies Großenbrode,** Südstrand 3, Tel. 86 97, www.camping-strandparadies-grossenbrode.de, geöffnet Ende März bis Ende Oktober. 500 Stellplätze, Spielplatz, Tennis- und Volleyballanlage und ein Fitnessstudio, Laden, Restaurant. Im Ort ausgeschildert, nur 300 Meter vom Strand entfernt.

■ **WoMo-Stellplätze:**

Es gibt zwei Plätze. Einer liegt beim Wassersportzentrum am Kai-Ende und bietet Ver- und Entsorgungsstation, Strom, WC, Duschen. Infos: Tel. (0172) 43 06 800, www.wassersportzentrum.net.

Der andere Platz: Wohnmobilhafen Reise, Südstrand 1, Tel. 347, www.wohnmobilhafen.info. Ver- und Entsorgestation, Strom, WC, Dusche, WLAN.

Gastronomie

■ **Alter Krug,** Schmiedestr. 13, Tel. 394, im alten Ortsteil gelegenes Restaurant mit rustikalem Ambiente und bodenständiger Küche.

■ **Café Meerkieker,** Am Kai 15, Tel. 71 79 72, Ostern bis Ende Oktober täglich 13–18 Uhr, So ab 9 Uhr, März, Nov., Dez. Sa/So 13–18 Uhr. Schöne Meerblick-Lage, geboten werden hausgemachte Torten aus „Omas Kochbuch", wie es so anheimelnd heißt, außerdem eine gute Bistroküche und regelmäßig Veranstaltungen wie Konzerte oder Kunstausstellungen.

Wassersport

■ **Meerwasserbewegungsbad:** im Kurmittelhaus am Südstrand, Tel. 560.

■ **Surfen und Segeln:** Segelschule Kleine Segel, Am Kai 21, Tel. (0173) 98 14 967, www.kleine-segel.de.

Weitere Aktivitäten

■ **Fahrradverleih:** *Fa. Reise,* Teichstr. 13, Tel. 361; *Monika Klein,* Am Vogelberg 8, Tel. 81 33.

■ **Inlineskating:** eine Anlage liegt an der Strandstraße.

■ **Minigolf:** im Freizeitpark, Südstrand, Tel. 97 88 90.

Kino

■ **Ferienkino im Haus des Gastes,** von Juli bis Anfang September.

Kirche

■ Ev. St. Katharinenkirche, Teichstraße (hinter dem Rathaus), Gottesdienst am Sonntag um 10 Uhr.

Post

■ **Post:** Agentur im Laden 87, Teichstr. 87, Tel. 97 230, geöffnet: Mo–Sa 9–12 Uhr, Mo, Mi, Fr 14–17 Uhr.

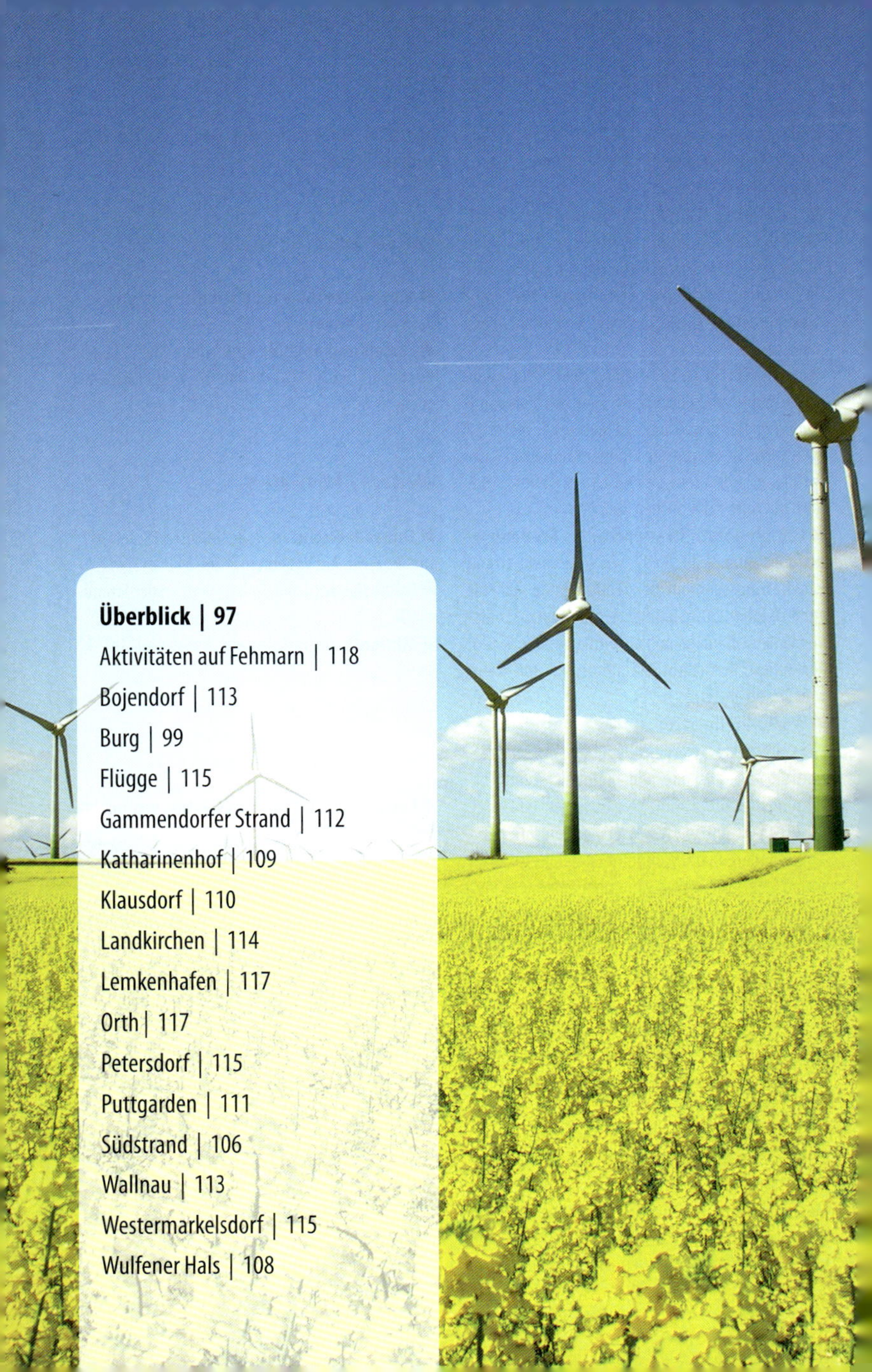

341sh hj

Die zweitgrößte Insel Deutschlands bietet eine ganze Menge: schöne Strände, Top-Campingplätze, Ferien auf dem Bauernhof

2 Fehmarn

für ruhigen Familienurlaub und beste Bedingungen für Surfer. Außerdem scheint die Sonne hier so oft, wie sonst kaum im ganzen Land.

Typisch Fehmarn: Raps und Windräder

Fahrrad-Insel Fehmarn

NICHT VERPASSEN!

- Silo Climbing in **Burgstaaken** | 104
- Große Auswahl an **Restaurants in Burg** | 105
- Feiner Sandstrand am **Südstrand** | 106
- Besuch beim **dänischen Nachbarn** ab Puttgarden | 111
- Strandwaldlandschaft mit moorigen Seen in **Gammendorf** | 112
- Vögel beobachten in **Wallnau** | 113

Diese Tipps erkennt man an der gelben Hinterlegung.

2

DIE SONNENINSEL

374sh hj

Die „Sonneninsel" wird Fehmarn genannt, denn sie zählt zu den sonnenreichsten Flecken im ganzen Land. Das Ambiente ist eher ländlich-dörflich geprägt, knapp 40 Dörfer und eine Kleinstadt verteilen sich auf Deutschlands zweitgrößter Insel. Neben Sonne bietet sie eine ganze Menge: Familien schätzen den schönen Südstrand und die komfortablen Ferienwohnungen auf einem der zahlreichen Bauernhöfe, wo Kinder ungeahnte Entdeckungen machen können. Surfer loben den ständigen Wind, Radfahrer strampeln durch die brettflache Landschaft und Camper nutzen die bestens eingerichteten Campingplätze an den Naturstränden.

Überblick

Zunächst die Fakten und dann eine handfeste Überraschung. Fehmarn ist mit 185 km² die **zweitgrößte deutsche Insel** (nach Rügen). Durch die Verbindung mit der **Fehmarnsundbrücke** ist der „sechste Kontinent", wie mancher Einheimische nicht ohne Stolz früher sagte, jetzt an das europäische Festland angeschlossen. Und so hieß es auch bei den alten Bauern „We fört no Europa" (Wir fahren nach Europa), wenn sie mal ihre Insel verlassen mussten. Die 963 Meter lange und 70 Meter hohe Brücke wurde 1963 fertiggestellt, seitdem wandelte sich die bäuerlich-dörfliche Insel zu einer stark besuchten Ferieninsel.

Und damit kommen wir zu einer echten Überraschung: Fehmarn zählt zu den **sonnenreichsten Gebieten Deutschlands!** Wer hätte das gedacht? Etwa 1830 Stunden scheint die Sonne hier durchschnittlich im Jahr, manche Experten listen gar 2200 auf (zum Vergleich: Hamburg rund 1550 Std., Freiburg rund 1750 Std.) Oder anders herum: Nur 510 Millimeter Regen fallen jährlich (im Bundesschnitt 800 Millimeter).

Das spricht sich rum, sogar bis nach **Berlin.** Und so kamen sie, die Bewohner

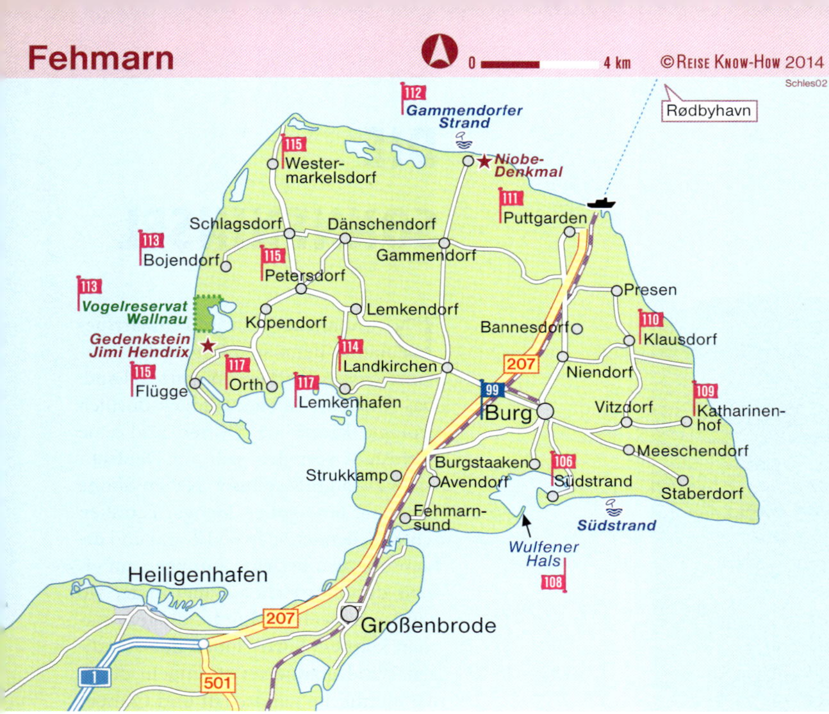

der einst eingeschlossenen Stadt, zunächst über die Transitautobahn Richtung Hamburg, dann, kurz nach Erreichen von westdeutschem Gebiet, scharf nach rechts. Irgendwie ist dies in den Köpfen geblieben, Fehmarn ist beliebt bei den Berlinern. Aber nicht nur bei denen. **Familien** schätzen den breiten Südstrand, in dem die Kleinen herumbuddeln können, **Surfer** den ständigen Wind, **Camper** freuen sich über die naturbelassenen Strände, und **Radfahrer** strampeln durch die absolut flache Gegend. Irgendwie scheint für alle etwas dabei zu sein.

Neben dem Ferienwohnungszentrum Südstrand ist Fehmarn im weiteren übersät mit **Unterkünften.** In den meisten Fällen handelt es sich um kleinere Ferienwohnungen, ebenso werden etliche Privatzimmer angeboten, und darüber hinaus existiert ein gutes Dutzend Campingplätze.

Aber vor allem gibt es eine Vielzahl von **Ferienwohnungen auf Bauernhöfen.** Manche Betriebe haben die Landwirtschaft eingestellt, aber bieten zumeist Kleintierhaltung („Streichelzoo"), auf anderen Höfen wird noch ganz normal landwirtschaftlich gearbeitet. Gerade dort bekommen Kinder und ihre vielleicht aus einer Stadt kommenden Eltern ungeahnte Einblicke und Kinder wundern sich, dass Kühe ja doch nicht lila sind ... Überhaupt sind derartige Unterkünfte für Kinder ideal, denn zumeist stellen die Betreiber eine Menge Spielgerät, Spielescheunen, Hüpfburgen und ganz viel Auslauf auf einer Wiese zur Verfügung.

Der **Südstrand** stellt wohl so etwas wie die maritime Hauptattraktion dar, einen schöneren Strand gibt es auf der ganzen Insel nicht. Dennoch, die Insel birgt weitere **landschaftliche Reize,** sanfte Hügel, stille Dörfer und ein paar herausragende Sehenswürdigkeiten, die gleich vorgestellt werden sollen.

Außerhalb der Orte Burg und Südstrand lebt der Urlauber überall in **dörflich-ländlicher Umgebung.** Das bedeutet in aller Regel eine selten erlebte Ruhe mit neuen, stillen Eindrücken.

Fehmarn ist **nicht allzu groß.** Per Auto ist jeder Punkt spielend zu erreichen. Selbst eine Fahrradtour quer über die Insel sollte auch den untrainierten Radler abends wieder in sein Quartier zurückbringen, aber: Obacht vor dem Wind! Der Autor hat sich die Insel im wahrsten Wortsinne erstrampelt, bei Gegenwind keine reine Freude.

Burg

Etwa 6300 Einwohner zählt Burg und ist damit der größte Ort der Insel, wobei interessant ist, dass sich alle Gemeinden und Dörfer der ganzen Insel 2003 in einer Gebietsreform zusammenschlossen zur „Stadt Fehmarn". Die erstmalige Erwähnung datiert von 1231, und bereits seit dem **14. Jh.** hat Burg **Stadtrechte.** Die Siedlung entstand im Schutz einer Burg und entwickelte sich zu lokaler Bedeutung. Der ursprüngliche **Name** soll „To der Borch uppe Vemeren" gewesen sein, wahrscheinlich slawischen Ursprungs. Etwas außerhalb entstand schon frühzeitig ein **Hafen,** der noch heute von Bedeutung ist.

Sehenswertes

Im Kern ist Burg immer noch eine nette Kleinstadt mit **Charme** geblieben. Die Hauptstraße ziert immer noch Kopfsteinpflaster, links und rechts erheben sich gut erhaltene Fachwerkhäuser, und über alles wacht seit dem 13. Jahrhundert die **St.-Nikolai-Kirche.** Dass Burg und seine Bewohner schon immer wohlhabend waren, zeigt auch das Innere dieser Kirche. Der Schnitzaltar aus dem 14. Jahrhundert sowie die Kanzel und die Orgel aus dem 18. bzw. 17. Jahrhundert zeugen von der Pracht.

Die **Breite Straße** verbindet den kleinen Kirchhügel, auf dem die St.-Nikolai-Kirche steht, mit dem offenen Marktplatz. Entlang dieser Straße steht das älteste Haus der Insel aus dem Jahr 1611, hier ist heute das **Heimatmuseum Peter Wiepert** untergebracht. Schräg gegenüber befindet sich an der Breite Straße 28 das helle **Senator Thomsen-Haus,** erbaut 1783 und heute Sitz einer Kultureinrichtung. Vor dem benachbarten Restaurant „Zur Doppeleiche" (Breite Straße 32) steht eine **Doppeleiche,** die 1898 zur Erinnerung an die Vereinigung von Schleswig und Holstein gepflanzt wurde. Beim Marktplatz steht das 1901 gebaute **Rathaus,** der Marktplatz selbst wird von historischen Häusern und Ulmen gesäumt. Heute liegen hier einige Geschäfte und Restaurants, fast alle haben eine große Terrasse zum Marktplatz.

Direkt hinter der St.-Nikolai-Kirche verläuft als Verlängerung der Breite

Burg, Fehmarn

0 — 400 m ©Reise Know-How 2014

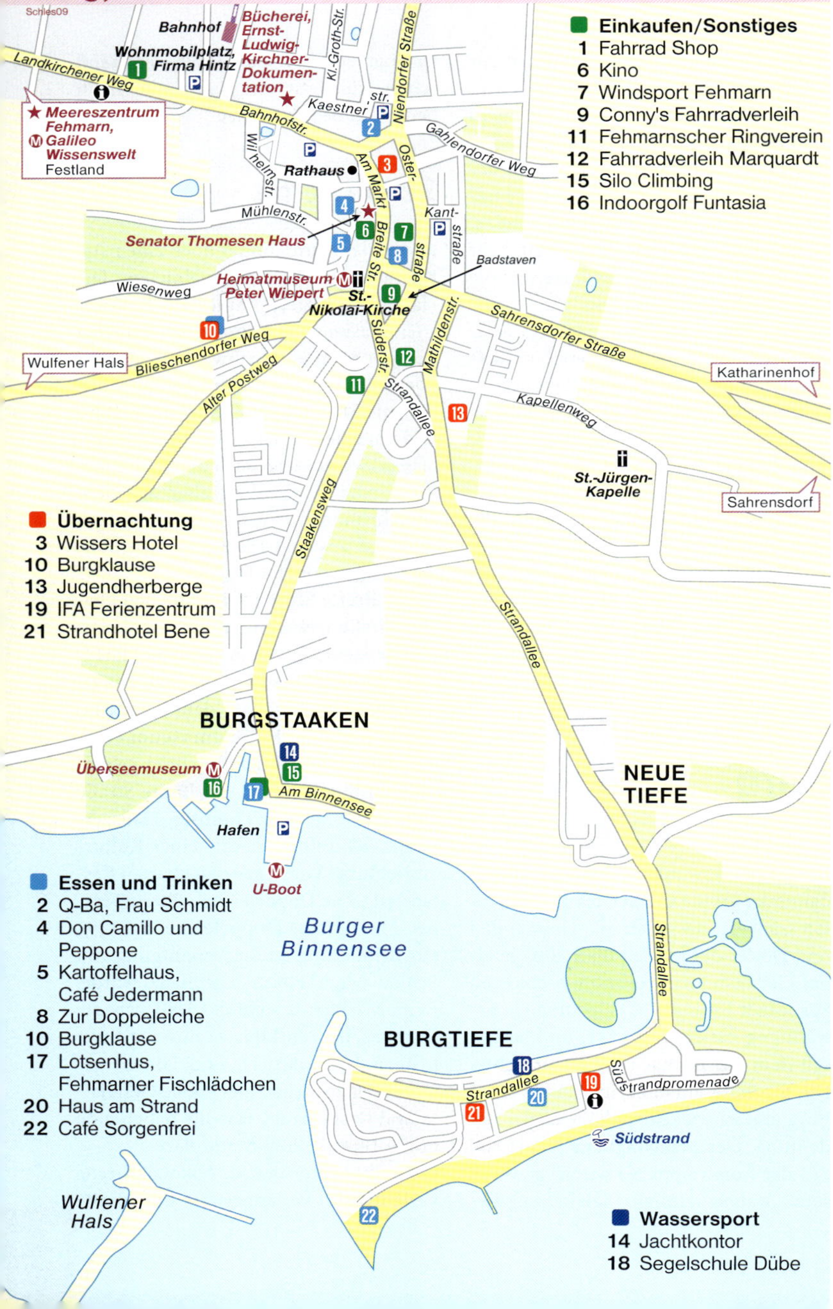

Straße Richtung Hafen die **Süderstraße.** Von dieser Straße zweigt die kurze Straße **Badstaven** (Badestuben) mit einem historischen Kopfsteinpflaster ab, an der noch ein paar schmucke und ältere Häuser stehen. Am oberen Bereich befindet sich auch die Station 2 des **Ernst-Ludwig-Kirchner-Wanderweges.** An dieser Stelle entstand das Bild „Bauernhäuser auf Fehmarn" des Brücke-Malers *Kirchner.*

Ein Spaziergang über die Breite Straße führt auch zum **Heimatmuseum,** dem Peter-Wiepert-Museum; es zeigt Exponate aus Fehmarns Historie. An der Außenwand des Museums hängt eine Gedenktafel zur Erinnerung an Baron *Strang of Stonesfield,* der nach Ende des 2. Weltkriegs standhaft eine britische Position vertrat, nach der Fehmarn nicht zur sowjetischen Besatzungszone zugeschlagen werden konnte.

■ **Heimatmuseum,** Breite Straße 49, Tel. 62 57, www.museum-fehmarn.de, geöffnet: Juni bis Oktober Di–Sa 11–16 Uhr, Eintritt: 3,50 €.

Einige wenige Schritte abseits dieses alten Kerns liegt das **St.-Jürgen-Stift** am Kapellenweg. Es ist ein Backsteingebäude aus dem Jahr 1507 mit hübscher Bemalung. Die Kapelle entstand auf gräfliche Anordnung, nachdem die **Pest** 1349/1350 gewütet hatte und viele Opfer forderte. Damals wurde beschlossen, dass alle Städte außerhalb der Stadtgrenzen eine Aussätzigen- und Pestkapelle bauen sollten, sowie Siechenhäuser für die Kranken. Sie sollten weit genug außerhalb liegen, um die Ansteckungsgefahr zu bannen, aber doch nah genug, um die Kranken noch versorgen zu können. So geschah es auch in Burg. Neben

☐ St.-Nikolai-Kirche in Burg

368sh hj

der Kapelle entstanden ein Friedhof und zwei Häuser für die Kranken. Die beiden heutigen Backsteinhäuser wurden 1935 und 1950 als Ersatz für die verfallenen älteren Häuser gebaut. Benannt ist die Kapelle nach dem Ritter St. Jürgen (eine Ableitung von St. Georg), dem Drachentöter und Beschützer der Kranken und Siechen. Die Kapelle liegt auf dem Pilgerweg zum spanischen Santiago de Compostela, dem **Via Scandinavica,** der zum Netz der Jakobswege gehört. Einen Pilgerstempel und auch den Schlüssel zur Besichtigung erhält man im Haus Nr. 13-D.

Insgesamt bemüht sich Burg, diesen durchaus **historischen Charakter** zu bewahren. Zumindest im Zentrum sind keine Hochhäuser entstanden, und etliche der Geschäfte oder Restaurants haben die alte Bausubstanz erhalten.

Urlauber wählen, so scheint es, seltener eine Unterkunft in Burg, kommen aber regelmäßig zum **Einkaufen und Bummeln** in die Stadt. Dadurch entsteht schnell ein geschäftiger Eindruck mit teilweise endlosen Autoschlangen. Davon sollte sich niemand abschrecken lassen, ein Fußmarsch lässt erst die ganze Vielfalt entdecken.

In der **Ernst-Ludwig-Kirchner-Dokumentation,** untergebracht im Hause der **Stadtbücherei,** wird die Zeit, die der berühmte Maler auf Fehmarn verbrachte, dokumentiert. Hier auf Fehmarn, das *Kirchner* sein „irdisches Paradies“ nannte, entstand ein nicht geringer Teil der Werke dieses großen Expressionisten.

■ **Stadtbücherei,** Bahnhofstr. 47, Tel. 50 61 44, geöffnet: Mo–Fr 9.30–12 und 14.30–18.30 Uhr außer Mi Nachmittag, Eintritt frei.

315sh hj

116sh hj

Eine Sehenswürdigkeit maritimen Ursprungs liegt etwas versteckt, das **Meereszentrum Fehmarn.** Hier werden Tausende Meerestiere aus aller Welt in etlichen Aquarien, in denen der jeweilige Lebensraum nachempfunden wurde, gehalten. Sowohl exotische als auch heimische Fische sind zu bewundern, unbestrittener Höhepunkt ist das **Haibecken.** In einem riesigen Drei-Millionen-Liter-Becken schwimmen lebende Haie. Die Besucher wandern gewissermaßen quer durch das Becken, ein Unterwasser-Glastunnel macht's möglich. Direkt über den Köpfen schwimmen die Haie beinahe hautnah vorbei. Eine Cafeteria lädt zum Verschnaufen ein.

■ **Meereszentrum Fehmarn,** Gertrudenthaler Str. 12, Tel. 44 16, www.meereszentrum.de. Anfahrt: Zufahrtsstraße nach Burg, Höhe McDonald's bzw. Aldi abbiegen. Geöffnet: Nov. bis Ende Feb. 10–16 Uhr, März bis Ende Okt. 10–18 Uhr, Eintritt: Erw. 11 €, Kinder (4–15 Jahre) 7 €, Senioren, Schüler, Studenten 9 €, außerdem gibt es verschiedene Familienkarten.

Zwei Ausstellungen sind in der **Galileo Wissenswelt** vereint, eine naturkundliche Sammlung, die u.a. Dinosaurier zeigt, und ein Technik-Museum mit vielen interaktiven Stationen.

■ **Galileo Wissenswelt,** Mummendorfer Weg 11b, geöffnet: 1.4.–2.11. tägl. 10–18 Uhr, Nov.–März Sa/So 10–16 Uhr, Eintritt: 12 €, Kinder 9–11 € (Ticket gilt auch im Überseemuseum am Hafen).

Lokale an der Breiten Straße in Burg

Das Meereszentrum

Burgstaaken

Der **Hafen** von Burg im Ortsteil Burgstaaken ist leicht zu finden, immer der Ausschilderung über den Staakensweg folgen. Erreicht wird der Hafen über eine fast schon inselweit einmalige Kopfsteinpflasterstraße, die einen etwas durchschüttelt. Diese wurde übrigens erschaffen aus Ostseesteinen, die man aus der Ostsee gefischt hatte. Trotzdem lohnt das Durchhalten, denn hier erlebt man noch echtes Hafen-Feeling. Der Hafen hat sich gewandelt, wird heute als **„Erlebnishafen“** angepriesen, was durchaus nicht falsch ist. Obwohl Fischer durchaus noch hinausfahren und teilweise auch ihren Fang direkt vom Kutter verkaufen. Aber man kann als Gast auch in der **Hafenräucherei** beim Räuchern zuschauen und später den frischen Fisch dort erwerben. Daneben gibt es noch einige touristische Attraktionen wie ein zu besichtigendes **U-Boot** und Interessierte können **Kurztrips auf die Ostsee** machen zum Angeln oder einfach, um mal eine Mini-Schiffstour zu unternehmen.

Im Hafen von Burgstaaken befinden sich außerdem ein Museum und eine Indoor-Minigolfanlage (s.u.: „Aktivitäten“). Im **Überseemuseum** wird ein Querschnitt zu verschiedenen Expeditionen nach Amerika, Afrika, Asien und Ozeanien gezeigt.

■ **Überseemuseum,** Hafenstr. 69, geöffnet: April bis Oktober 10–18 Uhr, Nov. bis März Sa/So 10–16 Uhr, Eintritt: 12 € zusammen mit Galileo Wissenswelt (s.o.).

Ein 560 Tonnen schweres **U-Boot** der Bundesmarine liegt im Hafen und kann besichtigt werden. Unübersehbar liegt es neben dem Hafenmeisterbüro hinter den Parkplätzen. Die U-11, so ihre Bezeichnung, war 35 Jahre lang im Dienst, bevor sie ausgemustert wurde. Neben der Möglichkeit, das Innere eines U-Bootes kennenzulernen, erfährt der Besucher viel Wissenswertes über die deutsche U-Boot-Flotte in einer angeschlossenen Ausstellungshalle.

■ Geöffnet: Generell ab 10 Uhr, Febr. und März täglich 10–17 Uhr, April–Okt. 10–18 Uhr, Nov.–Jan. nur am Wochenende. Eintritt: 6 €, Kinder (4–14 Jahre) 4 €, Familien 17 €, www.ostsee-u-boot.de.

Direkt am Hafen von Burgstaaken erhebt sich ein 25 Meter hoher Silo. Dort können Wagemutige sich im **„Silo**

☑ Mutige „Silo-Climberin“

369sh hj

Climbing" versuchen! Einzige Bedingung: Einer klettert, ein Partner sichert. Am Silo sind kleine künstliche Vorsprünge angebracht – sieht ziemlich schwierig aus. Infos: Tel. 50 31 02, www.siloclimbing.de.

Praktische Tipps

Info

- **PLZ:** 23769.
- **Vorwahl:** 04371.
- **Tourismus-Service Fehmarn:** Burgtiefe, Südstrandpromenade 1, 23769 Fehmarn, Tel. 50 63 00. Zweigstelle in Burg, Mummendorfer Weg 7, Tel. 87 94 784; Mo–Fr 9–18 Uhr, Sa/So 10–15 Uhr.
- **Internet:** www.fehmarn.de.

An- und Weiterreise

- **Bahn:** Fehmarn hat zwei Bahnhöfe. In Burg halten Züge, die nach Lübeck fahren, von wo man dann Anschluss nach Hamburg hat. Der zweite Bahnhof heißt Puttgarden, hier enden einige Intercity-Züge, einige wenige IC-Züge enden aber auch in Burg.
- **Busse:** Die Firma Autokraft betreibt Linienbusse aufs Festland, u.a. nach Heiligenhafen. Abfahrt: Niendorfer Platz. Infos: Tel. (04561) 51 110, www.autokraft.de.
- **Parken:** In der Breiten Straße mitten im Zentrum, gegen Gebühr am Straßenrand (allerdings etwas in Schräglage) oder kostenlos auf dem großen Parkplatz an der Osterstraße.

Unterkunft

- **Zimmervermittlung:** über Tourismus-Service, Tel. 50 63 33.
- **Wissers Hotel**④, Am Markt 21, Tel. 31 11, historisches Haus mit teilweise riesigen Zimmern.
- **Burgklause**③-④, Blieschendorfer Weg 1–5, Tel. 500 20, www.burg-klause.de, kleines familiäres Haus mit korrekten Zimmern, WLAN.
- **Jugendherberge**①, Mathildenstraße 34, Tel. 21 50, insg. 188 Betten, Dez. bis Ende Jan. geschl.
- **Wohnmobile:** Ein Stellplatz mit Entsorgungsstation ist in Burg hinter dem Bahnhof auf dem Gelände der Fa. Hintz Heizungsbau, Landkirchener Weg 1b, zu finden. Weitere befinden sich auf dem großen Parkplatz an der Osterstraße.

Gastronomie

- **Frau Schmidt,** Bahnhofstr. 1, Tel. 88 98 414, 10–18 Uhr. Bistro mit Terrasse am Kopfende der

☐ Gemütliche Weinstube in der Orthstraße

370sh hj

zentralen Breite Straße, es gibt Frühstück, Eis und Cocktails in entspannter, chilliger Atmosphäre.

■ **Kartoffelhaus,** Ohrtstr. 23, Tel. 86 38 39, geöffnet täglich 12–21.30 Uhr, durchgehend warme Küche. Der Schwerpunkt der Speisekarte dürfte klar sein. Relativ kleines Lokal.

■ **Café Jedermann,** Ohrtstr. 25, Tel. 14 11, geöffnet täglich ab 11 Uhr bis ca. 19 Uhr. Kleines, gemütliches Café mit nettem Garten. Hausgemachte Kuchen und Torten.

■ **Q-Ba,** Niendorfer Str. 2, Tel. 95 98, geöffnet: 8.30–3 Uhr. Mischung aus Café und Bar mit Außenterrasse. Bistro-Küche mit Salaten, Baguette, Pizza, aber auch Fleischgerichte stehen auf der Karte und es gibt auch eine gute Auswahl an Cocktails.

■ **Zur Doppeleiche,** Breite Straße 32, Tel. 99 20. Große Auswahl an Pizza, Pasta, regionaler Küche, aber auch an Kuchen.

■ **Don Camillo und Peppone,** Am Markt 12, Tel. 42 57. Pizza und Pasta, seit vielen Jahren bewährt.

■ **Burgklause,** Blieschendorfer Weg 1–5, Tel. 500 20. Hier werden u.a. Spätzle angeboten, aber auch regionale Gerichte.

Am Hafen Burgstaaken

■ **Fehmarner Fischlädchen,** Burgstaaken 81, Tel. 8 60 10, Mo–Sa 9–19, So 11–18 Uhr. Hier bietet die Fischereigenossenschaft Fehmarn Fischgerichte, Fischbrötchen oder auch Salate und Marinaden an im Selbstbedienungssystem.

■ **Lotsenhus,** Burgstaaken 65, Tel. 55 97, in der Saison 11.30–14.30 und ab 17.30 Uhr. Jede Menge Fisch-, aber auch einige Fleischgerichte stehen auf der Speisekarte. Das Lokal hat eine größere Terrasse und ein angeschlossenes Bistro.

Post

■ **Postfiliale im Kaufhaus Stolz in Burg,** Markt 2, Tel. 50 22 46, geöffnet: Mo–Fr 9–18, Sa 9–13 Uhr.

Südstrand

Dies darf mit einigem Recht als das **Strandparadies** von Fehmarn bezeichnet werden. Kilometerlanger, weicher, feiner Sandstrand, der etwa 20 bis 30 Meter breit ist und perfekt in südlicher Richtung liegt. Soweit die gute Nachricht.

Die Kehrseite der Medaille ist, dass hier **Ferienwohnungen „in größerem Stil" gebaut** wurden, mit anderen Worten **Hochhäuser;** 15 Stockwerke habe ich gezählt, und davon gibt es drei Blöcke. Natürlich, wer hier eine Ferienwohnung gemietet hat, geht nur ein paar Schritte und ist sofort am Strand. Obendrein blickt man von seinem Balkon wirklich endlos weit aufs Meer hinaus, und kein Verkehrslärm stört die Urlaubsruhe. Der Südstrand liegt nämlich auf einer Landzunge, einer Nehrung, und die Straße, die, von Burg kommend hierher führt, endet als Sackgasse. Vor den Wohnblocks breiten sich riesige Parkplätze aus, und ein Schwimmbad ist auch vorhanden.

Da diese Strandzone sich ziemlich lang und mit **klassischem weißen, weichen Sand** zeigt, was auf Fehmarn gar nicht so selbstverständlich ist, kommen in den Sommermonaten auch viele Urlauber hierher. Und natürlich wegen des breiten Übernachtungsangebotes, das eben auch wegen des Strandes überhaupt hier entstanden ist. So bedingt eins das andere. An einem Vorplatz, genau unterhalb der drei Hochhäuser liegen auch ein SB-Markt, eine Touristeninformation und ein paar kleine Kioske, die Eis, Crêpes, Quarkspeisen oder

Pommes anbieten. Unterhab der drei großen FeWo-Türme verläuft eine nette, leicht geschwungene Promenade unmittelbar am Strand entlang, der hier von einem kleinen Dünensaum gegrenzt wird.

Wem dieses Angebot nicht zusagt, der fährt noch ein Stückchen weiter entlang auf der Landzunge und erreicht schließlich weitere Häuser, die **Ferienwohnungen** beherbergen und zwei, drei Stockwerke hoch sind. Diese sind wie eine sich windende Schlange angereiht, was man erst aus der Distanz wahrnimmt. Dadurch wurde der Platz der sich an der Spitze etwas verbreiternden Nehrung optimal genutzt.

Ganz am Ende der Landzunge liegt dann noch der große **Jachthafen.** Geboten wird am Südstrand eine ganze Menge, sowohl in der freien Natur als auch „unter Glas", wie es so schön heißt. Wer sich also mit dem Hochhausflair anfreunden kann, wird keine Langeweile haben.

Unterkunft

■ **IFA Ferienzentrum Südstrand**②-④, Südstrandpromenade, Tel. (04371) 890, www.ifa-hotel-fehmarn.com. Die Preise schwanken stark, je nach Saison oder Zimmertyp, teilweise ab 35 €, in der Hochsaison aber deutlich mehr.

■ **Strandhotel Bene**⑤, Südstrandpromenade, Tel. 86 53, www.bene-fehmarn.de. Ein 4-Sterne-Hotel direkt am Strand gelegen. 44 großzügige Zimmer im modernen Design, von vielen Blick auf die Ostsee. Einige Zimmer haben sogar eine eigene Sauna. WLAN.

Gastronomie

■ **Café Sorgenfrei,** Südstrandpromenade 1, Westmole, Tel. (0157) 74 01 63 65. Das Café liegt sehr schön am westlichen Zipfel im alten Rettungshaus, wo man sehr nett auf den Hafen schauen kann.

■ **Haus am Strand,** Südstrandpromenade 1, Tel. 96 25, täglich außer Di durchgängig geöffnet. Liegt direkt vor dem Strand und hat eine mittelgroße Terrasse, außerdem eine breite Karte, u.a.mit Labskaus, das hier sehr geschätzt wird.

371sh hj

☒ Heller, weicher Sand am Südstrand

Wulfener Hals

Dieser Strandabschnitt ist einer der Treffpunkte der **Surfer.** Der „Hals", der dem Strand von Wulfen seinen Namen gab, ist eine **Landzunge,** die tief in den Burger Binnensee hineinragt. Von der gegenüberliegenden Seite erstreckt sich die Landzunge vom Südstrand ins Wasser, schließt den See weitestgehend vom Meer ab, nur eine schmale Durchfahrt bleibt frei. Somit ist der entstandene **Binnensee** ziemlich ruhig, hat aber dennoch Zugang zum offenen Meer. Ideales Gebiet also sowohl für Surf-Anfänger als auch für Könner.

An der Spitze dieser Landzunge liegt ein großer, sehr guter **Campingplatz** mit einem Sandstrand und einer eigenen Einstiegsecke für Surfer.

160sh hj

Direkt vor dem Campingplatz ist ein Gelände für **Wohnmobilfahrer und Surfer** eingerichtet worden. Sie finden hier einen Stellplatz für ihr Fahrzeug, müssen aber eine Art Parkgebühr zahlen. An dieser Stelle existiert auch kein Sandstrand, es geht über eine leicht abschüssige Wiege direkt ins Meer. Damit die Surfer ihre Boards leichter ins Wasser bekommen, wurde sogar eine kleine Slip-Anlage errichtet. Somit kommen sich Sonnenanbeter und Surfer gar nicht erst ins Gehege.

Knapp am Rande des kleinen Ortes befindet sich ein **18-Loch-Golfplatz.** Neben dem Golfplatz liegt die bereits im Ort ausgeschilderte neue Sehenswürdigkeit, der Nachbau eines **steinzeitlichen Langbettgrabes.** Hier befand sich bis zum 19. Jh. tatsächlich ein frühgeschichtliches Gräberfeld etwa aus der Zeit 3600–3200 v. Chr., das aber beim Deichbau zerstört wurde. Diese Langbett-Gräber waren bis zu 130 m lang und von einem Erdhügel bedeckt. Der Nachbau ist 60 m lang, sieben Meter breit und hat zwei Kammern, die aus sieben Träger- und zwei Decksteinen bestehen, die man klar unterscheiden kann. Etwas abgesetzt stehen noch zwei Wächtersteine. In der Mitte der Anlage wurde ein Opferstein platziert, auf dem die frühen Menschen ihren Göttern Opfer darboten.

[<] Fehmarn ist ein gutes Revier für Surf-Einsteiger

[>] Nachbau einer steinzeitlichen Grabanlage

372sh hj

Unterkunft

Mein Tipp: Campingplatz Wulfener Hals, Tel. (04371) 862 80, www.wulfenerhals.de, ganzjährig geöffnet, 700 Stellplätze, ein sehr guter Platz! Spielplätze, Schwimmbad, Sauna, Restaurant, Surfschule, Fahrradverleih, Bogenschießen, Golfplatz, Kinderanimation, Live-Shows, Fitness-Einrichtungen, Massage-Praxis. Der Platz liegt direkt am Sandstrand und wurde schon mehrfach ausgezeichnet.

Katharinenhof

Katharinenhof ist ein **winziges Dörflein** an der Südostseite der Insel, kaum mehr als eine Handvoll **Bauernhöfe** sind zu finden. Diese haben offensichtlich den Tourismus entdeckt, denn praktisch alle bieten schöne Unterkünfte an. Damit nicht genug, entlang der Zufahrtsstraße zum Strand sind weitere Häuser mit Ferienwohnungen entstanden.

Der Strand besteht aus klassischer **Steilküste,** gut fünf Meter hoch, teilweise von Bäumen bewachsen und arg von Steinen durchsetzt. Hier liegt der **Campingplatz Ostsee** mit 350 Plätzen; man muss aber eine derart abseitige Lage zu schätzen wissen.

Interessant ist noch das **Museum am Katharinenhof** mit Exponaten, die Kinderspielzeug aus zwei Jahrhunderten zeigen, einer 480 Jahre alten Räucherkate und einer historischen Schmiede. Außerdem sind bäuerliche Gerätschaften und weitere handwerkliche Utensilien ausgestellt.

■ **Freilichtmuseum Katharinenhof,** Katharinenhof 15, Tel. 12 30, geöffnet: von Ostern bis Ende Oktober, Di–So 11–17 Uhr, Eintritt: Erw. 5 €, Kinder 2,50 €.

Unterkunft

■ **Ferienhaus Augustenhöhe**②-③, Haus Nr. 3b, Tel. 33 91, www.ferienhof-augustenhoehe.de. Insgesamt neun FeWos in drei verschiedenen Gebäuden. Modern und gut eingerichtet mit Terrasse oder Balkon und Garten, außerdem gibt es dort das nette Allee-Café.

■ **Gut Katharinenhof**②-③, Haus Nr. 13, Tel. 86 99 45, www.ferien-katharinenhof-fehmarn.de. Ein ehemaliger Gutshof, neu renoviert, mit mehreren FeWos und Ferienhäuser. Fast klassisch ostholsteinisch gebaut mit breiter, gekiester Hofauffahrt, hohen Bäumen und nur 300 m vom Strand entfernt und bietet einen Brötchen-Service.

■ **Campingplatz Ostsee,** Tel. (04371) 90 32, www.camping-katharinenhof.de, geöffnet vom 1.4. bis 15.10., Spielplatz, Imbiss, Fahrradverleih, etwa 1 km vom Ort entfernt, Slip-Anlage für Boote, 250 Touristenplätze, WLAN.

Klausdorf

Klausdorf ist ein **kleiner Ort** in der Nähe von Puttgarden, ganz nett in seinem Erscheinungsbild. Die **Landschaft** zeigt sich flach, fast bretteben, kilometerweite Sicht ist möglich. Vereinzelt gerät ein Gehöft ins Blickfeld und vor allem eine Reihe von Windrädern, was auf Küste hindeutet, und tatsächlich ist das Meer nicht weit.

Hier zeigt sich der Strand allerdings von seiner rauen Seite, eine fünf bis acht Meter hohe **Steilküste** erhebt sich am Ufer. Der **Strand** ist entsprechend schmal und leicht steinig, an bestimmten Stellen bedecken angespülte Muscheln den Boden. Ein eigenartiges Gefühl, wenn man darüber läuft, es knirscht und knackt bei jedem Schritt, ganz leicht sinkt man ein, ein starker Kontrast zum feinsandigen Südstrand. Direkt am Steilufer liegt ein Campingplatz, wer einen Platz in Kliffnähe bekommt, hat einen wirklich schönen Panoramablick.

Unterkunft

■ **Campingplatz Klausdorf Strand,** Tel. (04371) 25 49, www.camping-klausdorferstrand.de. 1.4. bis 15.10. geöffnet, 450 komfortable Stellplätze, Spielplatz, Bolzplatz, Angeln, Restaurant. Kostenlose warme Duschen, vom Platz toller Fernblick über die Ostsee. WLAN.

■ **Bauernhof Riessen**①-②, Dorfstr. 12, Tel. (04371) 32 95, www.bauernhof-riessen.de, bietet Urlaub auf dem Bauernhof in verschiedenen Häusern neueren Datums. Kinder haben einen Spielplatz mit Trampolin zur Verfügung, außerdem wird Ponyreiten angeboten.

■ **Ferienhof Klausdorf**①-②, Dorfstr. 3, Tel. (04371) 861 40, www.ferienhof-klausdorf.de. Mehrere Wohneinheiten in einer komfortablen Anlage mit 25.000 m² Garten, auch eigene Ferienhäuser vorhanden. Außerdem werden Fahrräder verliehen und morgens die Brötchen gebracht. Für Kinder gibt's einen Spielplatz mit Trampolin.

☒ Naturstrand nahe Puttgarden

Puttgarden

Puttgarden ist der **Fährhafen,** in dem die Eisenbahn- und Pkw-Fähren **nach Rødby in Dänemark** an- bzw. ablegen. Es ist eine große, weitläufige Hafenanlage, die hier entstanden ist. Neben dem großen Fährhafen liegt hier auch der **zweite Bahnhof von Fehmarn.** Für die meisten Züge ist hier Endstation, einige wenige fahren aber weiter bis nach Kopenhagen, und die werden dann routiniert in den Bauch einer Fähre rangiert. Offensichtlich ist das **Rangieren** ein interessantes Schauspiel, denn der Parkplatz für Tagesbesucher ist genauso groß wie der Wartebereich für die Fahrzeuge, die auf die Fähre wollen. Seitdem aber eine feste Querung hinüber zum dänischen Nachbarn geplant ist, herrscht Unruhe. Ursprünglich sollte eine Brücke gebaut werden, nun wird es wohl ein Tunnel werden. Das dürfte zu Lasten des Fährbetriebes gehen und natürlich werden die Bauarbeiten auch das Leben in Puttgarden beeinträchtigen, aber das allerletzte Wort ist in dieser Sache ja noch nicht gesprochen. Noch pendeln die Fähren jede halbe Stunde und das tags wie nachts.

In einem schwimmenden Geschäft mit fünf Etagen namens „Portcenter" direkt am Fährhafen decken sich hauptsächlich Skandinavier mit Alkoholika ein. Ein paar **Kioske** bieten Fischbrötchen an, ansonsten steht man staunend auf dem Deich an der Hafenausfahrt und bewundert die exakten Manöver der riesigen Schiffe. Die Fähren legen beinahe rund um die Uhr alle halbe Stunde ab

317sh hj

und erreichen nach einer Stunde den dänischen Hafen Rødby. Wer einen **Ausflug** mit der Fähre nach **Dänemark** machen möchte, für den lohnt der Kauf eines Tagestickets. Der Preis liegt in der Hauptsaison (1.6.–31.8.) etwas höher, das Ticket gilt Mo–Fr ab 9.15 Uhr, Sa/So für alle Abfahrten. Die Tickets können auch online gebucht werden.

- **Preise für ein Tagesticket:** Pkw bis 6 m Länge 67–87 € (Nebensaison) oder 87 € (Hauptsaison). Motorrad inkl. 2 Personen: 49 € oder 56 €. Fahrrad inkl. Radler: 6 € oder 15 €. Erwachsener: 6 € oder 11 €. Kinder (4–11 Jahre): 4 €. Familie (2 Erw. und max. 3 Kinder): 16 € oder 26 €.
- **Info:** Tel. (0381) 77 88 77 66, www.scandlines.de.

Unterkunft

- **Hotel Dania**④, Fährhafenstr. 1, Tel. (04371) 86 60, www.hotel-dania.de, beim Hafen gelegen, unübersehbar durch die rechteckige Bauform und die etwas grelle Bemalung. Die Zimmer sind zweckmäßig, einige bieten tollen Meerblick auf den Fährhafen, unten befindet sich ein Restaurant, wo das Frühstück schon ab 6 Uhr serviert wird.
- **Campingplatz Puttgarden,** Tel. (04371) 34 92, vom 1.4. bis 3.10. geöffnet. Ein kleiner Platz mit 150 Stellplätzen hinterm Deich mit Blick auf den Schiffsverkehr vor Puttgarden.

Gammendorfer Strand

Am Gammendorfer Strand befindet sich das **Niobe-Denkmal,** das an den Untergang des Segelschulschiffes „Niobe“ am 26. Juli 1932 erinnert, bei dem 69 Männer, zumeist junge, unerfahrene Kadetten, ertranken. Der Mast dieses Schiffes steht hier am Strand zum Gedenken an dieses Unglück.

Der **Strand** zeigt sich hier wieder lieblicher, zwar etwas von Steinen durchsetzt, aber immerhin 25 Meter breit. Direkt anschließend folgt eine **Dünenlandschaft,** die man sonst an Ostseestränden in dieser Dichte selten sieht. Abgerundet wird dieses landschaftlich schöne Bild durch ein kleines **Waldgebiet,** in dem auch ein **Campingplatz** liegt. Folgt man dem Strand in Richtung Puttgarden, gelangt man zum **Vogelschutzgebiet Grüner Brink,** einer Strandwaldlandschaft mit moorigen und brackigen Seen, im Spätsommer ein beliebter Rastplatz für Tausende von Vögeln.

Unterkunft

- **Campingplatz Am Niobe,** Tel. (04371) 32 86, www.camping-am-niobe.de, geöffnet vom 1.4. bis 15.10. Der Platz liegt hinterm Deich ca. 200 m vom Strand entfernt und zählt 300 Stellplätze, bietet u.a. Läden, Imbiss, Restaurant und Angelmöglichkeiten, wurde ebenfalls schon ausgezeichnet.

> Info-Zentrum des Wasservogelreservats Wallnau

Bojendorf

Eine etwas verschlungene Zufahrt führt in dieses kleine Dorf. Auch hier fallen sofort die hübschen **Häuser** auf, restauriert und schick bemalt. Der **Strand** bleibt weitläufig, etwa 10 bis 20 Meter breit, aber auch hier von Steinen durchsetzt.

Im Grunde besteht Bojendorf nur aus drei parallelen Straßen, an denen adrette Häuser und kaum Höfe liegen. Der Vorteil für Urlauber ist hierbei, dass durch diese Straßen praktisch kein Durchgangsverkehr fließt, der umfährt den Ort auf zwei Umgehungsstraßen.

Am Strand befindet sich eine DLRG-Station, Strandkörbe werden vermietet und es gibt einen größeren Parkplatz.

Unterkunft

- **FeWo Weiland**②-③, Dorfstr. 24, Tel. 228, www.weiland-bojendorf.de. Mehrere FeWos in unterschiedlichen Häusern auf einem Bauernhof am Dorfrand mit einem großen Spielplatz.

Wallnau

Hier an der Westseite der Insel entstand 1977 aus einem ehemaligen Gutshof ein **Wasservogelreservat** und **Naturschutzgebiet.** Große Teile der Wallnauer Niederung sowie ein 300 Meter breiter Streifen der Ostsee stehen seitdem unter Naturschutz. Das Areal hat eine Gesamtgröße von 300 Hektar und besteht aus flachen Teichen, Feuchtwiesen und ei-

373sh hj

nem zwei Kilometer langen Strand nebst Stranddünen.

Der Naturschutzbund hat hier einen **Lehrpfad** angelegt und insgesamt vier **Beobachtungsstände** gebaut. Diese sind gut getarnt hauptsächlich an Wasserstellen zu finden, dort können die Vögel dann durch kleine Sehschlitze ungestört beobachtet werden. Der Lehrpfad führt an diesen Posten vorbei und bringt den Wanderer auch wieder zurück zum Ausgangspunkt.

Beobachtet werden können in erster Linie Vögel, die sich auf den kleinen **Binnenseen** angesiedelt haben, weniger die Vögel über der freien Ostsee. Zum besseren Erkennen können Ferngläser ausgeliehen werden. Besonders die **Wildgänse** zieht es in die Wallnauer Niederungen, in den Monaten Juli und August wächst der Bestand von etwa 500 auf gut 2500 an. Darüber hinaus kann man vor allem Graureiher, Kormorane, Zwergtaucher, Enten und Möwen beobachten.

■ Geöffnet: täglich 10–17 Uhr, im Winter ist das Infozentrum zeitweise geschlossen. Eintritt: Erw. 7 €, Kinder (6–18 Jahre) 3 €, Führungen: 1.3.–31.10. tägl. 11, 13, 15 Uhr, www.nabu-wallnau.de.

Landkirchen

Landkirchen ist ein Ort, der schon so etwas wie ein **Verkehrsknotenpunkt** geworden ist, da hier mehrere Straßen zusammentreffen.

Bemerkenswert ist hier die **St.-Petri-Kirche,** ein frühgotischer Backsteinbau

In der Kirche St. Petri in Landkirchen

033sh hj

mit einem separat stehenden, hölzernen Turm. Die Kirche wurde 1618 von fehmarnschen Schiffern gestiftet. Im Inneren befindet sich ein wertvolles Votivschiff, ein Lübecker Kriegsschiffmodell aus dem Jahr 1617 (Votivschiffe sind naturgetreu nachgebaute Modelle), es zählt unter all den vor 1650 entstandenen Modellen zu den schönsten und ältesten.

■ Die Kirche ist von Ostern bis Oktober Mo–Fr 8–16 Uhr, Sa/So 12–16 Uhr geöffnet.

Gastronomie

■ Genau gegenüber der Kirche liegt das Restaurant **Dat oole Aalhus,** die Speisekarte weist aber neben Aal durchaus noch weitere Gerichte auf. Hauptstraße 39a, Tel. (04371) 91 99.

Petersdorf

Petersdorf liegt an der Westseite Fehmarns, etwa fünf Kilometer von der Küste entfernt. Die dort gelegene **St.-Johannis-Kirche** mit ihrem 64 Meter hohen Turm beinhaltet einen gotischen Altar mit hübschen Schnitzereien. Der weithin sichtbare Kirchturm diente in früheren Zeiten den Seefahrern als Markierungszeichen auf dem Weg in die Häfen von Orth oder Lemkenhafen.

Unterkunft

■ **Hotel Kastania**④, Schlagsdorfer Str. 10, Tel. (04372) 992 90, www.hotel-kastania.de. Am Ortsausgang Richtung Westermarkelsdorf liegt dieses gemütliche Hotel, ein nett eingerichtetes, kleines Haus in sehr schöner Lage mit endlosem Blick über die Felder.

Westermarkelsdorf

Diese kleine, hübsche Siedlung liegt an der äußeren nordwestlichen Spitze. Diese Spitze ragt etwas keck in die See, deshalb weht hier der **Wind** ständig über den weitläufigen Strand, der nicht frei von Steinen ist und von zwei Deichen begrenzt wird. Offenes Gelände also und damit kein idealer Platz für Sonnenanbeter, von Strandläufern und Anglern dagegen wird er stark genutzt. Auch hier oben befindet sich ein **FKK-Strandabschnitt.**

Im Ort sind die alten **Häuser** schick herausgeputzt. Der Kies knirscht unter den Reifen, wenn man die Auffahrten befährt, alles wirkt adrett an den Häusern.

Flügge

Am südwestlichen Inselzipfel ist der **Strand** von Flügge zu finden. Auch dieser ist recht langgezogen und etwa 10 bis 20 Meter breit, aber von Steinen durchsetzt. Eine breite Landschaft mit Strandgrasbewuchs begrenzt den Strand, dann folgt ein kleines Wäldchen. Zwischen Wald und Strandgras liegt der **Campingplatz Flügger Strand.**

Dort findet sich beim Flügger Strand ein ganz besonderes Erinnerungsstück, ein **Gedenkstein zu Ehren von Jimi Hendrix.** Der gab nämlich hier auf Fehmarn sein **letztes Konzert,** zwölf Tage vor seinem Tod am 18. September 1970 in London. Damals fand ein dreitägiges Love-and-Peace-Konzert auf diesem Acker bei dem winzigen Ort Flügge statt. Kaum zu glauben, es versammelten sich hier 30.000 Leute bei strömendem Regen, drei Tage lang! Das Konzert endete im Chaos, aber *Hendrix* trat wirklich auf.

Zu finden ist der Stein wie folgt: Richtung Flügge bis zum Campingplatz Flügger Strand fahren. Direkt vor dem Parkplatz führt nach rechts ein Deich, auf diesem bis zum Ende des Campingplatzes laufen. Vor einem kleinen Wäldchen liegt der Stein, auf dem eine Gitarre eingemeißelt wurde und folgende Inschrift: „Jimi Hendrix, Fehmarn, Love and Peace Festival 4.–6.9.1970“. Seit 1995 gab es am ersten Wochenende im September ein Festival zur Erinnerung an den Auftritt von *Jimi Hendrix,* zu dem zuletzt immerhin 15.000 Zuschauer kamen. Im Jahr 2011 wurde das Festival erstmals durch den Kreis Ostholstein abgesagt, da die Behörde eine Verletzung der Naturschutzbestimmungen sah.

Unterkunft

- **Campingplatz Flügger Strand,** Tel. (04372) 714, www.fluegger-strand.de, geöffnet Anfang April bis Mitte Okt., ca. sechs Kilometer sind es bis zum nächsten Ort. Der Platz liegt sehr schön am Meer und es werden auch Ferienhäuser vermietet. Etwa 500 Stellplätze; Spielplätze, Animationsprogramm und Restaurationsbetriebe sind vorhanden.

034sh hj

Orth

Dieser kleine Ort, an den noch ein Buchstabe angehängt wurde, ist einer der **Häfen** der Insel. Eine kleine Marina ist zu finden, einige Ferienwohnungen und eine ganz allgemein angenehme Atmosphäre, sowie mehrere nette Lokale.

Kuddel, der Schnitzer, zumeist auf seinem Segler „Ran" anzutreffen, schuf dieses Kunstwerk: Direkt am Hafen steht ein **Richtungsweiser,** der die Seemeilen bis Hawaii angibt (9878), aber auch die Entfernungen bis Orth/Donau (1170 km) und Danzig (630 km) sind genannt.

Gastronomie

- **Restaurant Piratennest,** Am Hafen 1, Tel. 80 65 90.Witzig gestaltete Karte, beste Lage direkt am Wasser, ab 12 Uhr geöffnet.
- **Café am Hafen,** Am Hafen 2, Tel. 80 65 37, geöffnet ab 6.30 Uhr. Schön gelegenes kleines Café mit Terrasse, Selbstbedienung und natürlich Hafenblick.

Das Schiff von Kuddel dem Schnitzer im Hafen von Orth

Lemkenhafen

Hier darf man durchaus schon von einem etwas größeren Ferienort sprechen – relativ gesehen. Auffällig ist, dass der Ort von etlichen **Ferienwohnungen** dominiert wird. Speziell an der Wasserseite, also der Straße Richtung Westerbergen, liegen einige neuere Häuser mit schönem Blick aufs Meer. Ein Strand ist hier leider nicht zu finden, dafür ein **Jachthafen.**

Die örtliche Sehenswürdigkeit ist die alles überragende Windmühle von 1787, dort ist das **Mühlen- und Landwirtschaftsmuseum** untergebracht. Ausgestellt ist bäuerliches Gerät, und die Technik des Mahlens wird in den einzelnen Schritten anschaulich erklärt. Eine Sammlung von Bildnissen verschiedener Fehmarner Höfe rundet die Ausstellung ab.

- **Mühlen- und Landwirtschaftsmuseum,** Mühlenweg 45, geöffnet: Juni bis Okt. täglich außer Mi 10–17 Uhr, Eintritt: 4,50 €, Schüler und Studenten 2 €, Kinder (4–12 Jahre) 1 €.

Gastronomie

- **Restaurant Aalkate,** Tel. (04372) 532. Ein schickes Haus, in Holz gehalten, serviert beste Fischgerichte, auch Außer-Haus-Verkauf.

Aktivitäten auf Fehmarn

Aktivitäten in Burg

Angeln

- **Hochseeangelfahrten** werden mit verschiedenen Schiffen ab Hafen Burgstaaken angeboten, Infos: www.hochseeangeln-fehmarn.de oder www.hochseeangeln.com.

Radfahren

- **Werner Marquardt,** Süderstraße 24, Tel. (04371) 33 26.
- **Conny's Fahrradverleih,** Breite Straße 46, Tel. (04371) 13 03.
- **Fahrrad Shop,** Landkirchener Weg 23, Tel. (04371) 60 88 69.

Kino

- **Burg Filmtheater,** Breite Straße 13, Tel. (04371) 67 28, Programmansage: 95 55.

Reiten

- **Fehmarnscher Ringverein,** Fehmarn Reithalle, Staakenweg, Tel. (04371) 38 07.

Segeln

- **Segel- und Wassersportschule Dübe,** Am Yachthafen 5–7 in Burgtiefe, Tel. (04371) 64 26, www.yachtschule-duebe.de.

Minigolf

- **Funtasia,** ein Indoor-Minigolfplatz im Hafen von Burgstaaken, der abends sehr schön illuminiert wird. Hafenstr. 69, Tel. 314, www.funtasia-golf.de, geöffnet: Anf. Mai bis Ende Sept. ab 11 Uhr bzw. 12 Uhr, Preise: Kinder bis 14 Jahre 5,50 €, Erwachsene 7,50 €.

Aktivitäten in weiteren Orten

Neben den unter Burg genannten Adressen gibt es noch eine ganze Reihe weiterer Angebote, verstreut über die ganze Insel.

Angeln

- Mit der **„MS Antares"** ab Hafen Orth. Infos: *R. Blickwedel,* Tel. (04371) 50 18 76.

Radfahren

- **Wilhelm Becker,** Middeldorf 1, 23769 Dänschendorf, Tel. (04372) 331.
- **Nico Hinz,** Meisterstr. 17, Landkirchen, Tel. (04371) 33 34.
- **Gitti's Radverleih,** Königstraße 10, Lemkenhafen, Tel. (04172) 16 98.

Minigolf

- **Campingplatz Wallnau** und **Campingplatz Miramar** in Fehmarnsund, sowie die Indoor-Minigolfanlage **Funtasia** am Hafen von Burgstaaken, Tel. (04371) 60 92 16, geöffnet: Anfang Mai bis Ende September täglich 11–20 Uhr.
- **Adventure Golf,** am Ortsausgang von Meeschendorf Richtung Staberhuk, Tel. 88 88 574, www.adventure-golf-fehmarn.de. geöffnet 15.6.–31.8. tägl. ab 10 Uhr, in der Nebensaison Mo geschlossen. Mal was anderes: eine Mischung aus Minigolf und klassischem Golfspiel. Man schlägt die Bälle nicht so weit wie beim Golf, muss aber doch Hindernisse überwinden, wie beim Minigolf.

Ponyreiten

- **Ferienhof Ogriseck,** Rosenstr. 14, Bannesdorf, Tel. (04371) 87 92 69, www.ogriseck-fehmarn.de.
- **Ponyhof Wallnau,** Wallnau 2, Tel. (0151) 14 75 32 31, www.reiten-auf-fehmarn.com.
- **Ferienhof Rauert,** Dorfstr. 20, Klausdorf, Tel. 42 66, www.mein-fehmarn-urlaub.de.

■ **Familie Riessen,** Haus Nr. 16, Presen, Tel. (04371) 86 220.

Rundflüge

■ **Flugplatz Neujellingsdorf,** Tel. (0171) 99 10 931 oder über www.fehmarn-air.de. Preis: 10 Flugminuten für bis zu drei Personen ab 17 € pro Person.

Schach

■ Freiluftschach mit Großfiguren beim **Haus des Gastes** am Südstrand.

Segeln/Surfen

■ **Wassersportcenter Windsurfing Fehmarn,** Am Hafen 2, Orth, Tel. (04372) 10 52, www.windsurfing-fehmarn.de.

■ **Windsurfing Wulfen,** Tel. (04371) 59 88, www.windsurfing-wulfen.de.

■ **Windgeister Fehmarn,** Am Hafen 1, Orth, Tel. (04371) 18 06, www.windgeister.de.

■ **Windsurfingschule Charchulla,** Südstrand, Tel. (0160) 178 90 55, www.surfschule-charchulla.de.

■ **Surfen und Segeln** in Gold, Haus Nr. 4, Tel. (04371) 69 59, www.surfenundsegeln.de.

Tauchen

■ **Tauch-Basis Katharinenhof,** Dorfstr. 27, Tel. (04371) 54 93, www.tauchen-fehmarn.de.

■ **Tauchen auf Fehmarn,** Camping Wallnau, Tel. (0172) 989 54 19, www.tauchen-auf-fehmarn.de. Bietet u.a. Schnuppertauchen.

Die Fehmarnsundbrücke verbindet den „sechsten Kontinent" mit dem europäischen Festland

340sh hj

222

316sh hj

Wenig bekannt und das trotz sehr schöner, langer Sandstrände ist die Hohwachter Bucht. Die meisten Orte sind klein, Heiligen-

3 Hohwachter Bucht

hafen mit seinem Fischerhafen ist schon der größte. Hohwacht selbst glänzt mit sehr schicken Hotels und unweit von Laboe kann man kilometerweit am Meer radeln.

‹ Der Schönberger Strand

GEHEIMTIPP AN DER OSTSEE

376sh mux

Leicht am Rande liegend, aber doch nicht aus der Welt gefallen, zeigt sich die Hohwachter Bucht. Sehr schöne Sandstrände warten auf Gäste, mit Namen, die Sehnsüchte wecken („Kalifornien", „Brasilien"), schmucke Orte, die sich nicht völlig dem Tourismus ergeben haben und ein Ferienzentrum am Weißenhäuser Strand, bei dem die Jahreszeiten keine Rolle mehr spielen. Wer ruhige Tage am Strand verbringen will und auf ein rauschendes Nachtleben verzichten kann, der ist hier richtig.

Überblick

Wenn es noch so etwas wie einen **Geheimtipp** an der Ostseeküste gibt, dann könnte es die Hohwachter Bucht sein. Sicher werden dies etliche Urlauber dementieren, die schon seit Jahr und Tag hierher kommen. Aber es gibt ja auch noch andere. Selbst wer schon viele Ostseestrände gesehen hat, kennt diesen Abschnitt vielleicht noch nicht. Die Orte veranstalten eben keinen so großen Rummel um sich selbst. So mancher hochgelobte Strand der Lübecker Bucht würde hier vor Neid erblassen, wenn das denn ginge.

Ein Blick auf die Landkarte zeigt, dass die Hohwachter Bucht strenggenommen den **Abschnitt von Heiligenhafen** (also dem letzten Ort vor Fehmarn) bis etwa zum Ort Hohwacht meint. Hier soll er etwas weiter gefasst werden, verlängert bis nach **Schönberger Strand,** was, wieder strenggenommen, zum Gebiet der Kieler Bucht zählt.

Was macht den Reiz dieser Gegend aus? Zunächst einmal wären da eine Reihe von ganz **vorzüglichen Stränden,** sei es in Heiligenhafen (auf einer Nehrung), am Weissenhäuser Strand (mit 365-Tage-Feriensiedlung unter Glas), dem Ort Hohwacht (Sandstrand und Steilküste mit einigen schicken Hotels) oder in Schönberg, wo die Strände so kuriose Namen wie „Kalifornien" und „Brasilien" tragen. Der **Tourismus** hat hier überall Einzug gehalten, natürlich, aber

mit der Ausnahme von Weissenhäuser Strand dominiert er nicht völlig. Ein alter Ortskern ist überall erhalten. Die Urlauber, die kommen, wissen das zu schätzen und die Einheimischen offenbar auch. Die Strände sind durchweg sehr schön, feinsandig, langgezogen und obendrein auch einigermaßen breit.

Wer sich einmal aufmacht, das Hinterland zu erkunden, findet so reizvolle Orte wie Lütjenburg (schickes altes Stadtbild), Oldenburg (mit einer geschichtlichen Einmaligkeit, dem Wallmuseum) oder die historische Museumseisenbahn von Schönberg.

⌃ Entspannen auf der Seebrücke von Heiligenhafen

NICHT VERPASSEN!

- **Heiligenhafen,** ein Ort mit „richtigem" Hafen-Feeling | 124
- Ruhige, charmante Orte wie **Hohwacht** | 133
- Endloser Strand in **Schönberger Strand** | 141
- **Museumseisenbahn** in Schönberg | 141

Diese Tipps erkennt man an der gelben Hinterlegung.

Heiligenhafen

1259 wurde erstmals eine Siedlung an der Stelle des heutigen Ortes erwähnt; ein halbes Jahrhundert später bekam Heiligenhafen bereits **Stadtrechte.** Das war rasant, aber dann ging es nicht ganz so flott weiter. Um wieder in den Blickpunkt des Geschehens zu gelangen, dauerte es noch bis 1803, als eine **Fährverbindung mit Dänemark** eröffnet wurde. Das war dann auch ausschlaggebend für den Bau eines größeren **Hafens.** Der dominiert das Stadtbild noch heute, wenn auch zu nicht geringem Teil durch Freizeitkapitäne mit ihren Segeljachten. Eine riesige **Marina** ist so entstanden, etwas vom eigentlichen Hafen entfernt, aber doch im Stadtbereich.

Heiligenhafen trägt seit 1974 den Beinamen **„Ostseeheilbad“,** liegt aber strenggenommen gar nicht an der Ostsee – oder zumindest nur zur Hälfte. Wie das? Heiligenhafen lag nämlich einst an einer Bucht. Deren Außenkante schob sich aber immer weiter ins Meer, bis eines Tages die Bucht geschlossen und ein **Binnensee** entstanden war. Die Landzunge, Nehrung genannt, schob sich weiter und verläuft heute unweit des Hafens im Meer. Hier auf der Landzunge ist der schöne, 4,8 Kilometer lange **Strand** zu finden, immer der Nehrung folgend.

Der Hafen liegt in der Nähe des Zentrums. Fischerboote dümpeln, Läden und Buden mit Fischbrötchen laden zum Verweilen ein. Insgesamt kann man hier schon eine gute Hafen-Atmosphäre erleben und wenn die Kutter einlaufen, wird zumeist auch Fisch direkt von Bord verkauft. Die benachbarte Marina ist sehr groß, an mehreren Stegen machen kleine und auch etliche nicht so kleine Segelschiffe fest. Im Sommer schaukelt so ein einzigartiger Mastenwald auf der Ostsee, was nett anzuschauen ist.

Heiligenhafen wurde aufgehübscht. Die Promenade wurde in Schuss gebracht, zehn Spielflächen eingerichtet und vor allem entstand eine einzigartige, 400 m lange, **Seebrücke.** Ihre Form besteht aus drei sich am Ende überlagernden Streben, im Mittelteil wird sie deshalb sogar zweistöckig. Genau hier soll noch ein Café eröffnen. Am Ende dieser Holzbrücke können Badefreudige in die Ostsee steigen.

Am südlichen Binnensee wacht derweil der nordische Meeresgott Njörd über allem. Erschaffen wurde die **Skulptur aus Altmetall** und nicht wenige wollen in seinem Gesicht die Züge von *Thomas Gottschalk* erkennen.

Die Ausläufer der Nehrung sind zum **Vogelschutzgebiet** erklärt worden. Führungen finden von April bis Oktober täglich um 10.30 und 15 Uhr ab dem 14 Meter hohen Beobachtungsturm statt, der am Ende des Weges auf dem Graswarder steht.

Ein **Ferienpark** mit mehreren **Hochhäusern** entstand schon vor Jahrzehnten. Diese liegen etwas außerhalb vom Ort, dort, wo die Nehrung einst begann. Dort steht auch das neue **Aktiv-Hus Wellness und Gesundheit** mit einer großen Saunalandschaft, Meerwasser-Hallenbad, Sportarena und einer 1000-m^2-Kinderspielwelt mit dem Namen „Schatzinsel".

Der **Ortskern** von Heiligenhafen versprüht einen netten, teilweise altertümlichen Charme, im Zentrum rund um den Markt sind etliche schöne, alte Häuser in Gassen mit Kopfsteinpflaster zu finden. Einige Häuser wurden stilvoll renoviert, andere Neubauten wurden in der Bauweise diesem Stil angepasst.

Der **Strand** ist, wie gesagt, auf der Nehrung zu finden, etwa 50 Meter an der breitesten Stelle, später ist er allerdings schmaler. Er ist weitestgehend frei von Steinen und wird von einem leichten Dünenbewuchs begrenzt.

Sehenswertes

Der **Stadtkern** ist adrett und nostalgisch schön, viele Häuser sind schick renoviert. An klassischen Sehenswürdigkeiten gibt es nicht viel zu bestaunen, es ist mehr das Gesamtbild, das beeindruckt.

Die Grundmauern der **evangelischen Kirche** stammen noch aus dem 13. Jahrhundert, die Stufenhalle wurde im 15. Jahrhundert erbaut, auch das Chorgestühl und die Standfiguren Adam und Eva stammen aus dem 16. Jahrhundert. Führungen: Di, Do, Sa um 11 Uhr. Unterhalb der Kirche befindet sich ein alter **Salzspeicher,** welcher auf 1587 datiert wird. Und schließlich kann noch ein kleines **Heimatmuseum** besichtigt werden, in dem die Stadtgeschichte erläutert wird und Exponate zur Seefahrt und Fischerei gezeigt werden. Das Haus steht übrigens unter Denkmalschutz.

■ Thulboden 11a, Tel. 38 76, geöffnet: April bis Oktober Di–Fr und So 15–17 Uhr. Eintritt Erw. 2 €, Familien 4 €.

Übernachtung
2 Ferienpark Heiligenhafen
3 Aquamarina
5 Hotel Mira Mare
10 Hotel Seestern
11 Hotel Stadt Hamburg
13 Haus Brandung

Essen und Trinken
7 Klabautermann
8 Lütt Hus
9 Zum alten Salzspeicher
10 Käppen Plambeck, Weinigels Fährhaus
12 Fischhalle

Wassersport
1 Funsport-Zone
4 Segelschule am Binnensee
6 Segelschule Bennewitz

Sonstiges
6 Fahrradverleih und Post

Ein **Glockenspiel** steht am Marktplatz vor dem Rathaus und spielt fünfmal am Tag (immer um 9, 12, 15, 18 und 21 Uhr) eine Melodie, immer ein anderes Lied. Eine Übersicht hängt an der Rathauswand.

An der kleinen **Hafenmeile** kommt schon ziemlich maritime Stimmung auf. Zumeist dümpeln dort Schiffe, ein paar urige **Kneipen** locken zum Bierchen zwischendurch, und auch mehrere **Geschäfte** bieten allerlei Nautisches an. Nett kann man dort flanieren und mal in die Fischhalle schauen, dort gibt's frischen Fisch auf den Teller oder zum Außer-Haus-Verkauf.

Bei der alljährlichen **Lichtmesswette** entscheidet sich übrigens, ob der Winter noch mal zuschlägt. Scheint die Sonne am Mittag des 2. Februar so lange, wie ein Reiter benötigt, ein Pferd zu satteln, friert der Sund erneut zu.

Etwas außerhalb stand in Klaustorf viele Jahre ein Horchposten der Bundeswehr, heute befindet sich hier im Keller die **Ostsee-Erlebniswelt.** In über 20

Aquarien wird die Pflanzen- und Tierwelt der Ostsee gezeigt, außerdem gibt es ein Fischerei- und ein Meeresmuseum.

■ **Ostsee-Erlebniswelt,** Bäderstraße 6a, Klaustorf, Tel. (04371) 44 16, www.ostseeerlebniswelt.de, geöffnet: März bis Okt. täglich 10–18 Uhr, Nov. bis Februar Winterpause, Eintritt. Erw. 10 €, Kinder (4–15 Jahre) 7 €, Senioren und Schüler 8 €.

Praktische Tipps

Info

■ **PLZ:** 23774.
■ **Vorwahl:** 04362.
■ **Tourismus-Service,** Bergstr. 43, Tel. 907 20, geöffnet: Mo–Fr 9–17 Uhr, Mai–Okt. auch Sa 10–15 und So 12–15 Uhr.
■ **Internet:** www.heiligenhafen-touristik.de.

An- und Weiterreise

■ **Busse:** Busverbindungen nach Oldenburg bzw. Puttgarden, Abfahrt von der Hauptstraße Am Strande.
■ **Parken:** Plätze sind ausgeschildert; ein riesiger, kostenfreier liegt am Hafen.
■ **Wohnmobile** finden auf Steinwarder (ausgeschildert) einen Stellplatz mit Servicestation, geringe Gebühr.
■ **Taxi:** *Küstentaxi,* Tel. 78 72.

Unterkunft

■ Die Apartmentanlage **Ferienpark Heiligenhafen**②-④ ist eine kleine Welt für sich mit allen Versorgungs- und Unterhaltungseinrichtungen, die der Gast so braucht. Wer sich nicht daran stört, dass er in teilweise 15-stöckigen Hochhäusern seine Unterkunft bezieht, hat hier wirklich eine breite Auswahl. Wie viele FeWo hier angeboten werden, ist kaum zu sagen, ein paar hundert dürften es aber sein. Es gibt mehrere Dutzend Vermieter, vom kleinen Anbieter bis hin zu großen Agenturen, über die man an die 100 FeWo zur Auswahl hat. Hier können nur die Adressen der Großen angegeben werden:

Firma Borsum Immobilien, Ferienpark-Ladenzeile, Tel. 26 23, www.borsum-vermietung.de.

Bünning, Ferienpark (Aktiv-Hus), Tel. 50 35 96, www.vermietung-buenning.de.

■ **Hotel Stadt Hamburg**④, Hafenstr. 17, Tel. 503 88 22, www.hotelstadthamburg.net. Sehr zentral gelegen, gleich beim Hafen um die Ecke und auch zum Markt ist es nicht sehr weit. Das historische Haus steht unter Denkmalschutz, hat nur 11 sehr geschmackvoll eingerichtete Zimmer, die unterschiedlich groß sind. Hunde sind nicht erwünscht. Es gibt WiFi und ein Restaurant.

■ **Hotel Seestern**③, Am Hafen, Tel. 22 86, www.seestern-heiligenhafen.de. Schöner Blick auf das Wasser und den Hafen, neun helle und freundlich eingerichtete Zimmer in sehr zentraler Lage, unten befindet sich ein Fischrestaurant.

■ **Hotel Mira Mare**③, Bergstr. 20, Tel. 22 78, www.hotel-mira-mare.de. Familiäres Hotel mit 16 korrekten Zimmern, von einigen hat man Weitblick über die Dächer bis zur Ostsee. Unten befindet sich ein griechisches Restaurant.

Das Gebiet der Nehrung trägt den Namen Steinwarder, hier liegen noch weitere Häuser:

■ **Aquamarina**②, Steinwarder 11, Tel. 90 05 33, www.aquamarina-heiligenhafen.de. Ein 5-stöckiges Haus mit 3-Zimmer-Wohnungen zwischen Ostsee und Binnensee gelegen.

■ **Haus Brandung**②-③, Gisela Lüttgens, Graswarder 4, Tel. 17 77, www.haus-brandung.de. Reetdachhaus in exponierter, einsamer Lage direkt am Meer auf der Naturschutzinsel Graswarder.

■ **WoMo-Stellplatz:** Ein kleiner Platz (20 Stellplätze) liegt am Binnensee am Eichholzweg, momentan allerdings ohne Stromversorgung.

377sh mux

Gastronomie

Unmittelbar am Hafen liegt ein touristisches Zentrum mit einer Reihe von Lokalen und Geschäften.

■ **Klabautermann,** Brückstr. 17, Tel. 13 94. Der Name deutet es an: Das Lokal ist mit Schiffszubehör maritim dekoriert und zwar ausschließlich Originalteile, wie betont wird. Die Küche bietet saisonale Gerichte (Fisch, Fleisch) mit Produkten aus der Region. Geöffnet ab 11.30 Uhr.

Mein Tipp: Fischhalle, Am Hafen, Tel. 50 67 23, geöffnet: täglich 9–19 Uhr. Liegt am Ende der rechten Hafenmole. Bietet Frühstück, eine gute Fisch-Küche, Fischbrötchen und hat auch ein Ladengeschäft für frischen oder geräucherten Fisch.

Die sehr große Marina von Heiligenhafen

■ **Lütt Hus,** Brückstr. 8, Tel. 23 81. Kleines, gemütliches Lokal in Uralt-Kate, mit einer überschaubaren Anzahl an deutschen Gerichten. Zubereitet wird in einer offenen Küche, die Gäste können dem Koch bei der Zubereitung zuschauen. Geöffnet: 12–14, 17–21 Uhr, Di geschlossen.

■ **Käppen Plambeck,** Am Hafen 1, Tel. 18 86. Direkt am Hafen, Fisch satt und superber Hafenblick, geöffnet: Di, Mi 11–15, Fr–Mo 11–21 Uhr.

■ **Weinigels Fährhaus,** Am Jachthafen 4b, Tel. 76 36, Mo geschlossen. Schöne Lage im Hafen, serviert vor allem Fischgerichte. Geöffnet ab 11 Uhr.

■ **Zum alten Salzspeicher,** Hafenstr. 2, Tel. 28 28, geöffnet ab 31.3. täglich 12–15, 17–22 Uhr, außerhalb der Saison ab 17 Uhr. In einem historischen Gebäude unweit des Hafens, Fisch- und Fleischgerichte sowie jahreszeitliche Spezialitäten und Pfannkuchen.

Wassersport

Segeln: Segelschule *R. Bennewitz,* Infos in der Kapitän-Nissen-Straße 3, Tel. 22 44, www.benne witz.de; Segelschule am Binnensee, *Axel Malicke,* Eichholzweg, Tel. 14 41, www.malicke.de.

Weitere Aktivitäten

Beachvolleyball: im Juli und August täglich außer Mo 15–17 Uhr bei der DLRG-Station.
Fahrradverleih: *Bennewitz* Zweiradladen, Markt 12, Tel. 60 50; *Pit's* Fahrradverleih, Ferienpark, Tel. (0151) 23 07 69 99.
Inline-Skaten: Anlage am Großparkplatz Gill-Hus und am Hauptstrand.
Minigolf: Anlage im Seepark.
Sauna: „Salveo" im Aktiv-Hus, Ferienpark, Tel. 502 90 50.

Naturerlebnispark

Natureum, Auf dem Steinwarder, Tel. (0171) 36 66 688. Auch Ponyreiten ist im Naturerlebnispark möglich.

Kirche

Ev.-luth. Stadtkirche, Hafenstr. 5, Gottesdienst: So 10 Uhr.

Post und Internet

Post im Kaufhaus Stolz, Brückenstraße 1–3.
Internet in der Stadtbücherei, Lauritz-Maßmann-Straße am Stadtpark, Tel. 50 86 65. Geöffnet: 1.7.–31.8. Mo 16–19, Di/Fr 9–11, 16–19, Do 16–19 Uhr, 1.9.–30.6. Di/Fr 9–11, 15–19, Do 15–19 Uhr.
Internet im Aktiv-Hus, Ladenpassage, Ferienpark, Tel. 50 29 00.

Einkaufen

Wochenmarkt: Mittwoch- und Samstagvormittag auf dem Marktplatz.

Oldenburg

Auch diese Kleinstadt, die unweit von Heiligenhafen und Weissenhäuser Strand gelegen ist, weist eine gut **tausendjährige Geschichte** auf. Und genau daraus resultiert auch eine beinahe einmalige Sehenswürdigkeit. Hier liegt das neben dem Wikingermuseum Haithabu bedeutendste archäologische Bodendenkmal des Landes, eine **slawische Ringwallanlage.** Die Wallanlage ist mitten im Ort zu finden, keine hundert Meter vom Marktplatz entfernt.

Gegen Ende des 7. Jahrhunderts wurde ein erster **Schutzwall** von den damaligen slawischen Herrschern errichtet, später wurde er zu einer großen Burg erweitert. Die Anlage erhielt schließlich einen halbkreisförmigen, vorgelagerten **zweiten Wall.** Der war nicht ganz so gut befestigt wie der eigentliche, schützte aber zunächst vor überraschenden Angriffen. Wenn es dann doch mal böse kam, gab man einfach den ersten Wall auf und zog sich hinter den zweiten, den

▷ Ein Händler aus der Slawenzeit im Wallmuseum

eigentlichen Schutzwall, zurück. Den konnten die Angreifer meist dann nicht mehr einnehmen, vielfach waren sie nämlich schon vom Sturm auf den ersten dezimiert und erschöpft. Aus beiden Wällen entstand schließlich ein großer, dessen etwas elliptische Form noch heute erhalten ist. 1227 stand hier im Inneren die mächtige **Burg** des Grafen von Holstein, allerdings wurde diese bereits 1261 wieder zerstört. Im Laufe der Jahrhunderte sank dann die Bedeutung der Festung immer mehr, bis sie regelrecht in Vergessenheit geriet.

Wer um die Anlage herum schlendert, erhält einen tiefen Eindruck, kann sich gut vorstellen, dass diese bis zu 18 Meter hohen Erdwälle schwer zu überwinden waren. Im **Inneren** ist heute nur eine kleine Schautafel zu finden, neben ein paar Häusern. Diese wurden wohl vor etlichen Jahren in den Wall gebaut, als man dessen Bedeutung noch nicht gebührend zu würdigen wusste.

Die entsprechende Würdigung findet ein paar hundert Meter weiter im **Wallmuseum** statt. Hier wurden zwei Reetdachhäuser im Stil der ostholsteinischen Bauernhöfe restauriert und zum Museum umgebaut, in einem wird die Wallgeschichte dokumentiert. Der Besucher erhält einen Eindruck vom bäuerlichen Leben, aber auch eine Übersicht über die slawische Besiedlungszeit und die Entstehungsgeschichte des Walls. Anhand von Modellen wird der schrittweise Ausbau der Wallanlage erklärt. Eine zweite Ausstellung zeigt das Leben und die Arbeitsbedingungen in einer slawischen Siedlung. Im Inneren eines der Häuser

379sh hj

sind durch menschengroße Puppen realistische Lebens- und Arbeitsszenen nachgestellt, der Besucher blickt den „Händlern" oder „Handwerkern" direkt in die Stube. Am Wallsee ist außerdem ein Hafen mit Booten und eine kleine Siedlung nachgebildet, darunter die weltweit einzige originalgetreue Nachbildung eines slawischen Handelsschiffes. Obendrein steht ein historisches Backhaus auf dem Gelände, das 1750 bis 1954 in Betrieb war. Zu bestimmten Terminen, die im Internet genannt sind, wird der Ofen angeheizt, Brot gebacken und hinterher verkauft.

■ **Wallmuseum,** Professor-Struve-Weg 1, Tel. (04361) 62 31 42, www.oldenburger-wallmuseum.de. Geöffnet: 1.4.–31.10. Di–So 10–17 Uhr, Juli/Aug. täglich 10–18 Uhr; Eintritt: 4 €, bis 18 Jahre 2 €, Familien 9 €.

Weissenhäuser Strand

„Das Ostseebad der vier Jahreszeiten – 365 Tage geöffnet", so heißt es im Hausprospekt. Das deutet schon die Richtung an. Weissenhäuser Strand ist ein **riesiger Ferienpark** mit Apartments, Bungalows und einem Strandhotel, aber ohne Hochhäuser. Es ist eine künstliche Ferienanlage, die am Ostseestrand liegt, aber zusätzlich eine ganze Palette an Freizeitangeboten bereithält. Das Besondere daran ist, dass viele dieser Aktivitäten **unter Glas,** also „drinnen" stattfinden. Dadurch wird der Ferienpark mehr als jeder andere zum Urlaubsziel für alle Jahreszeiten.

Das 7500 m² große subtropische **Badeparadies** mit einer 150 Meter langen Rutsche ist natürlich der Clou, aber damit nicht genug. In einem **Sport- und Spielcenter** werden Bowling, Kegeln, Pool-Billard, Tischtennis, Tennis, Squash, Badminton und sogar Minigolf angeboten. Weiterhin: eine Wellness-Oase, das Dünenbad, eine ruhigere Badelandschaft, der 120.000 m² große Columbus Park, eine einmalige Wasserlandschaft mit vielen Freizeitattraktionen, eine Wasserski-Anlage, ein Streichelzoo, eine Pony-Ranch und eine südländische Galeria zum Bummeln. Das Angebot ist vielfältig und wird ständig erweitert.

Weitläufig verteilt über das ganze Gelände liegen die **Ferienwohnungen,** einige näher zum Strand, andere mehr zum Wald hin. Der **Strand** (ja, ja, den gibt es auch noch!) ist drei Kilometer lang und teilweise 30 bis 40 Meter breit, er geht sacht ins Meer über und ist von Dünen begrenzt.

Die Ferienanlage ist gut durchdacht und bietet eine ganze Menge. Wer hier urlaubt, dem wird es an wenig bis nichts mangeln. Man muss sich nur darüber im Klaren sein, dass dies eine **künstliche Anlage** ist, ein alter Dorfkern oder ähnliches existiert nicht. Wer also ein sorgloses **Rundum-Angebot** zu schätzen weiß, wird sich hier bestimmt wohl fühlen, zumal es besonders zur Nebensaison ganz erstaunlich gute Pauschalangebote gibt.

Ein junger Internet-Millionär kaufte sich das **Schloss Weißenhaus** mitsamt dazugehörendem Dorf. Er Investiert dem Vernehmen nach 70 Mio. Euro und baut das gesamte Areal grundsaniert um zu einem Luxus-Resort mit Gourmet-

Restaurant. Direkt am Strand liegt das Lokal Bootshaus (Infos: www.weissenhaus.net).

Info

- **Ferienpark,** Seestraße 1, 23758 Weissenhäuser Strand, Tel. (04361) 550, www.weissenhaeuserstrand.de.

Hohwacht

Bereits die Zufahrtsstraße zeigt es an, hier dominiert die Farbe Grün. Links und rechts der Straße erstrecken sich kleine Wäldchen, Wiesen und – zur richtigen Jahreszeit – Rapsfelder, dann bekommt das Grün gelbe Farbtupfer.

Und dann ist auf einmal der Ort erreicht. Die Straße schlängelt sich gewissermaßen am Rande des Ortes weiter, auf der rechten Seite ziehen sich noch immer **kleine Wäldchen** hin. Nach links zweigen einige Straßen ab, die zum Strand führen. Die Zufahrtsstraße endet schließlich an einem Parkplatz.

Von hier bis zum Strand sind es vielleicht 300 Meter, und wer dann die

Die Hotelmeile an der Strandstraße in Hohwacht

381sh mux

380sh mux

Strandstraße entlanggeht, erlebt eine kleine Überraschung. Eine richtig nette, kleine Ecke ist zu finden mit drei, vier stilvollen, aber kleinen Hotels und einigen Ferienwohnungen in der zweiten Reihe.

Dann steht man am **Strand.** Dieser ist hier nicht allzu breit, nach wenigen Metern erhebt sich eine Steilküste. Dort steht auch ein **Aussichtsturm,** eine moderne Pylon-Konstruktion, die übrigens einer Flunder nachempfunden wurde.

Im **Zentrum** des Ortes stehen viele Einzelhäuser, fast wie in einer gewachsenen Dorfgemeinschaft, mit durchgehenden Grünanlagen und hohem Baumbestand. Am kleinen Berliner Platz finden sich Touristeninformation, Kirche, Polizei und ein paar Lokale. Von dort sind es vielleicht zehn Minuten Fußweg bis zum Strand. Viele Urlauber fühlen sich hier fast wie zu Hause, weniger wie in einer künstlichen Ferienmaschine.

Der Ort strahlt eine **Ruhe** aus, die wohl nicht jedem zusagt, ein nennenswertes Nachtleben findet hier nun mal nicht statt. Man muss die grüne Umgebung genießen können, bereit sein zu langen Spaziergängen und auf eine schicke Strandpromenade verzichten können, dann wird man Hohwachts Slogan „Unter einem Dach von Bäumen“ zu würdigen wissen. Ein klares Pfund, mit dem Hohwacht wuchern kann, sind mehrere wirklich tolle Hotels, die man so gebündelt und in dieser Qualitätsstufe woanders schon etwas länger suchen muss.

Naturstrand von Hohwacht

Praktische Tipps

Info

- **PLZ:** 24321.
- **Vorwahl:** 04381.
- **Hohwachter Bucht Touristik,** Berliner Platz 1, Tel. 905 50, geöffnet: Juni–Aug. Mo–Fr 9–18, Sa/So 10–14 Uhr, Sept.–Mai Mo–Fr 9–16 Uhr.
- **Internet:** www.hohwachterbucht.de.

Taxi

- **Nüser,** Tel. 80 01.
- **Wohlert,** Tel. 14 00.

Unterkunft

MEIN TIPP: **Hotel Genueser Schiff**④-⑤, Seestr. 18, Tel. 75 33, www.genueser-schiff.de. In unmittelbarer Meernähe liegt dieses stilvolle, gemütliche Haus, in dem Zimmer und Apartments vermietet werden. Von fast allen Zimmern hat der Gast Meerblick. Das Hotel nennt sich „Ausschlaf-Hotel", denn es gibt bis 12 Uhr Frühstück.

- **Seeschlösschen**④-⑤, Dünenweg 4, Tel. 407 60, www.seeschloesschen-hohwacht.de. Kleines, schmuckes Haus, etwa in der Ortsmitte am Strand gelegen mit einem ausgezeichneten Restaurant. Schön eingerichtete Zimmer, toller Ostsee-Blick vom Balkon. Im Haus ein Schwimmbad und eine Wellness-Grotte.
- **Haus am Meer**⑤, Dünenweg 1, Tel. 407 40, direkt am Strand liegt dieses Haus mit kleinem Restaurant sowie Schwimmbad und Sauna. Die hellen, freundlich gehaltenen Zimmer haben überwiegend Balkon oder Terrasse, viele mit Ostseeblick.
- **Hotel und Apartments Hohe Wacht,** Ostseering 5 – Kurpark, Tel. 900 80, www.hohe-wacht.de. Moderne Häuser, bestens eingerichtet, zentral und in Strandnähe gelegen. Hell und freundlich eingerichtete Zimmer, Suiten und Apartments, die Hotelzimmer mit getrenntem Bad und WC. Die Apartments sind zwischen 33 und 60 m² groß. Außerdem im Haus vorhanden: Sauna, Solarium, Massage, Fitnessraum, Schwimmbad und zur Abrundung auch ein gutes Restaurant mit regionaler Küche, sowie eine Raucherlounge. Hotel④, FeWo③-⑤.
- **Strandhotel**④, Strandstr. 10, Tel. 60 91, www.strandhotel-hohwacht.de. Familiengeführtes Traditionshaus, ganz in der Nähe vom Strand gelegen. Komfortabel eingerichtete Zimmer, drei DZ sind speziell für rollstuhlfahrende Gäste gestaltet. Im Haus gibt es Sauna und Solarium sowie einen Fitnessraum.
- **Hotel Seelust**③, Strandstr. 8, Tel. 905 10, www.hotelseelust.de, gleich nebenan, ähnlich schick, mit auffälligem Holzgeländer, von vielen Zimmern direkter Meerblick.
- **Haus Meeresblick**③, Strandstr. 13, Tel. 77 27. Ein schmuckes Haus unweit vom Strand mit 3 DZ (Meerblick) und sieben FeWos.
- **Das Bunte Kamel**③, An den Tannen 14, Tel. 916 00 63, www.das-bunte-kamel.de. Ein kleines, privat betriebenes Inklusionshotel für Menschen mit und ohne Behinderungen, teilweise barrierefrei eingerichtet. Angeboten werden 60 Betten (EZ, DZ, Vierbettzimmer, zwei Familienzimmer), außerdem gibt es ein Betreuungsangebot für Kinder.
- **WoMo-Stellplatz:** Insgesamt 19 Stellplätze mit Entsorgungsstation befinden sich an der Straße Am Buchholtz in Alt-Hohwacht, nur 250 m vom Meer entfernt, Tel. 98 90.

Gastronomie

- Die **Hotels an der Strandpromenade** haben alle ein gutes Restaurant.
- **Genueser Schiff,** Seestr. 18, Tel. 75 33, Di geschlossen. Ein reetgedecktes Haus hinterm Deich mit Ostseeterrasse, regionale Küche mit mediterranem Einschlag, der Patron erhielt schon mehrere Auszeichnungen. Ein kleiner Clou ist das Strand-

korb-Café, man bekommt seinen Kaffee direkt zum Strandkorb serviert.

■ **Schlampmühle,** Seestr. 9, Tel. 90 510, www.schlampmuehle.de. Gemütliches Reetdachhaus mit einem Restaurant, das Holsteiner Gerichte serviert. Vermietet auch Zimmer.

■ **Bodega Olé,** Berliner Platz, Tel. 40 48 22. Mo Ruhetag, Frühstück 8–11 Uhr, sonst ab 15 Uhr, So ab 11.30 Uhr. Spanische Tapas und italienische Pizza.

■ **Seaside,** Seestr. 14, Tel. 41 48 60, täglich ab 10 Uhr, 1.11.–31.3. Fr–So ab 10 Uhr. Dieses urige Holzlokal steht ganz nahe beim Strand und bietet kreative Pasta, Fisch- und Fleischgerichte, hat zwei Sonnenterrassen und eine Kinderspielecke.

■ **Fischräucherei Kruse,** Am Brackstock 1a in Alt-Hohwacht, Tel. 81 39. Traditionell wird hier Fisch auf Buchenholz geräuchert. Geöffnet: Mai–Sept. tägl. 15–19 Uhr, April und Okt. Fr–Sa 15–18 Uhr.

Wassersport

■ **Bootsvermietung, Segeln** und **Surfen:** Ostwind, Am Brackstock, Tel. 90 510, www.ostwind.com.

Weitere Aktivitäten

■ **Boule:** im Kurpark im Boulodrome, jeden Montag gegen 18 Uhr Spiele unter Anleitung, Tel. 41 94 33.

■ **Fahrradverleih:** *E. Kloth,* Strandesberg 1, Tel. 52 14.

■ **Minigolf:** Kessals Gartengolf, Am Brackstock 2 in Alt-Hohwacht, Tel. 86 20.

Post und Internet

■ **Internet:** im Gästezentrum, Seestraße 11a, Tel. 68 55.

■ **Post:** Verkaufspunkt von Briefmarken: Berliner Platz 6, geöffnet: Mo–Sa 8–13 Uhr, oder beim Edeka-Markt, Seestr. 12, Mo–Sa 7.30–16 Uhr.

Ausflüge

Eselpark Nessendorf

Im südöstlich von Hohwacht gelegenen Nessendorf befindet sich ein Eselpark, eine Art **Erlebnispark** mit 100 Eseln und 20 Eselkutschen. Die Betreiber befassen sich seit bald 40 Jahren mit der Eselzucht. Dieses Wissen wird nun an die Besucher weitergegeben. Natürlich können die Kinder die Tiere streicheln und auch reiten oder eine kleine Kutschfahrt unternehmen.

Jeden Samstag um 15 Uhr findet ein Wettbewerb um die **Deutsche Meisterschaft im I-Ah-Rufen** statt (nur für Kinder, kein Witz!). Gerungen wird um diese Würde von Ende April bis Mitte August und die Tagessieger I-Ahen dann noch einmal Ende August um die Endausscheidung.

■ **Eselspark Nessendorf,** Wiesengrund 3, Tel. (04382) 748 (Wer das Info-Telefon anruft, wird schon mit einem tierischen „I-Ah" begrüßt), www.eselpark.de. Geöffnet: Mitte März bis Ende Okt. täglich 10–18 Uhr. Eintritt: 5 €, Kinder bis 16 Jahre 4 €, Hunde 1 €.

Lütjenburg

Selbst die Polizei ist hier in einem historischen Gebäude untergebracht, zumindest in einem nachempfundenen. Das zeigt den Trend. Lütjenburg ist eine kleine Stadt, hat gerade mal 5600 Einwohner, genießt aber schon seit 1275 Stadtrechte. Von der langen Geschichte zeugen noch etliche **historische Bauten** im Stadtkern. Das macht den Reiz dieser Kleinstadt aus, ein Bummel durch die ruhigen Straßen mit den schick renovierten Häusern.

119sh hj

Der Marktschreier Hein Lüth

Sehenswertes

Nahe der aus dem 13. Jh. stammenden **St.-Michaelis-Kirche** ist eine Art **Marktplatz** zu finden, dort steht auf einem Brunnen die Figur des **Hein Lüth,** des Stadtausrufers. Schwungvoll hebt er die Glocke, fordert die Vorbeihastenden zur Einkehr auf und verkündet wichtige Nachrichten mit der ganzen Überzeugungskraft seines Amtes. Gegenüber der Kirche liegen die **Vier Bürgerhäuser,** das sind vier Häuser aus vier Jahrhunderten (Markt 1: 1680, Markt 2: 1820, Markt 3: 1900, Markt 4: 1780).

Besonders eindrucksvoll ist auch das winzige **Rathaus,** erbaut 1790, gleich hinter Hein Lüth zu finden. Ein schmuckes, aber für ein Rathaus relativ kleines Gebäude mit schönen Verzierungen. Außerdem steht hier das älteste Wohnhaus der Stadt, das **Färberhaus,** das schon 1576 erbaut wurde, ein sogenanntes Fachwerk-Giebelhaus von fünf Achsen mit Backsteinfüllungen im Zierverbund. Wer genau hinschaut, wird dieses Detail auch erkennen.

Wenn man Richtung Oberstraße geht, sich also von der Kirche entfernt, trifft man auf die alte **Kornbrennerei D. H. Boll** von 1831. Hier werden so exotische Drinks wie Kieler Tropfen, Lütjenburger oder Hohwachter Plumstak angeboten.

Schließlich sind noch zwei Gebäude auf dem Programm, das **Bäckerhaus** von 1790 (Oberstraße, Ecke Amaker Markt) und der **Alte Posthof** von 1777 (Amaker Markt, Ecke Neuwerkstraße).

Hier war einst die Station der Postkutschenlinien nach Plön, Kiel und Oldenburg, wo erschöpfte Pferde gewechselt und dem Kutscher ein Schnaps eingeschenkt wurde, bevor es weiterging.

Zu guter Letzt ist noch das Wahrzeichen der Stadt Lütjenburg zu entdecken, der **Bismarckturm,** erbaut 1898. Er liegt nur wenige Schritte außerhalb des historischen Kerns, einfach der Teichtorstraße, die vom Markt wegführt, zum Park folgen. Von oben (18,50 Meter) genießt man einen schönen Blick auf die Stadt.

Interessanterweise bemühte man sich, die restlichen Häuser im innerstädtischen Bereich an die **historische Bauweise** anzupassen. Und so residieren hier neben der schon erwähnten Polizei Anwälte, Ärzte, aber auch kleinere Geschäfte und Banken in restaurierten Häusern. Ein durchaus gelungenes, einheitliches Innenstadtbild.

Im **Eiszeitmuseum** wird die erdgeschichtliche Entstehung von Schleswig-Holstein gezeigt, damals, als mächtige Gletscher, von Skandinavien kommend, unser Land bedeckten. Und welche Folgen dies und vor allem das spätere Abschmelzen hatte. Viele Fossilien sind ausgestellt, aber auch Exponate zum Anfassen. Das Museum liegt etwas außerhalb an der L 165 Richtung Schönberg.

■ **Eiszeitmuseum,** Nienthal 7, Tel. (04381) 41 52 10, www.eiszeitmuseum.de, geöffnet: Mai–Sept. täglich 10–18, Okt.–April Di–So 11–17 Uhr, Eintritt: 4 €, Kinder 2 €.

Gastronomie

■ **PUR,** Neuwerkstr. 9, Tel. (04381) 40 41 47, Bistro geöffnet: Di–Do 11–23, Fr–So 9–23 Uhr. PUR steht für „Produkte aus der Region". Geboten werden saisonale Gerichte, Kaffee und Kuchen, Salate, Flammkuchen, Fisch, Fleisch und saisonale Gerichte, aber auch Ladenverkauf.

Ausflüge

Panker

In Ostholstein gab es schon seit Beginn der sogenannten Gutswirtschaft um 1550 einige hochherrschaftliche Gutshöfe und Schlösser. Damals wurden verschiedenen Grafen weite Ländereien zugesagt, entsprechende Residenzen entstanden. Die möglicherweise **schönste Gutsresidenz** ist in Panker zu besichtigen. Bei einem Blick auf die Landkarte wird man feststellen, dass Panker als winziger Ort eingezeichnet ist. Das stimmt, gleichzeitig verbirgt sich hinter dem Namen ein über 500 Jahre altes, ziemlich großes Gut. Es wird noch bewirtschaftet, das Herrenhaus noch bewohnt, das heißt, es kann nur von außen besichtigt werden, was aber schon beeindruckend genug ist!

Nachdem Panker erreicht ist, fällt zunächst die riesige Reitkoppel auf, ringsherum erhebt sich ein wahrlich jahrhundertealter Baumbestand. Man erkennt im Rechteck darum angesiedelt die Post, Reitställe, eine Galerie, eine Gastwirtschaft „Ole Liese" und ein Gemeindehaus. Dahinter liegen zwei riesige **Gärten,** die man aber, genau wie das Herrenhaus, nur von außen betrachten kann. Das **Gutshaus** ist um 1650 erbaut worden, Erweiterung und Anbau der beiden Seitentürme erfolgten im 18. Jahrhundert. Die Gärten wurden in den 50er Jahren des 20. Jahrhunderts nach erneu-

121sh mux

ter Renovierung im französischen Stil gehalten. Die ganze Anlage besticht durch augenfällige Pflege, schade nur, dass man das Schloss nicht besichtigen kann.

Auf dem Gelände des Guts existiert seit gut 200 Jahren eine kleine **Gastwirtschaft,** die einst als Gnadenbrot einem verdienten Knecht vom Gutsherren gegeben worden war. Die Ole Liese (alte Liese) war das Lieblingspferd des Grafen, daher der Name. Heute ist es Restaurant auf hohem Niveau.

⌃ Gut Panker im Herbstlicht

Gastronomie

■ **Restaurant Ole Liese,** Tel. (04381) 90 690. Rustikal-gemütliches Lokal, in dem regionale Gerichte in Top-Qualität geboten werden. Geöffnet: Mitte April bis Ende Oktober 12–14 und 18–21 Uhr warme Küche, in der Zwischenzeit gibt es hausgebackene Kuchen. Restliche Jahreszeit: Mi–Fr ab 15 Uhr, Sa/So ab 12 Uhr.

122sh mux

Hessenstein

Graf *Friedrich von Hessenstein* ließ in den Jahren 1839 bis 1841 auf dem 128 m hohen Pilsberg einen **Aussichtsturm** bauen, einen Backsteinturm von 17 Metern Höhe mit einigen gezackten Türmchenspitzen oben, der heute noch steht. Der Weitblick von der Plattform zählt mit zum Schönsten, was Ostholstein zu bieten hat. Also rein in den Turm, die 111 Stufen der engen Wendeltreppe hochgestiegen und auf halber Höhe einen Euro in den Automaten geworfen, damit eine Drehtür den weiteren Weg freigibt. Der Turm liegt etwa zwei Kilometer westlich von Panker.

Gastronomie

■ Unten kann man sich von diesen Mühen gleich prima erholen im genau vor dem Turm liegenden Restaurant **Forsthaus Hessenstein.** Hier wird seit vielen Jahren gute regionale und saisonale Küche serviert. Tel. (04381) 94 16. Geöffnet: April bis Sept. Mi–Fr ab 18, Sa ab 14, So ab 12 Uhr, Nov. bis März Fr/Sa ab 18, So ab 12 Uhr.

Gut Kletkamp

Ein idyllisch in einem Wald gelegenes Gut, von Wasserläufen umzogen. Das **Torhaus** aus rotem Backstein stammt aus dem späten 18. Jahrhundert und trägt über dem Torbogen ein Wappen und auf der Spitze ein Türmchen. Im Hintergrund blitzt die Fassade des weißen **Herrenhauses** hervor, einem vierstöckigen Bau aus dem 17. Jahrhundert. Fährt man auf der Straße am Gut vorbei, wird deutlich, dass nur die Fassade weiß gehalten ist, das Gebäude selbst auch aus rotem Backstein besteht. Die sonst üblichen Seitenscheunen liegen hier etwas am Rande, sodass der **Innenhof** optisch ziemlich großzügig ausfällt.

Anfahrt: acht Kilometer südlich von Lütjenburg von der Straße nach Schönwalde abbiegen.

[^] Turm Hessenstein

[>] Der schier endlose Strand von Schönberg

Gemeinde Schönberg

Schönberger Strand

Schönberger Strand ist ein kleiner Strandabschnitt, eine Art Vorstadt-Strand, etwa vier Kilometer vom Ort Schönberg entfernt. Da Schönberger Strand nur über eine Zufahrtsstraße zu erreichen ist, herrscht eine **grandiose Ruhe.** Dies wird noch dadurch verstärkt, dass sich die paar Autos, die es tatsächlich wagen, die Straße vor dem Deich zu befahren, durch einen regelrechten Slalom-Parcours hindurchwinden müssen. Das nennt man dann zu Recht Verkehrsberuhigung.

Der **Strand** zieht sich endlos flach hin, ist etwa 20 Meter breit und durch einen Deich gegen den Ort abgeschirmt. Wer will, kann auf dem Deich und vor allem vor dem Deich bis nach Laboe radeln. Immerhin verläuft hier ein asphaltierter Streifen von 8 bis 10 Meter Breite, auf dem keine Autos fahren, für Inliner und auch für Radler ein Traum! Praktisch überall kann das Rad mal schnell abgestellt werden und – schwupps! – durch die Dünen zum Strand gelaufen werden. Inklusive eines erfrischenden Bades in der Ostsee. Viel los ist hier nicht. Es gibt einige Campingplätze, vereinzelte Lokalitäten, und bis an das Ende der 260 Meter langen Seebrücke wird wohl jeder einmal spazieren.

Abwechslung bietet nur ein Spaziergang auf dem Deich oder die **Museumseisenbahn,** die an bestimmten Tagen zwischen Schönberg und Schönberger Strand hin- und herpendelt (zu ausgesuchten Terminen fährt sie sogar bis nach Kiel).

134sh mux

Die Museumsbahn fährt mit historischen Zügen und Dampfloks, aber auch mit **Straßenbahnwaggons.** Etwa 30 historische Bahnwaggons und einige Straßenbahnen sind hier am **Museumsbahnhof** zu besichtigen, so beispielsweise Wagen, die ein gutes Jahrhundert alt sind. Jünger als 50 Jahre ist kaum eines der Fahrzeuge. Das ist schon spannend zu sehen, was für ein Kraftpaket eine alte Dampflok ist und wie es in der Holzklasse (tatsächlich!) – der 3. Klasse eines Personenwagens – aussah. Der Museumsbahnhof kann jederzeit betreten werden, eine Spende ist erwünscht. Er wird von einer Privatinitiative betrieben, die die unterschiedlichsten Wagen unterhält und somit eine Dokumentation des Eisenbahnwesens betreut.

■ **Museumsbahnhof,** Am Schierbek 1, 24217 Schönberg.

■ **Fahrplan:** Die Bahn verkehrt an unterschiedlichen Wochentagen von April bis Oktober. Weiterhin finden Sonderfahrten zu Pfingsten, Ostern und Himmelfahrt statt, an ausgewählten Terminen fahren Züge sogar bis/von Kiel. Bei diesen Touren können Reisende auch ab Kiel mit einem Fährschiff zurückfahren. Genaue Infos im Fahrplan unter www.vvm-museumsbahn.de. Die historischen Straßenbahnen drehen auf einer eigenen Strecke ihre Runden in Schönberger Strand. Infos am Bahnhof (Tel. (04344) 23 23, nur an Betriebstagen) und beim Tourist-Service Schönberg, Tel. (04344) 414 10.

[^] Ausrangierte Straßenbahn im Eisenbahnmuseum

[>] Kalifornien liegt an der Ostsee

383sh hj

Kalifornien

Kurioser Name, nicht wahr? Wir befinden uns aber immer noch an der Ostsee, und Kalifornien gehört zur Gemeinde Schönberg. Woher der **Name** stammt? Die Kurverwaltung gab folgende Antwort: „Nun, die Umstände, die zur Gründung dieser Orte führte (Plural, weil hier auch auf Brasilien eingegangen wird), sind ebenso ungewöhnlich wie die Namen selbst. Im Jahre 1735 strandete an der hiesigen Ostseeküste die Segelbark „Kalifornia" und wurde durch einen heftigen Sturm schwer zerstört. Unter den Trümmern und Wrackteilen, die an das Ufer getrieben wurden, war auch eine Planke mit der Inschrift „Kalifornia", dem Namen des Schiffes. Diese Trümmer fand ein Fischer, der aus den Wrackteilen eine Hütte zimmerte, an deren Vorderfront er die Planke anbrachte. Zu dieser ersten Fischerhütte gesellten sich im Laufe der Zeit noch weitere – der Ort Kalifornien war geboren. Als in der Nähe Kaliforniens dann bald ein weiterer Ort entstand, beschlossen dessen Gründer, ebenfalls einen nicht alltäglichen Namen für ihre Neugründung zu wählen: Brasilien."

Die Bezeichnung „Ort" für Brasilien ist heute etwas hochgestochen, besteht es doch nur aus drei Straßen und liegt gleich neben Kalifornien – ist somit eigentlich ein „Vorort".

Kalifornien selbst ist auch nur ein **winziger Ort** an dem langen Strand, der sich vom Schönberger Strand bis hierher erstreckt und auch noch weiter in Richtung Kieler Bucht verläuft. Etwas schmaler ist der **Strand** in diesem Bereich, aber immer noch gut zehn Meter breit, und er wird von einer Dünenbepflanzung begrenzt. Dahinter verläuft ein fünf bis acht Meter breiter geteerter Weg, auf dem stets zahllose Skater und Radler unterwegs sind. Es folgen das Deichvorland, der Deich sowie eine Straße, und dann erst kommen die wenigen Häuser, die es hier gibt. Entsprechende **Ruhe** herrscht vor. Zahlreiche Ferienwohnungen sind hier entstanden, von einigen genießt man sogar einen Blick über den Deich aufs Meer.

Schönberg

Ein Abstecher nach Schönberg kann sogar zu Fuß vom Schönberger Strand gemacht werden, nämlich entlang eines **Naturlehrpfades** quer durch die Salzwiesenlandschaft. Hier werden Informationen u.a. zu Bienenvölkern, über Eulenschutz, Nistkästen von Vögeln, Findlinge, aber auch über die Ostsee im Allgemeinen gegeben.

Endlich in Schönberg angekommen, lohnt ein Besuch des **Kindheitsmuseums** im Ortszentrum unweit der Kirche. Die Sammlung steht unter dem Motto „Ein Jahrhundert Kindheit". Schwerpunkt der Ausstellung sind Spielsachen, darauf wird man schon im Vorraum eingestimmt. Dort liegen Straßenspiele, auch älteren Datums, die sogar ausprobiert werden dürfen. Weiterhin ist ein altes Schulzimmer mit klassischen Bänken zu finden, eine Ausstellung über Jungen- und Mädchenspielzeug und ein zeitgeschichtlicher Gang durch „100 Jahre Kindheit".

- **Kindheitsmuseum,** Knüllgasse 16, Tel. (04344) 68 65, www.kindheitsmuseum.de, geöffnet Juni bis Mitte Oktober Di–So 14–17 Uhr, Do 10–12 Uhr, Mai: So 14–17 Uhr, Eintritt: 2 €, Kinder 1 €.

Sehenswert ist noch das **Probsteier Heimatmuseum,** eine auf einem ehemaligen Hof untergebrachte Freilichtanlage mit Scheune, Speicher und Backhaus. Dort sind Exponate zur Geschichte und bäuerliches Werkzeug ausgestellt, aber es finden auch Aktionstage zum Mitmachen statt.

- **Probsteier Heimatmuseum,** Ostseestr. 8, Tel. (04344) 31 74, www.probstei-museum.de, geöffnet 1.5.–31.10. Di–So 14–17 Uhr, zusätzlich Do 10–12 Uhr,1.–30.11. So 14–17 Uhr,15.3.–30.4. nur Sa/So 14–17 Uhr, Tel. 31 74, Eintritt 2 €, Kinder 1 €.

Praktische Tipps

Info

- **PLZ:** 24217.
- **Vorwahl:** 04344.
- **Tourist Service,** Käptn's Gang 1, 24217 Schönberg, Tel. 414 10.
- **Internet:** www.schoenberg.de.

Taxi

- Taxi Peter, Tel. 28 29.

Unterkunft

- **Naturfreundehaus,** Deichweg 1, Kalifornien, Tel. 13 42, www.naturfreundehaus-kalifornien.de. Das Haus gehört zur Organisation „Die Naturfreunde" und bietet Familien preiswerten Aufenthalt an. Die Zimmer sind zweckmäßig, teilweise mit Etagenduschen.

■ **Gasthaus Kalifornien**③, Deichweg 3, Tel. 305 80, www.hotel-gasthaus-kalifornien.de. Dreistöckiges Haus direkt am Deich, teilweise mit Meerblick.

■ **Pension Seemöwe**③, Deichweg 4 (Kalifornien), Tel. 4 16 90, www.ostsee-pension-seemoewe.de, ebenfalls am Deich gelegenes Haus, Zimmer gibt es mit See- oder Gartenblick, vorhanden sind auch einige Apartments.

■ **Apart Hotel Seeblick**②-④, Promenade 18, Schönberger Strand, www.seeblick-schoenberg.de, Tel. 302 20. Mehrere gut eingerichtete Apartments mit Balkon, größtenteils mit Seeblick. Im Haus Sauna, Solarium, Fitnessraum.

■ **JH Schönberg**①, Stakendorfer Weg 1, Tel. 29 74, www.jugendherberge.de/jh/schoenberg. Knapp über 200 Betten in Zwei- bis Sechs-Bett-Zimmern.

■ **Campingplatz Ferienpark California,** Große Heide 26, Tel. 95 91, www.camping-california.de, geöffnet 1.4.–30.9. 400 Stellplätze, etliche Angebote wie Minigolf, Fahrradverleih, eigene Reitanlage, Imbiss, Restaurant; WLAN auf dem gesamten Platz.

Gastronomie

■ **Fisch von Ehlers,** Promenade 20, kleine Fischbude am Deich von Schönberger Strand ab 11 Uhr, im Sommer ab 9 Uhr, wo ausgezeichnete Fischgerichte serviert werden.

■ **Hotel Stadt Kiel,** Markt 8, Tel. 30 510. Rustikale Einrichtung, Fischspezialitäten, aber auch Wild nach Saison.

■ **Omas Kaffeestuv,** Promenade 15, Tel. 41 51 02, geöffnet täglich 11–18 Uhr. Kleines, historisch-gemütliches Café aus dem 17. Jh. mit Garten und Deichterrasse. Serviert werden Torten, hausgemachter Kuchen, Pfannkuchen sowie kleine Speisen. Früher, so erzählt man sich hier jedenfalls, wurde der Köm in Fünf-Liter-Krügen gereicht; aus dieser Tradition gibt es hier auch heute noch Bier und Korn (Köm), aber nur aus kleinen Gläsern ...

Schiffstouren

■ In der Saison fährt die **„MS Heikendorf"** am Do von der Seebrücke nach Kiel, Laboe oder gar hoch nach Eckernförde, am Fr bis nach Kappeln. Infos: Tel. (0431) 594 12 63.

Wassersport

■ **Segeln und Surfen:** Wassersport Brasilien, Buhne 33/34 in Brasilien, Tel. 41 45 44, www.brasilsports.de; Wetwind Wassersportschule, Promenade 17 am Schönberger Strand, Tel. 30 11 04, www.wetwind.net.

Weitere Aktivitäten

■ **Bücherei:** Alte Apotheke, Knüllgasse 8 (in Schönberg), Tel. 64 19, geöffnet Mo, Di, Fr 15–18 Uhr, Do 10–12 und 15–19 Uhr (mit Ostseecard kostenfreie Ausleihe möglich).

■ **Fahrradverleih:** Fahrrad-Schmidt, Georg Thornstraße 4 (Schönberg), Tel. 28 10; Bargholz, Promenade 19, Schönberger Strand, Tel. 16 20.

Post

■ Agentur im Sky-Markt, Bahnhofstraße, Ecke Kuhlenkamp, Tel. 33 02, geöffnet: Mo–Sa 7.30–19.30 Uhr.

Pedro Doncker

386sh hj

Die größte Stadt Schleswig-Holsteins und die nördlichste Großstadt Deutschlands punktet vor allem mit ganz viel maritimem

4 Kieler Förde

Flair . Diese Atmospäre findet man auch in den beachbarten Orten entlang der Kieler Förde.

< Kiel ist eine Segler-Stadt

LANDESHAUPTSTADT DER SEGLER

Kilometertief schiebt sich diese Förde ins Land, an deren Spitze die Landeshauptstadt Kiel liegt. Keine Stadt mit architektonischen Reizen, dafür wurde im Krieg zuviel zerstört, aber mit ganz viel maritimem Flair. Schöne Küstenorte liegen links und rechts der Förde wie z.B. Laboe, Friedrichsort oder Strande. Feine Strände gibt es dort, geerdete Fischlokale, Flanierpromenaden und vor allem eine ganz entspannte Atmosphäre. Die Kieler flüchten gern hierher, nutzen dabei eine kleine Fähre, die aus dem Herzen der Stadt direkt bis an diese Strände schippert.

321sh hj

NICHT VERPASSEN!

- **Kiel,** eine Landeshauptstadt mit maritimem Flair | 148
- **Schleusen des Nord-Ostsee-Kanals** bei Holtenau | 155
- **Laboe,** einer dieser reizenden Orte an der Förde mit langem Strand | 162
- Museum für historische Häuser – **Freilichtmuseum Molfsee** | 168

Diese Tipps erkennt man an der gelben Hinterlegung.

Kiel

Kiel ist **Landeshauptstadt** und mit 245.000 Einwohnern gleichzeitig **größte Stadt Schleswig-Holsteins.**

Wie immer fing es auch mit der Fördestadt klein an. Bis ins Jahr 1233 reicht die **Geschichte** Kiels zurück, als Graf *Adolf IV.* eine „Holstenstadt tom Kyle" auf der Halbinsel eines Fördearms anlegte. 1242 erhielt dieser winzige Ort bereits Stadtrechte. Recht schnell wurde die unschätzbar günstige Lage als sturmfreier Hafen erkannt, Kiel liegt nämlich am Endpunkt einer sich verjüngenden Förde. Jahrhundertelang wurde dies von Fi-

schern und Händlern genutzt, bis 1871 die große Politik einzog. Kiel wurde zum Reichskriegshafen befördert, die Kaiserliche Marine wurde hier stationiert und Kriegsschiffe gebaut. Der Schiffsbau nahm riesige Dimensionen an, leider auch zum Nachteil der Stadt. Im Zweiten Weltkrieg war Kiel wegen seiner Marinegeschwader ein bevorzugtes Bombenziel, fast 80 Prozent der Stadt lagen in Schutt und Asche. Kiel wurde nach dem Krieg wieder aufgebaut, weist allerdings heute kaum historische Sehenswürdigkeiten auf.

Die Kieler Innenstadt zeigt eine lebhafte **moderne Großstadtatmosphäre,** der Hafen und ein paar maritime Sehenswürdigkeiten ergänzen dieses Bild.

Sehenswertes

Unmittelbar beim Hauptbahnhof liegt die Spitze der Kieler Förde, die **Hörn** genannt wird. Eine **Klappbrücke** führt über das Wasser auf die andere Seite, wo mehrere Traditionssegler im Hafenbecken dümpeln.

Auf der anderen Seite vom Hauptbahnhof beginnt schon die City mit dem **Sophienhof,** einem riesigen, überdachten Einkaufszentrum. Auch wer keine Shopping-Tour starten möchte, sollte einen Spaziergang durch die Passagen ma-

⌃ Blick auf Kiel vom Marine-Ehrenmal in Laboe

chen. Neben einer Vielzahl an Geschäften sind hier kleine Kioske zu finden, wo es beispielsweise original dänische Hot-Dogs gibt – die leckeren mit der rein roten Wurst!

Zudem erspart man sich einen Fußweg entlang einer stark befahrenen Straße, denn vom Sophienhof geht es über eine zweite Passage, den Holstentörn, hinunter zur **Fußgängerzone Holstenstraße.** Diese ist nicht mehr überdacht, bringt den Spaziergänger aber zu allen wichtigen Punkten, wieder an einer Vielzahl von Geschäften vorbei.

Zunächst wird der **Europaplatz** passiert, hinter dessen leicht „hügeliger" Topografie die **Sparkassen-Arena Kiel** (vormals: Ostseehalle) liegt. Dort finden die Handballspiele der Bundesliga-Mannschaft von THW Kiel statt, ständig vor ausverkauftem Haus übrigens.

Kleiner Schwenk nach rechts zur Andreas-Gayk-Straße: Bei Hausnummer 31 befinden sich die **Tourist-Information** und die **Stadtgalerie,** in der wechselnde Ausstellungen gezeigt und eine Menge Veranstaltungen geboten werden.

■ **Stadtgalerie,** Andreas-Gayk-Str. 31, Tel. 90 13 400, geöffnet: Di, Fr 10–17, Mi, Do 10–20, Sa/So 11–17 Uhr, Eintritt: 3 €.

Zurück zur Holstenstraße und einige Schritte weiter erreicht man den **Asmus-Bremer-Platz.** Herr *Bremer* war 1702–1720 Kieler Bürgermeister, jetzt schaut er sich als Bronzefigur, entspannt auf einer Bank sitzend, das Treiben an.

Ein kleiner Schwenk nach links führt zum **Rathaus.** Dieses wurde 1907 bis 1911 im Jugendstil errichtet, vom 67 Meter hohen Aussichtspunkt genießt man einen Weitblick über die ganze Stadt. Jedes Jahr wird auf einem Balkon des Rathauses feierlich von der Politprominenz die Kieler Woche eröffnet, Startschuss zu einer einwöchigen Mega-Freiluft-Party.

■ **Rathausturm,** Mai–Sept. Mi und Sa 11 Uhr, Eintritt: 4 €.

Zurück zur Fußgängerzone. Diese endet schließlich am Alten Markt, wo die **St.-Nikolai-Kirche** steht. Ein auffallend schlicht gehaltener Backsteinbau, der schon um 1242 entstand, die heutige Form wurde etwa gegen Ende des 14. Jahrhunderts fertiggestellt. Im Krieg fiel die Kirche auch den Bomben zum Opfer, wurde aber 1950 wieder aufgebaut. Der **Flügelaltar** steht seit 1541 in der St.-Nikolai-Kirche, der Erschaffer ist unbekannt geblieben. Gezeigt werden auf den bemalten und geschnitzten Seiten Szenen aus der Oster- und Passionsgeschichte, der geschlossene Altar zeigt

☐ Der Flügelaltar in der Kirche St. Nikolai

038sh hj

Kiel

Essen und Trinken

3 Louf und Café Schöne Aussicht
4 Lüneburg Haus
5 Café Fiedler
6 Kieler Brauerei, weitere Lokale
7 Negresco Steakhouse
8 Ratskeller
9 Block House
10 Toni's

Übernachtung

1 Bekpek Kiel
2 Campingplatz Falckenstein
11 Nordic Hotel Astor
14 Atlantic Hotel
15 InterCity Hotel
16 B&B Hotel Kiel
17 Jugendherberge

Einkaufen/Sonstiges

12 Holstentörn
13 Sophienhof

dann 16 Bilder aus dem Alten Testament. Die Bronzetaufe stammt aus dem Jahr 1344, die Messingschale aus dem 16. Jh. Die Kanzel schuf *Theodor Allers* 1705, wichtigstes Element ist hier Moses mit den Zehn Geboten. Besonders schön sind die **Fenstermalereien** im Inneren, deren verbindendes Element das Blau des Wassers ist.

Hinter der Kirche führt die Dänische Straße zum **Schlossgarten.** Dieser fällt längst nicht so imposant aus, wie der Name vermuten lässt, das ehemalige **Schloss** aus dem 13. Jh. wurde ebenfalls durch Bomben völlig zerstört. In den 1960er Jahren wurde es wieder aufgebaut, und heute beherbergt es ein Kulturzentrum.

Die Dänische Straße hat einige historische Häuser und mehrere kleine, charmante Geschäfte. Ebenfalls in der Dänischen Straße ist unter der Hausnummer 19 das kleine **Kieler Stadtmuseum** zu finden. Es ist im **Warleberger Hof** untergebracht und zeigt die Kieler Geschichte und darüber hinaus ständig wechselnde Ausstellungen, die nichts mit Schifffahrt zu tun haben müssen.

■ **Stadtmuseum Warleberger Hof,** Dänische Str. 19, Tel. 90 13 425, geöffnet: täglich 10–18 Uhr, 15.10.–14.4. Di–Sa 10–17 Uhr, Eintritt: 3 €.

Das **Kieler Kloster** wurde um 1240 gegründet. Hierher zog es *Graf Adolf von Schauenburg* in seinen letzten Jahren, ein Denkmal im Garten erinnert daran. Das Kloster hatte nicht sehr lange Bestand. Es wurde 1530 im Zuge der Reformation aufgehoben, erlebte danach verschiedene Nutzungen, bevor es im Krieg fast komplett zerstört wurde. Im Turm befindet sich heute ein **Carillon** (Glockenspiel) von 50 Glocken, das täglich um 12, 15 und 18 Uhr eine Melodie spielt, die je nach Jahreszeit wechselt.

■ **Kieler Kloster,** Falckstraße 9, www.kielerkloster.de.

Ungewöhnlich ist, dass die riesigen Fährschiffe aus Skandinavien mitten in der Stadt anlegen können. Wer noch nie ein Fährschiff dieser Größe gesehen hat, wird erst einmal staunend davor stehen, eine Sehenswürdigkeit ganz besonderer Art.

Etwas weiter am Wasser entlang erreicht man nach 200 Metern den **Museumshafen.** Hier liegen allerdings nur wenige nostalgische alte Schiffe, so der Seenotrettungskreuzer „Hindenburg" (1944 erbaut), das Feuerlöschboot „Kiel" (1941 erbaut) und der Tonnenleger „Bussard", der bereits 1905 entstand. Unbedingt sehenswert ist das **Schifffahrtsmuseum,** das direkt am Museumshafen in einer ehemaligen Fischhalle untergebracht ist. Die Ausstellung ist nicht nur für Freunde des Maritimen beeindruckend, hier wird der seemännische Alltag vor dem Hintergrund der Historie des Kieler Hafens dargestellt. So sind Gemälde aus den Anfängen des Hafens zu finden, detailgetreue Modelle, in denen die Mühen des Schiffbaus in jeder Figur erkennbar sind, aber auch ein Blick auf die Kriegsmarine wird geworfen. In einer hinteren Ecke werden Schiffsmodelle sowie Originalwerkzeuge der Schiffszimmerer ausgestellt. Ein Clou sind noch Dioramen, Geräte, in denen ständig umlaufende Bilder durch eine Art „Fernglas" betrachtet werden können. So kann man sich historische Bilder des Hafens in überdimensionierter Größe anschauen, gewinnt dadurch eine beinahe plastische Nähe.

■ **Schifffahrtsmuseum,** Wall 65, Tel. 901 34 28, geöffnet: 15.4.–14.10. tägl. 10–18 Uhr, 15.10.–14.4. Di–So 10–17 Uhr, Eintritt: 3 €.

Ein abschließender Spaziergang sollte noch entlang der **Kiellinie** unternommen werden. Dazu muss man nur entlang der Förde zurückgehen, wieder am Ostseekai vorbei zu einer Fußgängerpromenade, die über etwa drei Kilometer direkt entlang der Förde verläuft. Hier tobt zur **Kieler Woche** das Leben! Eine Bude steht neben der anderen, und für Kinder finden hier unzählige Veranstaltungen statt. Außerhalb dieser verrückten Woche geht es eher ruhig zu. Nach einigen hundert Metern ist schließlich eine besondere Attraktion erreicht, das **Seehundbecken.** Hier, in einem kleinen Außenbecken des **Meerwasser-Aquariums** tummeln sich Seehunde, schwimmend, tauchend, spielend. Das Aquarium wird vom Institut für Meereskunde der Universität Kiel betreut, in mehreren Becken und Aquarien sind etwa 150 Fischarten zu bewundern.

■ **Aquarium des Leibnitz-Instituts für Meereswissenschaften,** Düsternbrooker Weg 20, Tel. 60 01 637, geöffnet: April–Sept. 9–18 Uhr, Okt.–März 9–17 Uhr, Eintritt: 3 €.

Alt und Neu im Kieler Hafen

385sh hj

387sh hj

Der weitere Weg führt an den Gebäuden der Landesministerien vorbei zum Tirpitzhafen. Dort liegt das **Segelschulschiff „Gorch Fock“**, wenn es nicht gerade wieder einmal auf Weltreise ist.

Hier oben liegt am Düsternbrooker Weg 1 auch die **Kunsthalle,** in der wechselnde Ausstellungen zur zeitgenössischen Kunst gezeigt werden.

■ **Kunsthalle zu Kiel,** Düsternbrooker Weg 1, Tel. 88 05 756, geöffnet: Di–So 10–18, Mi 10–20 Uhr, Eintritt: 7 €, ermäßigt 4 €.

Ein ganz interessanter Ort soll noch erwähnt werden, obwohl er außerhalb des Zentrums liegt, die **Schleusen des Nord-Ostsee-Kanals.** Der Kanal, der bei Kiel-Holtenau in die Ostsee mündet, ist mit der Buslinie 11 in Richtung Wik (bis zur Endstation fahren) ganz leicht zu erreichen, Abfahrt vom ZOB. Von der Endstation sind es nur noch 50 Meter bis zum Kanal, dort 500 Meter nach rechts gehen, und die Südschleuse ist recht bald erreicht. Von der Aussichtsplattform kann man dann dem Schiffsverkehr zuschauen. Es lohnt sich auch ein Besuch der anderen Kanalseite. Dazu mit der kostenlosen Personenfähre übersetzen und etwa 1000 Meter nach rechts gehen.

Die Kanalschleusen liegen im Kieler Stadtteil **Holtenau.** Entlang der letzten Meter des Nord-Ostsee-Kanals hat sich eine ganz eigene, sehr charmante Welt entwickelt. Direkt am Kanal stehen einige schicke Häuser mit herrlichem Kanalblick. Außerdem befinden sich dort das historische Gebäude des Kanal-Packhauses und der Tiessenkai sowie der historische **Leuchtturm Holtenau.** Der Backstein-Leuchtturm steht seit 1895 unmittelbar am Nordufer des Kanals und weist seitdem den Schiffen den Weg

Knopfauge im Aquarium an der Kiellinie

319sh hj

Der Nord-Ostsee-Kanal

Wenn Sie eines schönen Tages etwas verträumt durch die schleswig-holsteinische Landschaft fahren sollten, sich gerade an dem gelb-grünen Farbenspiel von Raps und Wiesen freuen und urplötzlich ein Schiff durchs Bild schwimmen sehen, dann brauchen Sie nicht zum Arzt zu gehen. Das ist keine Halluzination, sondern der Nord-Ostsee-Kanal, und der wurde 1995 immerhin **100 Jahre alt.** Einhundert Jahre – ein ehrwürdiges Alter, Zeit zur Besinnung und zur Rückschau.

Es wird vielleicht heute nicht jedem sofort klar, mit welcher Konsequenz der Bau geplant und später dann umgesetzt wurde. Vor seiner Existenz mussten Schiffe auf dem Weg von der Nord- in die Ostsee einen weiten **Umweg um Norddänemark** machen, vorbei am Kap Skagen. Alle Schiffe, die Handelsgüter in den Ostseeraum brachten, mussten Skagen passieren. Das war nicht nur ein weiter Weg, sondern auch ein nicht ganz ungefährlicher, drohten dort doch regelmäßig Stürme und Untiefen. Und natürlich waren auch **militärische Überlegungen** im Spiel. In den vergangenen Jahrhunderten beherrschten ständige Streitereien und Kriege die Nachbarschaft zu Dänemark. Ein Teil der damals neuen Kaiserlichen Hochseeflotte lag in Kiel, ein anderer Teil in Wilhelmshaven (Nordsee), da wollte man nicht von den Dänen abhängig sein und lange um Durchfahrtsrechte nachfragen müssen.

Ein Kanal musste also her. Lange wurde diskutiert, aber erst Reichskanzler *Bismarcks* Machtspruch brachte die Entscheidung, 1886 wurde ein **Gesetz zum Bau des Kanals** erlassen. Am

3. Juni 1887 wurde der **Grundstein** von Kaiser *Wilhelm I.* in Holtenau gelegt. Acht Jahre buddelte man sich quer durchs Land, 156 Millionen Goldmark wurden ausgegeben, teilweise waren 8900 Arbeiter beschäftigt. Nach acht Jahren war es so weit, Kaiser *Wilhelm II.* (Enkel *Wilhelms I.*) **eröffnete** feierlich das damals noch **„Kaiser-Wilhelm-Kanal"** genannte Bauwerk. Schnell wurde er von den Reedereien angenommen, und bald erwies er sich als zu klein, deshalb musste der Kanal erweitert werden, und zwar etliche Male.

Auch heute noch wird der Kanal **intensiv genutzt,** und das nicht nur von Containerschiffen und anderen „Riesen", die übrigens lotsenpflichtig sind. Auch Sportboote und Segelschiffe nutzen den Kanal, Letztere aber dürfen nur per Motor durchfahren.

Die nackten **Fakten:** Länge: 99 km, Breite: 162 m, Tiefe: 11,20 m, geeignet für Schiffe bis zu 235 m Länge. Alljährlich passieren ihn ca. 30.000 Schiffe. Aber das reicht nun nicht mehr. Da die Schiffe immer größer werden, muss die mittlerweile **am stärksten befahrene künstliche Wasserstraße der Welt** an sechs Stellen ausgebaut werden. Eines Tages sollen hier dann auch Schiffe mit einer Länge von 280 Metern fahren können, um so dem rasant gestiegenen Containerverkehr gerecht zu werden. Es gibt 10 Kanalbrücken, 14 Fähren (kostenfrei) und zwei Tunnel (bei Rendsburg im Zuge der B 77 und einen Fußgängertunnel, auch bei Rendsburg).

Und auch dies war überfällig: In Brunsbüttel auf der Nordseeseite werden die Schleusentore erneuert. Die mittlerweile über 100 Jahre alten Tore waren derart baufällig, dass nach langem Zögern nun auch der Bundesverkehrsminister Gelder bewilligte. Jetzt werden die Schleusentore saniert und eine neue, dritte große Schleusenkammer wird auch gebaut. In Kiel wurde dies bereits vor 20 Jahren getan, nun muss es unbedingt auch auf der anderen Seite erfolgen, sonst könnte es eines Tages zu einer Vollsperrung kommen, wenn sich die Kanaltore nicht mehr öffnen ließen.

Villa Hoheneck liegt direkt am Kanal

Der Kanal bei Brunbüttel

389sh hj

Die Kieler Woche

Eigentlich ein bescheidener Name, Kieler Woche, wenig aussagekräftig an sich. Mehr braucht es aber auch nicht, nicht mehr als zwei Worte, aneinandergekoppelt sagen sie dem Kenner alles! Was denn? fragt da der Laie. Nun, **eine Woche Remmidemmi,** Volksfest, Karneval, Dauerfete auf den Straßen von Kiel, oder besser gesagt, auf einigen wenigen, dafür dort um so heftiger.

Anderen sagt sie außerdem eine Woche anspruchsvoller Regatta-Törns, bei der ein paar Tausend Segler in über 1000 Booten um Punkte und Pokale kämpften. Mittlerweile gilt sie als **größte Segelregatta der Welt,** als größte Segelparty gilt sie sowieso schon, jedenfalls unter Landratten. Und die Segler, die feiern mit, sowieso, aber erst hinterher, und manchmal auch schon vorher, aber mittendrin nie, soviel Ernst muss sein! Alle denkbaren Bootsklassen sind vertreten, kämpfen in olympischen und nichtolympischen Abschnitten um Ruhm und Ehre.

Und **an Land** geht es um Bier und Fischbrötchen, wird unterdessen eine **Dauerparty** gefeiert. Die Fußgängerzonen sind übersät mit Buden, Kiosken und Zapfstellen, hier bleibt wahrlich keine Kehle trocken. Nicht nur Landratten, Touristen und Segler sind unterwegs, sondern auch Marinesoldaten aus aller Herren Länder. Selbst aus den ehemaligen Ostblockstaaten kommen Flotten, das war noch vor ein paar Jahren undenkbar. Aber heute wird an so manchem Tresen der Kalte Krieg beerdigt und getauscht werden nicht nur Matrosenkäppis ...

320sh hj

389sh hj

Eine schöne Besonderheit sind die **Kinderattraktionen** im Park Krusenkoppel, oberhalb der Kiellinie. Hier regieren die Kinder. Hier sind endlos viele Spielgeräte, Tobeflächen, Budenzauberer, Jongleure, Schminktische, Rutschen und so weiter aufgebaut und laden zum Mitmachen ein. Die Kids freuen sich darauf genauso wie die Großen auf den Bierstand. Und draußen auf der Förde segeln die Könner ihre Regatten aus, nur schade, dass man von Land so gut wie nichts davon sehen kann. Aber zum Glück gibt's ja noch die andere Kieler Woche.

^ Für Kinder wird viel angeboten auf der Kieler Woche

< Gesegelt wird bei der Kieler Woche aber auch

in die Kanalschleuse. Das **Kanal-Packhaus** entstand in den Jahren 1780 bis 1783 und war eines von mehreren Packhäusern (andere standen in Tönning und Rendsburg), die entlang des Eiderkanals, des Vorgänger-Kanals vom Nord-Ostsee-Kanal, gebaut wurden. Durch die Luken wurde die Ware auf die Böden per Winden hochgezogen, heute befinden sich hier Wohnungen und ein Lokal. Unmittelbar davor liegt der **Tiessenkai** mit seinem maritimen Charme. Benannt ist dieser Kai nach dem Schiffsausrüster *Hermann Tiessen,* der hier sein Büro und Lager hatte. Heute befindet sich in den Räumen eine sehr urige Gastwirtschaft.

■ **Schiffercafé,** Tiessenkai 9, Tel. 90 89 676, 1.4.–14.10. täglich ab 10 Uhr, im Winter Fr–So ab 10 Uhr. Uriges Lokal in den Räumen des ehemaligen Schiffsausrüsters *Tiessen,* innen erkennt man noch teilweise die alten Lager. Und hier treffen sich auch Kiels Tango-Tänzer! Jeden Sonntagnachmittag (16–19 Uhr) erklingt in einem Nebenraum argentinische Tangomusik und Paare drehen sich in feierlichem Ernst auf relativ engem Raum zu dieser leicht schwermütigen Musik.

■ **Busverbindung:** Die Linie 91 fährt direkt vom/zum Hauptbahnhof in der Kieler Innenstadt bis/von Haltestelle Kanalschleuse, Kastanienallee.

Praktische Tipps

Info

- **PLZ:** Kiel hat mehrere Postleitzahlen.
- **Vorwahl:** 0431.
- **Tourist-Information,** Andreas-Gayk-Str. 31, 24103 Kiel, Tel. 67 91 00, geöffnet: Mo–Fr 9.30–18, Sa 10–14 Uhr.
- **Internet:** www.kiel-sailing-city.de.

An- und Weiterreise

- **Bahn:** Der Bahnhof liegt mitten im Zentrum, unweit des Sophienhofs. Stündliche Verbindungen Richtung Hamburg und Flensburg, weitere Richtung Lübeck.
- **Busse:** Der ZOB grenzt an den Bahnhof, Linie 100/102 nach Laboe, Linien 33 und 501/502 nach Schilksee und Strande, Linie 200/201 nach Schöneberger Strand.

Unterkunft

- **Zimmervermittlung:** Tel. 67 91 00.
- **InterCity Hotel**⑤, Kaistr. 54–56, Tel. 66 430, http://de.intercityhotel.com. Liegt direkt am Bahnhof, Blick auf die Förde, und das große Kino Cinemaxx mit etwa einem Dutzend Gastronomiebetriebe grenzt direkt ans Hotel. Bester Komfort, zentrale Lage und nur wenige Schritte bis zum Nachtleben.
- **B&B Hotel Kiel**①-②, Kaistr. 70, Tel. 55 72 70, www.hotelbb.de. Ein preiswertes Haus, dessen Einrichtung sich auf das Notwendigste beschränkt, das aber 101 tadellose und moderne Zimmer bietet, darunter Familienzimmer für bis zu vier Personen.
- **Nordic Hotel Astor**③-④, Holstenplatz 1–2, Tel. 997 90, www.nordic-hotels.com. Recht großes Haus in klaren Linien mit 85 guten, funktional eingerichteten Zimmern in sehr zentraler Lage; einmal ums Eck führt die Fußgängerzone vorbei. Oben befindet sich die Astor Bar mit tollem Blick über die Stadt.

Mein Tipp: **Atlantic Hotel**⑤, Raiffeisenstr. 2, Tel. 37 49 90, www.atlantic-hotels.de. Wunderbar zentrale Lage, direkt gegenüber vom Bahnhof. 187 sehr gut und modern-stylish eingerichtete Zimmer, tolles Frühstücksbüffet. Großer Sauna- und Fitness-Bereich und als besonderer Clou im 8. Stock eine Bar mit Außenlounge und fantastischem Blick über Kiel und die Förde.

- **JH**①, liegt in Kiel-Gaarden, also auf dem Ostufer der Förde, in der Johannesstr. 1, Tel. 73 14 88. Insgesamt 78 Ein- bis Vierbettzimmer mit Platz für 263 Besucher. Mit Bus 11 oder 12 ab Bahnhof bis Haltestelle Kieler Straße.
- **Bekpek Kiel**②, Kronshagener Weg 130 a, Tel. 88 88 009, www.bekpek-kiel.de. Rucksackhotel für den schmalen Geldbeutel, u.a. mit Fahrradkeller, Internet, Trockenraum. Etwa 20 Fußminuten von der City entfernt. Vom Bahnhof per Bus mit der Linie 34, 100, 101 Richtung Mettenhof/Kronshagen bis Dehnkestraße.
- **Wohnmobilstellplatz** „Förde und Kanalblick" trägt seine Lage im Namen, liegt in der Mecklenburgerstr. 58 (Tel. 38 90 85 15, www.wohnmobilstellplatz-kiel.de), direkt bei der Kanalschleuse.
- **Campingplatz Falckenstein,** Palisadenweg 171, Kiel-Friedrichsort, Tel. 39 20 78, www.campingkiel.de, geöffnet 1.4.–31.10. Liegt sehr weit außerhalb vom Zentrum, aber auch sehr schön am Falckensteiner Ufer, unweit vom Strand an der Förde.

Gastronomie

Es ist keine Schwierigkeit, in Kiel eine gemütliche Kneipe oder ein angenehmes Restaurant zu finden. Neben den Seglern sorgen die Studenten für entsprechende Auswahl. Hier nur ein paar Tipps:

- **Kieler Brauerei,** Alter Markt 9, Tel. 90 62 90. Deftig-uriges Ambiente, täglich ab 10 Uhr herzhafte Mahlzeiten und vor allem selbstgebrautes Bier.

■ **Block House,** Willestr. 6, Tel. 58 78 431. In einer Seitenstraße der Holstenstraße gelegenes, gutes Steak-House, ab 11.30 Uhr durchgehend bis 24 Uhr.

■ **Café Fiedler,** Dänische Straße 3–5, Tel. 26 09 44 55, geöffnet: Mo–Fr 8–18.30, Sa 9–18.30, So 10–18 Uhr. Traditionsreiches Kaffeehaus und Konditorei mit erlesenen Torten, Kuchen und Pralinen.

■ **Lüneburg Haus,** Dänische Straße 22, Tel. 98 26 00 00, geöffnet Mo–Sa 12–22 Uhr. Draußen steht's: „Seit 1881", das spricht für sich. Regionale Küche, die der „Feinschmecker" einmal als „grundsolide" lobte, aber auch „ein Händchen für leichte mediterrane Kombinationen" attestierte. Da schließt sich der Autor kommentarlos an.

■ **Negresco Steakhouse,** Kehdenstr. 24, Tel. 93 919, täglich ab 11 Uhr durchgehend. Viel Fleisch kommt hier auf den Teller, aber auch Holsteiner Gerichte. Leicht gestylte Einrichtung, aber durchaus nett.

■ **Café Schöne Aussicht,** Düsternbrooker Weg 16, direkt an der Kiellinie im „Ersten Kieler Ruderclub von 1862". Tel. 21 08 585, generell ab 12 Uhr geöffnet, So Brunch ab 10.30 Uhr und im Winter Mo Ruhetag. Von der Terrasse formidabler Blick aufs Wasser der Kieler Förde.

■ An der Kiellinie, ganz korrekt Reventlouallee 2, hat sich das **Louf** etabliert, Tel. 55 11 78. Von seiner schönen Terrasse blickt man versonnen auf die Förde. April bis Anf. Okt. ab 10 Uhr, Okt. bis März ab 11.30 Uhr, So ab 9 Uhr, dann auch Frühstücksbuffet zum Festpreis.

■ **Ratskeller,** Fleethörn 9, Tel. 97 10 005, täglich ab 11 Uhr durchgehend. Nettes Ambiente am Kieler Rathaus, klassische norddeutsche Küche.

Ein breites Kneipenangebot ist weiterhin an der Bergstraße zu finden, am Knooper Weg und entlang der Holtenauer Straße.

Schiffstouren

■ Neben den Fährverbindungen nach Oslo und Göteborg sind vielleicht noch weitere Linien für den Ostseeurlauber interessant. Nach **Oslo** fährt die Color Line (Dauer 20 Std.), Infos: www.colorline.de, nach **Göteborg** die Stena Line (Dauer: 14 Std.), Infos: Tel. 90 90, www.stenaline.de.

■ Die **SFK (Schlepp- und Fährgesellschaft Kiel)** bietet einen Fährdienst durch die Kieler Bucht nach Fahrplan an. Man kann vom zentralen Anleger am Bahnhofskai bis nach Strande fahren, aber auch zum gegenüberliegenden Ufer nach Laboe. Die Zeiten variieren stark, je nach Jahreszeit und Wochentag (grobe Faustregel: einmal stündlich bis kurz vor 18 Uhr). Abfahrt: Bahnhofskai. Infos: Kaistr. 51, Tel. 59 41 260, www.sfk-kiel.de.

■ Der **historische Raddampfer „Freya"** bietet verschiedene Touren an, so beispielsweise eine Fahrt in den Nord-Ostsee-Kanal. Tickets und Infos direkt an Bord oder über Tel. (04651) 98 700, www.adler-schiffe.de.

■ **Kanaltour:** Zu bestimmten Terminen fährt ein Ausflugsschiff der Adler-Schiffe ab Kiel ein Stück den Nord-Ostsee-Kanal hoch bis Rendsburg und zurück. Man kann ein Teilstück fahren und per Bahn zurück oder die komplette Tour per Schiff gestalten. Infos: Tel. (04651) 98 700, www.adler-schiffe.de.

■ **Hafenrundfahrten,** von Mai bis September wird täglich außer Fr um 11, 13 und 15 Uhr eine jeweils zweistündige Tour durch den Kieler Hafen angeboten. Die Boote starten ab Bahnhofsbrücke, Zustieg auch möglich an der Seegartenbrücke, knapp oberhalb vom Museumshafen. Der Preis beträgt 13 € für Erwachsene, 7 € für Kinder.

■ **Infos:** www.sfk-kiel.de.

Laboe

Dieser kleine Ort, an den Ausläufern der Kieler Förde gelegen, wurde bereits 1240 als ehemaliges **slawisches Fischerdorf** Lubodne urkundlich erwähnt. Nennenswerte Bedeutung erlangte Laboe allerdings erst im 20. Jahrhundert durch Stationierung der **Marine** und den Ausbau zum **Ostseebad.**

Schon zu Kaisers Zeiten war die Marine in Kiel präsent, heute erinnern zwei geschichtsträchtige Denkmäler daran. Das bekannteste ist das weithin sichtbare **Marine-Ehrenmal,** eine „Gedenkstätte für die auf See Gebliebenen aller Nationen und Mahnmal für eine friedliche Seefahrt auf allen Meeren". So heißt es jetzt in einer Erinnerungsschrift am Fuß des Denkmals. 1927 wurde der Grundstein zum Bau gelegt, 1936 war er fertiggestellt. Zunächst fällt die gigantische Größe auf: 72 Meter misst der Turm, der obendrein 85 Meter über Ostseeniveau hoch ist, 341 Treppenstufen führen auf die Spitze. Die muss man aber nicht hochlaufen, es existieren auch noch zwei Fahrstühle. Weiterhin gehören zum Denkmal eine Weihehalle zum Gedenken an die Toten, ein weitläufiger Ehrenhof mit Flaggen der deutschen Seestreitkräfte und eine Gedenkwand mit Schattenrissen der gesunkenen Schiffe der Kriegsjahre 1939 bis 1945. Außerdem wird der Skagerrakschlacht gedacht und die Entwicklung der Schifffahrt an Modellen nachgezeichnet.

■ Strandstraße 92, geöffnet: 1.11.–31.3. täglich 9.30–16 Uhr, 1.4.–31.10. täglich 9.30–18 Uhr. Eintritt: Erw. 5,50 €, Jugendliche (6–17 Jahre) 3,50 €, Kombikarte mit U-Boot: 8,50 € bzw. 5,50 €.

Sicherlich kennen Sie den Film „Das Boot", in dem die Geschichte eines deutschen U-Bootes im Zweiten Weltkrieg gezeigt wird. Deutlich wurden in dem Film die Enge, das Gedrängel, die nervöse Spannung. In Laboe können Sie diesen Eindruck hautnah nachempfinden. Am Strand gegenüber vom Marine-Ehrenmal liegt ein **U-Boot aus dem Zweiten Weltkrieg** zur Begehung bereit. Die U 995 wurde 1943 fertiggestellt und war noch für die deutsche Marine im Einsatz. Später wurde es an die norwegische Marine verkauft, wo es als Schulungsboot genutzt wurde, seit 1972 ist es

392sh hj

< > Marine-Ehrenmal und U-Boot in Laboe

393sh hj

schließlich in Laboe als Museum aufgestellt. Ausnahmsweise möchte ich zur Beschreibung die Stichworte aus meinem Block wiedergeben, die ich mir bei der Besichtigung notiert habe: „Beklemmende Realität! Enge, Kopf stoßen, winzige Schotten, wie konnten hier 52 Mann hausen? So viele Hebel und Kurbeln, da muss jeder Handgriff sitzen, wie klappt das bei Stress? Offiziere, Unteroffiziere, Mannschaft, wo waren die Unterschiede? Kaum in den Unterkünften. Selbst die Kapitänskajüte, jeder VW-Bus ist heute besser ausgestattet – und dann die Kombüse! Hier wurde für 52 Mann gekocht?“ Wer durch das Boot geht, oder besser gesagt klettert, denn man muss mehrfach durch die Schotten steigen, erfährt beklemmende Eindrücke bei der Vorstellung, dass hier so viele Menschen gehaust und Todesängste ausgestanden haben.

■ Geöffnet: 1.11.–31.3. täglich 9.30–16 Uhr, 1.4.-31.10. täglich 9.30–18 Uhr. Eintritt: Erwachsene 4 €, Jugendliche (6–17 Jahre) 2,80 €, Kombikarte mit Marine-Ehrenmal: 8,50 €, bzw. 5,50 €.

Die **Meeresbiologische Station Laboe** liegt unweit vom Marine-Ehrenmal an der Strandstraße 1. Hier wird die Unterwasserwelt der Ostsee in **30 Aquarien** dargestellt und erklärt, etwa 100 Tierarten sind zu bestaunen: u.a. Krabben, Muscheln und Fische. Bei den stündlichen Führungen darf so manches Meeresgetier auch angefasst werden.

■ Strandstraße 1, Tel. (04343) 42 93 21, geöffnet: April–Okt. Di–So 11–18 Uhr, Nov.–März Do–So 11–18 Uhr. Eintritt: 6 €, Kinder bis 12 Jahre 4 € für eine einstündige Führung.

Auch der Ort Laboe lohnt auf jeden Fall einen Besuch. Er war nämlich schon zu

Radio Schleswig-Holstein – die „Bombe", die die Radiolandschaft veränderte

„Es ist fünf vor Zwölf!" Wahrlich, kein Satz, mit dem man gemeinhin frohe Botschaften zu verbreiten pflegt, in diesem Fall aber doch. Am 1. Juli 1986 sprach ihn ein Radiomoderator und ließ damit die Sektkorken knallen. Warum? Radio Schleswig-Holstein ging als **erster privater Rundfunksender mit einem 24-stündigen Vollprogramm** auf Sendung. Das war mutig damals, etwas Vergleichbares gab es noch nicht. Der bis dahin allein regierende, o pardon, sendende **NDR** gab sich gelassen – zunächst. Aber nicht lange. Nach einem Jahr hatte der Newcomer dem NDR einen gehörigen Schrecken ein- und Zehntausende von Hörern abgejagt. Zum ersten RSH-Geburtstag wurden Zahlen veröffentlicht, die beweisen, wie sehr RSH den Norden aufgemischt hatte. Etwa eine Million Hörer schalteten damals RSH ein, damit erzielte der Sender einen **Marktanteil** von 47% – aus dem Stand! NDR 2, der Sender, der in etwa die gleiche Zielgruppe anpeilte, kam auf nur 32% Anteil. Scharenweise flüchteten NDR-Hörer rüber zum Newcomer, interne Zahlen sprachen von bis zu 80% Hörerverlusten. Im NDR kam es zu Krisensitzungen.

Wie sah nun das **Erfolgsrezept** des neuen Senders aus? Eigentlich ganz einfach, RSH kam frisch, fröhlich, optimistisch daher, schraubte die Wortbeiträge auf ein Minimum herunter und spielte Musik, Musik, Musik. Aber nicht irgendwelche, aktuelle Hits wechselten sich ab mit wiedererkennbaren Songs. Nachrichten gab es immer „fünf vor" der vollen Stunde, das war absolut neu und gilt heute noch. Aber selbst die Nachrichten kommen kurz und knapp daher, Kritiker bemängeln, dass man diese Kurzmeldungen kaum als Nachrichtenbeiträge bezeichnen könne. Sei's drum, Wortbeiträge fallen denkbar kurz aus, regionale Meldungen haben Vorrang und werden poppig-flockig rübergebracht und nicht bedeutungsschwer.

Das kam an und schlug wie eine Bombe ein. Ich erinnere mich noch an jene **ersten Wochen,** kein Autoradio, keine Fabrikhalle, Boutique, Kneipe, die nicht auf RSH geschaltet war, keine WG, aus der nicht die unverwechselbaren RSH-Jingles dudelten. „Neue Töne aus dem Norden" (Eigenwerbung) war Wirklichkeit. Später kamen **ungewöhnliche Aktionen** dazu, die das Image prägten. So zum Beispiel die unvergessene Live-Übertragung des Werner-Rennens in Hartenholm oder die Sendung „Airport-Report". Die Idee war so simpel wie genial. Ein RSH-Reporter platzierte sich unter der Anzeigetafel am Hamburger Flughafen und las die Verspätungsmeldungen vor, live über Telefon. Aber auch die täglichen **Staumeldungen,** live aus der Verkehrsleitzentrale, sorgten für regelmäßige Einschaltquoten.

Das führte natürlich zu einer beträchtlichen **Fangemeinde,** allerdings nicht unbedingt in den Feuilletons. Die „ZEIT" beispielsweise kam knapp fünf Wochen nach Sendestart zu folgendem Urteil: „Die Nord-Hörer führen sich auf wie Leute, die jahrzehntelang ausschließlich Telefonbücher lesen durften und nun die Bild-Zeitung in die Hände gekriegt haben". Na, na, du liebe Zeit ...

Aber aufzuhalten war die neue Welle nicht mehr. **Weitere private Radiosender** gingen auf Sendung, allein im Norden folgten aus Hannover Radio FFN, aus Hamburg Radio Hamburg, und dann verlor man ganz schnell den Überblick. Heute senden im ganzen Bundesgebiet über 200 Privatsender, allein in Schleswig-Holstein gibt es jetzt drei. Kurios auch dies, der dritte Sender, NordOstseeRadio (NORA), gehört zu gut einem Drittel RSH und Delta Radio, dem zweiten Holsteiner Privatsender. Angestrebte Zielgruppe: die über 35-Jährigen, also die, die sich vielleicht am ehesten vom RSH-Gedudel abwenden. Doch nachdem der NDR acht Jahre geschlafen oder sich in den Schmollwinkel zurückgezogen hatte, schlug er 1994 zurück. Seitdem sendet N-Joy Radio, ein Versuch, das Blatt zu wenden und den kommerziellen Sendern Hörer wieder abzujagen. Die ZEIT mäkelte auch diesmal herum: „Der NDR passt sich mit seinem N-Joy Radio nach unten an". Bitte etwas mehr Gelassenheit! Eins hat der Erstling aber bis heute durchgehalten: RSH sendet immer noch Punkt Mitternacht unsere Landeshymne, das Schleswig-Holstein-Lied. Hier sind sie wahrlich unverwechselbar.

Beginn des 20. Jahrhunderts ein **Seebad,** und das kann bei einem Spaziergang entlang der Promenade bestätigt werden. Der kurtaxenpflichtige **Strand** ist nämlich recht schön, feinsandig und wenigstens 15 Meter breit. Auf der anderen Seite liegt, sozusagen in bester Lage, eine Reihe von gut erhaltenen Häusern, teilweise leicht erhöht, und bietet damit einen phänomenalen Blick auf die Förde.

Erreicht man schließlich den kleinen **Hafen,** wird man überrascht feststellen, dass es hier tatsächlich noch Fischerboote gibt. Auch ein paar Kneipen und **Restaurants** sind zu finden, insgesamt eine durchaus angenehme Atmosphäre. Und auch ein kleiner **Museumssteg** existiert, an dem ein paar sehr schöne, historische Schiffe liegen.

Praktische Tipps

Info

- **PLZ:** 24235.
- **Vorwahl:** 04343.
- **Tourist-Information,** Börn 2, 24235 Laboe, Tel. (04343) 42 75 53.
- **Internet:** www.laboe.de.

An- und Weiterreise

- Die **Schiffe** der Förde-Fährlinie pendeln zwischen Laboe-Hafen und dem Zentrum von Kiel. Dauer der Überfahrt etwa eine Stunde. Die Abfahrt erfolgt zwischen 6.20 Uhr und 20.40 Uhr beinahe stündlich von Montag bis Freitag, am Wochenende etwas seltener, und dies wird im Herbst eingeschränkt, im Winter kein Verkehr. Infos: www.sfk-kiel.de, Tel. (0431) 594 12 60.

391sh hj

■ **Buslinien** 100 und 102 (Schnellbus) fahren ebenfalls in die Kieler Innenstadt.

Unterkunft

■ **Strandhotel Laboe**②-④, Strandstr. 5, Tel. (04343) 60 90, www.strandhotel-laboe.de. 40 Komfort-Apartments für bis zu 6 Personen in unterschiedlicher Größe von einem Raum bis zu 3-Raum-Apartments. Beste Lage direkt am Strand, vom Balkon ein tadelloser Blick aufs Wasser. Unten befindet sich das Restaurant „La Dolce Vita". Die Vermietung erfolgt wochenweise.

■ **Hotel Seeterrassen**③-④, Strandstr. 84–88, Tel. (04343) 60 70, www.seeterrassen-laboe.de. Insgesamt 30 DZ und 10 EZ hat dieses Haus, die Hälfte etwa mit Meeresblick. Moderne und zweckmäßige Ausstattung, ein Restaurant mit regionaler Küche ist angeschlossen.

■ **WoMo-Stellplatz,** Steiner Weg 15. Direkt beim Marine-Ehrenmal liegt ein Platz mit Ver- und Entsorgungsstation für bis zu 18 Fahrzeuge.

Gastronomie

■ **Fischküche Laboe,** Am Hafen, Tel. (04343) 42 97 99, geöffnet: täglich ab 11.30 Uhr. Beste Lage direkt am Hafen zwischen Bus- und Fähranleger. Fisch in allen Variationen, kleine Terrasse und netter Blick auf den Hafen. Es gibt auch leckere Fischbrötchen.

■ **Ocean Eleven,** Hafenplatz 11, Tel. (04343) 494 64 64, täglich ab 11.30 Uhr. Top-Lage am Strand, eine Mischung aus Café, Restaurant und Lounge mit entspannter Atmosphäre. Hinten mit kleiner Strandbar und einem unschlagbaren Blick aufs Wasser von der lässigen Terrasse mit Sitzsäcken, Sitzbänken und viel Holzdekor. Internationale Küche, gepaart mit norddeutscher Tradition.

Am Strand von Laboe

Stein

Ein kleiner Ort mit knapp 1000 Einwohnern, der etwa 20 Kilometer von Kiel entfernt an der Förde liegt. So klein die Gemeinde auch ist, sie existiert immerhin schon **seit 1240!** Wohl die meiste Zeit lebten die Menschen von Landwirtschaft und Fischfang, in den letzten Jahrzehnten hat sich diese Situation aber verändert. Die nahe Landeshauptstadt bietet genügend Arbeitsplätze, außerdem hat sich der **Tourismus** in Stein ziemlich gut entwickelt.

Der **Strand** ist nicht sonderlich breit (10–15 Meter), aber stolze 3,5 Kilometer lang. Es geht hier beschaulich zu, was die Gäste auch sehr schätzen.

Wendtorf

In diesem Ort, der unter Seglern bekannt ist für seine große **Marina,** erstreckt sich ein Kinderspielplatz der Extraklasse auf 2,5 Hektar, genannt **Kinderabenteuerland!** Hier können Kids klettern, toben, spielen, aber auch ruhige Ecken nutzen. Der Park wächst beständig, es kommen noch weitere Angebote hinzu. Jetzt schon gibt es ein Indianer-

☐ Der kleine historische Hafen von Wendtorf

394sh hj

land, einen Kletterturm, eine Seilfähre und einen Matsch-Sand-Pool.

Infos: www.wendtorf-ostsee.de, Tel. (04343) 49 99 50, Eintritt frei.

Am oberen Bereich Richtung Laboe befindet sich auch noch ein kleiner **Museumshafen** mit einigen sehr schicken historischen Holzseglern.

Historische Windmühle im Freilichtmuseum

395sh mux

Freilichtmuseum Molfsee

Dieses Museum wird ein „lebendes Museum“ genannt, weil hier auf einem 60 Hektar großen Gelände seit 1961 insgesamt **70 historische Häuser** aufgebaut wurden. So finden sich hier Bauernhäuser, Scheunen, Mühlen oder Handwerkerkaten originalgetreu wieder aufgebaut. Die Objekte stammen aus ganz Schleswig-Holstein, wurden vor dem Verfall gerettet, nach Molfsee transportiert und wieder aufgebaut. Auch ein Hof aus meiner unmittelbaren Nachbarschaft wurde in Molfsee renoviert wieder errichtet und beherbergt heute ein Restaurant am Eingang.

Das Museum lebt aber auch aus einem anderen Grund, werden hier doch **Haustiere** gehalten, arbeiten **Handwerker** wie Korbmacher, Drechsler oder Töpfer nach uralter Tradition, es wird sogar stilecht im Windfang Mettwurst geräuchert. Die Katen sind fast alle begehbar, man gewinnt einen Eindruck von der Lebenssituation der ländlichen Bevölkerung aus Zeiten, die noch gar nicht so lange vorbei sind, auch dies teilweise beklemmend. Eine alte Schule wurde ebenso wieder aufgebaut wie eine Apotheke mit Kräutergarten und es gibt sogar einen kleinen historischen Jahrmarkt mit Schiffsschaukeln. Das Gelände ist sehr weitläufig, deshalb fährt auch eine kleine Museumsbahn vom Eingang durch das Freiluftmuseum. Im Herbst findet hier alljährlich ein **Herbstmarkt** statt, dann kommen jede Menge Künstler zusammen, die eine breite Palette an Kunsthandwerk anbieten.

■ **Schleswig-Holsteinisches Freilichtmuseum,** Hamburger Landstraße 97, Tel. (0431) 65 96 60, www.freilichtmuseum-sh.de, geöffnet: 1.4.–31.10. täglich 9–18 Uhr, Anfang November bis Mitte März nur So 11–16 Uhr; Eintritt: 7 €, Schüler 2 €, Familien 14 €, eine „Oma-Opa-Enkel-Karte" kostet ebenfalls 14 €. Per Bus der Gesellschaft Autokraft vom Busbahnhof (ZOB) in Kiel mit der Linie 501 der Kieler Verkehrsgesellschaft ab Hauptbahnhof bis zur Haltestelle „Freilichtmuseum".

Strande

Strande ist ein weiteres **Ostseebad** im Bereich der Kieler Förde, diesmal am Westufer gelegen.

Die Ursprünge waren auch hier äußerst bescheiden, ursprünglich standen nur ein paar Häuser „uppe dem Strande".

Das änderte sich dann doch ziemlich stark, heute wohnen hier nicht wenige Kieler, die die Nähe sowohl zur Ostsee als auch zur Landeshauptstadt schätzen. Und in den Sommermonaten findet man an der Kieler Universität nur diejenigen Studenten, die sich auf eine Prüfung vorbereiten – der Rest ist hier! Dabei gibt es schönere Strände im Nahbereich von Kiel, aber dieser ist ziemlich schnell erreicht, im Sommer verkehren

☐ Morgendliche Ruhe am Strand von Strande

396sh mux

sogar die Schiffe der Fördelinie bis Strande.

Der **Strand** schlängelt sich einige Kilometer weit an der Küste entlang, ein Spazierweg folgt ihm parallel, und dahinter stehen einige Häuser mit traumhaftem Blick. Folgt man dem Weg in Richtung Bülker Leuchtturm, wird's einsamer, aber an manchen Stellen tummeln sich dann die **Surfer,** die ihr Revier hier entdeckt haben.

Ganz in der Nähe vom Hafen Strande liegt **Schilksee.** Ein Schild „Olympiazentrum" weist den Weg und erklärt auch den Hintergrund: Hier fanden 1972 die olympischen Segelwettbewerbe statt. Noch heute dümpeln in den Sommermonaten regelmäßig Hunderte von Segelbooten, besonders zur Zeit der Kieler Woche.

Anfahrt: Bus Nr. 501 und 502 fahren von der Kieler Innenstadt nach Strande.

Friedrichsort

Ein kleiner Ort, der an der schmalsten Stelle der Kieler Förde liegt, ein paar Kilometer nördlich der Landeshauptstadt. Genau hier ließ der dänische König *Christian IV.* 1632 eine **Festung** bauen. Sein Sohn *Friedrich III.* erweiterte dieses Bollwerk, das dann schließlich auch seinen Namen trug: Friedrichsort. Diese

Der Strand von Friedrichsort

Anlage stand noch bis zum Ersten Weltkrieg, die letzten Gebäude wurden erst 1945 zerstört. Heute dient der weitläufige Strand als Naherholungsgebiet für die Kieler Bewohner.

■ **Anfahrt:** Im Sommer mit den Schiffen der FSK ab Kiel-Zentrum (Bahnhofskai) oder mit der Buslinie 91 ab Hauptbahnhof.

Gastronomie

■ **Deichperle,** Deichweg 24, Tel. 775 47 54, geöffnet: ab 12 Uhr, am Wochenende ab 10 Uhr, im Sommer (Juni–August) generell ab 10 Uhr, im Winter nur Sa/So ab 12 Uhr. Das Lokal befindet sich unweit des Leuchtturms und hat eine Terrasse auf dem Deich, von der man einen Panoramablick über die ganze Förde genießt. Serviert werden geerdete Speisen und Getränke.

164sh hj

Tierpark Arche Warder

Dies ist ein spezieller Tierpark, ein sogenannter **Themen-Zoo.** Er will ein Schutzpark für seltene und gefährdete Haustiere sein. Auf einem immerhin 40 Hektar großen Gelände leben etwa 1200 meist europäische Haus- und Nutztiere, die 70 Rassen angehören. Für die Tiere, die im Winter nicht draußen bleiben können, gibt es ein etwa 1000 m^2 großes **Tierschauhaus.** Besonders spannend dürfte für Kinder der **Streichelhof** sein, bei dem sie zu tatsächlich hautnahen Kontakten mit den Tieren kommen. Durch den Park führt ein etwa fünf Kilometer langer, **ausgeschilderter Weg,** der den Besucher zu allen Tieren lotst.

Was gibt's zu sehen? Um nur die hauptsächlichen **Tierarten** aufzuzählen: Ponys, Schweine, Schafe, Rinder, Esel, Geflügel. Aber das ist zu knapp bemessen, denn neben den Tieren aus unserer unmittelbaren Umgebung sind auch Fjällrinder oder Gotlandschafe aus Skandinavien, Belted Galloways aus Schottland oder Steppenrinder aus Ungarn zu finden.

Das wahllose **Füttern** der Tiere ist übrigens nicht erlaubt, aber man kann spezielles Fertigfutter an der Kasse erwerben und dies den Tieren geben, allerdings nicht allen.

■ **Tierpark Arche Warder,** Langwedeler Weg 11, 24646 Warder, Anfahrt: über die A 7 erreichbar, Ausfahrt „Warder", dann beschildert. Geöffnet: täglich 10–20 Uhr, im Herbst und Winter bis 16 Uhr. Eintritt: 8 €, Kinder (4–14 Jahre) 4 €, Familie 20 €. Infos: Tel. (04329) 91 340, www.arche-warder.de.

1068

041sh hj

Links und rechts der Eckernförder Bucht liegen etliche idyllische Dörfer, zumeist mit einem Strand. Eckernförde selbst ist ein

5 Eckernförder Bucht

kleines Städtchen mit einer netten Hafenmeile und einem Sandstrand, der nur wenige Schritte vom Zentrum entfernt ist.

◁ Nur wenige Schritte von der City entfernt wartet in Eckernförde der Strandkorb

NICHT VERPASSEN!

- **Schwedeneck,** eine kaum bekannte Ecke mit feinem Sandstrand | 177
- **Eckernförde,** ein reizvolles Hafenstädtchen | 179
- **Damp,** ein Ferienort mit großer Reha-Klinik | 193

Diese Tipps erkennt man an der gelben Hinterlegung.

Im Mai leuchtet der Raps in dieser Gegend

165sh hj

STRÄNDE UND STEILKÜSTE

Ein weiterer tiefer Einschnitt ins Land, an dessen Ende die Hafenstadt Eckernförde liegt. Unspektakulär-reizvoll mit schmucken, leicht gedrungenen Häusern, einem belebten Hafen und einem sehr langen Strand mitten in der Stadt. Außerhalb zeigt sich die Landschaft ausgesprochen reizvoll. Kleine und kleinste Dörfer verstreuen sich an der Küste. Meist mit einem Strand, der mal steinig, mal weichsandig ausfallen kann.

Überblick

Als ein tiefer Einschnitt in das Land im nördlichen Schleswig-Holstein zeigt sich diese Bucht, an deren westlicher Spitze der Ort liegt, der ihr den Namen gab, Eckernförde. Diese Stadt ist unter touristischen Gesichtspunkten nicht sonderlich interessant, auffällige Sehenswürdigkeiten fehlen genauso wie ein imposantes Stadtbild à la Lübeck. Das macht aber nichts, locken doch die **Strände** links und rechts der Stadt den Urlauber in weit stärkerem Maße.

Der rechte Arm der Eckernförder Bucht mit seinen Stränden und Dörfern ist selbst in Schleswig-Holstein kaum bekannt, **Schwedeneck** wird diese Gegend genannt. Hier zieht sich beispielsweise ein Strand über etliche Kilometer entlang der Küste, mal besteht er aus felsiger Steilküste, mal aus feinem, weichem Sand. Nennenswerte touristische Ziele fehlen, Gottlob, wie manch einer wohl hinzufügen möchte. In der Tat zieht es hierher nur Eingeweihte, die Strände sind alles andere als überlaufen. Und wer Unterhaltung sucht, fährt ins nahe Kiel.

Der linke Arm der Eckernförder Bucht hat seinen eigenen Reiz. Hier ist die **Halbinsel Schwansen** zu finden, „Halbinsel" deshalb, weil das Gebiet links von der Schlei und rechts von der

Eckernförder Bucht
0 2 km
©Reise Know-How 2014
Schles05
Übernachtung
1 Ostseecamping
2 Camping Gut Ludwigsburg
Klappbrücke
Rabel
Maasholm
Wittkiel
Scheggerott
Kappeln
Mohrkirch
Mehlby
Olpenitzdorf
Weidenfelder Strand
Schönhagen
Rabenkirchen-Faulück
Arnis
Brodersby
Süderbrarup
Fähre
Karby
Nottfeld
Boren
Schlei
Schwansener See
Ketelsby
Halbinsel
Lindaunis
Sieseby
Thumby
Kius
Lindau
Klappbrücke
Damp
Ostseebad-Damp
Stubbe
Vogelsang
Ulsnis
Seeholz
Söby
Holzdorf
Großwaabs
Norby
Schwansen
Brodersby
Rieseby
Gut Ludwigsburg
Waabs
Ludwigsburg
Fähre
Missunde
Loose
Langholz
Schlei
Aas See
Kosel
Barkelsby
Hemmelmarker See
Karlsminde
Bültsee
Langbetthügelgrab
Fleckeby
Eckernförder Bucht
Surendorf
Schleswig
Windebyer Noor
Krusendorf
Eckernförde
Noer
Schwedeneck
Friedland
Marienthal
Schnellmark
Altenhof
Goosefeld
Neudorf-Bornstein
Hütten
Owschlag
Osdorf
Groß-Wittensee
Gettorf
Holtsee
Revensdorf
Tierpark Gettorf
Haby
Wittensee
Sehestedt
Nord-Ostsee-Kanal
K.-Suchsdorf
Fähre
Gr.-Königsförde
KIEL
Fähre
199
201
203
76
7
198
196
193
192
191
190
179
177
187

Ostsee begrenzt wird. Eine landschaftlich ungemein reizvolle Gegend mit einer Handvoll hübscher Orte. Auch hier wechselt das Bild der Ostseeküste konstant, mal zeigt sie sich als raue Steilküste, dann wieder mit schier endlosen Sandstränden. Das lockt Touristen, folgerichtig hat auch vereinzelt eine stärkere touristische Entwicklung stattgefunden. Orte wie **Waabs** oder in noch stärkerem Maße **Damp** sind reine Touristenorte, speziell in Damp liegt ein riesiger Ferienkomplex, der seinesgleichen sucht. Gleichwohl, die Landschaft ist ausgesprochen schön, lädt förmlich zu Spazierfahrten ein – warum nicht gleich einmal mit dem Fahrrad?

Schwedeneck

Während die Ostseestrände links und rechts von Kiel schon um die Wende zum 20. Jahrhundert als Seebad entdeckt wurden, blieb die Gegend weiter in Richtung Eckernförde lange Zeit im **touristischen Dunkel.** „Schwedeneck" wird dieses Gebiet genannt, das später von wohlhabenden Kielern als Refugium genutzt wurde. Diese erkannten schon früh die **Vorteile der Gegend:** unweit der Ostsee, dabei aber nah genug an Kiel, also im Grünen leben und in der Großstadt arbeiten.

Dann kamen die Touristen, vor allem in die **Großgemeinde Schwedeneck.** Etwa auf halbem Weg zwischen Kiel und Eckernförde ist sie zu finden. Man könnte sagen, dass hier die Eckernförder Bucht beginnt, wobei die Grenzen zur offenen Ostsee sicherlich fließend sind. Die Großgemeinde Schwedeneck umfasst die Dörfer Krusendorf, Surendorf, Hohenhain, Dänisch Niendorf, Stohl, Sprenge und Birkenmoor. **Surendorf** kann wohl als Hauptort bezeichnet werden. Hier gibt es einen relativ breiten Strand mit einer Promenade sowie ein Wassersportcenter mit Strandsauna und einen Campingplatz.

Entlang der Küste zieht sich ein 16 km langer **Strand,** der durchgängig schön, feinsandig und flach ins Wasser abfallend ist. Die Steilküste, die ihn an einigen Stellen begrenzt, steigt teilweise bis zu 30 Meter auf (bei Dänisch Niendorf).

Die **Landschaft** ist zweifelsohne schön – im Mai wechseln sich gelbe Rapsfelder mit grünen Wiesen ab, unterbrochen immer wieder von kleinen Wäldchen. Sowohl entlang der Küste als auch durch das Hinterland führen Wanderwege, die alle Ortsteile verbinden.

Bei diesen Wanderungen können auch einige **Hügelgräber** entdeckt werden, eigentlich die einzigen herausragenden Besonderheiten. Diese sind vor allem bei Mariannenhof, Eckernholm und Birkenmoor zu finden. Achten Sie auf einen Hügel von ca. einem Meter Höhe, der sich in Form eines Rechtecks mit leicht abgerundeten Kanten urplötzlich auf der Wiese erhebt. Meist wachsen auf einem Hügelgrab heute Bäume.

In Surendorf befindet sich in wirklich exponierter Lage der **Campingplatz Ostseebad Schwedeneck.** Er liegt direkt am Strand, „ein wahrer Logenplatz an der Ostsee", lobt ein Prospekt, zu Recht. Zweifelsohne ist die schöne Landschaft hier das dominierende Element. Wer Unterhaltung oder gar Nachtleben sucht, muss sich schon auf den Weg nach Kiel machen, aber das sind ja auch nur 20 Kilometer.

Praktische Tipps

Info

- **PLZ:** 24229.
- **Vorwahl:** 04308.
- **Kurverwaltung Schwedeneck,** Zum Kurstrand 5, Schwedeneck, Tel. 331. Geöffnet: Mai täglich 9–17 Uhr, Juni bis Sept. täglich 8–17 Uhr, Okt. bis April Di, Mi, Do 9–12 Uhr.
- **Internet:** www.schwedeneck.de.

An- und Weiterreise

- **Busse:** stündliche Verbindung nach Kiel entlang der Hauptstraße, der B 503, mit Bus 900, 901, 902 von/bis Kiel, Hauptbahnhof.

Unterkunft

- **Zimmernachweis** über die Kurverwaltung.
- **Hotel Tannenhof**②, Sprenger Weg 2, Surendorf, Tel. 666, www.hotel-tannenhof-schwedeneck.de, insgesamt zehn Zimmer, mit kleinem Garten. Restaurant mit regionaler Küche.
- **Binges Gasthof**②, Alte Dorfstraße 5, Surendorf, Tel. 204, www.binges-gasthof.de. Kleines Haus mit wenigen, aber korrekten Zimmern und Apartments. Restaurant mit Holsteiner Küche.
- **Gut Hohenhain**①-②, Schwedeneck, Tel. 325, www.guthohenhain.de. Auf dem idyllisch gelegenen Gut werden drei rustikal eingerichtete FeWos im „Kuhhaus" vermietet, zwei weitere FeWos im „Waldhäuschen", und im „Blockhaus" kann ebenfalls eine kleine FeWo gemietet werden. Eine Anfahrtsskizze findet sich auf der Website.
- **Campingplatz Grönwohld,** Kronshörn, Schwedeneck, Tel. 18 99 72, www.groenwohld-camping.de, geöffnet Ende März bis Ende Okt. Tolle Lage direkt am breiten Sandstrand von Surendorf, etwas erhöht. Wer einen Platz in der vorderen Reihe erhält, genießt einen schönen Panoramablick auf die Ostsee.
- **Campingplatz Surendorf,** Zum Kurstrand ,Surendorf, Tel. 331, www.campingplatz-surendorf.de. Auch dieser Platz liegt traumhaft oberhalb der Steilküste. Ganzjährig geöffnet, WLAN.

Gastronomie

- **Strandhaus Seeschlösschen,** Strandstraße 24, Dänisch-Niendorf, Tel. 212, täglich ab 10 Uhr. Sehr schöne Lage am Strand mit Blick durch große Fenster aufs Meer, ebenso bei gutem Wetter von der großen Terrasse. Fischspezialitäten mit mediterranem Einschlag gibt es, aber auch selbstgebackenen Kuchen und spanische Tapas. So 10–13 Uhr Brunch.
- **Strandoase,** Am Kurstrand in Surendorf, Tel. 18 99 05, geöffnet Do/Fr ab 15, Sa ab 12, So ab 10 Uhr. Kleines, uriges Lokal, direkt am Strand gelegen. Man hockt drinnen wie draußen im Sand unter Palmen. Kleine Gerichte wie Pizza, Pasta und Paella, sonntags wird gebruncht, Cocktails, hin und wieder Veranstaltungen.

Wassersport

- **Surfen:** Nordwind-Wassersport-Center, am Strand von Surendorf, Tel. 18 31 11, www.nordwind-wassersport.de.

Andere Aktivitäten

- **Fahrradverleih:** Surendorf, *Ute Book*, Tel. 10 75.
- **Strandsauna:** Surendorf an der Strandpromenade, Infos über Nordwind (s.o.). Tel. 18 31 11.

▷ Hafen mit ungewöhnlich buntem Leuchtturm

Eckernförde

Etwa 23.000 Einwohner zählt die Stadt an der Eckernförder Bucht. Zusammen mit Kiel, Rendsburg und Neumünster versteht sich Eckernförde als „nördlichste Stadt eines Wirtschaftsraumes mittleres Schleswig-Holstein".

Geschichte

Die Anfänge dieser Kleinstadt liegen weit zurück, so weit, dass heute kein festes Gründungsdatum bekannt ist. Gleichwohl sind erste Erwähnungen aus dem Jahr **1197** überliefert. Eine kleine Fischersiedlung wurde im Zusammenhang mit einem *Nikolaus de Ekerenvorde* und einem *Godescalcus de Ekerenvorde* genannt. Besagte kleine Siedlung lag allerdings an einer strategisch günstigen Stelle, nämlich zwischen Meer und dem Windebyer Noor, einem großen Binnensee. Und genau hier, durch diesen schmalen Flecken, verlief eine wichtige **Handelsroute.**

Kein Wunder, dass der dänische König schon Ende des 12. Jahrhunderts zum Schutz dieses Handelsweges eine **Burg** errichten ließ. Der Name ist auch noch überliefert: Ykernaeburgh, die Stadtchronik erklärt diesen Namen mit der Ableitung von „Ykern" (Eichen). Damals soll es noch die Eichenwälder rund um die Eckernförder Bucht gegeben haben, und in diesen tummelten sich etliche **Eichhörnchen.** Und so kam dieses kleine, possierliche Tier auf's städtische **Wappen:** Es zeigt einen Burgturm mit darüber springendem Eichhörnchen.

Seit 1302 war Eckernförde als **Stadt** urkundlich festgehalten, durfte amtliche

397sh hj

Eckernförde

Übernachtung

1 Campingplatz Hemmelmark
8 Hotel Zum Seepferdchen
16 Stadthotel
17 Pension am Kurpark
18 Jugendherberge, Mango's Strandhotel

Essen und Trinken

2 Siegfried Werft
4 Römer & Wein
5 Luzifer
7 Fischdeel
9 Tortenstübchen
11 Methmanns Mittagstisch
13 Dom Krug
14 Kaffeehaus Heldt, Ratskeller
18 Mango's

Einkaufen/Sonstiges

3 Fahrradverleih Leiß
4 Wein Römer
6 Bonbonkocherei, Die Feinschmeckerei
12 Speicherpassage mit Bio-Markt
15 Rehbehn & Kruse

Wassersport

10 Tauchen und Meer

Schriften mit „de Stad to Ekerenvorde“ siegeln. Dann kamen **Kriege,** Zerstörung und Wiederaufbau, müßig, sie hier alle aufzuzählen. Im 15. und 16. Jahrhundert wurde die **Lage am Meer** immer wichtiger, da sich die Handelsströme von Ost nach West verlagert hatten – Eckernförde als Hafenstadt wurde wichtiger **Umschlagplatz.** Weitere Kriege folgten, Rückschläge und, wie die Stadtchronik ausführt, teilweise bitterste Not.

In der zweiten Hälfte des 18. Jahrhunderts erlebte Eckernförde dann eine erste **wirtschaftliche Blütezeit,** es wurden Handelshäuser gegründet, Schiffe gebaut und mit Waren in die Ostsee geschickt. Eine wohlhabende Kaufmannsfamilie gründete sogar erste Fabriken, eine Ziegelei, eine Wollfabrik und Fayencenmanufakturen. Daneben spielt die Fischindustrie eine immer größere Rolle, etwa 30 Prozent der damals 6000 Einwohner lebten von der Fischerei.

Dann kamen die Anfänge des **Tourismus.** 1831 wurde das erste Bad gegründet, in Borby, heute ein Stadtteil von Eckernförde. Die Chronik vermeldet, dass 1832 bzw. 1833 ein Herren- bzw. Damenbadefloß für das Baden in der Ostsee hinzukam, was auch immer das war.

Nach der Wende zum 20. Jahrhundert zog die **Marine** ein, vor allem die Einrichtung der Torpedoversuchsanstalt sollte das Leben der Stadt deutlich bestimmen, immerhin 7000 Leute waren hier beschäftigt.

Nach Kriegsende blieb die Marine in Eckernförde, aber die Stadt lebt heute nicht nur vom Tourismus, sondern auch von einer Reihe von Klein- und Mittelbetrieben und von der fischverarbeitenden Industrie.

Sehenswertes

Das Zentrum mit dem historischen Stadtkern „ergeht“ man sich am besten bei einem Spaziergang durch die Fußgängerzone. Ausgangspunkt ist die Kieler Straße, über die man in Richtung Hafen schlendert. Zwischen der Kieler Straße und der St. Nikolai-Straße sind einige typische **Giebelhäuser** zu finden, in der Parallelstraße Gudewerdtstraße stehen noch sehr schöne, alte Bürgerhäuser.

Die **St.-Nikolai-Kirche** in der gleichnamigen Straße stammt aus dem 13. Jh. Es ist eine kleine Kirche, die dem Bischof *Nikolaus* geweiht wurde, dem Schutzheiligen der Seefahrer. Um 1500 erweiterte man die Kirche um die Seitenschiffe. Der barocke **Altaraufsatz** wurde vom Eckernförder *Hans Gudewerdt* im Jahr 1640 geschnitzt. Die **Kanzel** entstand 1605 durch den Vater des Altarschnitzers, der ebenfalls mit Vornamen *Hans* hieß und „der Ältere“ genannt wurde. Bemerkenswert ist auch die **Taufe,** deren Kessel aus Bronze vom Flensburger Glockengießer *Michael Dibler* 1588 erschaffen wurde. Die **Gewölbemalereien** im Chor stammen aus dem Jahr 1578 und stellen Szenen aus dem Evangelium dar. Die **Orgel** wurde 1762 erbaut und knapp zwei Jahrhunderte später erweitert. Unterhalb der Orgelempore befinden sich **Grabstellen** von Adelsfamilien, zwischen beiden Räumen liegt der **Turmraum,** der noch zur Ur-Kirche aus dem 13. Jh. gehörte. Im linken Raum hängt das Großbild von der Sintflut (1632).

Der ehemalige Bürgersaal des kleinen **Rathauses** (erbaut 1450) am Rathausmarkt beherbergt heute das **Heimatmuseum,** ausgestellt sind Modelle und Pa-

324sh mux

piere, die die Veränderungen der Stadt im Laufe der Jahrhunderte dokumentieren. Herauszuheben sind daneben der originalgetreue Nachbau eines kleinen Kaufmannsladens, eines sogenannten Tante-Emma-Ladens, und Wohnräume des 19. Jahrhunderts. Dies alles läuft unter dem Motto „Erinnerungen an die Kindertage".

■ **Museum Eckernförde,** Rathausmarkt 8, Tel. 71 25 47, geöffnet: Nov.–April Di–Sa 14.30–17, So 11–17 Uhr, Mai–Okt. Di–Sa 10–12.30, 14.30–17 Uhr, So 11–17 Uhr. Eintritt: 3 €, Kinder ab 6 Jahren 1 €, Familien 6 €.

Historische Gasse in Eckernförde

Der Marktplatz ist von mehreren historischen Gebäuden umgeben, wobei das Rathaus von 1450 heraussticht. Dieses Gebäude wurde später mehrfach umgebaut. Das moderne Gebäude schräg gegenüber fällt ebenfalls sofort auf. Nach der Spende eines Privatmannes wurde oberhalb des Eingangs ein Glockenspiel angebracht, das nun dreimal täglich – um 10.10, 12.10 und 17.10 Uhr – ertönt. Am Gebäude der Eckernförder Zeitung sind in Höhe des zweiten Stocks an der Fassade zwei Portraits angebracht: *Johannes Gutenberg,* Erfinder des Buchdrucks und *Ottmar Mergenthaler,* Erfinder moderner Setzmaschinen.

Und dann sind es nur noch wenige Schritte über die Frau-Clara-Straße bis zum Hafen. Dort dominiert die **Holzklappbrücke** von 1872, die in den benachbarten Stadtteil Borby führt. An der Brücke steht ein kleiner **Pegel-Anzeiger,** der den Wasserstand der Ostsee anzeigt. Zum korrekten Ablesen: NormalNull liegt bei 5 Metern. Auf der anderen Seite befand sich einst die Siegfried-Werft, die vor allem Fischkutter baute. Heute liegt dort ein Lokal gleichen Namens. Allzu viele Fischkutter liegen hier nicht mehr, aber jeden ersten Sonntag im Monat findet hier ein echter Fischmarkt statt. Die Fischer verkaufen ihren Fang direkt von Bord.

Über die Brücke gelangt man zum Stadtteil **Borby,** wo eine **spätromanische Feldsteinkirche** aus dem Jahr 1200 zu finden ist. Besonders hervorgehoben wird die gotländische Taufe aus dem 13. Jahrhundert. Die Kirche ist an der Bergstraße zu finden, nur eine Parallelstraße von der Förde entfernt.

Dort zweigt ein Wasserarm der Eckernförder Bucht ab, der sogenannte **Binnenhafen.** Viele Segelboote dümpeln hier, darunter auch einige sehr fotogene historische Schiffe. Von dort kann man nett am Außenhafen in Richtung des in den Stadtfarben blau-gelb gestrichenen **Leuchtturms** spazieren. Hier beendete 1986 der letzte Leuchtturmwärter Westdeutschlands seinen Dienst, das Leuchtfeuer wurde gelöscht. Auch an dieser Meile liegen mehrere äußerst sehenswerte Segler, bieten ein paar Kioske Fischbrötchen und Getränke an, warten Ruhebänke in geschwungener Wellenform auf müde Spaziergänger. In den beiden Straßen Kattsund und Fischerstraße lebten schon immer die Fischer in zumeist kleinen, etwas gedrungen wirkenden Häusern. Viele sind noch heute sehr nett anzusehen.

Im **Ostsee Info-Center,** das unmittelbar am Strand liegt und auch ein Terrassen-Lokal mit formidablem Meerblick hat, wird ein buntes und äußerst informatives Programm rund um das Thema „Meer" geboten. Beispielsweise in einem 12 m² großen Fühlbecken, einer virtuellen Kutterfahrt und dem hautnahen Kennenlernen der Küstenlandschaften.

■ **Ostsee Info-Center,** Jungfernstieg 110, Tel. 72 62 66, www.ostseeinfocenter.de, geöffnet April–Okt. täglich 10–18 Uhr, Nov.–März Di–So 11–17 Uhr, Eintritt 4 €, Kinder 2 €.

Um zurückzukehren, bietet sich ein Spaziergang durch die Fischerstraße und später die Gudewerdtstraße an. Hier können noch einmal nette, **alte Häuser,** die teilweise liebevoll restauriert wurden, bewundert werden. Wo die Fischerin die Gudewerdtstraße übergeht, zweigt die Ottestraße ab, die der Kaufmanns- und Reedereifamilie *Otte* gewidmet wur-

042sh hj

de. In der Verlängerung derselben, der Langebrückstraße, ist unter der Hausnummer 3 ein Speicher zu finden, den die Familie *Otte* schon 1723 bauen ließ.

Nach soviel Herumlaufen tut eine Pause ganz gut, also ab zum **Strand** und erstmal ein wenig ausruhen. Wo der ist? Einfach eine der Straßen Richtung Meer gehen, der Strand verläuft parallel zu Kieler Straße bzw. zum Jungfernstieg. Eine ungewöhnliche Möglichkeit zum Verschnaufen, denn die Eckernförder Bevölkerung kann hier bequem die Mittagspause verbringen oder den Feierabend einläuten. Keine fünf Gehminuten vom Zentrum entfernt, erstreckt sich ein netter Strand mit zwei Kilometer langer Promenade – und das mitten in der Stadt!

Praktische Tipps

Info

- **PLZ:** 24340.
- **Vorwahl:** 04351.
- **Touristeninformation,** Am Exer 1 (Stadthalle), Tel. 71 790. Geöffnet: Anfang Juni bis Ende Oktober tägl. 9–17 Uhr, Mitte April bis Anfang Juni und Anfang bis Mitte September Mo–Fr 9–17, Sa/So 10–15 Uhr, Mitte September bis Mitte April Mo–Do 9–17, Fr 9–15 Uhr.
- **Internet:** www.ostseebad-eckernfoerde.de.

Die Holzklappbrücke am Hafen von Eckernförde

An- und Weiterreise

■ **Bahn:** Eckernförde liegt an der Bahnstrecke Flensburg – Kiel.

■ **Busse:** Linie 4810 verbindet Kiel mit Schleswig und Flensburg, die Linie 3010 fährt über Damp nach Kappeln. Abfahrt vom ZOB, direkt neben dem Bahnhof gelegen.

■ **Parken:** Parkmöglichkeiten sind ausgeschildert, mehrere kostenpflichtige, wenige kostenfreie. Nahe zur Fußgängerzone liegt der Parkplatz beim ZOB, von dem sogar eine Unterführung für Fußgänger ins Zentrum führt.

Unterkunft

■ **Stadthotel**⑤, Am Exer 3, Tel. 727 80, www.stadthotel-eckernfoerde.de, strandnah und doch im Zentrum gelegen. Insgesamt 65 Zimmer in fünf unterschiedlichen Kategorien, alle haben Granitbäder. Eine Sauna und auch eine nette Bar sind ebenfalls vorhanden. WLAN.

■ **Hotel Zum Seepferdchen**④, Fischerstr. 33, Tel. 727 40, www.hotelseepferdchen.de. Kleines Haus, sehr zentral unmittelbar am Hafen gelegen, ein Restaurant ist angeschlossen.

■ **Pension am Kurpark**②-③, Preussenstr. 24, Tel. 54 11, www.pension-eckernfoerde.de. Kleine Familienpension, unweit von Strand und City gelegen, sieben DZ und vier EZ mit Waschgelegenheit. Dusche und WC auf der Etage.

■ **Mango's Strandhotel**③-④, Berliner Straße 71–73, Tel. 50 22, www.seegarten-eckernfoerde.de. Das mittelgroße Haus liegt etwas außerhalb der City (ca. 15 Minuten Fußweg), dafür aber sehr strandnah. Die funktional eingerichteten 34 Zimmer bieten zumeist Blick aufs Meer und WLAN. Im Haus befindet sich das gemütliche **Restaurant Mango's.**

■ **JH**①, Sehestedter Straße 27, Tel. 21 54. Diese Jugendherberge ist ganzjährig geöffnet und bietet 172 Betten. Leider keine Busanbindung aber nur fünf Minuten Fußweg zum Strand, vom Bahnhof ist es ein knapper Kilometer.

■ **Campingplatz Hemmelmark,** Tel. 811 49, www.ostsee-camping-hemmelmark.de. Dieser Platz liegt etwa vier Kilometer außerhalb von Eckernförde bei Hemmelmark an der Eckernförder Bucht. 420 Stellplätze, Imbiss, Laden, Spielplatz, ca. 1000 Meter Sandstrand. Geöffnet: April bis Sept.

■ **WoMo-Stellplatz:** Liegt sehr nahe beim im Ort ausgeschilderten Bahnhof an der Straße Grüner Weg (an der B 76) und bietet 46 Stellplätze für maximal 24 Stunden. Tel. 717 90.

Gastronomie

■ **Fischdeel,** Kattsund 22, Tel. 56 51, geöffnet täglich außer Mo 11.30–22 Uhr. Fisch in allen denkbaren Arten, gemütliches Ambiente, die Karte bietet beispielsweise Aal von den Noor-Fischern oder einen Salat-Meer und auch für Kinder gibt's eine eigene Karte, auf der sich dann u.a. die so beliebten Fischstäbchen finden.

■ **Dom Krug,** Kieler Str. 4, Tel. 28 61, geöffnet täglich 11.30–14.30 und 17.30–22 Uhr. Direkt an der Kirche gelegenes Lokal mit bodenständiger regionaler Küche und der Möglichkeit, draußen zu sitzen.

■ **Kaffeehaus Heldt,** St.-Nikolai-Straße 1, Tel. 27 31, geöffnet ab 8.30 Uhr. Stilvolles, gediegenes Ambiente, in der Nähe des Heimatmuseums. Hausgemachte Torten und Schokolade sowie Königsberger Marzipan.

■ **Methmanns Mittagstisch,** Frau-Clara-Straße 2, Tel. 29 09. Nicht so kleines Lokal in der City, geöffnet 8.30–15 Uhr, bietet Frühstück und Mittagstisch.

■ **Ratskeller,** Am Rathausmarkt 8, Tel. 24 12, Di–So 10–22 Uhr. Fisch- und Fleischgerichte, die meisten Gerichte auch in kleineren Portionen. Historisches Restaurant mit gediegenem, ruhigen Ambiente und gutbürgerlicher Küche.

■ **Siegfried Werft,** Vogelsang 12, Tel. 75 770, Frühstück ab 7 Uhr, warme Küche 12–22 Uhr. Hier punktet die Lage, ohne dass damit die sehr gute Küche herabgewürdigt werden soll. Aber auf der dortigen Terrasse sitzt man wahrlich göttlich in der Sonne und schaut verträumt auf den Binnenhafen. Geboten wird eine fundierte Küche, die beispielsweise eine „Werftpfanne" zaubert.

■ **Luzifer,** Frau-Clara-Straße 19, Tel. 47 06 61, täglich 9–22 Uhr. Untergebracht in einem ehemaligen Speicher direkt am Hafen bietet dieses trendige Lokal neben einer fundierten Küche einen formidablen Hafen-Blick von den beiden Terrassen, besondert nett aus Strandkörben auf der unteren.

■ **Römer & Wein,** Frau-Clara-Str. 17, Tel. 47 50 44, geöffnet: Mai–Sept. Mo/Di 17–22, Mi–Sa 11–23 Uhr, Okt.–April Mo–Do 17–22, Fr/Sa 11–23 Uhr. Schon draußen steht das Motto angeschrieben: „Süddeutsche Lebensfreude und norddeutsches Temperament verbunden mit Wein". Und um den geht es hier hauptsächlich in einer sehr breiten Auswahl. Außerdem gibt es Pfälzer Küche, Flammkuchen oder auch nur einen kleinen Knabberspaß.

■ **Tortenstübchen,** Jungfernstieg 68a, Tel. 66 60 707, Do–So 14–18. Keine Lust mehr auf Fischbrötchen? Kein Problem! Knapp hinterm Ostseestrand werden leckere Torten angeboten, beispielsweise die sehr geschätzte Stachelbeer-Marzipan-Torte.

Wassersport

■ **Schwimmbad:** Meerwasserwellenbad, Preußenstr. 1, geöffnet: ab 6 Uhr bis 20.40 Uhr (Mo–Fr) bzw. 9–17.40 Uhr (Sa/So).

■ **Tauchen:** Tauchen und Meer, Jungfernstieg 69, Tel. 32 62, www.tauchenundmeer.net.

Weitere Aktivitäten

■ **Fahrradverleih:** *Fahrrad Leiß,* Gaehtjestr. 11, Tel. 52 04, geöffnet: Mo–Fr 8–18, Sa 9–13 Uhr.

■ **Minigolf:** Anlage in der Preußenstraße, fünf Minuten zu Fuß vom Wellenbad entfernt stadtauswärts am Strand.

■ **Bootsausflug:** Kurzfahrten mit dem Fischkutter „Ecke 4" von April bis September sechsmal am Tag durch die Eckernförder Bucht, Tel. 30 23, Infos: (0171) 416 66 35.

Einkaufen

■ **Rehbehn und Kruse,** Jungfernstieg 19, Tel. 28 14, bietet Räucherfisch, Kieler Sprotten und feinste Marinaden sowie einen eigenen Kartoffelschnaps.

398sh hj

< Tauwerk von einem historischen Segler

■ **Bonbonkocherei,** Frau-Clara-Straße 22, Tel. 88 99 86, www.bonbonkocherei.de. Liegt etwas versteckt und ist wohl für alle Kinder ein Hit! Hier erleben Besucher, wie Bonbons gekocht werden und hinterher deckt sich natürlich jeder im Shop ein. Mo–Fr 11–18 Uhr, Sa ab 10 Uhr, am Montag keine Vorführungen.

■ **Die Feinschmeckerei,** Frau-Clara-Straße 26, Tel. 883 44 99, Di–Fr 10–18, Sa 9.30–16 Uhr. Kleines Geschäft für regionale und internationale Delikatessen und Gewürze, außerdem gibt es kleine Gerichte und Kuchen.

■ **Fischmarkt:** Jeden ersten Sonntag im Monat 9–18 Uhr an der Straße Schiffbrücke, Ausnahme: Im August findet er am zweiten Wochenende statt.

■ **Wochenmarkt:** Mi und Sa 8–13 Uhr auf dem Marktplatz bei der St.-Nicolai-Kirche.

Ein **Bio-Markt** findet in der Speicherpassage statt, Langbrückstraße 2, Mo–Fr 9–18.30 Uhr, Sa 9–14 .30 Uhr.

Ausflüge

Altenhof

Etwa drei Kilometer von Eckernförde entfernt liegt dieses sehenswerte **Gutshaus.** Über die B 76 in Richtung Kiel fahren und etwa in Höhe der Stadtgrenze auf eine ausgeschilderte Straße in einen Wald hinein nach Altenhof abbiegen, direkt neben dem Golfplatz ist es zu finden. Erbaut wurde es von der Familie *Reventlow,* die es 1691 nach Altenhof verschlagen hatte, in mehreren Abschnitten. Das große Herrenhaus entstand in den 20er Jahren des 18. Jahrhunderts; über dem viersäuligen Eingang prangt die Inschrift „1728 von Cay Friedrich und Hedwig Ida Reventlow fertiggestellt".

Betritt man die **Hofanlage,** fallen zunächst die hohen Linden auf, die den Weg zum Haus säumen. Ein weitläufiger Vorplatz deutet alte, beinahe verschwenderische Größe an, links und rechts liegen Stallungen.

Im Herrenhaus können Gäste in großzügigen Zimmern in ihrer ursprünglichen Einrichtung **übernachten.** Außerdem werden zwei Strandhäuschen direkt am Strand bei Kiekut vermietet.

■ Infos: Gut Altenhof, 24340 Altenhof, Tel. (04351) 66 66 475, www.gutaltenhof.de.

Hochseil-Klettergarten

Im Örtchen Altenhof (Am Bahnhof 14) liegt auch ein Hochseil-Klettergarten. Unter fachkundiger Anleitung können Jung und Alt hier einmal ihren Mut und ihre Geschicklichkeit beweisen.

■ **Hochseilgarten:** Tel. (04351) 66 73 33, www.hochseilgarten-eckernfoerde.de. Öffnungszeiten: Juni bis August ab 10 Uhr, April bis Mai, Sept. bis Okt. Di–Fr ab 13 Uhr, Sa/So ab 10 Uhr, Erw. 17 €, Schüler 15 €, Kinder unter 12 Jahren 12 €.

Tierpark Gettorf

Der kleine Tierpark, der 1968 aus einer privaten Initiative gegründet wurde, liegt etwa 15 Autominuten von Eckernförde entfernt. Aus kleinsten Anfängen ist mittlerweile ein beachtlicher Park geworden mit 850 Tieren in 150 Arten. Heute haben hier neben verschiedenen Vogelarten mehrere **Affenpopulationen** wie Mandrill, Weißbüschel-Äffchen, Liszt-Äffchen (der dem berühmten

Komponisten tatsächlich ähnlich sieht) und Schimpansen ihr Zuhause gefunden. In der **Vogelparadieshalle** sind tropische und exotische Vögel zu bestaunen, mit Recht weisen die Betreiber auf die farbenfrohe Naturpalette der Gefiederten hin. Aras, Tukane, Kakadus und Nashornvogel sollen hier stellvertretend genannt sein. Weiter zu sehen sind draußen **Huftiere** wie Zebras, Antilopen, Alpakas, Hirsche. Diese sind in Gruppen zusammengefasst, die in verschiedenen Gehegen zu finden sind.

Gegenüber vom Spielplatz liegt der **Streichelzoo,** ein Gehege, in dem kleine Menschen und junge Tiere zusammenkommen können. Unter Aufsicht dürfen Esel und andere Jungtiere gestreichelt und sogar gefüttert werden, aber nur mit Futter, das an der Kasse gekauft wurde.

■ **Tierpark Gettorf,** Süderstr. 33, Tel. (04346) 41 600, www.tierparkgettorf.de, ausgeschildert. Mit öffentlichen Verkehrsmitteln: per Bahn von Kiel oder Eckernförde bis Haltestelle Gettorf fahren (halbstündliche Verbindung), vom Bahnhof zu Fuß weiter. Per Bus: Mit der Linie 4810 von Kiel oder Eckernförde, gehalten wird ebenfalls am Bahnhof. Geöffnet: April–Okt. 9–18 Uhr, Nov.–März 10–17 Uhr. Eintritt: 8 €, Kinder (2–13 Jahre) 5 €, Jugendliche bis 17 Jahre/Senioren 6,50 €.

Bismarck-Denkmal

Nicht übermäßig weit von Eckernförde entfernt in Richtung Owschlag liegt der kleine Ort Ascheffel. Genau dort erhebt sich der 98 Meter hohe **Aschberg.** Das wäre schon eine beachtliche Höhe für Schleswig-Holstein, aber es kommt noch besser: Dort steht ein sieben Meter hohes Bismarck-Denkmal. Ursprünglich in Apenrade platziert, spülte die verzwickte deutsch-dänische Geschichte ihn um 1920 hierher. Und so schaut er, auf ein vier Meter langes Schwert gestützt, streng in die Ferne. Der Ausblick ist wirklich schön und macht wohl den größten Reiz eines Besuchs aus.

129sh hj

[>] Das riesige Bismarck-Denkmal am Aschberg

[>>] Reetdachidylle in Schwansen

Halbinsel Schwansen

Sowohl von der Ostsee als auch von der Schlei begrenzt, schiebt sich die Halbinsel Schwansen in einer leichten Aufwärtsbewegung in Richtung Kappeln, so prosaisch formulierte es mal ein Freund. Und irgendwie hat er auch recht, auf Kappeln laufen die wichtigsten Straßen zu, die B 203 sowie die Nebenstraßen, und die Küste strebt zur Ostsee, sie möchte, so scheint es, in raschem Bogen die Eckernförder Bucht verlassen.

Schwansen ist schön. So platt darf es einmal formuliert sein, es wäre viel zu schade, hier nur auf der Bundesstraße durchzubrausen. Die **Landschaft** ist ganz leicht hügelig, ein Feld löst das andere ab, unterbrochen nur von Dörfern, die oft auf „-by" enden (Barkelsby, Rieseby, Thumby, Sieseby usw.), die sprachlichen Ursprünge sollen aus dem Schwedischen stammen. Etliche Gutshöfe sind hier weiterhin zu finden, zeugen von alter Landwirtspracht, nette Schleidörfer und einige wenige Ostseestrände.

Zwar ist die Ostseeküste von Schwansen mit **Campingplätzen** gesprenkelt wie ein Streuselkuchen, aber nur an bestimmten Orten wird man einen schönen flachen **Sandstrand** finden, ansonsten dominiert die **Steilküste** oder ein von Steinen durchsetzter Strand.

Wer die **Schlei überqueren** will, hat vier Gelegenheiten: die Fähre bei Missunde, die Brücke bei Lindaunis bzw. Gut Stubbe (auf Schwansener Seite), die Fähre nach Arnis und schließlich die Brücke in Kappeln. Da praktisch alle Wege irgendwann einmal an einem die-

399sh hj

ser vier Punkte enden, könnte eine geruhsame Fahrt einfach drauflos vielleicht genau das Richtige sein, um die Schönheiten dieser Halbinsel aufzunehmen.

Karlsminde

Nur wenige hundert Meter nach dem Abbiegen in Richtung Karlsminde liegt linker Hand ein prächtiges Exemplar eines **Hünengrabes,** etwa aus der Zeit von 2500 v. Chr. Der offizielle Name lautet Megalithen-Langgrab, warum, das fällt sofort auf. Das Grab misst 60 Meter in der Länge, ist 5,50 Meter breit und immerhin 2,50 Meter hoch. Außen deutlich erkennbar, lehnen riesige Findlinge, die unglaubliche ein bis zwei Tonnen schwer sind. Wie wurden die bloß bewegt und so exakt angeordnet, fragt sich der Betrachter unwillkürlich. Drei Bestattungskammern, die einst Schmuck und Gerätschaften enthielten, heute aber leer sind, gibt es hier. Es ist auch deutlich erkennbar, dass die tonnenschweren Findlinge auch oben, also wie eine Art Dach, über den Grabkammern ruhen. Auf dem Hünengrab wachsen heute riesige Bäume.

Wer die Straße bis zur Küste weiterfährt, erreicht schließlich den **Campingplatz Gut Karlsminde,** ein großer Platz an der Ostsee. Drei kleine Baggerseen liegen zwischen Platz und Strand, der hier ziemlich lang und 30 Meter breit ist.

Unterkunft

■ **Campingplatz Gut Karlsminde,** Tel. (04358) 344, www.karlsminde.de, geöffnet 1.4.–14.10. Ei-

130sh hj

ne recht weitläufige Anlage und zwei Strandseen, die Stellplätze sind mindestens 100 m^2 groß. Von einigen Plätzen hat man direkten Ostseeblick.

Hemmelmarker See

Gleich nach dem Verlassen von Eckernförde folgt der Hemmelmarker See. Unweit von diesem See ist ein Hünengrab aus der Jungsteinzeit zu finden.

Gut Ludwigsburg

Auf dem Weg nach Waabs oder Damp wird dieser alte Gutshof passiert, jedenfalls, wenn man nicht über die B 203 fährt, sondern auf der näher zur Ostsee verlaufenden Parallelstraße. Das Gut Ludwigsburg, das aus dem 18. Jh. stammt, liegt links der Straße und wird noch bewirtschaftet. Das Gut gilt als **Wasserschloss,** da es von einem Burggraben umgeben ist. Es ist ein rotes Backsteingebäude mit breitem Tor und klassischem Aufbau, im Rechteck nämlich. Nach dem Passieren des Tores liegen links und rechts die Stallungen, im Hintergrund das Haupthaus. Kleine Stärkungen gibt's im Hofladen mit seinem Stehcafé, u.a. auch die Ludwigsburger Mettwurst. Sehenswert bleibt auch die „bunte Kammer", wo man 170 bunt bemalte Embleme bestaunen kann.

< Das Hünengrab bei Karlsminde

Gut Ludwigsburg

131sh hj

Hier können **Reiterferien** für Jung und Alt gebucht werden, außerdem sind geführte Ausritte möglich. Des Weiteren ist das **Hofcafé „Alte Räucherei"** in Betrieb, das in der denkmalgeschützten Räucherei eingerichtet wurde. Geöffnet: Di–So 10.30–20 Uhr.

Der **Hofladen** ist in der Saison täglich geöffnet und bietet Fleischspezialitäten, Weine, Marmeladen, Obst, Wurst, saisonales Gemüse und weitere Leckereien.

Unterkunft

■ **Familie Carl**②-④, Gut Ludwigsburg, 24369 Waabs, Tel. (04358) 98 818, www.gut-ludwigsburg.net. Die Betreiber des Gutes bieten Ferienwohnungen an, entweder im Herrenhaus oder im Torhaus. Außerdem kann auch Reitunterricht genommen werden.

■ **Ostsee-Campingplatz Gut Ludwigsburg,** Ludwigsburg 4, 24369 Waabs, Tel. (04358) 370, www.ostseecamping-ludwigsburg.de, geöffnet: April–Okt. Direkt am Strand der Eckernförder Bucht gelegen mit einem eigenen Binnensee. Der 700 m lange und bis zu 40 m breite Strand ist teilweise von Steinen durchsetzt. Insgesamt gibt es 250 Urlauber-Stellplätze. WLAN gegen Gebühr.

Langholz

Langholz ist ein **winziger Ort** mit zwei Campingplätzen und einem etwa einen Kilometer langen **Strand.** Dieser ist ganz ansprechend, vielleicht 30 Meter breit und nur vereinzelt von Steinen durchsetzt, die aber kaum stören. Ein leichter Dünenbewuchs grenzt den Strand zu einer Straße ab. Da der Ort am Ende einer Zufahrtsstraße liegt, fließt hier auch kein Verkehr, es herrscht entsprechende Ruhe. Angebote für Nachtschwärmer beschränken sich auf die örtliche Kneipe – das war's auch schon. Kurz vor dem Ort ist ein restauriertes **Hügelgrab** zu finden.

Unterkunft

■ **Zentrale Zimmervermittlung** über Tourismus Service Schwansen, Mühlenstraße 1, 24369 Waabs, Tel. (04352) 12 44.

■ **Ferienhaus Berger**①, Ostseestr. 14, Tel. (04352) 23 60. Rustikales Haus vor einer Liegewiese, ruhige Dorflage, in Strandnähe.

■ **Campingplatz Langholz,** Fischerstr. 9, Tel. (04352) 91 14 84, www.camp-langholz.de, geöffnet 1.4.–30.09. Ein langgezogener Platz an der Ostsee, der von einem Wald begrenzt wird, zum Ort sind es 200 Meter. Die Anfahrt zum Platz ist ausgeschildert.

Waabs

Waabs ist ein Gebilde aus mehreren **Dörfern und Streusiedlungen,** wobei der Ort Klein Waabs so etwas wie das Zentrum ist. Dazu gehören noch Großwaabs und das eben schon beschriebene Langholz.

Nähert man sich dem Dorfkern von Waabs, fällt sofort die mittelalterliche **Marienkirche** auf. Wie immer in dieser Gegend, liegt sie etwas erhöht, ist von hochgewachsenem Baumbestand und einem Friedhof umgeben. Teile der Kirche stammen aus dem 17. Jahrhundert (der Schnitzaltar) bzw. aus dem 16. Jahrhundert (der Altar). Darüber herrscht Einigkeit, leider nicht über das Datum der Errichtung. Zwei Quellen, zwei Daten, einmal wird sie auf das 15., das andere Mal auf das 13. Jahrhundert datiert.

Ein Spaziergang durch das Dorf erschließt alles, man weiß sofort, wo Bäcker, Bank, Geschäft und Restaurant liegen. Viel mehr gibt es hier auch nicht zu erwähnen. Der **Strand** ist gut zwei Kilometer entfernt. Endlich angekommen, findet man eine Steilküste vor einem schmalen, steinigen Strand, der kaum 100 Meter lang ist.

Info

- **PLZ:** 24369.
- **Vorwahl:** 04352.
- **Tourismus Service Schwansen,** Tel. (04621) 85 00 56, Mo–Fr 9–18, Sa/So 10–14 Uhr.
- **Internet:** www.ostseefjordschlei.de.

Unterkunft

- **Pension Peter②**, Dorfstr. 1, Tel. 23 94, www.pensionpeter.de. Insgesamt sechs Zimmer in ruhiger Lage. Die Betreiberin vermittelt auch komfortable FeWos und Ferienhäuser€–€€.
- **Ferien im Kuhhaus①**, Hufenhof, Dorfstr. 14, Kleinwaabs, Tel. 26 17, www.ferienimkuhhaus.de. Auf einem 8000 m² großen ehemaligen Hof werden zwei FeWo in Ostseenähe angeboten.
- **Heuherberge Sophienhof①**, Waabs, Tel. (04358) 10 25, www.heuherberge-waabs.de. Mal etwas anderes: ein Schlafplatz im Heu in einem umgebauten Pferdestall auf dem gut drei Kilometer vom Meer entfernten Gut Sophienhof. Insgesamt knapp drei Dutzend Schlafplätze in sechs Kammern. Allergiker schlafen im separaten Blockhaus.
- **Campingplatz Ostsee-Camping Paul Heide,** Strandweg 31 in Kleinwaabs, Tel. 25 30, www.waabs.de, geöffnet: Anfang April–Ende Oktober. Ein Wiesengelände, das sich bis zum Meer erstreckt. Beheizte Sanitäranlagen, Uferpromenade, Wellness-Bereich, Disco, Kirche unterwegs, beheiztes Hallenschwimmbad, Sauna, Solarium, Tennis, Minigolf haben den Betreibern mehrere Auszeichnungen erbracht.
- **Hotel und Restaurant Waabs-Mühle,** Mühlenstr. 26, Waabs, Tel. 22 66, www.waabs-muehle.de, tägl. außer Mi ab 18 Uhr, Fr–So auch 12–15 Uhr. Die Mühle hat zwar keine Flügel mehr, steht aber noch unverkennbar in malerischer Umgebung. Regionale Küche und selbstgebackenen Kuchen gibt es, von der Terrasse hat der Gast einen tollen Blick. Acht Zimmer werden auch vermietet.

Aktivitäten

- **SwinGolf:** Naturverbundenes Golfen für jedermann auf einer 18-Loch-Anlage mit Bahnlängen von 60 bis 220 m. SwinGolf auf Gut Sophienhof in Waabs, Tel. (04358) 10 25, www.swingolf-waabs.de, Mi–So ab 11 Uhr.

Damp

„365 Tage wegen Urlaub geöffnet", treffender hätte man es kaum beschreiben können, was hier, auf dem platten Lande an dem **schönsten Strand von Schwansen,** am 15. Juni 1973 eröffnet wurde, damals noch unter dem prophetischen Namen „Damp 2000". Das sollte wohl die Richtung vorgeben, aber dieser Name wird nicht mehr gewählt, heute heißt es **Ferienpark Damp.** Und in der Tat, genau das ist es, ein Park, in dem Ferienangebote gemacht werden.

Damp existierte natürlich schon früher, damals wie heute gab es ein **Gut Damp** und ein winziges Dörflein gleichen Namens. Dann kamen die Investoren, suchten ein freies Gelände an einem

400sh hj

schönen Strand und bauten ein Ferienzentrum. Es entstand eine dieser **künstlichen Ferienwelten,** wie Anfang der 1970er ein halbes Dutzend in Schleswig-Holstein errichtet wurden. Im Grunde lief es überall nach dem gleichen Muster: nicht kleckern, klotzen. Dem zukünftigen Feriengast sollten alle notwendigen Einrichtungen geboten werden, ohne dass er allzu lange Wege gehen musste, und der Urlaubsbetrieb sollte das ganze Jahr über laufen. Also mussten genügend Angebote geschaffen werden, damit der Gast auch im Herbst oder Winter kommt.

In Damp ging man noch einen Schritt weiter, hier entstanden auf engstem Raum eine **Reha-Klinik** mit rund 900 Betten und die **Ostseeklinik Damp** mit weit über 300 Betten. So wurde eine große Klinik mit angeschlossenem Rehabilitationszentrum in eine der schönsten Ferienlandschaften gesetzt, was den Heilungsprozess der Patienten sicherlich positiv beeinflussen dürfte.

Daneben werden den Urlaubern 188 FeWos und 298 Ferienhäuser der unterschiedlichsten Größe angeboten, außerdem ein Drei-Sterne-Hotel, insgesamt ziemlich groß das alles.

Tatsächlich ist dies auch der erste Eindruck, wenn man sich dem Ferienpark nähert. Die **Silhouette** ist nicht sehr einladend, zwei Hochhauskomplexe mit 15 Etagen sind erkennbar, viel Beton in der bisher so lieblich-grünen Landschaft.

Aber auf den zweiten Blick relativiert es sich dann etwas. So führt die Straße

Das Torhaus von Gut Damp

zwar bis zum Ferienpark, aber hinein darf nicht unbedingt jeder, denn der Ferienpark soll weitgehend **autofrei** bleiben. Dazu wurde außerhalb ein riesiger Parkplatz für 2000 Autos geschaffen, von dem ein so genannter „Flüsterbus" regelmäßig zum Ferienpark pendelt.

Die Ferienhäuser liegen etwas zurück in einem weitläufigen Gebiet. Die Ferienwohnungen sind da etwas näher am Geschehen, aber das ist relativ, richtig weite Wege muss niemand gehen. Das Apart-Hotel, das es auch noch gibt, ist gleich neben der Reha-Klinik, und zwar im Hauptbereich, unweit des Jachthafens zu finden. Dort befinden sich in einer Ladenzeile auch **alle touristischen Einrichtungen,** die notwendigen Geschäfte, die Post, ein paar gastronomische Betriebe, die Segelschule, die Minigolfanlage, das Meerwasser-Schwimmbad sowie ein Fun- und Sportcenter für die Kids. Und all die Menschen kommen zum 3,2 Kilometer langen Strand, der sich flach und feinsandig bis zu einer Breite von 40 Metern erstreckt.

Aber Damp bietet noch viel mehr. Beispielsweise jede Menge Angebote für kleinere und größere Kinder. Oder eine Vielzahl von **sportiven Angeboten** des Fun- und Sportcenters. Und nicht zu vergessen die **Wellness-Möglichkeiten** im Vital Centrum und die spektakuläre Saunalandschaft. Außerdem gibt es für Golfer eine Driving Range und für Wassersportler eine Wasserski-Anlage.

Für Eltern mit **Kindern** ist Damp keine schlechte Wahl, kann man doch hier ein eigenes Ferienhaus mieten, die Kinder ohne große Gefahren zum Strand toben lassen und es gibt nicht nur Animation, sondern es existiert sogar ein „Kinderparadies", wo die Lütten den ganzen Tag gemäß ihres Alters unter fachgerechter Betreuung spielen und toben können.

Man muss sich sicher erst einmal an den Beton und an die Hochhäuser etwas gewöhnen. Vielleicht hat sich so mancher seinen Urlaub auch etwas idyllischer vorgestellt, etwas einsamer möglicherweise. Dennoch, die **Vorteile** von Damp, ein derart vielfältiges Angebot, noch dazu an einem schönen Strand und in einem weitestgehend autofreien Bereich, werden viele zu schätzen wissen, besonders Großstadteltern – und das Ganze auch noch kurtaxenfrei.

Unterkunft

- **Damp Touristik,** Reservierung: Seeuferweg 10, 24349 Damp, Tel. (04352) 80 666, www.ostsee-resort-damp.de.
- Die **Apartments** liegen im Zentrum, im **Apart-Hotel Damp,** in der Nähe des Jachthafens. Sie bieten einen weiten Blick über Strand und Meer. Es gibt Apartments in vier Größen, von 25 m² für ein bis zwei Personen bis zu 53 m². In den oberen Etagen liegen die Hotelzimmer und Suiten, mit hochwertiger Ausstattung und Frühstücksbuffet.
- Die **Ferienhäuser** liegen in einer etwa 30 Hektar großen Grünanlage etwas zurückversetzt. Eine Terrasse und ein Vorgarten gehören dazu, genau wie Gartenmöbel, Einbauküche, Essecke, Sitzgruppen. Fünf verschiedene Größen werden angeboten, von einem 38 m² großen Haus bis hin zu einem 85 m² großen, sogenannten Zeltdachhaus für acht Personen.

Preise zu nennen ist an dieser Stelle praktisch unmöglich; es gibt zu viele unterschiedliche Kategorien. Es werden nicht nur die Zeiträume unterschiedlich gewichtet, es gibt auch etliche Angebote. Eine Preisliste gibt es unter oben genannter Adresse oder auf der Homepage.

■ **Campingplatz Ostseecamping,** Schuby Strand, Tel. (04644) 96 010, www.damp-ostsee-camping.de, geöffnet: Ende März bis Mitte Oktober. Dieser große (800 Stellplätze) und sehr beliebte Campingplatz liegt ganz in der Nähe von Damp vor einem knapp einen Kilometer langen Strand. Er bietet zahlreiche Serviceeinrichtungen und vermietet auch Ferienhäuser.

Gastronomie

■ Es gibt **einige Lokale** in Damp, beispielsweise das Ostsee-Restaurant, das Vital-Restaurant (leichte Küche), das Moby Dick (Raucher-Bierstube) und das Café del Mar (Cocktails).

■ **Achter't Holt,** knapp nördlich von Damp an der Straße namens „Schau" gelegen (ausgeschildert), Tel. (04352) 54 31, geöffnet: täglich ab 11.30 Uhr, Do Ruhetag, November bis Ostern nur Fr–So 11.30–19 Uhr, 11.1.–15.2. geschlossen. Rustikal-gemütliches Ambiente, selbstgebackene Kuchen und Torten, aber auch Fleisch- und Fischgerichte sowie Wurst- und Schinkenbrot gibt's hier.

Ausflug

So übertrieben dieses Wort für die Distanz ist, so treffend beschreibt es doch die Tatsache, dass man den Ferienpark mal verlassen kann, um die Umgebung zu erforschen. Zum Beispiel das nahe gelegene **Gut Damp.** Dieses wurde erstmals 1438 urkundlich erwähnt, das Herrenhaus stammt in Teilen noch aus dem Jahr 1597.

■ **Restaurant Kuhhaus auf Gut Damp,** geöffnet: Mi–So ab 12 Uhr. Schönes Reetdachhaus, das in der Fernsehserie „Der Landarzt" eine Rolle spielte. Die Karte bietet heimische Spezialitäten.

Schönhagen

„Hier enden alle Wege am Deich der Ostsee", so charakterisiert eine Pressemitteilung der Tourist-Information Schönhagen den eigenen Ort. Und besser hätte man es kaum beschreiben können. Schönhagen liegt zwar nicht am Ende der Welt, aber doch **am Ende einer langen Zufahrtsstraße** – hier gibt es kein „Weiter", sondern nur ein „Zurück". Und das ist auch gut so, kommen doch nur wirkliche Schönhagen-Fans hierher und keine Durchreisenden.

Schönhagen ist ein kleines Dorf, hat 265 Bewohner, in der Winterzeit, wie betont wird. Das zeigt in etwa die Richtung, Nachtleben und große Animation wird man hier nicht finden. Dennoch existieren reichlich Gästebetten, und die sind regelmäßig gut ausgebucht. Warum? Weil Schönhagen einen der schönsten **Strände** der nördlichen Ostsee hat. Man kann sagen, dass er von Olpenitz bis nach Damp, also über gute zehn Kilometer, verläuft. Die Breite beträgt etwa 30 Meter, begrenzt wird er von einem kleinen Deich. Hier verläuft eine Promenade, die mehr ein Wanderweg ist, also keine Anreize zum Konsum bietet.

Noch ein Vorteil: Hier oben, also im nördlichen Schwansen, ist die Eckernförder Bucht bereits verlassen, man genießt einen **ungetrübten Blick auf die freie Ostsee** bis zum Horizont. Das lernen immer mehr Leute schätzen. In Schönhagen werden einige Häuser neu gebaut, sodass dort das Angebot an modernen Neubauten nicht zu klein ist.

[>] Ruhige Ferien am Strand von Schönhagen

401sh hj

Info

■ **PLZ:** 24398.
■ **Vorwahl:** 04644.
■ **Tourist-Information,** Strandstraße 13, 24398 Schönhagen, Tel. 95 11, Mo–Fr 9–17, Sa 9–12, 14.30–17, So (ab Mai) 10–12 Uhr.
■ **Internet:** www.schoenhagen-ostsee.de.

Unterkunft

■ **Buchungshotline:** Tel. (0800) 20 20 240 (kostenlos aus dem deutschen Festnetz).
■ **Ferienwohnungen Herbert Koch**①-②, Nordhagener Str. 15, Tel. 538, www.koch-schoenhagen.de. Insgesamt fünf FeWos werden angeboten, die in kleinen, hellen Häusern und 100 Meter vom Strand entfernt liegen. Terrasse, Liegewiese, Gartenmöbel sind vorhanden.
■ **Ferienhäuser im dänischen Stil:** Direkt vor dem Strand auf dem Gelände des ehemaligen Campingplatzes wurde eine dänisch inspirierte Feriensiedlung gebaut. Insgesamt 58 Häuser, von vielen der gut gestalteten Häuser (teilweise mit Sauna oder Pool) schaut man aufs Meer. Infos: über Novasol, www.novasol.de.

Gastronomie

■ **Hof Schwansen,** Schloßstraße 8, Tel. 970 42 88, www.hof-schwansen.de. Gemütlich-entspanntes Bistro, wo es selbst gebackenen Kuchen, Kaffee und kleine Gerichte gibt. Geöffnet: 1.6.–31.8. tägl. 14–21 Uhr, 1.9.–31.10. Fr–Mi 11–21 Uhr, Fr–Di 14–21 Uhr, Juni–August So 9.30–12 Uhr Frühstücksbrunch.

402sh mux

Weidenfelder Strand

Knapp nördlich von Schönhagen liegt dieser **schöne Sandstrand**, der an die 50 Meter breit und gute zwei Kilometer lang ist. Lange Zeit lag er im Verborgenen und war nur Insidern bekannt. Dann kam ein wagemutiger Visionär und eröffnete eine Surfschule, die natürlich nur in der Saison lief. Dabei blieb es nicht, heute steht direkt am Strand das beliebte **Restaurant Lobster,** von dem man aus den Fenstern der oberen Etage einen tadellosen **Ostseeblick** hat. Außerdem wurde ein großer gebührenpflichtiger Parkplatz angelegt, alles unter der Leitung jenes wagemutigen Visionärs.

Mein Tipp: Strand-Restaurant Lobster, Weidenfelder Strand, Tel. (04642) 84 44, geöffnet: Di–Sa 12–22, So 10–22 Uhr, Mo geschlossen. Schwerpunkt sind Fischgerichte, aber es gibt auch Fleisch, Salate und vegetarische Gerichte, zudem gibt's einen astreinen Ostseeblick.

⌃ Strand-Restaurant Lobster mit Meerblick am Weidenfelder Strand

> Blick auf Schleimünde

403sh mux

Olpenitzdorf

Ein kleines Dorf, das knapp fünf Kilometer von Kappeln entfernt liegt. Olpenitz war jahrzehntelang ein großer Marinestützpunkt, der allerdings mittlerweile aufgelöst wurde. Auf diesem nun freien Gelände soll ein gewaltiges neues Projekt entstehen mit einer **Marina** mit insgesamt fast 1000 Ferienhäusern. Allerdings hakt es im Moment, denn die Betreibergesellschaft musste Insolvenz anmelden, aber es geht in kleinen Schritten weiter. Olpenitzdorf liegt zwar ganz in der Nähe, ist aber nach wie vor ein **malerisches Dörflein,** in dem einige Häuser mit traumhaftem Schleiblick stehen. Ein kleiner Campingplatz, sowie ein Hotel existieren auch, außerdem kann man nach einem kurzen Spaziergang einen sagenhaften Blick auf die Schlei, Schleimünde und die Ostsee werfen. Von der Durchgangsstraße dem Olperoer Weg bis zum Ende folgen. Dort hat man schon einen schönen Blick. Wer aber noch ca. 300 m nach links den rustikalen Weg bis zum Ende (bis zur Fischerhütte) folgt, hat den wohl **besten Schleiblick** überhaupt.

6 Die Schlei

Ein wunderschöner Fjord, der 40 km tief ins Land reicht. An seinen Ufern stehen reetgedeckte Katen in idyllischen Dörfern, und eine zauberhafte Landschaft. An der Spitze thront Schleswig, eine Stadt mit ganz viel Geschichte.

< Die Schlei ist ein Paradies für Wassersportler

OSTSEEFJORD MIT REETDACH-IDYLLE

140sh hj

Gut 40 km schlängelt sich dieser Fjord ins Land hinein, begleitet von malerisch schönen Dörfern und lieblichen Hügeln. Modelliert so eine zauberhafte Landschaft, ganz besonders, wenn im Mai der Raps knallgelb leuchtet. Viel gibt es zu entdecken: die kleinste Stadt Deutschlands (Arnis), Moorleichen im Museum (Schleswig), Spuren der Wikinger (erneut Schleswig) und sowieso ganz viel maritimes Flair (beinahe überall).

Überblick

Keine Frage, ein außergewöhnliches Gewässer! Dabei wird schon gleich bei der Definition gestritten. Ist die Schlei ein **Fluss,** ein **Fjord** oder eine besonders tiefe **Förde?** Ein Fluss ist die Schlei wohl nicht, denn eine Quelle hat sie nicht. Im Gegenteil, die Schlei beginnt gewissermaßen an der Ostsee, fließt dann über 40 Kilometer ins Land hinein, verjüngt sich ziemlich stark am Ende, um sich kurz vor Schleswig noch einmal kräftig aufzublasen und schließlich einfach mir-nichts-dir-nichts zu enden. Die Fakten über die **Größe:** Im Durchschnitt ist sie 1000 Meter breit, an der schmalsten Stelle bei Missunde aber nur 135 Meter und an der erwähnten Stelle vor Schleswig stolze 4000 Meter.

Man wird wohl wenig Widerspruch ernten mit der Behauptung, die **Landschaft** links und rechts der Schlei zählt mit zu den schönsten Flecken des Landes. In sanften Hügeln erstrecken sich die Felder, mal Raps, mal Gerste, mal Roggen, dazwischen ein paar Orte, nicht allzu viele, malerisch bis traumhaft schön am Ufer gelegen. Ganz leicht schwappt das Wasser ans schilfbewachsene Ufer, Segler ziehen vorbei, immer Richtung Ostsee, manchmal auch zurück, eine milde, ruhige Atmosphäre macht sich breit.

Am Endpunkt der Schlei liegt **Schleswig,** eine Stadt, die eine starke geschichtliche Prägung aufweist. Neben dem weit über die Landesgrenzen hinaus bekannten Wikingermuseum Haithabu und dem Schloss Gottorf mit den Moorleichen-Funden ist beispielsweise das historisch genauso wichtige, aber deutlich weniger bekannte Danewerk-Museum

zu nennen. Es wirft einen fokussierten Blick auf die wechselvolle deutsch-dänische Geschichte, konsequenterweise sind dann auch alle Hinweise zweisprachig zu finden. Das geht so weit, dass der Museumsname außen auch auf Dänisch zu finden ist: *Danevirkegården.* Das Maritime kommt aber immer wieder durch, und so werden auch von Schleswig Fahrten auf der Schlei bis hin zur Ostseemündung angeboten, dorthin, wo das Kuriosum „Giftbude" liegt. Unterwegs wird dann noch die „Landarzt-Praxis" passiert und die kleinste Stadt Deutschlands, genug Gründe also, um einmal die wunderschöne Schlei in Ruhe zu erkunden.

Heringsfangzäune in Kappeln

NICHT VERPASSEN!

- Der **Brüggemann-Altar** im Schleswiger Dom | 205
- Ein großes Museum, nicht nur mit Moorleichen, in **Schloss Gottorf** | 211
- **Sieseby,** ein ganzes Dorf unter Denkmalschutz | 223
- Vorfahrt für Segler, wenn die **Klappbrücke** hochgeht in **Lindaunis** | 224
- Die kleinste Stadt Deutschlands: **Arnis** | 226

Diese Tipps erkennt man an der gelben Hinterlegung.

Die Schlei 0 — 2 km ©Reise Know-How 2014

Schleswig

Etwa 27.000 Einwohner leben heute in Schleswig. Dies zeigt, dass die Stadt überschaubar geblieben ist. Eine **Kleinstadt** also, die bei der ersten Annäherung gar nicht so klein wirkt, zieht sie sich doch über etliche Kilometer an der Schlei entlang. Schleswig liegt am äußersten westlichen Ufer der Schlei, und diese Lage hatten auch schon die Wikinger zu schätzen gewusst. Sie errichteten hier das **legendäre Haithabu** – allerdings auf dem anderen Ufer. Dies war zu ihrer Blütezeit eine der wichtigsten Niederlassungen im Reich der Wikinger. Auch die Dänen wussten um die strategische Lage zwischen der Schlei und den Flüssen Treene und Eider, bauten sie doch einen meterhohen Grenzdamm, den **Danewerk.** Von all diesen historischen Bauten sind Reste erhalten und erklärende Museen entstanden. Im Stadtbereich sind weitere **Kleinode** zu finden, beispielsweise der eindrucksvolle Dom, das Landesmuseum Schloss Gottorf oder die alte Fischersiedlung Holm.

Geschichte

Schleswig dürfte wohl einer der **ältesten Orte** in ganz Schleswig-Holstein sein. Denn neben den Ur-Anfängen, die in der Wikingersiedlung Haithabu begründet sind, wird bereits im Jahre **804** eine Ortschaft Sliesthorp an der Schlei erwähnt. Etwa 50 Jahre später ließ der Hamburger Bischof *Ansgar* hier die erste christliche Kirche erbauen.

1066 wurde Haithabu von **slawischen Truppen zerstört,** etwa drei Kilometer entfernt, am Nordufer der Schlei, entstand die neue Siedlung Schleswig. Um 1200 erhielt Schleswig **Stadtrechte.**

1544 der nächste bedeutsame Schritt, die **Herzöge von Gottorf** errichteten hier ihre ständige **Residenz,** damit rückte Schleswig in den Mittelpunkt des politischen Lebens.

1848 begann die unruhige Phase der **Loslösungsbestrebungen von Dänemark,** zwei Jahre später errangen die Dänen in einer entscheidenden Schlacht bei Idsted, nahe Schleswig, den kriegsentscheidenden Sieg.

1864 fiel Schleswig-Holstein doch an **Preußen,** vier Jahre später wurde Schleswig sogar Hauptstadt der preußischen Provinz Schleswig-Holstein.

Dies änderte sich erst nach dem Zweiten Weltkrieg. Auf Anordnung der britischen Besatzungsmacht **verlor** Schleswig den **Rang als Landeshauptstadt.**

Sehenswertes

Der **St.-Petri-Dom** im Kern der Altstadt ist einer der mächtigsten Sakralbauten des Landes. Seine Anfänge gehen bis etwa ins Jahr 1100 zurück, urkundlich erstmals erwähnt wurde er 1134, das heutige Bauwerk stammt aus dem 13. Jahrhundert. Der Dom ist in seinen Ausmaßen größer als die meisten vergleichbaren Kirchen, allein der Turm misst 112 Meter, er wurde allerdings erst 1888 gebaut. Man kann zu bestimmten Zeiten auf die Spitze klettern, ein traumhafter Ausblick ist die Belohnung. Im Inneren des Doms beeindruckt vor allem der **Brüggemann-Altar,** den *Hans Brüggemann* 1514 bis 1521 erschuf. Er enthält fast 400 aus Eichenholz handgeschnitzte Figuren und misst 12 Meter in der Höhe sowie 7 Meter in der Breite. Gezeigt wird die biblische Passionsgeschichte von Jesu Gefangennahme bis zur Himmelfahrt. Im Zentrum sind etwas größer Kreuzigung und Kreuztragung dargestellt, Himmelfahrt und Pfingstwunder sind auf dem Seitenflügel zu finden. Ursprünglich stand dieser Altar im Kloster Bordesholm, nach der Auflösung dieses Klosters wurde der Altar 1666 nach Schleswig verbracht.

Die Kirche wird durch das **Petri-Portal** aus der Epoche um 1180 betreten.

Ein wenig unscheinbar wirkt der Eingang schon, aber beim Bau sparte man an nichts. An Materialien wurden Granit, roter Sandstein aus Schonen, Kalkstein aus Gotland und Tuff aus dem Rheinland verwendet.

Die **Kanzel** ist aus Eichenholz geschnitzt und stammt von einem unbekannten Meister aus dem Jahr 1560. Sie wurde der Kirche gestiftet und gilt als älteste Renaissance-Kanzel in Schleswig-Holstein. Der fünfbögige Lettner war ursprünglich aus Kalkstuck hergestellt, er musste 1940 rekonstruiert werden. Die spätgotische Triumphkreuzgruppe oberhalb wurde um 1500 erschaffen, auch das Gitter zur Abtrennung vom Hauptchor entstand im 16. Jh. Der kleine um 1300 erschaffene **Königsaltar** zeigt Maria mit dem Jesuskind, sowie die drei Könige aus dem Morgenland.

Die **Sakristei** entstand um 1480, nach der Reformation wurde sie als Grabgelege für die Gottorfer Herzöge genutzt.

Der **Hohe Chor** wurde Ende des 13. Jh. umgebaut und trägt Fresken der biblischen Geschichte. Im nördlichen Chor befindet sich das Ehrenmal für *Friedrich I.*, König von Dänemark und Norwegen, gleichzeitig Herzog von Schleswig und Holstein.

Der **Kreuzgang** entstand 1310 bis 1320 und wird „Schwahl“ genannt, was „kühler Gang“ bedeutet.

■ **St.-Petri-Dom,** Norderdomstr. 15, geöffnet: Mai–Sept. 9–17 Uhr, Okt.–April 10–16 Uhr, ganzjährig jedoch So erst ab 13.30 Uhr, Eintritt frei, Führungen: Mitte Juni bis Ende August tägl. 14.30 Uhr, 3 €.

In den Straßen rings um den Dom sind etliche schöne alte Häuser zu finden, die

Schleswig

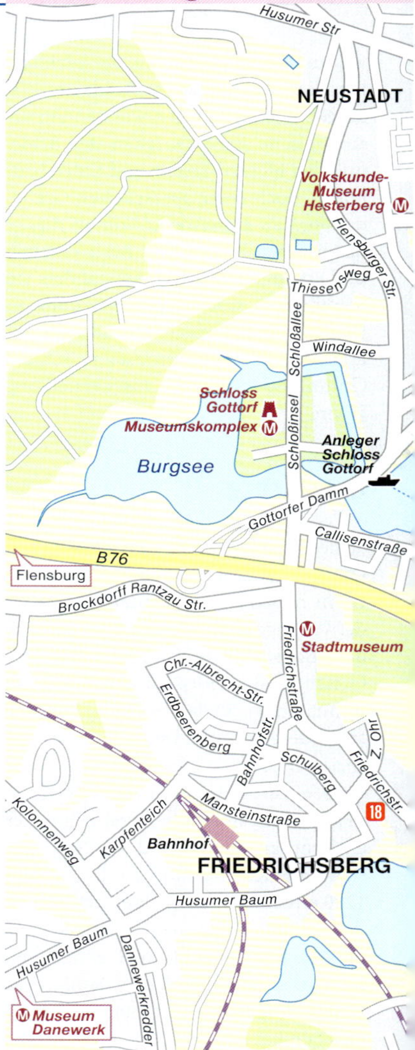

■ **Übernachtung**
1 Hotel Hohenzollern
2 Jugendherberge
3 Hotel Hahn
5 Hotel Strandhalle
7 Hotel Alter Kreisbahnhof
11 Bed and Breakfast am Dom
13 Hotel Schleiblick
17 Campingplatz Haithabu
18 Hotel F-ritz

■ **Essen und Trinken**
6 Luzifer
8 Im Speicher
9 Kleines Traumcafé
10 Senator Kroog
12 Olschewski's
14 Schleimöwe
15 Holm Café

■ **Sonstiges**
4 Fahrradverleih Splettströsser
16 Fahrradverleih Röhling

426sh mux

meisten liebevoll restauriert. Nach kurzem Weg über Straßen, die teilweise noch Kopfsteinpflaster haben, ist der **Rathausplatz** erreicht. Dieser nicht allzu große Platz ist angenehm gestaltet. Etliche ältere Häuser stehen an dem rechteckigen Platz, in dessen Mitte ein Springbrunnen plätschert und ein paar Ruhebänke zum Hinsetzen einladen. Das Rathaus selbst ist auch ein klassizistisches Gebäude aus den Jahren 1794/95. Hier befindet sich der Ständesaal, wo 1836 bis 1846 die Stände des Herzogtums Schleswig tagten, heute ist er Versammlungsort des städtischen Parlaments. Vom Rathausplatz zweigt der Apothekergang ab, wo einst die älteste Apotheke des Landes stand, sie stammte aus dem Jahr 1517, wird heute aber nicht mehr betrieben. Dies ist das älteste Haus von Schleswig.

Gleich nebenan ist das sogenannte **Graukloster** zu finden, ein ehemaliges Franziskanerkloster, dessen Anfänge bis ins Jahr 1234 zurückreichen. Das Kloster wurde von den Franziskanern, den Mönchen mit den grauen Kutten, gegründet, woher auch der Name des Klosters abgeleitet ist. Mit der Reformation wurde es dann aufgelöst. Erhalten geblieben ist ein gotischer Saal, der mit einer Kreuzigungsgruppe aus dem 13. Jh. ausgemalt ist. Heute ist in dem Gebäude die Stadtverwaltung untergebracht.

⌃ Blick auf den St.-Petri-Dom von Schleswig

› In der alten Fischersiedlung Holm

Nur wenige Schritte weiter in Richtung Wasser liegt die alte **Fischersiedlung Holm,** eine 300- Seelen-Gemeinde, die aber in Wirklichkeit viel mehr ist. Hier manifestiert sich die Vergangenheit, ein wahres **architektonisches Kleinod.** Ausgehend vom kreisrunden, zentralen Platz, auf dem ein Friedhof zu finden ist, streben ein paar Straßen dem Wasser entgegen. Hier stehen ausschließlich **Häuser** aus vergangenen Jahrhunderten. Kleine, gedrungene, schlanke Häuser, alle liebevoll restauriert. Man liest staunend die Jahreszahlen: 1712, 1760, 1786. Die Häuser verströmen einen gemütlichen **Charme,** vor beinahe jedem Haus wachsen Rosen.

Alle Gräber des Friedhofs zeigen übrigens nach **Osten.** Die Holmer Totengilde, „Beliebung" genannt und 1650 gegründet, feiert zwei Wochen nach Pfingsten ein Fest mit feierlichem Umzug und Gedenken an die Verstorbenen. Mittelpunkt der Siedlung und auch des Friedhofs ist die kleine **Kapelle** aus dem Jahr 1876. Hier werden alle Verstorbenen vom Holm beerdigt, dafür sorgt die Totengilde.

Vielleicht konnte sich der Stadtteil in dieser Form nur erhalten, weil über Jahrhunderte Holm eine **Insel** war, erst 1933 wurde das Fischerquartier mit dem Festland verbunden. Die Holmer Fischer haben seit 1480 das verbriefte Recht auf der Schlei bis hoch nach Arnis fischen zu dürfen. Dieses Recht wird vom Vater auf den Sohn vererbt, aber es gibt heute kaum noch Schleifischer. Das Recht fällt an die Stadt Schleswig zurück, wenn der letzte Holm-Fischer aufgibt.

429sh hj

428sh mux

Dort steht auch das **Holm-Museum;** es zeigt etwa 40 Fotos, die ein ehemaliger „Stern"-Fotograf in langer Arbeit aufgenommen hat, sowie weitere historische Fotos aus dem Stadtarchiv.

■ **Holm-Museum,** Süderholmstr. 2, geöffnet: täglich 10–18 Uhr, Eintritt frei.

Keine fünf Gehminuten von Holm entfernt liegt das **St. Johanniskloster.** Dieses ehemalige Benediktinerkloster wurde 1194 errichtet und gilt als eine der besterhaltenen Anlagen im Land. Seit der Reformation lebten hier unverheiratete Töchter des schleswig-holsteinischen Adels. Anbei befindet sich der **Bibelgarten,** in dem Pflanzen gedeihen und vorgestellt werden, die in der Bibel vorkommen. Am Eingang kann ein Büchlein ausgeliehen werden, das Details erklärt. Erhalten ist auch noch die schlichte romanische **Klosterkirche St. Johannis.** Die Kanzel spendete König *Friedrich V.* im 18. Jh. Im ehemaligen Speise- und Versammlungssaal des Klosters („Remter", ist ausgeschildert und liegt im hinteren Bereich) ist das Chorgestühl der Nonnen aus dem 13. Jh. mit seinen fantasievollen Schnitzereien sehenswert. Hier steht die Orgel, auf der *Carl Gottlieb Bellmann* (1772–1861) das Schleswig-Holstein-Lied komponierte, die Landeshymne des Bundeslandes („Schleswig-Holstein, meerumschlungen"). Sie wird noch immer Schlag Mit-

⌃ Die kleine Friedhofskapelle vom Holm

› Schloss Gottorf

ternacht jeden Tag von RSH (Radio Schleswig-Holstein) gespielt. *Bellmanns* Grab liegt auf dem kleinen Klosterfriedhof. Auf seinem Grabstein steht es groß geschrieben: „Komponist des Schleswig-Holstein-Liedes". Das Kloster ist ab Holm ausgeschildert und wird über die Süderholmstraße (Kopfsteinpflaster) erreicht.

Das **Stadtmuseum** liegt etwas außerhalb vom Altstadtbereich am südlichen Ufer der Schlei in einem ehemaligen Adelshof aus dem 17. Jahrhundert. Hier wird die Geschichte von Schleswig dokumentiert, gleichzeitig besichtigt man eines der schönsten Adelshäuser der Umgebung. In einer Sonderabteilung ist eine einzigartige Sammlung von Teddybären untergebracht.

■ **Stadtmuseum,** Friedrichstr. 11, geöffnet: Di–So 10–17 Uhr, Eintritt 4 €, ermäßigt 2 €.

Allgemein spricht man im Zusammenhang mit **Schloss Gottorf** von den Moorleichen. Sicher, die gibt es, und die sind vielleicht sogar für viele Besucher die Hauptattraktion. Aber es wäre ungerecht, das Schloss darauf zu reduzieren, denn Schloss Gottorf hat viel mehr zu bieten, schließlich sind dort mehrere Landesmuseen untergebracht und in einem separaten Gebäude ist eine Gemäldesammlung moderner Künstler zu finden.

Das **Schlossgebäude** selbst ist bereits imposant anzuschauen. Es ist das größte Fürstenschloss des Landes und war von 1544 bis 1713 die Residenz der Herzöge von Schleswig-Holstein-Gottorf, einer Nebenlinie des dänischen Königshauses. Umgeben von einem Schlossgraben, erhebt sich das helle, dreistöckige Gebäude mit dem hohen Dach. Im Schlossgarten befindet sich eine Monumentalfigur des Herkules, der mit der Hydra kämpft.

047sh mux

Im Haupthaus ist heute das **Schleswig-Holsteinische Landesmuseum** untergebracht, ausgestellt sind Exponate zur Kunst und Kulturgeschichte des Landes. Zu finden sind Porträts berühmter Zeitgenossen, Mobiliar, Waffen, Hausgeräte, kostbare Fayencen, aber auch komplett nachgebaute Bauern- und Adelsstuben, die einen etwas derber, zweckmäßiger eingerichtet, die anderen mit viel Liebe zum Detail und mit sündhaft teuren Kachelwänden versehen. Weiterhin werden die unterschiedlichen Trachten der einzelnen Schleswig-Holsteiner Regionen gezeigt, darüber hinaus wird durch eine Gemäldesammlung das alltägliche Leben veranschaulicht.

In einem Nebengebäude, links vom Schloss, findet sich das **Archäologische Landesmuseum,** hier sind über drei Millionen Fundstücke zu sehen, die Sammlung reicht von der Vor- und Frühgeschichte bis etwa zum Ende des Mittelalters. Stars der Ausstellung sind zweifellos die Funde der Eiszeit und die schon angesprochenen **Moorleichen,** die etwa 2000 Jahre alt sind. Schmale, dünne menschliche Körper mit dunkler, vom Moor gegerbter Haut, wurden aus dem Moor geborgen, wo sie Jahrhunderte konserviert ruhten. Die Wissenschaft diskutiert noch, ob sie ehrenvoll bestattet oder zur Strafe im Moor versenkt wurden. Auch bemerkenswert ist das sogenannte **Nydam-Schiff,** ein Fund aus dem 4. Jahrhundert n. Chr. Daneben existieren noch auf dem weitläufigen Gelände eine außergewöhnliche Kutschensammlung, mehrere Galerien und auch ein nettes Café.

■ **Museumskomplex Schloss Gottorf,** Tel. 81 32 22, www.schloss-gottorf.de, April–Okt. Mo–Fr 10–17, Sa/So 10–18 Uhr, Nov.–März Di–Fr 10–16 Uhr, Sa und So 10–17 Uhr, Mo geschlossen. Eintritt: 9 €, ermäßigt 5,50 €, Familienkarte 19 €.

Eine spezielle Attraktion im Schlossgarten ist auch der begehbare **Riesenglobus** aus dem 17. Jahrhundert. Einst geschaffen im Auftrag des Gottorfer Herzogs *Friedrich III.*, kam der Globus 1717 nach Russland. Nach einigen geschichtlichen Turbulenzen verschwand das Original in St. Petersburg. Eine Replik wurde nun erschaffen, die in Gottorf besichtigt werden kann. Der Globus misst 3,12 Meter im Durchmesser, ist begehbar und zeigt innen wie außen das Abbild der damals bekannten Welt und des Sternenhimmels. Der Globus ist drehbar, Besucher nehmen im Inneren Platz und „fahren" sozusagen in acht Minuten durchs Universum.

Der Globus steht im Zentrum eines großen **Barockgartens** hinter dem Schloss Gottorf. Dieser war Teil eines 15 Hektar großen fürstlichen Lustgartens, der im 17. Jh. angelegt wurde. Es war der erste Terrassengarten nach italienischem Vorbild in Nordeuropa. Etwa 1650 wurde in einem Lusthaus der Globus installiert und dahinter der Garten um vier Terrassen erweitert. Nachdem der Globus abtransportiert war, verfiel der Garten immer mehr, bis er 2007 nach umfänglicher Restaurierung wieder eröffnet werden konnte.

■ Geöffnet: April bis Oktober Mo–Fr 10–17, Sa/So 10–18 Uhr, Voranmeldung empfohlen unter Tel. 81 32 22, Eintritt 10 €, ermäßigt 7 €.

Zum Museumskomplex gehört auch die in einem seitlichen Nebengebäude untergebrachte **Kunstsammlung der Stif-**

tung Rolf Horn mit Bildern der klassischen Moderne, darunter Werken von *Nolde* sowie den „Brücke"-Malern und des „Blauen Reiters".

■ Geöffnet: Nov. bis März Di–Fr 10–16, Sa/So 10–17 Uhr, April bis Okt. täglich 10–17, Sa/So 10–18 Uhr. Eintritt ist im Ticket für Schloss Gottorf mitenthalten.

Das **Volkskunde-Museum Hesterberg** zeigt Exponate zu Schleswig-Holstein in mehreren thematischen Schwerpunkten, vor allem zur Alltagskultur der letzten 200 Jahre.

■ **Volkskunde-Museum Hesterberg,** Suadicanistraße, Ecke Hesterberg, geöffnet: April–Oktober Mo–Fr 10–17, Sa/So 10–18 Uhr, sonst Di–Fr 10–16 Uhr, Sa und So 10–17 Uhr. Eintritt: Erw. 5 €, ermäßigt 3 €, Familien 11 €, Verbundkarte mit Schloss Gottorf 9 €, ermäßigt 5,50 €, Familie 19 €.

430sh mux

Das **Wikinger-Museum Haithabu** wurde 1985 eröffnet und steht an historischer Stätte. Haithabu zählte in der Wikingerzeit zu den wichtigsten Siedlungen in Nordeuropa, denn hier liefen alle **Fernhandelswege** zusammen. Es lag am Wasser, am Endpunkt der Schlei, die Schiffe konnten, aus der Ostsee kommend, direkt bis in den Hafen fahren. Geschützt war die Siedlung durch einen mächtigen halbkreisförmigen Damm, der heute noch zu sehen ist. Die Wikinger handelten aber auch über die Nordsee und ließen ihre Schiffe vom Nordseefluss Eider weiter über die Treene bis nach Hollingstedt segeln bzw. rudern. Von dort wurden Waren mit viel Kraftaufwand 16 Kilometer über Land transportiert, bis bei Haithabu wieder Wasser erreicht wurde.

Die vollkommen neu konzipierte **Ausstellung** ist auf mehrere Räume verteilt, die thematisch angeordnet sind. Sie ist modern angeordnet, zeigt in hellen, teils sogar begehbaren Schauwänden und -kästen viele, aber nicht zu viele Exponate. Alles wird klar erklärt und durch audiovisuelle Medien unterstützt. So wird beispielsweise sehr anschaulich die Schrift auf einem Runenstein erklärt, in dem einzelnen Fragmente ausgeleuchtet und übersetzt werden. Man findet der Reihe nach Exponate zum Themenkreis Haushalt, Bebauung, Religion, Schrift, Handel, Handwerk und Stadtentwick-

⌃ Ein „Wikinger" bei der Arbeit

048sh mux

lung. Weiterhin wird in einer Schiffshalle der Aufbau eines der damals so gefürchteten Wikingerschiffe gezeigt. Nach einem Besuch wird deutlich, dass die Wikinger keinesfalls nur ein kriegslüsternes Völkchen waren, sondern dass sie auch als Händler in weit entlegene Ecken vorstießen. Immerhin erreichten sie Island, Grönland, Neufundland (Vinland), das Mittelmeer, Rom und kamen sogar bis ins Kaspische Meer.

Beim Museum ist übrigens eine **Cafeteria** zu finden.

Die Wikinger-Häuser in Haithabu

Einen knapp 20-minütigen Fußmarsch entfernt stehen auf historischem Gelände originalgetreu nachgebaute **Häuser** aus der über 1000 Jahre alten Wikingerzeit. So erhalten die Besucher einen authentischen Einblick in die Lebens- und Arbeitswelt der Wikinger. Obendrein weiden dort Tiere, wie es sie so ähnlich schon zur Wikingerzeit gab.

■ **Wikinger-Museum Haithabu,** Am Haddebyer Noor 5, Tel. 81 32 22, geöffnet: April–Okt. täglich 9–17 Uhr, Nov.–März Di–So 10–16 Uhr, Eintritt: 7 €, Familienkarte 15 €. Wikinger-Häuser April–Okt. täglich 9–17 Uhr. Haithabu liegt an der Bundesstraße 76, etwa vier bis fünf Kilometer außerhalb vom Zentrum Schleswigs. Die Busse der Linie 4810 nach Kiel halten vor dem Museum.

Praktische Tipps

Info

- **PLZ:** 24837.
- **Vorwahl:** 04621.
- **Touristeninformation,** Plessenstr. 7, Tel. 85 00 00, geöffnet: Juni–Sept. Mo–Fr 10–18, Sa/So 10–14 Uhr, April, Mai, Okt. Mo–Fr 10–17, Nov.–März Mo–Fr 10–16 Uhr.
- **Internet:** www.schleswig.de, www.ostseefjord schlei.de.

An- und Weiterreise

- **Bahn:** Der Bahnhof liegt im Stadtteil Friedrichsberg, Stadtbusse Nr. 1505 und 1506 fahren ins Zentrum zum ZOB, zu Fuß ein Weg von gut 30 Minuten.
- **Busse:** Der ZOB liegt unweit vom Dom, Königstr. 6. Linie 1625 fährt nach Süderbrarup, Linie 1590 nach Flensburg, Linie 1624 nach Kappeln, außerdem fährt Linie 4810 nach Kiel.
- **Parken:** Parkplätze sind ausgeschildert, gegenüber vom ZOB befindet sich ein großes Parkhaus, sonst steht genügend Parkraum vor den einzelnen Museen zur Verfügung.
- **Taxi:** *Möller*, Tel. 48 84 88.

Unterkunft

- **Zimmernachweis:** Touristeninformation Schleswig (s.o.).
- **Hotel Strandhalle**④, Strandweg 2, Tel. 90 90, www.hotel-strandhalle.de. Das Haus hat 6 Einzel- und 24 Doppelzimmer und liegt sehr ruhig am Ufer der Schlei, gut zehn Minuten zu Fuß von der Innenstadt entfernt. Funktional eingerichtet, bieten einige, etwas teurere Zimmer besten Schleiblick. WLAN.
- **Hotel Hohenzollern**③, Moltkestr. 41, Tel. 90 60, www.hotel-hohenzollern.de. Insgesamt 49 Zimmer, mit angeschlossenem Gastronomiebetrieb in einem dreistöckigen Gebäude, WLAN.
- **Hotel Schleiblick**③, Hafengang 4, Tel. 234 68, www.hotel-schleiblick.de. Kleines Haus mit acht Zimmern in der Altstadt, unweit vom Dom in der zweiten Reihe gelegen. Unten befindet sich ein Restaurant, und den Schleiblick gibt's dazu. WLAN.
- **Hotel Alter Kreisbahnhof**④, Königstr. 9, Tel. 302 00, www.hotel-alter-kreisbahnhof.de. Sehr zentral gelegenes Hotel, schräg gegenüber vom Dom. Insgesamt 16 gut ausgestattete Zimmer in einem historischen Gebäude mit Restaurant, WLAN.
- **Bed and Breakfast am Dom**④, Töpferstr. 9, Tel. 48 59 91, www.bb-schleswig.de. Das historische Haus liegt mitten in der Altstadt und hat sechs Zimmer. Haus, Garten und Zimmer sind in einem italienisch inspirierten Stil gehalten. Gefrühstückt wird gemeinsam an einer langen Tafel.
- **Hotel F-ritz**④, Friedrichstraße 102, Tel. 93 22 80, www.hotel-f-ritz.de. Ein schlankes, auffällig rotes Haus in einem ruhigen, aber etwas abseitig vom Zentrum gelegenen Viertel. 11 Zimmer, die in modernem Design unterschiedlich gestaltet wurden. Hinter dem Haus öffnet sich ein großer Garten mit Pool und gefrühstückt wird oben, falls das Wetter mitspielt sogar auf der Dachterrasse.
- **Hotel Hahn**④, Lutherstr. 8, Tel. 99 53 52, www.hotelhahn.de. Kleines Privathotel, das in einer schicken, knapp über 100 Jahre alten Gründerzeit-Villa sehr citynah untergebracht ist. Sieben sehr komfortabel eingerichtete Zimmer mit hohen Wänden und WLAN (kostenlos). Das Frühstück wird mit Produkten aus der Region serviert.
- **JH**①, Nordmark, Spielkoppel 1, Tel. 238 93. Insgesamt stehen 123 Betten zur Verfügung, Anfang Dezember bis Anfang Februar geschlossen. Zu erreichen per Bus mit der Linie 4/1 und 4/2, jeweils bis zur Haltestelle Wasserturm fahren, dann sind es noch 500 Meter Fußweg.
- **Campingplatz Haithabu,** Haddebyer Chaussee 15, Tel. 324 50, www.campingplatz-haithabu.de, geöffnet: Anfang April bis Ende Oktober. Kleiner Platz mit etwa 140 Stellplätzen, unweit des Mu-

Die Wikinger

Blutrünstige Mordgesellen, die, Met saufend, Schwerter schwingend, Frauen raubend durch die Lande zogen, mit ihren Schiffen die entlegensten Flüsse befuhren und sicher geglaubte Städte plünderten. Markenzeichen: zotteliger Bart, Helm mit Hörnern und unbändige Kraft. So in etwa sieht das gängige **Klischee** über die Wikinger aus. Im Kern steckt da zwar eine Menge Wahres, aber schon beim leichten Kratzen an der Oberfläche kommt doch ein anderes Bild zum Vorschein. Beispielsweise trugen sie niemals Hörner-Helme. Wie aber waren sie wirklich?

Der „Brockhaus" bringt es unnachahmlich auf den Punkt: „Wikinger: Mitglieder einer Gefolgschaft, Bezeichnung für die Bewohner Nordeuropas im 9. bis 11. Jh., die vorübergehend oder langfristig in weiten Teilen Europas als Kaufleute, räuberische Gefolgschaften und Landnehmer präsent waren".

Da haben wir's! Als Räuber sind sie bekannt geworden, als Siedler und gar als Kaufleute weniger. Kein Wunder, lebten die Nordeuropäer zunächst mehr oder weniger friedlich als **Bauern** in Dänemark und dem südlichen Schweden und Norwegen. Hauptsächlich siedelten sie an der Küste in kleinen dörflichen Einheiten, beackerten ihre Scholle, fischten, jagten und taten sonst nicht allzuviel Bemerkenswertes. Wie kommt es dann, dass aus Bauern **Piraten** wurden? Es wird vermutet, dass zum einen die Erbfolge eine Rolle gespielt hat, zum anderen eine Art Überbevölkerung. Den jeweiligen Hof erbte nur der Älteste, die jüngeren Söhne gingen leer aus, kein Wunder, dass sie in die weite Welt hinauszogen.

793 tauchten die Wikinger erstmals in der **Geschichtsschreibung** als plündernde Marodeure auf. Ausgerechnet den heiligsten Ort Englands, das **Kloster Lindisfarne,** überfielen die Nordmänner. Sie kamen mit schlanken Booten rasend schnell heran, fuhren direkt auf den Strand, stürmten das Kloster, fackelten nicht lange und metzelten die Mönche nieder, raubten, was sie tragen konnten und verschwanden wieder. Ein Chronist charakterisierte sie später so: „Vollkommen rohe, gottlose, verwegene Gestalten." Da war es! So schnell hatten die Wikinger ihren Ruf weg, und sie taten in den nächsten Jahrhunderten dann auch alles, um ihm gerecht zu werden.

Einige Orte, die sie auf ähnliche Weise überfielen und plünderten: Paris, Sevilla, Köln, Trier, Nantes, Hamburg, Konstantinopel, Aachen, sie kamen ganz schön herum. Kein Wunder, waren doch einige Städte nach mehrmaliger Plünderung schlicht pleite, hatten keine Reichtümer mehr zu bieten. Also mussten die Wikinger schließlich **immer weitere Touren** unternehmen und liefen so langsam Gefahr, selbst überfallen zu werden. Darauf sollen sich nämlich auch einige ganz gewitzte Burschen spezialisiert haben, reichbeladen zurückkehrende Wikinger auszurauben.

Die **Taktik der Raubzüge** war immer noch dieselbe, die schon beim Überfall auf Lindisfarne angewandt wurde. Durch ihre langen, flachen Boote konnten sie tief die Flussläufe hinaufrudern und Städte überfallen, die weit entfernt von der Küste lagen. Hier manifestierte sich ihr Ruf, und hier ist auch der Ursprung ihres Namens zu finden. Nur wer auf Räuberfahrt ging, durfte sich „Wikinger" nennen.

Heute werden alle Nordmänner über einen Kamm geschoren, und das ist eigentlich ungerecht. Denn neben all diesen, unzweifelhaft grausamen Taten vollbrachten die – um bei dem Namen zu bleiben – Wikinger **kaufmännisch-logistische Meisterleistungen.** Schon frühzeitig trieben sie nämlich auch Handel mit den entferntesten Orten. Auch hier kamen ihnen die schlanken, flachen Boote zugute, mit denen konnten sie bis ins Mittelmeer, bis Kiew und sogar bis Bagdad gelangen. Es soll Tausende von Handelsschiffen gegeben haben, die zwischen London, Dublin und Russland pendelten. Gehandelt wurde mit allem, auch mit Sklaven, gezahlt wurde in Silber. **Hauptumschlagplatz** war **Haithabu.** Dort kanalisierten sich die Warenströme, tauschten, kauften oder verkauften die Händler ihre Waren und schickten erneut Langboote aus.

Haithabu lag äußerst verkehrsgünstig im **Schnittpunkt verschiedener Handelsrouten.** Wer aus dem Osten kam, fuhr über die Ostsee in die Schlei und erreichte nach 40 km Haithabu. Händler, die über die Nordsee kamen, fuhren zunächst in den Fluss Eider. Nachdem etwa die Hälfte des heutigen Schleswig-Holstein passiert war, zweigte ein kleiner Fluss ab, die Treene, heute ein beliebtes Paddelrevier. An einem bestimmten Punkt angelangt, wurden die Waren auf Pferdewagen umgeladen und 16 km über Land nach Haithabu transportiert. Noch heute hält sich hartnäckig die Erzählung, dass auch so manches Schiff diese Strecke über Land gezogen wurde. Damit die Jungs dabei nicht allzu sehr maulten, wurde ihnen vorher eine Kanne „Schleppbier" – besonders starkes Met – angeboten. Genau diese These wird aber auch von einer Expertin aus dem Museum als – so wörtlich: „Quatsch!" abgetan.

Haithabu war im 9. und 10. Jahrhundert eine mächtige und **reiche Stadt.** Das lockte natürlich Neider. 1066 überfielen Slawen die Stadt und machten sie dem Erdboden gleich. Haithabu wurde zwar wieder aufgebaut, die Händler zogen allerdings um in das benachbarte Schleswig.

Neben Kriegern und Händlern waren die Wikinger aber auch noch **Siedler.** Auf ihren Fahrten mussten sie so manches Mal in der Fremde überwintern. Daraus entwickelten sich recht schnell feste Siedlungen, so beispielsweise auf Island und Grönland, aber auch in Südengland und in der Normandie.

Von diesen Siedlungen aus wurden dann wieder neue **Entdeckungsfahrten,** sogar bis nach **Amerika,** unternommen. So gelangte beispielsweise *Leif Eriksson* im Jahr 999 von Grönland aus an die nordamerikanische Küste, wahrscheinlich erreichte er Nova Scotia in Kanada, er nannte die Küste „Vinland". Später sind noch weitere Fahrten unternommen worden, das belegen die Ausgrabungen einer Wikinger-Siedlung auf Neufundland. Die Wikinger also auch als Entdecker Amerikas, 500 Jahre vor *Kolumbus.*

Gokstadtschiff, 23 m lang

Osebergschiff, 21 m lang

seums Haithabu direkt an der Schlei gelegen. Somit toller Blick auf die Altstadt von Schleswig. Das kleine Schiff „Hein“ pendelt von Mitte April bis Mitte Oktober zwischen 10 und 17 Uhr etwa(!) alle 2 Stunden zum Schloss Gottorf und hinüber zur Schleswiger Altstadt. Preis: 3,50 €, Infos: www.hein-haddeby.de.

■ **45 Wohnmobile** finden einen Platz mit Entsorgung gegen Gebühr am Stadthafen. Infos: Tel. 80 14 50, wwwwohnmobilplatz-schleswig.de. Schöner Blick direkt auf die Schlei, Sanitäranlagen mit Dusche und WC vorhanden, ein Brötchenservice wird angeboten, geöffnet: Anfang März bis Anfang November.

Gastronomie

■ **Olschewski's,** Hafenstr. 40, Tel. 255 77, Küche geöffnet 11.30–14, 18–21.30 Uhr, Mo und Di Ruhetag. Regionale Fischspezialitäten, aber auch mehrere fantasievolle Menü-Vorschläge mit tadellosem Blick auf den Hafen und die Schlei. Vermietet auch Zimmer.

■ **Im Speicher,** Am Hafen 5, Tel. 30 51 84, täglich ab 11 Uhr, von der Terrasse im zweiten Stock toller Blick auf die Schlei. Kleine Gerichte, Fisch und Fleisch.

■ **Schleimöwe,** Süderholmstr. 8, Tel. 243 09, täglich 11.30–14, 17–22 Uhr, spezialisiert auf regionale Fischgerichte, liegt direkt auf dem Holm.

■ **Luzifer,** Königstr. 27, Tel. 48 82 13. Liegt direkt an der Schlei und gegenüber vom ZOB. Hier wird das Asgaard-Bier der hauseigenen Brauerei ausgeschenkt, in urig-gemütlichem Ambiente mit viel Holz-Dekor. Im Angebot sind kleine und große Gerichte, es gibt einen Raucherraum. Küche täglich 9–22 Uhr, geöffnet bis 24 Uhr, Fr/Sa bis 1 Uhr.

■ **Senator Kroog,** Rathausmarkt 10, Tel. 222 90, täglich außer Mi 10–24 Uhr. Große Auswahl in rustikalem Ambiente, Mittagstisch, im Sommer kann man draußen essen.

■ Direkt am Hafen befinden sich in einem nicht zu großen Gebäude zwei **Fischbistros,** beide gut geeignet, um den kleinen Hunger zwischendurch zu bekämpfen.

■ **Holm-Café,** Süderholmstraße 15, Tel. 209 27, geöffnet: März–Okt. 11–18 Uhr, (Nov. 14–18 Uhr), So 10–18, Dez.–Febr. nur am Wochenende 11–18 Uhr, Mo ist Ruhetag. Sehr leckere Torten und Kuchen, die die Chefin selber backt, werden in diesem gemütlichen Café serviert oder bei gutem Wetter auch auf der kleinen Terrasse draußen.

■ **Kleines Traumcafé,** Rathausmarkt 14, Tel. 29 07 11, täglich 9–18 Uhr. Im ältesten Haus der Stadt befindet sich dieses nette Café. Hausgemachte Torten und Kuchen werden bei passendem Wetter auch draußen auf der Terrasse auf dem Rathausplatz serviert. Es gibt auch Schlemmerfrühstück zum Festpreis und leichte Küche zur Mittagszeit.

Schiffstouren

■ **Fa. A. Bischoff,** Schleihallenbrücke bzw. Gottorfer Damm 1, Tel. 23 319, www.schleischifffahrt.de, bietet verschiedene Fahrten mit der „MS Wappen von Schleswig“ auf der Schlei an, aber auch ganztägige Touren nach Schleimünde mit mehreren Zwischenstopps, jeden Di Abfahrt 9 Uhr, Ankunft Schleimünde 12.35 Uhr, Rückfahrt von dort um 15 Uhr, Ankunft in Schleswig um 18.30 Uhr. Die Fahrten finden nur von Juni bis September statt.

■ **Fam. Sebode,** Tel. (04642) 61 84, www.schlei-ausflugsfahrten.de. Das Schiff „Stadt Kappeln“ fährt in der Saison ab April Di und Fr von Kappeln nach Schleswig und zurück ab Kappeln 10.45 Uhr, Ankunft Schleswig 13.30 Uhr, Rückfahrt ab 15 Uhr. Es gibt auch Touren bis nach Schleimünde.

■ Täglich von April bis Ende September finden auch drei- bis fünfmal einstündige **Hafenrundfahrten** statt, die erste Fahrt beginnt um 14.30 Uhr. Infos unter Tel. 27 530, www.schleifahrten.de. Abfahrt vom Stadthafen, Brücke 3, beim Café im Speicher.

431sh hj

■ Das kleine Schiff „Hein" pendelt ab Stadthafen von Mitte April bis Mitte Oktober Di–So **zum Schloss Gottorf** und hinüber zum Anleger Haddeby, von wo man zu Fuß das **Museum Haithabu** erreichen kann, zwischen 10 und 17 Uhr etwa(!) alle 2 Stunden. Preis: 3,50 €, Infos: www.hein-haddeby.de.

Stadtführungen

■ Stadtführungen von 90 Minuten Dauer finden von Mitte April bis Ende Oktober am Samstag um 14.30 Uhr statt, Treffpunkt ist vor der Touristeninformation.

Fahrradverleih

■ **Splettströsser,** Bismarckstr. 13, Tel. 241 02.
■ **Röhling,** Knud-Laward-Str. 30, Tel. 99 30 30.

Einkaufen

■ **Wochenmarkt,** mittwochs am Rathausmarkt.
■ Direkt am Hafen wird in der Saison täglich außer So zwischen 9 und 11 Uhr **fangfrischer Fisch** verkauft, sonst Do und Fr.

Post

■ Poststr. 1.

☐ Ausflugsschiff auf der Schlei

Ausflüge

Museum Danewerk

Ein nettes, kleines Museum, fast dänisch-gemütlich, das einen tiefen Einblick in die nicht immer friedvoll verlaufene Geschichte zwischen Dänen und Deutschen bietet. Der Name Danewerk bedeutet **„Deich der Dänen"**, und genau das wird thematisiert. Die Dänen ließen vor über 1000 Jahren einen **Schutzwall gegen die deutschen Stämme** errichten, ausgehend von der Schlei bei Haithabu, zog er sich hin bis zu einem Fluss namens Rheider Au. Dieser Fluss mündet in die Treene und bildet ein, wenn auch schwaches, natürliches Hindernis.

Da das Danewerkmuseum die **deutsch-dänische Geschichte** beleuchtet, werden auch konsequenterweise alle Schautafeln und Erklärungen zweisprachig gegeben, eben auf Dänisch und auf Deutsch. Und außen finden wir sogar den dänischen Namen für das Museum, *Danevirkegården.*

Die Anfänge dieses Schutzwalles datieren aus dem **8. Jahrhundert.** Aus einer Sagenüberlieferung stammt die Aussage, dass *Thyra Danebod* das Danewerk bauen ließ, „zum Schutz gegen deutsches Wüten". Das soll so etwa im 10. Jahrhundert gewesen sein. Schon 250 Jahre früher soll es den ersten Wall gegeben haben, aber unter Thyra wurde er neu gebaut.

Die **Funktion** des Danewerks war, die Landwege von Schleswig zu blockieren, wo Heeres- und Handelswege entlangliefen, die fast wie durch ein Nadelöhr auf Schleswig-Haithabu zu führten. Der Osten war durch die Schlei, der Westen durch die Flüsse Treene und Eider geschützt. Der Rest war flaches Land, durch das ein Schutzwall von sieben Kilometern Länge gebaut werden musste.

Und so geschah es, im Laufe der Jahrhunderte wurden insgesamt **drei Wälle** gezogen, die frühen waren reines Erdreich, die späteren durch Holzpalisaden und zum Schluss sogar durch Ziegelsteine geschützt. In einem kleinen Abschnitt ist dies noch heute zu sehen, etwa 200 Meter durch den Wald hinter dem Museum laufen, an der ersten Gabelung links halten.

Im **Inneren** des Museums sind kleine Modelle des Danewerks und überdimensionale Karten zu sehen, auf denen der gewaltige Damm nachgezeichnet ist. Historische Bilder beleuchten Details, zeigen die einzelnen Bauabschnitte, erklären kriegerische Auseinandersetzungen – sogar solche aus jüngster Zeit – und vermitteln einen deutlichen Eindruck von der damaligen Bedeutung dieses Bauwerkes. Die Nachbildung einer Kanone nebst Bedienungstruppe symbolisiert die vielen Schlachten, die es zwischen Deutschen und Dänen einst gab.

■ **Museum Danewerk,** Ochsenweg 5, Tel. 378 14, www.danewerk.com, geöffnet: 15.2.–25.3. und 26.10.–30.11. Di–So 10–16 Uhr, 26.3.–25.10. Di–Fr 9–17 Uhr, Sa und So 10–17 Uhr, Mo geschlossen, 1.12.–14.2. Winterpause. Eintritt: 3 €, Kinder unter 16 Jahren 1 €. Das Danewerk ist nur wenige Kilometer westlich von Schleswig zu finden. Per Auto über die A 7 bis zur Abfahrt Jagel, dann Richtung Husum bzw. Danewerk.

Tolk-Schau

Deutschlands nördlichster **Familien-Freizeitpark** (Eigenwerbung) ist in dem kleinen Ort Tolk zu finden, etwa zehn Kilometer nordöstlich von Schleswig an der B 201. Generell ist der Park unterteilt in einen Erlebnispark und einen Museumspark. Er bietet eine ganze Menge Attraktionen, die aber nicht so spektakulär ausfallen wie beispielsweise im Hansa-Park. Es sind eher ruhigere Vergnügungen, wie Go-Karts, Minigolf, Pendelbahnen, Trampoline, Rutschen, Ruderboote, Wackelfahrräder oder Streichelgehege. Natürlich gibt es auch Fahranlagen wie Achterbahn oder Luna Loop, aber eben mit weniger Kreischvergnügen. Weiterhin stehen gegen Extragebühr etwa 50 Grillhütten bereit, wird eine kleine Übersicht über die heimatliche Tierwelt gegeben, lockt das Tal der Dinosaurier, eine Sommerrodelbahn sowie eine Nachbildung des mittelalterlichen Schleswig.

■ **Tolk-Schau Familien-Freizeitpark,** Tolk-Schau 1, 24894 Tolk, Tel. (04622) 922, www.tolk-schau.de. Geöffnet: Mitte April–Mitte Okt. 10–18 Uhr, Ruhetage im Mai, Juni, Sept.: Mi, Do, Fr. Zu erreichen: von Schleswig über die B 201; von der Ostseeküste bei Damp über die Schleibrücke bei Lindaunis. Eintritt: Personen über 90 cm Größe: 19,50 €.

Brodersby

Brodersby heißt der Ort, an dem die zweite Schleifähre auf Angeliter Seite anlegt – nicht direkt in Brodersby, schon ein bisschen außerhalb, so zwei Kilometer etwa. Die Fähre ist deshalb auch allgemein nur unter dem Namen **Schleifähre Missunde** bekannt. Und genau dort, also da, wo die Fähre ablegt, da liegt ein viel gelobtes **Restaurant,** das zuletzt umgebaut wurde.

■ **Café Kuchenhaus,** Missunder Fährstraße 24, Tel. (04622) 956 90 90, tägl. 12–18 Uhr, So 9–18 Uhr. Ein hellblau eingefasstes historisches Haus unweit der Schlei, in dem ein kleines Café im dänischen Stil in freundlichen, hellen Farben eingerichtet ist. Hier gibt es hausgemachte Torten und Blechkuchen sowie kleinere herzhafte Gerichte.

Im etwa drei Kilometer entfernten Ort Kosel liegt der **Bio-Hof Schoolbek,** wo es im Hofladen nicht nur eigene Bio-Produkte gibt, sondern auch ein komplettes Bio-Vollsortiment, dazu eine Auswahl an Naturmode. Schoolbek, 24354 Kosel, Tel. (04354) 457, www.hof-schoolbek.de, Mo und Fr 9–18, Mi und Sa 9–13 Uhr.

Missunde

Gegenüber von Brodersby liegt Missunde, wo die kleine Fähre anlegt. Es ist die letzte Möglichkeit an der südlichen Schlei, diese zu überqueren. Der nächste Weg würde quer durch Schleswig führen.

Ulsnis

Dieser kleine reizvolle Ort liegt am Ende einer Zufahrtsstraße direkt an der Schlei und zählt knapp 600 Einwohner. Schön ruhig und beschaulich geht es in diesem Ort mit seinen uralten Wurzeln. Die **Wilhadikirche** wurde bereits 1338 dem heiligen Wilhadus geweiht, einem englischen Priester, der im 8. Jh. versuchte, die Friesen zu missionieren und der 778 zum Bischof von Bremen ernannt wurde. Die ältesten Teile der romanischen Feldsteinkirche stammen aus der Mitte des 12. Jahrhunderts und dürften damit zur ältesten Kirche in Angeln zählen. Im Inneren gehört der Taufstein aus Granit (12. Jh.) sogar zu den ältesten des Landes. Dargestellt sind zwei Löwenköpfe als Symbol für die Überwindung des Bösen durch die Taufe. Die barocke Kanzel entstand 1673, der Altar wurde 1803 komplett erneuert. Die Orgel entstand 1786 und nach einem Umbau 1799 wurde sie über dem Altar platziert. Der Glockenturm entstand im 16. Jh. und steht vermutlich auf einem bronzezeitlichen Grabhügel.

Entlang der Schlei kann **gewandert** werden, verschiedene ausgeschilderte Wege führen darüber hinaus auch ins hügelige Hinterland.

Gastronomie

Mein Tipp: Hier steht das Lokal **Café Krog,** von dessen Gartenterrasse man bei Kaffee und Kuchen einen tollen Schlei-Blick genießt. Wer möchte, kann dort auch übernachten. Kirchholz 13, Tel. (04641) 989 00, geöffnet: Di–So 9–19 Uhr.

Rieseby

Ein weiteres winziges Dörflein mit einem kleinen Schmankerl der Kategorie „Geheimtipp". In der Schulhaus-Apotheke, Dorfstr. 29, Tel. (04355) 13 33, verkauft *Sigrun Kramer* einen selbstgebrauten **Kräuterschnaps.** Dieser medizinische Magenbitter ist nach einer bayerischen Apothekenrezeptur aus dem Mittelalter hergestellt, ein reines Naturprodukt aus verschiedenen magenwirksamen und verdauungsfördernden Kräutern. In der 1911 erbauten **Windmühle Anna** ist heute auf mehrere Stockwerke verteilt ein **Heimatmuseum** untergebracht. Dort sind neben prähistorischen Funden auch eine komplette Schusterwerkstatt erhalten, sowie allerlei handwerkliche Gerätschaften. Angeschlossen ist auch ein Atelier, das folgende Öffnungszeiten hat: Do–So 14–18 Uhr.

- **Heimatmuseum in der Mühle Anna,** Möhlenbarg 5, geöffnet: Sa/So 14–17 Uhr.

Gastronomie

- **Rieseby Krog,** Dorfstr. 37, Tel. (04355) 18 17 87, geöffnet: Di–Do ab 17 Uhr, Fr–So ab 12 Uhr. Frische, gehobene Küche mit regionalen Produkten in sehr angenehmer Atmosphäre in einem gut 150 Jahre alten Haus. Als typischer Dorfkrug gibt es auch einen rustikalen Bistrobereich.

Der Schlie-Krog in Sieseby

326sh mux

Sieseby

Sieseby ist ein winziges Dorf, malerisch direkt an der Schlei gelegen, eingebettet in die sanften Hügel von Schwansen. **Idyllisch schön** schwappt die Schlei an das schilfbewachsene Ufer, grüßt ein kreuzender Segler, verliert sich der Blick hinter den fernen Baumknicks. Eine kleine Kirche mit einer reizvollen Lindenallee bildet auch hier den Dorfmittelpunkt. Neben der tollen Lage sind vor allem einige alte **reetdachgedeckte Katen** zu bewundern. Diese stehen wie das gesamte Dorf unter **Denkmalschutz,** Änderungen sind deshalb nicht so einfach durchzuführen. Das war mal anders. Im 19. Jh. gehörte das Dorf dem Hamburger Kaufmann *Gustav Anton Schäfer,* der viele der damals baufälligen Häuser sanierte. Deshalb findet sich noch heute an vielen Gebäuden die Initialen GAS. *Schäfer* verkaufte „sein" Dorf schließlich an den Herzog von Schleswig-Holstein-Sonderborg-Glücksburg, und dessen Nachkommen gehört noch immer das ganze Dorf.

Das kleine schmucke Dorf wird von der 750-jährigen romanischen **Feldsteinkirche** beherrscht, sie steht hinter dem Schliekroog fast am Ufer der Schlei strahlend weiß gekalkt, wie das ganze Dorf und sie ist auch das älteste Gebäude.

Gastronomie

- **Restaurant Schlie-Krog,** Dorfstr. 19, Tel. (04352) 25 31, Di–So 12–14, 18–21.30 Uhr, Mo geschl. Ein weit über die Grenzen geschätztes Restaurant, hier werden frische, regionale Produkte auf hohem Niveau zu schmackhaften Gerichten verarbeitet. Ein echter Feinschmecker-Tipp. In einem 150 Jahre alten Krog zaubert der Patron u.a. Aal und Zander aus der Schlei und auf keinen Fall darf die Siesebyer Fischsuppe fehlen.

Einkaufen

■ **Kunsthuset Sieseby,** Dorfstr. 24, Tel. 95 63 07, Mi–So 11–18, Winter Sa/So 11–17 Uhr. Fünf regionale Kunsthandwerker bieten ihre Werke an.

Gut Stubbe

Keine fünf Straßenkilometer entfernt liegt Gut Stubbe. Hier befindet sich eine **Schleibrücke,** aber nicht irgendeine. **Straße und Schienen** teilen sich die Brücke, so dass der Autoverkehr nur wechselseitig fließen kann, eine Ampelanlage regelt den Verkehr. Die Züge der Linie Kiel – Eckernförde – Flensburg überqueren hier ebenfalls die Schlei. Zu festgelegten Zeiten haben allerdings die Segler Vorfahrt, dann wird die Brücke hochgeklappt, immer um „Viertel vor“.

■ **Obsthof Gut Stubbe bei Rieseby,** Tel. (04355) 1458, www.gut-stubbe.de. Hofladen ab 1.5. tägl. 9–18 Uhr, ab 1.11. Mo–So 9–18 Uhr, Café Mi–So 9–18 Uhr, Obst- und Gemüseverkauf direkt vom Hofladen. Im Sommer kann sogar jeder selber auf den Plantagen pflücken. Und im hofeigenen Café gibt es hausgemachten Obstkuchen. Geöffnet: täglich 9–19 Uhr.

⌃ Die Schleibrücke bei Lindaunis teilen sich Bahn und Auto

› Thing-Stätte in Gulde

327sh mux

Lindaunis

Lindaunis ist ein kleiner Ort (gegenüber von Stubbe), etwa an der Mitte der Schlei gelegen, Grund genug, hier eine Möglichkeit zur Überquerung der Schlei zu schaffen. In diesem Fall ist es eine Brücke, eine **Klappbrücke.** Sowohl der Autoverkehr als auch der Eisenbahnverkehr fließen hier ‘rüber. Die Bahnstrecke verläuft eingleisig, ein deutlicher Hinweis auf die Häufigkeit der Zugfolge. Die Bahn nimmt auch eine Hälfte der Brücke ein, über die andere fließt der Autoverkehr wechselseitig.

Da kommt es schnell zu **Staus,** besonders wenn die Segler mal wieder zu ihrem Recht kommen. Das passiert jede Stunde, immer um Viertel vor ..., also um 8.45, 9.45 Uhr etc. Dann macht eine

Klappbrücke das, weshalb man ihr diesen Namen gab, sie wird hochgeklappt. Direkt vor der Brücke befinden sich ein kleiner Kiosk und ein Parkplatz.

Gastronomie

■ **Noor-Kate,** Am Noor 6 in Lindaunis, Tel. (04641) 98 79 075, geöffnet: Do–Mo 11.30–22 Uhr. Schönes Reetdachhaus mit gemütlichem Garten, wo leckere Torten angeboten werden, abends dann holsteiner Küche.

Einkaufen

■ **Kleine Kunststube,** Am Noor 7, Tel. (04641) 97 04 07, geöffnet: April bis Oktober tägl. 10.30–17.30 Uhr. Hier gibt es handgefertigtes Kunstgewerbe von Künstlern aus der Region.

Thingstätte in Gulde

Zwischen den kleinen Gemeinden Gulde und Oersberg (unweit von Süderbrarup und Kappeln) wurde an historischer Stätte ein Thingplatz nachgebaut, der **Guly-Thing.** Diese alte Versammlungsstätte besteht aus einem **Steinkreis** aus Findlingen und hier wurden tatsächlich bis 1869 noch Streitigkeiten des Dorfes geschlichtet und zu Gericht gesessen. Neben dem sehr eindrucksvollen eigentlichen Thingplatz (gekennzeichnet durch die großen Steine) befindet sich dort die Nachbildung einer **Grabanlage mit Runenstein,** der auf das Jahr 800 geschätzt wird. Vermutlich befand sich an dem

432sh mux

Platz die Siedlungsstelle des eingewanderten Volkes der Jüten (um 300 n. Chr.). Die Anlage ist ganzjährig frei zugänglich.

Arnis

Städtisches Leben heißt Krach, Lärm und Hektik – nicht so an der Schlei, nicht in Arnis. Wieso? Dies ist die **kleinste Stadt Deutschlands!** Etwas mehr als 300 Einwohner zählte Arnis zuletzt, damit steht es ganz am Ende der Städtetabelle. Kurzfristig gab es mal ein Gerangel mit der thüringischen Stadt Ummerstadt, die immerhin knapp 500 Einwohner „groß" ist. Das konnte aber schnell geklärt werden, Arnis ist und bleibt Schlusslicht.

Stadtrechte genießt Arnis seit 1934, aber natürlich existierte die Gemeinde schon viel länger, damals offiziell noch als „Flecken" geführt. Im Jahr 1667 zogen nämlich 64 Familien aus Kappeln hier auf die Insel, um einer drohenden Leibeigenschaft zu entgehen. Arnis unterstand dem Herzog *Christian Albrecht* und der gewährte den Neusiedlern Zuflucht und Schutz.

Spektakuläres hat Arnis nicht zu bieten. Im Grunde genommen besteht es nur aus **einer Straße,** hier liegen teilweise **wunderschöne Häuser** an einer Allee. Fast scheint es, als ob die Einwohner einen stillen Wettbewerb um die schönste Fassade austragen, eine Hausfront sieht netter aus als die andere, und jede Haustür scheint die des Nachbarn optisch übertreffen zu wollen.

Wer die Zufahrtsstraße am **Segelhafen von Grödersby** vorbei zum Ort gefahren ist, muss erst einmal vor dem Eintritt in die Stadt rechts ran. Dort liegt der Parkplatz, und hier müssen alle Gäste ihr Auto stehenlassen. Aber was soll's auch, Arnis' einzige Straße kann ja nun wirklich nicht verfehlt werden. Nur wer zur Fähre möchte, darf übrigens hineinfahren.

Wer die Hauptstraße bis zum Ende gelaufen ist, kann einen kleinen, schmalen Weg an der Schleiseite zurückgehen. Dieser führt an den langgestreckten Gärten der Hauptsträßler vorbei, passiert diverse Stege, wo Segelboote dümpeln und erreicht schließlich die großen **Werften** – Arnis' einzige Industriebetriebe.

Sonst noch was? Das hübsche kleine **Rathaus,** beispielsweise, wurde den Arnissern von einem gönnerhaften Bürger geschenkt, der es der Stadt vererbte. Und dann ist da noch die **Schifferkirche** aus dem Jahr 1673, in der schöne Votivschiffe von der Decke hängen. Die Nordwand stammt noch aus dieser Zeit, ebenso das Gestühl und die Taufe, die von Skulpturen der vier Evangelisten getragen wird. Die Kanzel ist sogar noch älter, sie wurde 1573 erbaut. Angeblich stammt sie aus einer der Kirchen von der 1634 untergegangenen Nordsee-Insel Strand.

> Die kleine Fähre von Arnis im Einsatz

433sh hj

Schlei-Fähre

Zu guter Letzt ist die **Fähre** über die Schlei zu nennen, die einzige neben der von Missunde. **Sundsacker** wird die Stelle genannt. Hier pendelt die **kleine Autofähre** ständig hin und her. Wer hier die Schlei überquert, spart sich die Fahrt durch Kappeln.

- **Fahrplan der Fähre:** 1.3.–31.10. Mo–Fr 6–22, Sa/So 8–22 Uhr, 1.11.–28.2. Mo–Fr 6–20, Sa/So 8–20 Uhr, Preise: Person 0,60 €, Fahrrad und Person 1,20 €, Pkw mit Fahrer 2,20 € bzw. bei größeren Wagen 2,60 €. Jede weitere Person 0,40 €.

Praktische Tipps

Info

- **PLZ:** 24399.
- **Vorwahl:** 04642.
- Infos über **Touristeninformation Kappeln.**

Unterkunft

- Wer bleiben will, hat die Auswahl zwischen neun **FeWo-Anbietern,** eine Liste findet sich unter www.stadt-arnis.de.

137sh hj

Gastronomie

- **Strandhalle,** Strandweg 125, Tel. 41 70, täglich außer Di ab 11.30 Uhr. Hat man auch nicht alle Tage, dass ein Wander- und Radweg sozusagen mitten durch ein Lokal führt. Genauer gesagt zwischen Gaststube und Terrasse, die direkt an der Schlei liegt. Was immer wieder spontane Gäste ins Lokal spült. Geboten werden hausgebackene Kuchen und Torten und eine regionale Küche.
- **Godewind,** Lange Straße 85, Tel. 92 27 73, Di, Do, So ab 12 Uhr, Mi, Fr, Sa ab 17.30 Uhr. Regionale Gerichte, teilweise mit einer italienischen Note, da die Wirtin aus Sizilien stammt. Es gibt aber auch vegetarische Gerichte und klassische Pasta.
- **Zur Schleiperle,** Strandweg, Tel. 20 85, April bis Oktober Di–So ab 11 Uhr, Ende Oktober bis Karfreitag geschlossen. Seit vielen Jahrzehnten leuchtet das blaue Lokal direkt über dem Wasser der Schlei auf Stelzen stehend die Segler an. Serviert werden leckere Fischgerichte, aber auch Fleisch- und vegetarische Gerichte.

Karby

Dieser Ort wurde bereits 1278 erstmals erwähnt. Der Name geht auf einen dänischen Ursprung zurück, da Karke Kirche und by Dorf bedeutet. Und damit ist auch gleich die örtliche Sehenswürdigkeit genannt: die schöne, alte **Kirche,** ein von außen etwas schlichter Backsteinbau, der aber mit gotischen und romanischen Elementen bereichert ist. Der schlanke Turm überragt das ganze Dorf, das sowieso nicht groß ist (620 Einwohner), sodass der Kirchplatz leicht zu finden ist.

⌃ Über den Wassern: das Lokal „Zur Schleiperle“ in Arnis

Dörphof

In Dörphof, einem Nachbarort von Karby, lohnt sich der Besuch des **Vogelmuseums.** Dieses ist fast noch ein Geheimtipp, und genauso versteckt liegt es auch. Das Museum ist aufgrund einer privaten Initiative entstanden, heute betreut der NABU die Sammlung von etwa 600 präparierten Tieren, die in vier Lebensräumen ausgestellt sind: Wald und Knick, Haus und Garten, See- und Feuchtgebiete, Meer und Küste. Die heimische Landschaft sollte so genau wie möglich nachempfunden werden, um die Lebenswelt der Tiere so exakt wie möglich darzustellen.

■ **NABU-Informationszentrum und Naturkundemuseum,** Dorfstr. 21, Tel. (04644) 401, geöffnet: 1. Mai bis Ende Herbstferien Fr–So 10–12, 14–17 Uhr.

Kappeln

Kappeln gilt als **Bindeglied zwischen Schwansen und Angeln,** und das ist in diesem Fall sogar wörtlich zu nehmen, liegen doch auf beiden Seiten der Schlei Teile der Stadt. Das „alte" Kappeln ist allerdings nur auf der **Angeliter Seite** zu finden, dort sind der Hafen, die Altstadt und die Sehenswürdigkeiten schon immer gewesen.

Schon die **erste Erwähnung um 1357** zeigte den Grundstock der Kappelner Siedlung, wurde doch eine kleine Kapelle dem Schutzheiligen Nikolaus geweiht, dem Patron der Fischer.

Und die **Fischwirtschaft** bestimmte lange Jahrhunderte den Lebenstakt, bis der **Tourismus** eine weitere Geldquelle eröffnete. Heute existiert zwar noch eine kleine Fischindustrie in Kappeln, aber Badetourismus und eine Reihe von Segelhäfen in und um Kappeln brachten neue Kunden.

Und nun auch noch der Landarzt. Was, den kennen Sie nicht? Die beliebte Fernsehserie mit dem netten (Land-) Arzt aus Deekelsen? Na also, kennen Sie ja doch! Die **Fernsehserie „Der Landarzt"** wurde hier in und um Kappeln gedreht. Die Schlei, die Stadt Kappeln und vor allem die „Landarztpraxis" in Lindauhöh (unweit von Lindaunis) waren die **Drehorte.** Auch in Kappeln sind sie zu finden, die Spuren, im Restaurant „Aurora", denn das trägt den selbstgewählten Untertitel „die Landarztkneipe".

Sehenswertes

Mittlerweile ist eine richtig **nette Hafenmeile** entstanden, mit einigen Lokalen und Geschäften zum Bummeln und Auf-die-Schlei-gucken.

Schön anzuschauen sind die alten Häuser. Hier ist auch neben dem Jachthafen ein kleiner Museumshafen zu finden, am Westufer der Schlei. Historische Schiffe aus der Fischerei, aber auch Frachter machen fest.

Hier endet auch die Fahrt der Eisenbahn, die von Süderbrarup in den Sommermonaten angeschnauft kommt. Heute firmiert sie als **Museumsbahn,** aber die Angelner Dampfeisenbahn versah bereits 1904 auf dieser Strecke ihren Dienst.

Kappeln

0 100 m ©Reise Know-How 2014

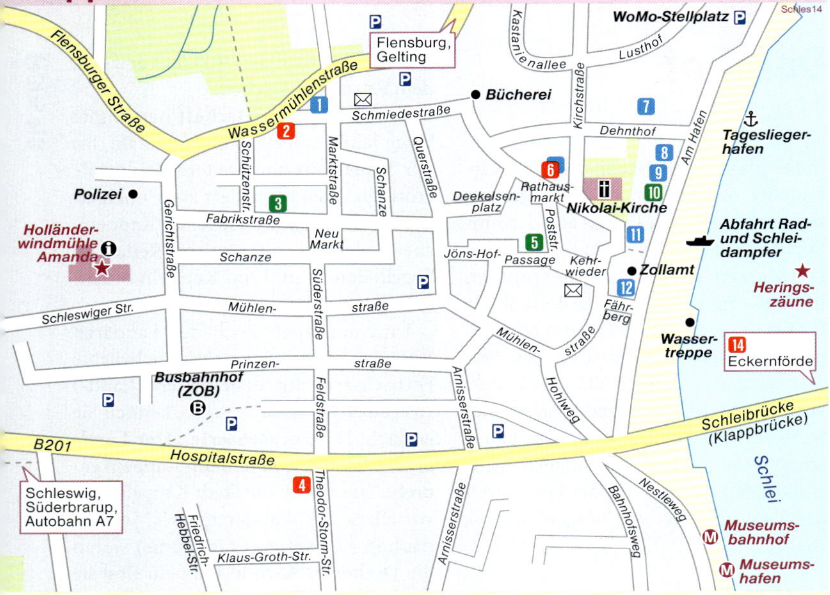

Übernachtung
- 2 Hotel Stadt Kappeln
- 4 Thomsens Motel
- 6 Hotel Aurora
- 14 Urlaub auf dem Bauernhof Jutta Johannsen, Ferienhof Siemen, Arnisser Blick, Jugendherberge, WoMo-Stellplätze

Sonstiges
- 3 Schokoladen-Küche
- 5 Kino Capitol
- 10 Bike & Fun Sports

Essen und Trinken
- 1 Café Alte Schmiede
- 6 Aurora
- 7 Fischräucherei Föh
- 8 Speicher No. 5, Stark
- 9 Alte Räucherei
- 11 Kulturcafé Palette
- 12 Fährschenke

Infos: Tel. (04631) 20 95 oder www.angelner-dampfeisenbahn.de. Abfahrtzeiten: An den meisten Sonntagen zwischen Anfang Mai und Mitte Oktober, ab Kappeln um 11 und 14 Uhr, außerdem mittwochs (nicht an jedem!) zwischen Ende Juni und Ende September um 14 Uhr, Fahrtzeit 45 Minuten. Preis: Hin und zurück 18 €, einfach 12 €, Kinder (6–12 Jahre) 9/6 €, Familien 36/24 €.

Die 208 Meter lange **Schleibrücke** zeigt einmal pro Stunde jeweils um „Viertel vor“, warum sie notwendig ist. Dann wird der Autoverkehr gestoppt, die Brücke hochgeklappt, und die Segelboote bekommen grünes Licht. Erst jetzt dürfen die Skipper passieren. Viel Zeit haben sie nicht, die Brücke klappt nämlich nach wenigen Minuten wieder zurück, und wer dann zu spät kommt, muss warten – Ausnahmen werden nur für Handelsschiffe gemacht, sonst wird die Brücke immer um „Viertel vor“ von Sonnenauf- bis Sonnenuntergang geöffnet.

Direkt vor der Brücke (in Richtung Ostsee) sind auch die **Heringszäune** zu finden. Es ist eine Fischfanganlage, die es so schon im 15. Jh. gab. Im Jahr 1648, so wird berichtet, existierten 38 solche Zäune, dieser ist der letzte seiner Art. Die Heringe schwimmen alljährlich zu ihren Laichplätzen und passieren auch diese Stelle an der Brücke. Dabei geraten sie in diesen reusenartigen Zaun und finden meist nicht wieder heraus.

Die **Nikolai-Kirche** stammt aus den Jahren 1789–1793. Ein touristischer Prospekt vermerkt folgendes: „Der ungewöhnliche Backstein-Saal aus dem späten Barock ist mit doppelten Empo-

☐ Die Klappbrücke von Kappeln im Dienst

434sh hj

ren und prächtigen Altar-, Kanzel- und Orgelaufbauten ausgestattet. Aus der Vorgängerkirche stammt der geschnitzte Altaraufsatz aus dem Jahr 1641."

Rings um die Kirche sind **Fußgängerzonen** angelegt worden. Ein idealer Platz zum Bummeln, denn hier finden sich jede Menge kleine Geschäfte, ein paar Bistros, Kneipen, Eisdielen und eben auch die Landarztkneipe.

Die **Holländerwindmühle Amanda** von 1888 überragt beinahe das ganze Stadtbild, es handelt sich immerhin um die größte in Schleswig-Holstein. Die Daten: Höhe 32 Meter oder acht Stockwerke, Flügeldurchmesser 23 Meter. Heute sind hier die **Touristeninformation** und das stilvolle Trauzimmer des Standesamtes untergebracht.

Praktische Tipps

Info

- **PLZ:** 24376.
- **Vorwahl:** 04642.
- **Tourist Information,** Schleswiger Straße 1 (Amanda-Mühle), Tel. 40 27. Geöffnet: Juni–September Mo–Fr 10–17 Uhr, Sa/So 10–14 Uhr, April, Mai, Oktober Mo–Fr 10–17 Uhr, Nov. bis März Mo–Fr 10–16 Uhr.
- **Internet:** www.kappeln.de.

An- und Weiterreise

- **Busse:** Abfahrt vom ZOB, Hospitalstraße, etwa 5 Min. Fußweg vom Hafen entfernt, entlang der B 201 nach Schleswig. Es gibt Linien nach Süderbrarup, Schleswig, Eckernförde.
- **Taxi:** *Michl,* Tel. 16 60; *Holstein,* auch Großraumtaxi, Tel. 814 18; *Rathmann,* Tel. 38 88.

Unterkunft

- **Hotel Stadt Kappeln**⑤, Schmiedestr. 36, Tel. 40 21, www.hotel-stadt-kappeln.de. In zentraler Lage am Ende der Fußgängerzone steht dieses relativ kleine 4-Sterne-Haus (20 DZ, zwei Suiten). Hochwertige Ausstattung, Wellness-Bereich und kostenloser Internetzugang.
- **Arnisser Blick**③, Eckernförder Straße 16, Tel. 984 40, www.arnisser-blick.de, liegt auf Schwansener Seite, unweit der Schlei, spezielle Kindertarife, kleines Haus mit angeschlossener Gaststätte.
- **Hotel Aurora**③, Rathausmarkt 6, Tel. 40 88, www.aurora-kappeln.de. Die Landarztkneipe, so bezeichnet sich das Haus selbst, beste Lage in der Fußgängerzone, 4 EZ, 16 DZ, WLAN.
- **Thomsens Motel**③, Theodor-Storm-Str. 2, Tel. 10 52, www.kappeln-hotel.de, liegt an der Bundesstraße Richtung Schleswig, aber nur zehn Minuten zu Fuß vom Zentrum. Terrasse, größerer Parkplatz, gutes Frühstücksbuffet, 26 Zimmer. 24.12.–1.3. geschlossen.
- **Ferienhof Siemen**①-③, Barbarastr. 4, Tel. 818 68, www.ferienhofsiemen.de. Urlaub auf dem Bauernhof am Stadtrand von Kappeln, insgesamt elf FeWos von 42 m² bis 100 m² für zwei bis sechs Personen.
- **Urlaub auf dem Bauernhof Jutta Johannsen**①-③, Nonsfeld 4, Tel. 825 63, www.nonsfeld.net. Vier FeWo mit vier bis sechs Betten und ein Haus werden auf einem Hof in ruhiger Schleilage angeboten. WLAN.
- **JH**①, Loitmarkhof, Eckernförder Str. 2, Tel. 85 50, Sackgassenlage auf Schwansener Seite.
- **Campingplätze** sind in unmittelbarer Nähe zu finden, bei Maasholm (siehe Maasholm).
- **WoMo-Stellplätze:** Eckernförder Straße 9b, Tel. 810 07. Etwa 10 kostenlose Stellplätze gibt es bei der Aral-Tankstelle, Ver- und Entsorgungsstation sind vorhanden, Strom gegen Gebühr.

Ein weiterer Platz für 20 Wohnmobile befindet sich am Hafen. Ancker Yachting, Am Hafen 23a, Tel. 15 63.

Gastronomie

■ **Kulturcafé Palette,** Kehrwieder 1, in der Fußgängerzone, Tel. 32 33, Biergarten und Kulturcafé des Nordens mit Live-Veranstaltungen wie Kabarette, Blues, Jazz, Lesungen, also Kunst im Kleinen. Täglich ab 11 Uhr.

■ **Aurora,** die Landarztkneipe, Rathausmarkt 6, Tel. 40 88, direkt neben der Kirche, täglich 11.30–14.30, 18–22 Uhr. Hier spielten Szenen der Fernsehserie „Der Landarzt". Serviert wird eine regionale Küche.

⌃ Die nette Bummelmeile an Kappelns Hafen

■ **Fährschenke,** Am Hafen 10, Tel. 35 66. Maritimes Restaurant, wo man am Freitag und Samstag auch noch tief in der Nacht warmes Essen bekommen kann. Ein Freund kommentierte so: „Riesige Mengen und kost' fast nix." Geöffnet: Mo, Di, Do ab 14 Uhr, Mi 10–13, 22–1 Uhr, Fr 11–12, 18–4 Uhr, Sa 5–4 Uhr, So 11–24 Uhr.

■ **Fischräucherei Föh,** Dehnthof 26/28, Tel. 22 74. Unübersehbare Räucherei mit drei Türmen, serviert nicht nur Räucherfisch, auch Fischplatten und leckerste Salate auf „Fiete's Bier- und Fischterrasse".

■ Am Hafen liegen einige Lokale, praktisch alle stellen im Sommer Tische vor die Tür.

■ **Speicher No. 5,** Am Hafen 19a, Tel. 54 51, geöffnet Di–Sa ab 17.30 Uhr, So 12–14, 17.30–22 Uhr. Gute kreative, leichte Küche aus saisonal frischen Zutaten, überschaubare Speisekarte, gute Weinkarte, vereinzelt Themenabende.

■ **Stark,** Am Hafen 19a, Tel. 16 16, geöffnet täglich 10–24 Uhr. Nettes Ambiente, eine offene Küche nach asiatischem Vorbild. Keine feste Speisekarte, Fisch und Fleisch nach Tagesangebot. Vereinzelte Thementage wie „Spanischer Abend" (Fr).

■ **Alte Räucherei,** Am Hafen 16, Tel. 50 95, geöffnet: 10–24 Uhr. Mitten in der neu gestalteten Hafenmeile liegt dieses nicht zu große Fischlokal, das tatsächlich ausschließlich Fischgerichte serviert. Da der Wirt aus Irland stammt, wird auch stilecht irisches Bier gezapft. Vor dem Lokal befindet sich eine Terrasse.

■ **Café Alte Schmiede,** Schmiedestraße 41, Tel. 15 68, Mo–Sa 9–18, So 12–18 Uhr, Mi Ruhetag. Geboten werden leckere selbst gefertigte Torten und ein Mittagstisch.

Schiffstouren

■ **„MS Stadt Kappeln",** Tel. (04642) 61 84, www.schlei-ausflugsfahrten.de, Schleifahrten, auch Touren nach Schleswig, wechselnde Abfahrtszeiten.

■ Der **Raddampfer „Schlei Princess"** schnauft von April bis September täglich von Kappeln bis Schleimünde, Lindaunis oder gar nach Schleswig mit wechselndem Programm. Infos am Hafen oder unter Tel. 65 32, www.schleiraddampfer.de.

Wassersport

■ **Angeln:** Wer einen Jahresfischereischein hat, erhält Angelscheine für die Schlei im Rathaus. Wer keinen Jahresfischereischein hat, bekommt im Rathaus eine Ausnahmegenehmigung.

Weitere Aktivitäten

■ **Fahrradverleih:** *Bike & Fun Sports,* Am Hafen 19c, Tel. 91 08 79.

■ **Schokoladen-Küche,** Fabrikstr. 17, Tel. 98 80 12, März bis Okt. Mo–So 11–18 Uhr, Nov. bis Febr. Mo–Fr 11–18, Sa 11–16 Uhr. Hier erhält man Einblicke in die Herstellung von Schokolade und Pralinen und natürlich können die Leckereien auch gleich probiert werden.

■ **Stadtbücherei:** Schmiedestr. 13 (neben Kaufhaus Stolz), Tel. 16 97, geöffnet: Mo und Fr 10–12.30, 14.30–18, Di 14.30–18, Do 10–13.30, Sa 10–13, Mi geschlossen.

■ **Kino,** Capitol, Poststraße 10, Tel. 16 64.

Kirche

■ **Nikolaikirche,** Gottesdienst So 10 Uhr und jeden zweiten Sonntag im Monat 18 Uhr.

Einkaufen

Wochenmarkt: Donnerstagvormittag auf dem Deekelsenplatz, hinter dem Rathausplatz.

Fischmarkt: jeden letzten Sonntag im Monat am Hafen.

Post

■ Schmiedestr. 39.

☒ Fachsimpeln im Hafen von Maasholm

Ausflug

Aussichtspunkt auf die Schlei

Von Kappeln auf der nördlichen Straße entlang der Schlei Richtung Schleswig fahren und kurz hinter Ekenisfeld nach links Richtung Boknis abbiegen. Dort befindet sich eine kleine Anhöhe mit sehr schönem Blick über die Schlei bis zur Brücke von Lindaunis.

Maasholm

„In unmittelbarer Nähe der Schleimündung und der kilometerlangen ungestörten Naturstrände der Ostsee präsentiert sich Maasholm, die alte, **urige Fischersiedlung** mit ihrem Charme." Treffender kann man es kaum sagen, deshalb sei hier einmal ausnahmsweise der Prospekttext zitiert.

328sh hj

Die größte Veränderung war vielleicht die Errichtung von **Maasholm-Bad,** einer Art Neubausiedlung, etwas außerhalb vom eigentlichen Ort, dort wurde die Mehrzahl der Ferienwohnungen gebaut. Maasholm liegt an der Spitze einer kleinen Landzunge, die in die Schlei hineinragt, schon von daher sind räumliche Veränderungen kaum möglich, es sei denn auf dem Wasser. Und das ist auch passiert, der **Segelhafen** von Maasholm ist einer der größeren an der Küste.

Der Ort war seit ewigen Zeiten eine Siedlung von **Fischern,** weitab von der nächsten Großstadt, nur von den Naturelementen umgeben. Zur Ostsee war es nur ein winziger „Schlag", wie es hier unter Seglern heißt, wenn man eine kurze Strecke segeln muss, und die Schlei war schon immer gut für reichen Fischfang, zumindest hier in der Nähe der Ostseemündung.

Die **Touristen** wohnen in den Ferienwohnungen des Ortes oder in den benachbarten Gemeinden bzw. auf den nur wenige Kilometer entfernten Ostseecampingplätzen, denn das ist vielleicht das größte Plus von Maasholm. Es zieht einerseits **Segler** in großer Zahl an, die einen ruhigen Liegeplatz unweit der Ostsee haben möchten, andererseits auch Urlauber, die auf die Ostsee bis zum Horizont gucken wollen. Beides ist in Maasholm möglich, von der Schlei bis zum **Ostseestrand** sind es nur wenige Kilometer. Die Nachbargemeinde heißt **Hasselberg** und wird touristisch bereits in einem Atemzug mit Maasholm genannt.

Der Ort Maasholm selbst hat eine angenehme **Atmosphäre.** Vor allem in der Hauptstraße und in der Westerstraße stehen viele alte Fischerkaten, die überwiegend hübsch restauriert wurden. Auch die kleine **Petrikirche,** die den Seefahrern gewidmet ist, steht – wie könnte es anders sein – am Ufer der Schlei. Sie ist relativ jung, denn die weiß gehaltene Kirche wurde erst 1952 erbaut. Im Inneren der kleinen Kirche findet sich ein Votivschiff des Dreimasters „Mayflower", mit dem Auswanderer vor 400 Jahren nach Amerika reisten und ein Holzrelief „Petri Fischzug", das sich am Altartisch befindet.

Ein Bummel durch den Ort führt an nett gestalteten Häusern vorbei und endet zwangsläufig am **Hafen.** Hier dümpeln noch einige Hochseefischkutter; die Halle, wo der Fang weiterverarbeitet wird, ist ebenfalls am Hafen zu finden, genau wie ein paar Kioske und Kneipen. Und hier liegt auch der Seenotkreuzer „Nis Randers" Tag und Nacht einsatzbereit im Hafen, das Schiff wurde so konstruiert, dass es unsinkbar ist.

Ein **Naturerlebniszentrum** (NEZ) liegt etwas außerhalb von Maasholm auf dem Gelände einer ehemaligen Raketenstation, deren Anlagen noch gut erkennbar sind. Hier erfährt man viel Wissenswertes über die Ostsee und die Schlei. Bereits auf dem zwei Kilometer langen Weg dorthin entlang einer Straße vor einem Deich erklären Info-Tafeln beispielsweise die Wikingerzeit, große Sturmfluten oder Flora und Fauna der Region. Auf dem großen Gelände gibt es beispielsweise einen Sinnesgarten und im Info-Zentrum ein Ostsee-Aquarium. Aber man kann auch ganz einfach übern Deich zum Strand gehen und ganz weit auf die Ostsee schauen.

■ **Naturerlebniszentrum,** Exhöft-Seeberg 1, Tel. (04642) 92 16 80, www.naturerlebniszentrum.de. Das NEZ wird vom Parkplatz Exhöft erreicht, der kurz vor Maasholm liegt. Hier stehen kostenlose Leihräder bereit. Lehrpfad und NEZ sind ganzjährig zugänglich, das Infozentrum von Ostern bis Ende Oktober zwischen 10 und 17 Uhr.

Als besonderer Clou kann hier auch in einer Jugendherberge (Tel. (04642) 85 50) übernachtet werden.

Ganz in der Nähe steht eine kleine Vogelwärterhütte, von der aus täglich außer montags um 10 Uhr vogelkundliche Führungen gestartet werden.

Praktische Tipps

Info

■ **PLZ:** 24404, Hasselberg 24376.
■ **Vorwahl:** 04642, Hasselberg 04643.
■ **Tourist-Information:** Hasselberg, an der B 199, Kreuzung Kieholm, 24376 Hasselberg-Kieholm, Tel. (04643) 62 28, geöffnet: Juli/August Mo–Fr 9–18, Sa/So 10–12 Uhr, Mai–Juni, Sept. 9–12, 15–17, Sa 10–12 Uhr, April, Okt. Mo–Fr 9–12, 15–17 Uhr, Nov.–März geschlossen.
■ **Internet:** www.ferienlandostsee.de.

Unterkunft

■ **Am Schleieck**③, Schmiedestr. 140, Tel. 60 16, www.schleieck-maasholm.de. Moderne und in klaren Linien dekorierte Zimmer mit Schlei-Blick, WiFi.
■ **FeWo Splett**②, Westerstr. 108, www.a-splett.de, Tel. 96 52 90. Zwei FeWos mit Schlei-Blick. Kleiner Clou am Rande: Herr *Splett* bietet außerdem eine Mitsegelmöglichkeit auf der Jacht an.
■ **FeWo Winter**②, Uleweg 31, am Jachthafen gelegen, Tel. 62 05, www.ferienwohnung-winter.de. Schicke FeWos mit tollem Schlei-Blick.
■ **Campingplatz Oehe Draecht,** Hasselberg, Tel. 61 24, www.oehe-draecht.de, in unmittelbarer Nähe von Maasholm direkt an der Ostsee gelegen.
■ **WoMo-Stellplatz:** Ein eigener gebührenpflichtiger Stellplatz befindet sich am Hafen mit Platz für 40 Fahrzeuge, großzügige Sanitäranlagen vorhanden, Tel. 96 50 68.

Gastronomie

■ **Am Schleieck,** Schmiedestraße 140, Tel. 60 16, Di–So 12.30–21 Uhr, Mo Ruhetag. Fischspezialitäten mit Blick auf die Schlei. Obendrein gibt es hausgemachte Torten und das alles genießt man auf einer netten Terrasse.
■ **Raub,** Hauptstr. 60, Tel. 965 39 39, mit Biergarten, geöffnet: in der Saison täglich ab 11 Uhr, in der Nebensaison eingeschränkte Öffnungszeiten. Regionale Fischküche mit Produkten, die einheimische Fischer liefern.
■ **Café Sand am Meer,** Hauptstr. 13, Tel. 96 99 63. Kleines, nettes Café mit Garten. Fr–So Frühstück 9–12 Uhr, ansonsten gibt es Blechkuchen und Torten auch außer Haus. Mo–Do 12–18, Fr–So 9–18 Uhr, Mi Ruhetag.
■ **Fischräucherei Petersen,** direkt am Hafen. Frischer geht's nimmer, Fischbrötchen inne Faust!
■ **Störtebeker,** Hauptstr. 36, Tel. 69 150, März–Okt. täglich 11.30–13.30 und ab 17 Uhr. Sehr nette, maritime Einrichtung mit schönem Garten. Serviert werden Fischgerichte in großzügigen Portionen und in Anlehnung an den Namensgeber des Lokals. Der war im 15. Jh. Anführer einer Piraten-Gang, die sich „Likedeeler" (Gleichteiler) nannte. Die Likedeeler-Fischplatte für zwei Personen wartet mit fünf verschiedenen Fischsorten auf. Aber auch sonst tragen die Gerichte fantasievolle Namen wie „Ahoi" (Zanderfilet) oder „Kuddeldaddeldu" (Bratheringe sauer eingelegt).

Wassersport

■ **Angeln:** Angelscheine gibt es im Gemeindebüro Maasholm, Tel. 60 21.

■ **Segeln:** Segelschule Hornich, Hauptstr. 19, Maasholm, Tel. 67 71, www.ostseesegelschule.de.

■ **Surfen:** Surfschule Maasholm, am Ortseingang, Tel. (0171) 34 74 450 (nur während der Saison), www.surfschule-maasholm.de.

Weitere Aktivitäten

■ **Fahrradverleih:** *Brigitte Clausen,* Gundelsby 11, Hasselberg, Tel. 674; Fahrradvermietung Maasholm, Uleweg 32, Tel. 69 70 82.

Segler vor Schleimünde

Schleimünde

Schleimünde ist ein Unikum. Wie der Name schon andeutet, mündet hier die Schlei in die **Ostsee.** Die Mündung ist allerdings relativ schmal, das liegt daran, dass zwei Landzungen wie die Scheren eines Krebses die Schleimündung versperren. Auf dem linken Arm (Blickrichtung Ostsee) befinden sich ein **Leuchtturm** (logisch, muss sein, damit die Segler die Einfahrt finden) und ein **kleiner Hafen.**

329sh mux

Die Attraktion des Hafens ist jedoch die **Kneipe Die Giftbude.** Das Lokal kann nur auf dem Wasserweg erreicht werden, direkt hinter dem Haus liegt ein Vogelschutzgebiet, das nicht betreten werden darf. Neben Seglern kommen auch Ausflugsschiffe aus Kappeln und sogar aus Schleswig hierher. Das ganze Ambiente ist sehr urig. Geboten wird eine überschaubare Karte, der Wirt muss ja schließlich auch alle Produkte auf dem Wasserweg heranschaffen. Der Kaffee könnte etwas salzig schmecken, schließlich wird Brunnenwasser genutzt.

■ Die **Giftbude** hat eine kleine Terrasse, bietet Bier vom Fass und eine kleine Karte, außerdem Kaffee und Kuchen. Geöffnet nur in der Saison, so etwa von Anfang Mai bis Ende Oktober. Tel. (04642) 60 04.

411sh hj

Eine liebliche, hügelige Landschaft ist dieses Angeln. Viele schmucke Dörfer liegen dort,

7 Flensburger Förde und Angeln

in vielen finden sich nette Bauernhof-Cafés. Flensburg, ganz oben im Norden, ist eine charmante Stadt mit einem gehörigen Schuss dänischer Gelassenheit.

< Junge Silbermöwe

TOR NACH DÄNEMARK

Eine liebliche, leicht hügelige Landschaft, gesprenkelt mit vielen kleinen Dörfern. Deren Namen enden auf -by oder auf -rup, manchmal auch auf -büll, was auf das dänische und plattdüütsche Erbe hinweist. Ruhig geht es hier zu, ländlich. Touristen sind willkommen, beherrschen aber nicht das Bild. Die Ostseeküste läuft ganz oben in eine Förde aus, an deren Ende Flensburg liegt. Eine freundlich-gelassene Stadt mit deutlichem dänischem Einfluss.

166sh hj

Überblick

Im Städtedreieck Flensburg-Schleswig-Kappeln liegt die **Landschaft Angeln,** und hier sind derart viele kleine und kleinste Dörfer zu finden, dass man sie kaum zählen, geschweige denn beschreiben kann. Entsprechend eng ist das Wegenetz verknüpft, das sich wie ein Gitterwerk feiner Adern über das Land legt. Die Orte enden auf -by oder -rup, auf -holm oder -büll, das dänische Erbe vermischt sich mit dem Plattdeutschen.

Große Orte oder wenigstens kleine Dörfer mit breitem touristischem Angebot findet man hier nicht. **Tourismus** findet zwar statt, praktisch in jedem Dorf, dominiert aber nicht. Das heißt, dass alles sehr ruhig, sehr ländlich zugeht, Shopping-Promenaden gibt es nicht, ja, nicht mal einen zentralen Marktplatz mit entsprechenden Kneipen. Doch wer die **ländliche Umgebung** zu schätzen weiß, wird sich hier sicher sehr wohl fühlen. Die **Ferienwohnungen** liegen sehr verstreut und schon gar nicht immer in Seenähe. Dafür sind einige **Campingplätze** zu finden. Und vereinzelt ein Segelhafen.

Die **Landschaft** ist ausgesprochen schön, sanft geschwungene Hügel erstrecken sich bis zum Horizont, nur durch winzige Siedlungen oder einzeln stehende Bauernhöfe unterbrochen. Der eilige Autofahrer zieht die Bundesstraße vor, dem genussvollen Radfahrer bleiben genügend Möglichkeiten auf den unzähligen schmalen Wegen.

Herausragende Sehenswürdigkeiten sind kaum zu finden, überregional bekannt sein dürfte das **Wasserschloss Glücksburg** und schon deutlich weniger das **Museum Unewatt.**

Und dann ist da noch **Flensburg,** das „Highlight im Norden", wie sich die Stadt selbst so treffend charakterisiert. Dänische und deutsche Einflüsse vermischen sich hier, freundlich grüßt man auch noch am Nachmittag mit „Moin moin", und ein Schuss dänischer Gelassenheit schwappt in der Atmosphäre der Stadt mit.

Historisches Schiff im Museumshafen von Flensburg

NICHT VERPASSEN!

- Naturschutzgebiete mit Wildpferden am **Geltinger Birk** | 247
- Speisen und aufs Wasser gucken in **Langballigau** | 252
- Ein ganzes Dorf als Museum in **Unewatt** | 254
- Das wunderschöne Wasserschloss von **Glücksburg** | 255
- **Flensburg,** die „dänischste" Stadt Deutschlands | 259

Diese Tipps erkennt man an der gelben Hinterlegung.

Flensburger Förde und Angeln

Hasselberg

Eine kleine Siedlung mit verstreuten Häusern und einem sogenannten **Naturstrand.** Dieser zieht sich ein paar Kilometer hin, und je weiter man ihm nach Norden folgt, desto besser wird er. Naturstrand ist eine hübsche Umschreibung für „von der Natur geprägt“. Und das heißt in diesem Fall, dass er steinig, schmal und mit einer kleinen Steilküste gesegnet ist.

Direkt hinter dem Strand erstreckt sich ein kilometerlanger Deich, und dahinter liegen zwei **Campingplätze.** Die Plätze Hasselberg und Oehe Drecht habe ich vor ca. 40 Jahren als kleiner Junge erstmals kennen gelernt. Natürlich wurden die Anlagen im Laufe der Zeit auf den neuesten Stand gebracht, aber nach wie vor punktet besonders die Lage, denn beide Plätze liegen direkt am Strand, nur getrennt durch einen Deich.

Einige Häuser, die aber doch schon etliche hundert Meter von der See entfernt liegen, vermieten Zimmer oder Ferienwohnungen, und auch der Gutshof, noch am dichtesten zur Ostsee gelegen, hat **Unterkünfte** im Angebot. Hasselberg selbst hat sonst wenig zu bieten, der

nächstgrößere Ort ist Maasholm, dann kommt schon Kappeln.

Info

- **PLZ:** 24376.
- **Vorwahl:** 04643.
- **Tourist-Information** an der B 199, Kreuzung Kieholm (s. Maasholm), www.hasselberg-ostsee.de.

Unterkunft

- **Pension Elisabeth**②, Drecht 3, Tel. (04642) 61 20, www.ostsee-drecht.de. 7 FeWos und 18 Zimmer werden in diesem Eckhaus, das vielleicht 300 Meter vom Strand entfernt liegt, angeboten.
- **Pension Tüxen**①-②, Eckeberg 1, Tel. (04642) 64 62, www.pension-tuexen.de. Kleines Haus mit 16 Zimmer für 1–3 Personen, sowie 13 FeWos für 2–5 Personen. Praktisch und farbenfroh eingerichtet mit einem großen Garten und Aufenthaltsraum.
- **Campingplatz Hasselberg,** Drecht 7, Tel. 63 83, www.campingplatz-hasselberg.de. Der Platz liegt unmittelbar hinter einem Ostsee-Deich und hat etwa 600 Parzellen.

Gastronomie

- **Fischklause,** Kieholm 1, Hasselberg, Tel. 63 11. Der meterhohe Schornstein mit der Aufschrift „Aale" ist schon von Weitem zu erkennen; neben dem Restaurant wird eine Räucherei betrieben. Geöffnet: Mo–Mi 11.30–14 und 17–21 Uhr, Fr und So 11.30–22 Uhr, Do Ruhetag.

Ausflug

Barfuß-Park

Im benachbarten Ort Schwackendorf befindet sich ein Barfuß-Park. Auf einem insgesamt 1,5 km langen Tast-Pfad mit diversen Stationen und unterschiedlichen Untergründen können Besucher ihren Füßen einmal eine völlig neue Erfahrung gönnen. Außerdem gibt es ein Tiergehege mit heimischen Tieren.

- **Barfuß-Park,** Schwackendorf 37, Hasselberg, Tel. (04642) 96 51 78, www.barfusspark-schwackendorf.de, geöffnet: Ostern bis Mitte Oktober Mo–Fr 10–18, Sa/So 10–19 Uhr. Eintritt: Erw. 6 €, Kinder bis 16 Jahre 4 €.

Kronsgaard

Kronsgaard ist die nächste Ortschaft. Früher nannte man solche Orte treffend „Flecken“, diese Bezeichnung ist allerdings abgeschafft. Im Grunde genommen ist Kronsgaard, ähnlich wie Hasselberg, eine Gemeinde, deren Mitglieder schön **verstreut** wohnen. Natürlich, früher hatte jeder seine „Scholle“ Land, und der Nachbar war weit weg. Das gilt immer noch, im Prinzip. Der eine oder andere hat seine Scholle nämlich verkauft, vorzugsweise die, die in Strandnähe liegt. Und da entstanden dann Ferienwohnungen.

Das ist aber auch verständlich, denn der **Strand** von Kronsgaard ist ausgesprochen schön. Er zieht sich noch über etliche Kilometer hin, wird von einem Deich und einem kleinen Wanderweg begrenzt, und man gelangt ziemlich schnell in einsame Abschnitte. Die Hauptstraße, die B 199, verläuft etliche Kilometer im Hinterland, und nur zwei Stichstraßen führen hier zum Strand. Eine mündet in Kronsgaard, die andere in Pottloch. Dies sei allen Hundehaltern gesagt, denn hier befindet sich ein extra ausgewiesener **Hundestrand!**

Praktische Tipps

Info

- **PLZ:** 24395.
- **Vorwahl:** 04643.
- **Touristen-Information,** 24376 Hasselberg-Kieholm, an der B 199, Tel. (04642) 62 28; geöffnet: Juli/August Mo–Fr 9–18, Sa/So 10–12 Uhr, Mai–Juni, Sept. 9–12, 15–17, Sa 10–12 Uhr, April, Okt. Mo–Fr 9–12, 15–17 Uhr, Nov.–März geschlossen.
- **Internet:** www.gelting.de, www.ferienlandostsee.de.

Unterkunft

- **Haus Nikkaluokta**③, Pferdekoppel 21, Tel. (04642) 41 20. Ökologisch-biologisches Blockhaus für 4 Personen.
- **Appartementanlage Godewind**②, Dänische Str. 11, Tel. 13 12, www.appartementanlage-godewind.de, verschiedene Vermieter. Mehrere FeWo in unmittelbarer Strandnähe und sehr ruhiger Lage. Neben einem Schwimmbad und Sauna gibt es auch ein „Bistrorante“.
- **Landhaus Ostseeblick**③-④, Pottloch, Kronsgaard, Tel. 22 37, www.ferienspass-ostsee.de. Nur 5 Gehminuten von der Ostsee entfernt steht dieses Gebäude mit mehreren FeWos, EZ und DZ sowie behindertengerechten Zimmern. Weiterhin werden geboten: Schwimmbad, Sauna, Wellness-Bereich, Kaminzimmer mit Bar.

Gelting

Der Ort Gelting zählt knappe 2000 Einwohner und weist keine herausragenden Sehenswürdigkeiten auf. Liebhaber alter Kirchen finden hier eine **spätgotische Backsteinkirche** mit einem beeindruckenden Schnitzaltar. Weiterhin liegt hier auch das **Wasserschloss Gelting** aus den Jahren um 1660, leider ist das Haus nicht zu besichtigen, sondern nur von der Straße aus zu bewundern.

Unter **Seglern** ist die Geltinger Bucht ein stehender Begriff, denn sie markiert die Einfahrt zur Flensburger Förde bzw.

332sh hj

signalisiert das Erreichen der freien See, der Ostsee, je nach Fahrtrichtung. Mehrere ausgeschilderte Rundwanderwege führen durch die Geltinger Birk und sie tragen alle unterschiedliche Tiernamen. Die **Birk** ragt wie eine kleine Halbinsel ins Meer, direkt am Ausgang der Flensburger Förde in die Ostsee.

Direkt an der Spitze des östlichen Landzipfels der Geltinger Bucht liegt das 773 Hektar große **Naturschutzgebiet Geltinger Birk.** Eingerichtet wurde es schon 1934 und schützt seitdem verschiedene Naturräume: Schilfbewuchs, Salzwiesen, Dünen und einen Naturstrand.

Wer hierher kommt, passiert auch den kleinen Ort **Goldhöft.** Dort steht noch heute das Wahrzeichen des gesamten Gebietes, die **Schöpfmühle Charlotte** aus dem Jahr 1824. Sie schöpfte früher das Wasser aus dem Noor, so werden die Binnenseen genannt. Von dort können Besucher auf einem Rundwanderweg über 12,8 Kilometer die gesamte Birk erkunden. Ein zweites Info-Zentrum liegt bei Falshöft. Vor dem Eingang zur Birk, knapp 200 m vor der Windmühle, steht ein Kiosk, der Getränke sowie kleine Gerichte anbietet und ein WC hat, außerdem befindet sich hier ein großer Parkplatz.

■ **Birk-Kiosk,** Beveroe 1a, 24395 Niesby, Tel. (0151) 53 73 36 62, Di–So 10–18 Uhr, bei Regen wird früher geschlossen, Nov.–März nur Sa/So bei

Wanderung in die Geltinger Birk

331sh hj

gutem Wetter. Da kann man mal sehen, was jemand mit Mut und Elan erreichen kann. Hier entstand aus einem einfachen Kiosk ein im großen Umkreis geschätzter gastronomischer Anziehungspunkt, weit jenseits von Bockwurst und Pommes. Es gibt Suppen, Kuchen oder Kartoffelsalat, alles selbst gemacht, außerdem werden Lebensmittel aus der Region verkauft.

Nach einer knappen halben Stunde Fußweg (von der Windmühle Charlotte) erreicht man die Schutzhütte des NABU. Von dort gibt es regelmäßig **Führungen.**

Die Geltinger Mühle Charlotte

Im Jahr 2002 wurden elf **Konik-Wildpferde** ausgewildert, mittlerweile zählt der Bestand ungefähr 60 Tiere, die sich vollkommen frei bewegen. Ebenfalls leben dort Highland-Rinder.

Im 5 km entfernten Falshöft erhebt sich direkt am Strand ein **Leuchtturm.** So richtig malerisch steht er da und rotweiß gestreift, wie es sich für einen Leuchtturm gehört, ist er auch. Im Jahr 2010 feierte der 24 Meter hohe Turm einhundertsten Geburtstag, knappe 92 Jahre wies er tatsächlich Seeleuten mit seinem Licht den Weg. Am 1. März 2002 wurde sein Feuer gelöscht, aber danach begann eine neue Karriere, nämlich als Standesamt. Wer Interesse hat, unter Tel. (04643) 18 32 15 oder unter www.leuchtturm-falshoeft.de kann man einen **Trautermin** vereinbaren, wer nur den Leuchtturm besichtigen möchte, kann dies unter Tel. (04643) 777 absprechen.

Praktische Tipps

Info

- **PLZ:** 24395.
- **Vorwahl:** 04643.
- **Tourist-Information,** Nordstr. 1A, 24395 Gelting, Tel. 777, Fax 442, geöffnet: Juli/August Mo–Fr 9–18, Sa/So 10–12 Uhr, Mai, Juni, Sept. 9–12, 14–16, Sa 10–12 Uhr, Okt.–April Mo–Fr 9–12, 14–16 Uhr.
- **Internet:** www.gelting.de.

Unterkunft

- **Hotel Poseidon**③, Schmiedestr. 1, Tel. 25 00, www.poseidongelting.de. Unten befindet sich ein griechisches Restaurant, oben wird ein knappes halbes Dutzend Zimmer vermietet.
- **FeWo Bärbel Jahnke**②, Kattrott 13, Tel. 22 94, www.dreigiebelhof-kattrott.de. Eine große FeWo auf einem ruhig gelegenen Bauernhof mit 5300 m² großem Garten.
- **FeWo Thomsen**②-③, Stenderup 7, Tel. 2294, www.ferienspass-ostsee.de. Sechs FeWo auf einem Bauernhof mit vielen Tieren, Möglichkeit zum Reiten, Sauna, Solarium und eigenem Schwimmbad. WiFi.
- **Ferienhäuser Schloss Gelting**④, Tel. 20 88 96, www.ferienhaeuser.schloss-gelting.de. Auf der Halbinsel Geltinger Birk bzw. in Schlossnähe liegen historische Einzelhäuser unterschiedlicher Größe.

Gastronomie

- **Restaurant Maharaja,** Norderholm 9, Tel. 27 91, täglich ab 17 Uhr. Mal was anderes: Ein indisches Lokal an der Förde.
- **Gasthof Gelting,** Norderholm 28, Tel. 22 03, geöffnet: 10–14, 17–22 Uhr, Mi Ruhetag. Ein großes Gebäude mitten im Ort. Vielseitige Speisekarte, auch Vollwertkost. Generell werden aber maritime und norddeutsche Gerichte serviert. Besonders geschätzt: Fischteller und Bratkartoffelgerichte.
- **Restaurant Sonne & Meer,** Gelting Mole, Tel. 18 57 71, geöffnet: April–Mitte Oktober täglich außer Di 12–21 Uhr, Mitte Okt.–Ende März nur Fr–So. Prima Lage am Hafen von Gelting Mole, sehr schöner Blick aus dem schmuck eingerichteten Lokal und noch besser von der Sonnenterrasse auf die Ostsee und die im Wasser dümpelnden Segelboote. Im Angebot eine interessante Mischung aus maritimen und mediterranen Speisen, nachmittags gibt's selbstgebackene Kuchen und Torten.

MEIN TIPP: **Café Janbeck's,** Lehbek 10, Tel. 18 65 01, täglich außer Mi 11–18 Uhr, außerhalb der Saison Fr–Mo 11–18 Uhr. Angenehme, skandinavisch beeinflusste Einrichtung. Regionale Produkte werden verarbeitet, u.a. zu sehr leckeren Torten (bei-

404sh hj

spielsweise: die Trümmertorte!), die auch draußen im schönen Bauerngarten schmecken. Wer bleiben möchte: Es werden auch sieben Apartments vermietet.

MEIN TIPP: **Café Lichthof,** Falshöft 29, im benachbarten Ort Nieby, an der Straße zum Leuchtturm gelegen, Tel. 13 54, in der Hauptsaison, das heißt vom 1. April bis Ende Oktober, täglich außer Mo 12–18 Uhr, Februar/März nur am Wochenende, 1.11.–26.12. geschlossen. Leckere Kuchen und Torten werden selbst gebacken, süß und pikant. Bei gutem Wetter wird auch der schöne Garten geöffnet. Kombiniert ist das Café mit einer Praxis für Schmerzselbsthilfe.

⌃ Café Lichthof

› Der Bismarckturm bei Quern

Flensburger Fördeland

Unter diesem Oberbegriff sind etliche, zumeist sehr malerische Orte und Dörfer zusammengefasst, die zwischen Gelting und Langballig liegen.

Steinbergkirche an der B 199 gelegen ist sozusagen der Hauptort, wo sich auch eine Touristeninformation und Zimmervermittlung befindet.

Nur wenige Kilometer westlich erhebt sich bei Quern der **Scheersberg** (69 m), auf dem ein gewaltiger **Bismarckturm** steht. Der 1903 eingeweihte Turm misst immerhin 32,20 Meter, und oben schaut

333sh hj

man dann von nicht ganz 100 Meter Höhe weit ins Land hinein. Heute befindet sich hier auch eine internationale Jugendbildungsstätte. Der im neugotischen Stil erbaute Turm wurde 1903 eingeweiht, eine schwarze Granitplatte über dem Eingang trägt das Bismarck-Zitat: „Wir Deutsche fürchten Gott und sonst nichts auf der Welt."

Den Schlüssel zum Turm erhält man im Fitness-Studio gegenüber. Geöffnet Mo–Fr 8–22, Sa 9–17, So 10–18 Uhr gegen 1 € Gebühr.

Etwa acht Kilometer südlich liegt **Sörup,** in dessen Zentrum die **Marienkirche** mit ihrem 57 Meter hohen Turm steht.

Etwa zwei Kilometer außerhalb findet man in **Winderatt** ein **Obstmuseum,** wo um die 700 verschiedene Arten, vor allem Äpfel, zu bestaunen sind.

■ **Obstmuseum,** Waldweg 2, Tel. (04635) 27 45, www.alte-obstsorten.de. Führungen durchs Obstmuseum möglich, geöffnet: von Juli bis Ende September Do–So von 11–17 Uhr, Eintritt: 5 €.

Praktische Tipps

Info

■ **PLZ:** 24972 (Steinbergkirche).
■ **Vorwahl:** 04632 (Steinbergkirche).
■ **Touristikverein Steinbergkirche,** Holmlück 2, 24972 Steinbergkirche, Tel. 84 91 40, geöffnet: ganzjährig Mo–Fr 8–12 Uhr.
■ **Internet:** www.ferienlandostsee.de oder www.steinbergkirche.de.

Unterkunft

■ **Strandhotel Steinberghaff**③, Steinberghaff 20, Tel. 17 55, www.strandhotel-steinberghaff.de. Zehn Zimmer in einem direkt am Strand gelegenen Haus. Einige Zimmer mit tollem Blick aufs Wasser. Ein gutes Restaurant bietet regionale Küche und ein besonderes Highlight ist wohl die nette Sand-Terrasse oberhalb der Steilküste.
■ **Landhaus Börmoos**④, Grüfft 9, Steinbergkirche-Habernis, Tel. 76 21, www.landhaus-boermoos.de. Keine 200 m von der Ostsee entfernt liegt dieses mit sehr viel Liebe zum Detail eingerichtete Reetdachhaus mit sieben unterschiedlichen, aber stilsicher dekorierten Apartments. Die Betten befinden sich bei etlichen Apartments übrigens in Alkoven, also in einer Art Wandschrank. Auf Wunsch wird ein reichhaltiges Frühstück im Haupthaus serviert.

Langballigau

Hinter diesem Namen verbirgt sich eigentlich nur ein **Hafen,** tief in der Flensburger Förde gelegen.

Viele **Segler** zieht es hierher, sie machen Zwischenstopp auf dem Weg in die „dänische Südsee", so wird eines der beliebtesten Reviere der Ostsee genannt, und in Langballigau machen viele ein letztes Mal fest.

Direkt neben dem Hafen liegt der **Campingplatz** Langballigau, und kaum zwei Kilometer weiter der Campingplatz Westerholz, beide sind durch eine Straße vom Strand getrennt. Dieser ist ein sogenannter Naturstrand, also durchaus steinig, schmal und von einer kleinen Wiese begrenzt. Zusammengefasst ist hier wirklich wenig los, außer den paar Kiosken und Restaurants im Hafenbereich beschränkt sich die Abwechslung auf den täglichen winzigen Fischmarkt.

Praktische Tipps

Info

- **PLZ:** 24977 (Langballig).
- **Vorwahl:** 04636.
- **Touristikverein Amt Langballig,** Süderende 1, Tel. 88 80.
- **Internet:** www.flensburger-foerdeland.de oder www.tourismus-langballig.de.

Unterkunft

- **Zimmernachweis:** über Touristikverein.
- **Hotel Alte Landschule**④, Grundhoferstr. 1 in Langballig, Tel. 97 96 601, www.hotel-alte-landschule.de. Kleines Hotel im 3 km von der Förde entfernt liegenden Ortsteil Langballig. Nur vier Zimmer, die unter einem bestimmten Motto eingerichtet sind, wie beispielsweise das „Rosenzimmer". Das Frühstück wird mit hausgemachten regionalen Produkten serviert. Ein Apartment wird auch noch vermietet.
- **Campingplatz Langballigau,** in Richtung Langballigau dem Hinweis „Strand" folgen; ein kleines Wiesengelände, zwischen der Förde und einem Angelsee gelegen. Tel. 308, www.campingplatz-langballigau.de, geöffnet von April bis Oktober. Es gibt auch zwei separate Stellplätze für ca. 50 Wohnmobile.
- **Campingplatz Fördeblick Westerholz,** Tel. 83 85, www.campingplatz-westerholz.de, geöffnet 1.4.–30.9. Direkt am Strand gelegenes Wiesengelände, etwa zwei Kilometer von Langballigau entfernt in Westerholz.

In der **Umgebung** sind etliche Unterkünfte zu finden, teilweise in winzigen Dörfern, teilweise auf abgelegenen Bauernhöfen. Die Lage der meisten Häuser ist absolut ruhig, fast idyllisch. Die Liste der Apartments umfasst einige Seiten, sie sind in den umliegenden Dörfern zu finden.

Gastronomie

- **Anna und Meehr,** Am Hafen 8, Tel. (04636) 97 99 824, geöffnet: Di–So 12–20 Uhr, Nov.–März nur Sa/So 12–20 Uhr. Kleines Bistro am Hafen mit schönem Fördeblick. Leckere Torten und Kuchen, gebacken mit Dinkelmehl, auch einen veganen Kuchen gibt es immer, außerdem eine kleine Bistroküche, sowie saisonale Gerichte.
- **Lorenzenhof,** An der Beek 4, Langballig, Tel. (04636) 225, www.lorenzenhof-langballig.de. Ein Demeter-Hof, der biologisch-dynamisch wirtschaftet. Im Hofladen werden Naturkost-Produkte wie Früchte, Gemüse, Käse, Säfte, Brot, Kuchen und Fleisch verkauft. Geöffnet: Di–Fr 15–18 Uhr, Sa 9–12 Uhr.

334sh hj

Ausflug

Dollerup

Eine Siedlung „Dalderup" ist seit Mitte des 14. Jahrhunderts bekannt, aber die Geschichte hinterließ keine nennenswerten Spuren. 1888 kam die Moderne ins Dorf in Form einer Eisenbahnlinie, die von Kappeln nach Flensburg führte, aber nicht mehr existiert. Heute verläuft auf dieser ehemaligen Bahntrasse die Bundesstraße B 199.

In Dollerup befindet sich die **Dolleruper Destille,** die nördlichste Obstbrennerei Deutschlands. Hier werden Obstbrände und Obstgeist aus heimischen Obst und Früchten gebrannt und im Laden verkauft. Obendrein wird zu bestimmten Terminen ein Schaubrennen veranstaltet, im Herbst auch frischer Apfelsaft gepresst. Obendrein gibt es ein Café und eine Weinstube.

■ **Dolleruper Destille,** Neukirchener Weg 8 A, 24989 Dollerup, Tel. (04636) 97 60 30, www.alles-apfel.de, geöffnet: April bis Sept. Mo–Fr 10–13, 15–18 Uhr, Okt. bis März Mi–Fr 10–13, 15–18 Uhr, Café Sa–Di 14–18 Uhr.

Langballigau: Treff der Segler

Unewatt

Unewatt ist ein Dorf, das zur Gemeinde Langballig gehört. 1987 wurde mit der Errichtung eines **Landschaftsmuseums** begonnen, das 1993 eröffnet wurde. Fünf Museumsgebäude sind inzwischen ausgebaut und können besichtigt werden. Interessant hierbei ist, dass die restaurierten Museumshäuser in das Dorf integriert wurden, es sich demnach nicht um ein Freiluftmuseum wie in Molfsee handelt. Die Bereiche Dorf und Museum wurden zusammengebracht, und nicht ohne Stolz wird dann auch vom ersten Öko-Museum Deutschlands gesprochen. Zu sehen gibt es mehrere historische landwirtschaftliche Gebäude, die auf einem Rundgang nacheinander angesteuert werden.

Zunächst das **Marxenhaus,** ein Fachwerkhaus aus der Gegend von Süderbrarup. Es wurde dort abgebaut und in Unewatt wieder im Originalzustand aufgebaut, das ursprüngliche Gebäude stammt aus dem Jahr 1626.

Die kleine **Räucherei** entstand 1894 als Lohnräucherei, wo Fischer gegen Gebühr ihre Fische räuchern lassen konnten. Die **Buttermühle** funktioniert noch heute und zeigt, wie mühsam früher Meierei- und landwirtschaftliche Arbeit war. Die **Christensen-Scheune** ist eine Ausstellungshalle und war ehemals Stall sowie Scheune, heute stehen hier Landmaschinen.

335sh mux

Etwas abseits und auf einer Anhöhe steht die holländische **Windmühle Fortuna,** 1878 wurde sie errichtet.

■ Unewatter Str. 2, Langballig, Tel. (04636) 10 21, www.museum-unewatt.de. Geöffnet: Mai–Sept. Di–So 10–17 Uhr, Mo geschlossen. April und Okt. Fr–So 10–17 Uhr, Mo–Do geschlossen, Nov.–März geschlossen. Eintritt: 4,50 €, Kinder bis 16 Jahre 1 €.

Glücksburg

In diesem Ort liegt das schöne **Wasserschloss Glücksburg.** Vor über 400 Jahren wurde es erbaut (1582–1587), und aus dem über dem Portal eingemeißelten Wahlspruch leitete sich der **Name** ab: G.G.G.M.F. (Gott gebe Glück mit Frieden).

Wahrscheinlich ist das Wasserschloss Glücksburg neben dem Schloss in Ahrensburg (bei Hamburg) **eines der schönsten Schlösser von Schleswig-Holstein.** Es ist auf einer Insel im Schlossteich gelegen und dürfte zu den am meisten fotografierten Motiven im ganzen Land gehören.

Und in der Tat beeindruckt das Schloss bereits von außen. Bei einem Rundgang um den Teich spiegelt sich das ganz in Weiß gehaltene Bauwerk im Wasser wider. Über einen Damm wird das Hauptportal erreicht, wo auch der eben genannte Leitspruch zu finden ist. Im Schloss befindet sich ein **Museum** mit umfangreicher Sammlung von Porzellan, Gemälden, Möbeln und Waffen.

☒ Im Museumsdorf Unewatt

■ **Stiftung Schloß Glücksburg,** Große Straße, 24960 Glücksburg, Tel. (04631) 44 23 30, www.schloss-gluecksburg.de. Geöffnet: 1.5.–31.10. täglich 10–18 Uhr, ab 1.11. Sa/So 11–16 Uhr, Eintritt: 7 €, Kinder (6–16 Jahre) 3 €, Familienkarte 14 €.

Unmittelbar an das Schloss grenzt ein 5000 m² **Rosarium.** Dieses wurde 1991 eröffnet, und hier wachsen heute etwa 500 verschiedene Rosenarten. Auffällig ist, dass die Rosen nach ihrer Blütenfarbe geordnet sind, zunächst kommen die weißen, dann die rosafarbenen und zum Schluss die knallroten Rosen.

■ Am Schlosspark 2–13, geöffnet: 1. Mai bis Ende September täglich 10–18 Uhr. Die Hochblüte ist ungefähr ab 20. Juni, was aber immer witterungsabhängig ist. Nachfrage unter Tel. (04631) 60 100, www.seaside-garden.de. Eintritt: 3 €.

Glücksburg weist einen zwar relativ kleinen, aber durchaus netten **Strand** auf. Dort stehen zwei, drei Lokale, ragt eine **Seebrücke** weit ins Wasser und dort legen regelmäßig kleine Fähren nach Flensburg an. Direkt am Strand liegt auch das malerische Strandhotel.

Etwas weiter nördlich an der Landspitze, die in die Förde ragt, liegt die **Halbinsel Holnis,** das Naherholungsgebiet der Flensburger. Hier erstreckt sich nämlich ein schöner, recht langer Strand. Der ist zwar nicht übermäßig breit, aber sehr feinsandig. Begrenzt wird der Strand von einer Promenade, wo auch einige wenige Lokale liegen, wie beispielsweise das **Café Drei.** Fast am Strand und nur durch eine Promenade getrennt liegt dort auch der Campingplatz **Ostseecamp Glücksburg-Holnis.**

Ganz an der Nordwest-Spitze steht ein 400 Hektar großes Gebiet unter Naturschutz. Wanderwege führen durch diese Zone, der NABU hat neben dem besonders eindrucksvollen **Kliff** eine Info-Hütte errichtet.

Praktische Tipps

Info

- **PLZ:** 24960.
- **Vorwahl:** 04631.
- **Tourist Service Center,** Schloss Glücksburg, Tel. (0800) 20 20 040 (kostenlos aus dem deutschen Festnetz). Geöffnet: in der Saison Mo–Fr 9–18 Uhr, im Winter 9–16 Uhr, Juli/August Sa/So 10–16, Mai/Juni, Sept./Okt. Sa/So 10–14 Uhr.
- **Internet:** www.gluecksburg-ostsee.de.

Unterkunft

- **Vitalhotel Alter Meierhof**⑤, Uferstr. 1, Tel. 619 90, www.alter-meierhof.de. Mal etwas anderes: stilvolles Hotel mit 54 Zimmern mit teilweise traumhaftem Blick auf die Förde und sehr gutem Restaurant. Obendrein wird eine Beachfarm, Massage und ein orientalisches Tropenbad geboten. Spezielle Relax-Pauschalen.
- **Strandhotel Glücksburg**⑤, Kirstenstr. 6, Tel. 614 10, www.strandhotel-gluecksburg.de. Historisches Haus (1872) in exponierter Lage, von vielen der 36 Zimmer genießt der Gast freien Blick auf die Förde. Flure und Zimmer sind großzügig geschnitten, geschmackvoll und skandinavisch inspiriert eingerichtet und die Küche bietet eine exzellente Karte. So richtig mal was zum Gönnen und Ausspannen! WLAN.
- **Fährhaus Holnis**③, Holnisser Fährstr. 21 in Holnis, Tel. 613 30. Kleines, historisches Haus, ganz oben in Holnis an der Förde gelegen. Von den Zimmern im Erdgeschoss gelangt der Gast unmittelbar in den reizenden Garten. Das angeschlossene Restaurant bietet regionale bodenständige Küche.
- **Pension Jepsen**③, Sandwigstr. 12, Tel. 409 20, www.pension-jepsen.de. In ruhiger Lage, nur 200 m vom Strand entfernt, steht diese Jugendstilvilla, in der sechs gemütliche Zimmer angeboten werden. WLAN.
- **Campingplatz Schwennau,** Schwennaustr. 41, Tel. 26 70, www.hallo-schwennau.de. Der Platz liegt am kleinen Badestrand unweit der Anlegestelle der Flensburg-Fähre, ganzjährig geöffnet.
- **Campingplatz Glücksburg-Holnis,** An der Promenade 1, Tel. 62 20 71, www.ostseecamp-holnis.de. Zu finden an der Landspitze bei Holnis am schönen langen Sandstrand, geöffnet: April bis Oktober.

Gastronomie

- In Glücksburg finden Gourmets mehrere Lokale, die auf allerhöchstem Niveau kochen, so beispielsweise *Dirk Luther* im Restaurant **Meierei** (2 Guide Michelin Sterne) oder das Restaurant **Felix** vom Strandhotel (13 Punkte Gault Millau).
- **Restaurant Scheune,** Schinderdamm 7, Tel. 44 39 77, in der Saison täglich ab 11 Uhr, in der Nebensaison Okt.–Juni tägl. ab 17 Uhr. Im Ortskern am Marktplatz steht diese ehemalige Scheune, die zu einem gemütlichen Restaurant umgestaltet wurde und internationale Küche serviert.
- **Rosen-Café,** Am Schlosspark 2a, Tel. 60 10 21, geöffnet: täglich 10–18 Uhr, im Winter ab 12 Uhr, Mo Ruhetag. Hinter dem Rosarium liegt das nette Rosen-Café. Mehrere liebevoll dekorierte Räume und eine sehr schöne Terrasse warten auf Gäste.

Wassersport

- **Surfen:** Surfschule Holnis, Strandservice Festersen, Ziegeleiweg, Holnis-Strand, 24960 Glücksburg, Tel. 72 25, www.surfschule-holnis.de. Die Surfschule Holnis bietet Kurse für Einsteiger und Fortgeschrittene sowohl im Kiten, als auch im Windsurfen.

Weitere Aktivitäten

■ **Artefact Powerpark,** „Deutschlands erster Energie-Erlebnispark" beschreibt ein hauseigener Prospekt diese Einrichtung an der Bremsbergallee 35. An mehr als 30 Stationen sollen kleine und große Forscher sich mit dem Thema „Energie" beschäftigen und hautnah auf spielerische Art erkunden. Infos: Tel. 61 160, www.artefact.de. Geöffnet: 1.4.–30.9. Mo–Fr 9–18 Uhr, Sa und So 10–18 Uhr. Eintritt 4 €, Kinder bis 16 Jahre 3 €, Familie 10 €.

■ **Badelandschaft:** Fördeland Therme Glücksburg, Sandwigstr. 1a, Tel. 44 40 70, www.foerdeland-therme.de. Geöffnet: 10–22 Uhr, Fr/Sa bis 1 Uhr nachts.

■ **Golf:** Förde-Golf-Club, Bockholm 23, Tel. 25 37, www.foerdegolfclub.de. Ein 18-Loch-Platz in toller Lage.

■ **Reiten:** Reiterhof Clausen, Ruhetaler Weg 30, Tel. 951, www.rsgr.de.

■ **Bücherei:** Bahnhofstr. 6, Tel. 2464, www.stadtbuecherei-gluecksburg.de. Geöffnet: Mo/Di 14.30–18, Do/Fr 10–12.30, 14.30–18. Hier gibt es auch Internet-Plätze.

Einkaufen

■ **Wochenmarkt:** Freitag ab 13 Uhr auf dem Schinderdamm.

Post

■ Agentur im Edeka-Markt, Rathausstr. 8, Tel. (01802) 33 33.

Bekannte Sehenswürdigkeit: das Wasserschloss Glücksburg

410sh mux

Flensburg

0 200 m ©Reise Know-How 2014

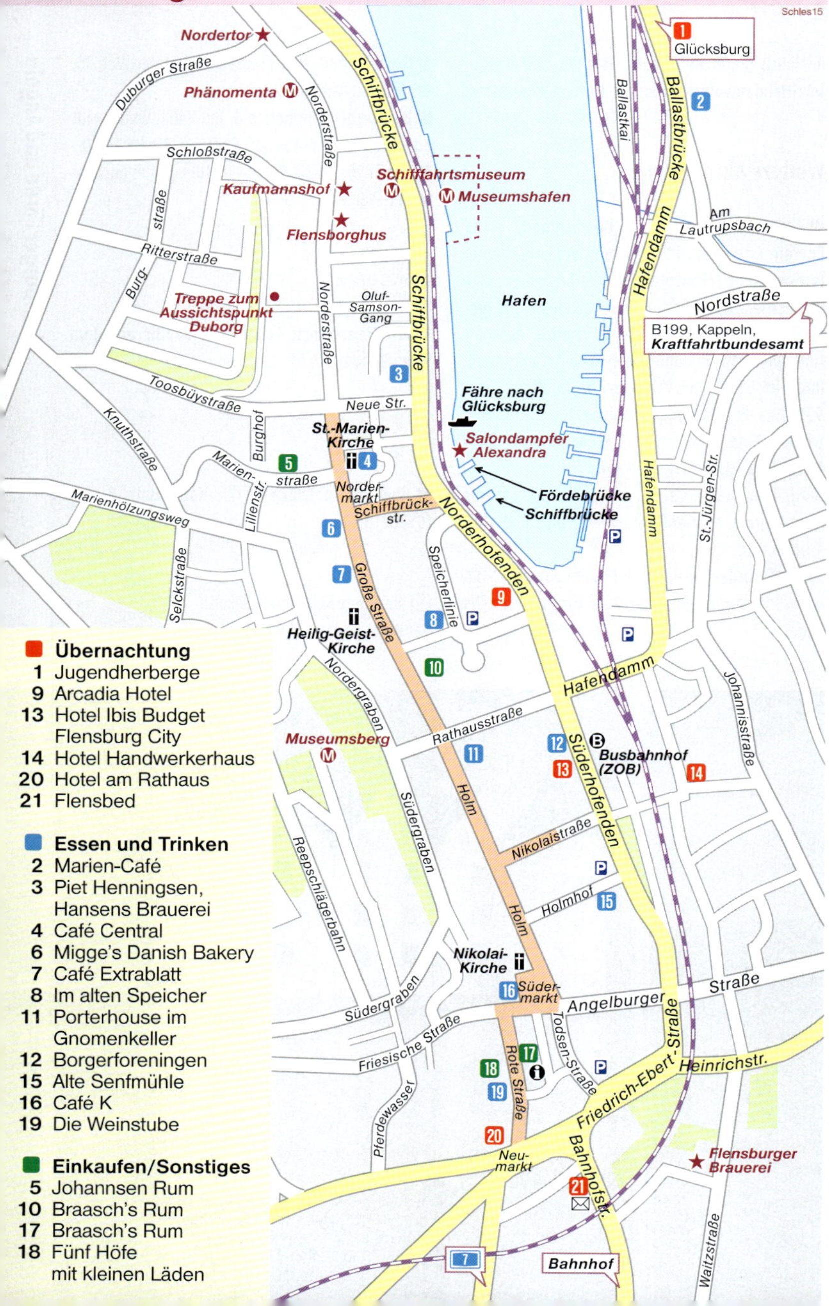

Übernachtung
1 Jugendherberge
9 Arcadia Hotel
13 Hotel Ibis Budget Flensburg City
14 Hotel Handwerkerhaus
20 Hotel am Rathaus
21 Flensbed

Essen und Trinken
2 Marien-Café
3 Piet Henningsen, Hansens Brauerei
4 Café Central
6 Migge's Danish Bakery
7 Café Extrablatt
8 Im alten Speicher
11 Porterhouse im Gnomenkeller
12 Borgerforeningen
15 Alte Senfmühle
16 Café K
19 Die Weinstube

Einkaufen/Sonstiges
5 Johannsen Rum
10 Braasch's Rum
17 Braasch's Rum
18 Fünf Höfe mit kleinen Läden

405sh mux

Flensburg

„Highlight im Norden", betitelt sich der Ort selbst zu Recht. Flensburg liegt an der Flensburger Förde, und hier **dominiert Maritimes.** Da wäre zunächst einmal der Hafen, tief schneidet er sich in das Zentrum der Stadt, teilt sie gewissermaßen. Hier liegt der historische Kern mit alten Kaufmannshäusern, einem Museumshafen und dem ewigen Geruch der salzigen See.

Und dann das besondere Verhältnis zum Nachbarn **Dänemark.** 400 Jahre regierten die dänischen Könige in Flensborg, das prägt, bis heute! Nicht nur, dass man hier eine zweisprachige Zeitung kaufen kann (Flensborg Avis), nein, in nicht wenigen Geschäften parlieren die Verkäufer wie selbstverständlich dänisch – oder deutsch –, je nachdem. Und überall gibt es original dänische Hot Dogs, unverwechselbar mit dem roten(!) Würstchen, den süßen Gurkenscheiben und den gerösteten Zwiebeln. Falls jemand einen Tipp hat, wie man die unfallfrei, also ohne die leckere Remouladen-Ketchup-Senf-Mischung zu verkleckern, verputzen kann, soll er/sie sich umgehend melden! Flensburg, so sagt man, habe eine hyggelige Atmosphäre. Was das ist? Das müssen Sie schon selbst herausfinden.

⌃ Die gemütliche Flensburger Innenstadt

Geschichte

Wechselvoll! Das ist nicht nur der Stoßseufzer eines Reisebuchautoren, der versucht, in aller Kürze einen halbwegs brauchbaren Überblick zu geben. Nein, auch so mancher Flensburger soll es schon als hoffnungsloses Unterfangen aufgegeben haben darzustellen, wie alles einmal begann und zu dem wurde, was es ist. Na denn, hier ein Versuch.

Irgendwann um das **12. Jahrhundert** soll am Südpunkt der heutigen Flensburger Förde so etwas wie eine **Siedlung** entstanden sein. Ein Handelsweg führte damals von Nord nach Süd und passierte diesen Punkt, die Handelsschiffe legten, von Osten kommend, ebenfalls hier an. Gar nicht so dumm gedacht also, und flugs fing auch jemand an, von den durchreisenden Kaufleuten eine Gebühr zu verlangen. Eine Art mittelalterliche Kurtaxe etwa? Wir wissen es nicht.

1284 hatte sich diese Siedlung so weit gemausert, dass sie **Stadtrechte** erhielt. Dann wurden Kirchen gebaut, zuerst die St.-Marien-Kirche dann die St.-Nikolai-Kirche. 1345 wurde die Stadtmauer errichtet, das Nordertor markiert heute noch die damalige Außengrenze.

Schon seit jenen Tagen schwelte ein Streit um das Herzogtum Schleswig. Der wurde 1460 durch die Vereinbarung der Schleswig-Holsteinischen Räte in Ripen (das heutige Ribe in Dänemark) für Jahrhunderte beendet: König *Christian I.* von **Dänemark** wurde Herzog von Schleswig und damit Herrscher über

406sh mux

Flensburg. Das brachte der Stadt in den folgenden Jahrzehnten Wohlstand, sie trieb Handel mit Skandinavien und wurde zeitweise größte dänische Handelsmetropole. Angeblich war Flensburg sogar größer als Hamburg oder Kopenhagen in jenen Tagen.

Dann kamen die bitteren Tage der **Kriege** (1618 bis 1648 Dreißigjähriger und 1712 bis 1721 Nordischer Krieg), nacheinander besetzten *Wallenstein* und mehrfach die Schweden die Stadt. 1721 war von Flensburgs ursprünglicher Bedeutung nicht mehr viel übriggeblieben, Hamburg war deutlich mächtiger geworden.

Aber die Flensburger waren zäh. Unter dänischer Flagge startete man neu, trieb **Handel** mit fernen dänischen Provinzen und brachte u.a. Zucker und Rum zurück. Die Stadt profitierte von diesem Handel und zählte fast 300 Schiffe.

Dann wurde Flensburg in die Wirren um die **Kriege mit Napoleon** verstrickt. Die dänische Krone nahm für die falsche Seite *(Napoleon)* Partei. Als der Korse besiegt war, verlor Dänemark das Gebiet, das heute Norwegen ist, und Flensburg wurde voll von der Kontinentalsperre erwischt. Verständlich, dass da der Wunsch etlicher Bürger hochkam, nicht mehr zu Dänemark zu gehören. Die Folge: **Aufstand gegen die Dänen**

[<] Blick vom Hafen auf Flensburg-City

[v] Im Museumshafen

336sh mux

(1848–1851) und Krieg (1864), Schleswig-Holstein wurde **preußische Provinz** und Teil des deutschen Reiches. 1920 dann die endgültige, bis heute gültige Entscheidung. In einer **Volksabstimmung** sprach sich die Mehrheit der Flensburger dafür aus, dem deutschen Reich anzugehören, die Grenze wurde neu gezogen.

Dann kam der **Zweite Weltkrieg,** und Flensburg rückte noch einmal ganz kurz ins Zentrum des Geschehens. Kurz vor Kriegsende flüchtete die letzte Regierung von Nazi-Deutschland hierher, Flensburg wurde provisorische Reichshauptstadt, für wenige Tage. Der Spuk hatte aber bald ein Ende, am 7. Mai 1945 kapitulierte Großadmiral *Dönitz* endgültig, der Krieg war vorbei.

In den Jahren **bis heute** konnte Flensburg einen eigenständigen städtischen Charakter entwickeln, der stark von den nachbarschaftlichen Bindungen zu Dänemark geprägt ist. Der Austausch über die Grenze funktioniert tadellos, so als ob es sie gar nicht gebe – und dieser tolerante Geist ist angenehm spürbar.

Sehenswertes

Da ist zuallererst der **Hafen** zu nennen. Vor allem an der Westseite der Förde spielte sich das Hafengeschehen ab, aber auch am Ostufer kann man sehr schön schlendern und die vielen Sportboote bestaunen. Obendrein bietet sich ein schöner Blick übers Wasser auf die Silhouette der Stadt vor der Flensburger Förde. Und ein gemütliches Lokal mit einer Terrasse auf Stelzen über dem Wasser gibt es auch. Sehenswert ist insbesondere der **Museumshafen** am Westufer. Etwa 20 alte **Holzsegelschiffe** liegen hier vor Anker, eins schöner als das andere. Da knarren die Planken im Abendlicht, flattert das schlecht eingeholte Segeltuch und knirscht der Fender zwischen Hafenmauer und Schiffsrumpf, auch für Nicht-Matrosen ein toller Anblick! Und hier steht auch der markante **Holzkran,** der Nachbau eines Modells von 1725. Auf einer **Museumswerft** kann man den Bootsbauern bei der Arbeit zuschauen. Ein Bootskörper entsteht in einer offenen Bootshalle. Weiterhin wurden Holzbuden und eine Musterwerkstatt nachgebildet, sodass der Besucher tatsächlich durch eine historische Werft schlendern kann.

■ **Museumswerft,** Schiffbrücke 43–45, geöffnet: Mo–Fr 8–17, Sa/So 10–17 Uhr, Eintritt: 1 €. Das **Werftcafé** ist täglich von 10 bis 16 Uhr geöffnet. Und auf dem Steg, also außerhalb der eigentlichen Werft liegt **Bens Fischhütte,** wo es „das letzte Fischbrötchen vor der Grenze" gibt! Geöffnet: 11–19 Uhr.

Wer schon mal hier ist, sollte sich auch das **Schifffahrtsmuseum** anschauen, eine Schiffstonne weist vom Hafen den Weg. Das Museum liegt an der Schiffbrücke, das ist die Straße, die am Ufer des Hafens vorbeiführt. Untergebracht ist es in einem ehemaligen Zollpackhaus, das im 20. Jahrhundert Lagerplatz für unverzollte Waren war. 1984 wurde dann das Museum hier eingerichtet. Was wird ausgestellt? Flensburgs maritime Geschichte anhand von Schiffsmodellen,

[>] Malerisch: der Oluf-Samson-Gang

Portraits von Kapitänen und Reedern, alle möglichen Instrumente der Navigation, Seekarten und die Historie des Rumhandels. Letzterem wird seit 1993 dann auch eine spezielle Abteilung gewidmet, das **Rum-Museum** zeigt die Historie der Flensburger Rum-Brennereien, wie es so treffend heißt, „vom Eichenfass ins Grogglas". Bemerkenswert ist, dass die Räumlichkeiten im Originalzustand nachgebaut wurden, alles ist eng und verwinkelt, wer nicht aufpasst, stößt sich schnell den Kopf. Auch Details der Flensburger Geschichte kommen zur Geltung. So ist der historische Kolonialwarenladen CC Petersen ausgestellt, ebenso die Arbeitswelt auf einer Werft. Man erinnert an vergangene „Butterfahrten" und erklärt, was Petuhtanten waren. Auch dem Wandel der Technik ist eine Ausstellung gewidmet.

■ **Flensburger Schiffahrtsmuseum,** Schiffbrücke 39, Tel. 85 29 70, www.schiffahrtsmuseum.flensburg.de, geöffnet: Di–So 10–17 Uhr, Eintritt: 6 €, Kinder unter 18 Jahren frei. Verbundkarte mit dem Museumsberg: 8 €.

Nur wenige Schritte entfernt liegt das **Nordertor.** Der ehemalige Eingang zur Stadt ist heute Wahrzeichen von Flensburg. 1595 wurde das Tor errichtet, wer genau hinschaut, erkennt noch über dem Torbogen das Wappen von Dänen-König *Christian IV.*

Hat man das Tor durchschritten, spaziert man über die Norderstraße zur Großen Straße und schließlich zum Holm. Hier liegt das **Zentrum** Flensburgs, hier sind historische Bauten, etliche Kneipen und jede Menge kleiner Geschäfte zu finden. Große Straße und Holm sind **Fußgängerzone,** und diese

407sh mux

Zone endet vor der St.-Nikolai-Kirche am Südmarkt.

Kurz nach dem Passieren des Nordertores liegt auf der rechten Straßenseite die **Phänomenta,** ein Tipp für Kinder. Es fällt nicht leicht zu beschreiben, was die Phänomenta ist. Vielleicht so: eine Mischung aus Museum, Ausstellungshalle, Experimentierstube und Versuchsfeld. Am Eingang versucht folgender Hinweis es noch besser zu erklären: „Menschen jeden Alters erleben, handeln und begreifen mit allen Sinnen riechen, tasten, sehen, schmecken, hören, bewegen, kriechen, rollen, experimentieren ...“ (es geht noch weiter), ein Haus für Neugierige mit 200 Experimentierstationen. Alle Exponate sind betastbar und können auch ausprobiert werden. Die Frage „Wie funktioniert das?“ soll immer hautnah erfahrbar sein. Nur dadurch bleibt Wissen haften, so die Philosophie des Hauses.

■ **Phänomenta,** Norderstr. 157–163, Tel. 14 44 490, www.phaenomenta-flensburg.de, geöffnet: Mo–Fr 10–18, Sa/So 12–18 Uhr, Okt.–Mai Mo geschlossen, Eintritt: 11 €, ermäßigt 8 €, Kinder 3–6 Jahre 3 €.

Wenige Schritte weiter liegt auf der linken Seite, Norderstraße 86, der **Kaufmannshof,** ein typischer Handelshof des 18. Jahrhunderts. Ein Speicher zur Hafenseite für die Waren, vorne Büroraum und mittendrin Viehstall und Brunnen.

Dann ist das **Flensborghus** zu finden, ein schönes, renoviertes Gebäude, das 1723 als Waisenhaus erbaut wurde. Die Balkeninschrift im Tordurchgang auf Dänisch deutet die heutige Verwendung an, ein Büro der dänischen Minderheit.

Es lohnt sich jetzt als nächstes, einmal die Norderstraße nach rechts zu verlassen und die Treppen zum **Aussichtspunkt Duborg** hochzusteigen. Von oben hat man einen tollen Blick über die Stadt bis zum Ausgang der Förde.

Nun zurück zur Norderstraße, weitere historische Höfe sind zu finden, zunächst zum **Oluf-Samson-Gang,** später zum Lagerhaushof und Künstlerhof. Der Oluf-Samson-Gang ist eine der ältesten Gassen der Stadt, hier stehen noch viele kleine, gedrungene Fachwerkhäuser aus dem 18. Jh., die früher von Seeleuten und Handwerkern bewohnt wurden. Oben war oft der Speicher untergebracht, Waren wurden mit Seilwinden hochgehievt, die Gauben kann man heute noch sehen. Im 20. Jh. wandelte sich die Gasse zu einer Bordellstraße, da hier viele Prostituierte wohnten. Benannt ist der Gang nach einem Kaufmann, der hier Anfang des 17. Jahrhunderts wirkte. Es ist die erste Straße, die in Flensburg nach einem ihrer Bürger benannt wurde.

Die **St.-Marien-Kirche,** am Beginn der Fußgängerzone, datiert von 1284, ein trotz seiner Bedeutung schlichter Backsteinbau mit geschnitztem Hochaltar und schönen Glasmalereien. Außerdem befindet sich hier das **Beyer'sche Epitaph** aus dem Jahr 1591, das eines der frühesten Hafengemälde Flensburgs zeigt. Die Kaufleute und vor allem die Seefahrer waren seit Ende des 14. Jh. in der **St.-Marien-Kaufmannsgilde** zusammengeschlossen. Diese Gilde bot den Mitgliedern nicht nur religiösen

☒ In der Roten Straße liegen viele kleine Geschäfte

Beistand, sondern auch sozialen Schutz, sie zählte lange zu den vornehmsten Gilden der Stadt.

Draußen steht der **Neptunsbrunnen** aus dem Jahr 1758.

Auf dem weiteren Weg werden noch mal etliche Höfe und altehrwürdige Häuser passiert. Der Volksmund sprach früher von der **Groschenseite** (zum Wasser hin), dort wohnten die Kaufleute, und der Pfennigseite, weil das die Seite der Handwerker war.

Etwa in der Mitte der Fußgängerzone erreicht man die kleine **Heilig-Geist-Kirche.** Sie wurde 1386 erbaut, dient seit der Reformation den dänischsprachigen Bürgern als Gotteshaus und beherbergt im Innern einen ziemlich schlichten Altar und zwei Votivschiffe. Geöffnet: Di–Sa 14–16 Uhr.

Wenn die Rathausstraße erreicht ist, kann man rechts zum **Museumsberg** schwenken und vom dortigen Aussichtspunkt noch einmal das Panorama der Stadt genießen. Im **Städtischen Museum** wird die Geschichte Flensburgs und somit auch die wechselseitige Beziehung zu Dänemark dargestellt. Das Museum ist in zwei Gebäuden mit Sammlungen der Kultur- und Kunstgeschichte aus dem Landesteil Schleswig vereint. Weiterhin gibt es Nachbauten alter Bauernstuben, Möbelsammlungen und kirchliche Kunst. Außerdem wird Kunst aus Schleswig-Holstein aus dem 19.–21. Jh. gezeigt, u.a. Werke der Expressionisten *Nolde, Heckl, Barlach.* Im **Naturkundemuseum** gibt es Ausstellungen zur landestypischen Tier- und Pflanzenwelt.

■ **Museumsberg Flensburg,** Museumsberg 1, Tel. 85 29 56, www.museumsberg.flensburg.de, geöffnet: Di–So 10–17 Uhr, Eintritt: 6 € bzw. 8 € als Verbundkarte, die auch im Schiffahrtsmuseum gilt.

167sh hj

Zurück zur Hauptstraße, die ihren Namen zum dritten Mal gewechselt hat, sie heißt jetzt schlicht **Holm.** Bis zur Nikolai-Kirche befinden sich hier noch fünf weitere historische Höfe aus vergangenen Jahrhunderten, überwiegend auf der linken Straßenseite. Darunter sind vor allem der „Norwegerhof" (Holm 17), der nach dem dort ansässigen Restaurant auch „Borgerforeningen" genannt wird und der Holmhof (Hausnummer 45), wo es mehrere Lokale gibt, sehr schön gestaltet.

Schließlich erreicht man die **Nikolai-Kirche,** die um 1390 erbaut wurde; benannt ist sie nach dem Schutzheiligen der Seefahrer. Diese Kirche ist die **größte der Stadt,** ihr Turm erreicht gar 90 Meter. Hervorzuheben ist die Orgel aus dem frühen 17. Jh. An Markttagen, d.h. an Samstagen, wird sie noch regelmäßig gespielt. Die Kanzel stammt aus dem 16. Jh., die Bronzetaufe aus dem Jahr 1497. Die 17 Glocken ertönen jeden Tag um 9, 12, 15, 18 und 21 Uhr. Im Sommer kann man den Turm am Samstag gegen 13 Uhr besteigen. Geöffnet täglich 9–18 Uhr.

Wer den Marktplatz an der Kirche erreicht hat, sollte jetzt einmal 50 Meter die Straße nach rechts gehen und dann nach links in die **Rote Straße** einbiegen. Hier trifft man auf diverse kleine und kleinste Läden, schön verteilt auf fünf gemütlichen Hinterhöfen. Neben Kunsthandwerk, Musikalien und Glasbläsern sind gemütliche Weinstuben und Buchhandlungen zu finden, ein netter Abschluss des Flensburg-Spazierganges. Zumeist handelte es sich früher um sogenannte **Utspann-Höfe,** in denen Bauern und Händler aus der Umgebung kommend ihre Pferde ausspannen und ihre Waren zwischenlagern konnten, denn hier gab es Stallungen, Lager und natürlich eine Gaststube. Die Händler und Bauern gingen dann zum nahen Südermarkt hinüber, um auf dem Markt ihre Produkte zu verkaufen. Heute hat sich das Bild in der kurzen Rote Straße gewandelt. Kleine, nette Geschäfte sind eingezogen, einige Lokale haben geöffnet und das Ganze strahlt eine ganze Menge Charme aus.

Die **Flensburger Brauerei,** aus der die Flasche mit dem „Plopp" kommt, die, dank der Comic-Figur Werner wohlbekannte „Flasch Flens", kann im Rahmen einer Führung besichtigt werden.

- **Flensburger Brauerei,** Munketoft 12, Infos unter Tel. 86 31 22, www.flens.de, Führung Mo–Fr 10, 14 und 18 Uhr, Dauer ca. 3 Std., ab 10 € inkl. Bierverkostung und kleinem norddeutschen Imbiss. Um telefonische Voranmeldung wird gebeten.

Praktische Tipps

Info

- **PLZ:** 24937 bis 24944.
- **Vorwahl:** 0461.
- **Touristen-Information,** Rote Straße 15–17, 24937 Flensburg, Tel. 909 09 20, geöffnet: Mo–Fr 9–18, Sa 10–14 Uhr.
- **Internet:** www.flensburg-tourismus.de.

An- und Weiterreise

- **Busse:** vom ZOB, Süderhofenden, Tel. 14 10 88, Linien 1604 und 1605 nach Kappeln, Linie 21 nach Glücksburg, Linie 4810 nach Kiel, Stadtbus Linie 1 nach Kruså, Stadtbus Linie 1 oder 2 zum Lachsbad (siehe Ausflüge/Kleinster Grenzübergang Nordeuropas), Linie 1044 nach Husum bzw. Sønderborg.

■ **Bahn:** Bahnhofstraße, Tel. 86 13 01 (Auskunft). Der Bahnhof liegt ziemlich außerhalb. Bus Nr. 5 fährt alle 20 Min. zum ZOB in der City. Im Carlisle-Park, direkt vor dem Bahnhof, wurden von Künstlern aus den Stämmen abgestorbener Ulmen tolle Skulpturen geschnitzt.

Unterkunft

■ **Zimmernachweis:** über die Touristen-Information.

■ **Arcadia Hotel**⑤, Norderhofenden 6–9, Tel. 841 10, www.arcadia-hotel.de. Größtes Haus am Ort, typisch perfekte Ausstattung einer internationalen Kette, mit Blick auf die Förde von einigen Zimmern.

■ **Hotel am Rathaus**③, Rote Straße 32–34, Tel. 173 33, www.hotel-am-rathaus.com. Im Zentrum, am Anfang der Einkaufsmeile. Eine eigene Hotelgarage nebst Parkplatz steht den Gästen zur Verfügung, genau wie WLAN auf den Zimmern.

■ **Hotel Handwerkerhaus**③, Augustastraße 2, Tel. 14 48 00, www.hotel-handwerkerhaus.de. Ruhige Lage, durch einen Fußgängertunnel vom Zentrum getrennt.

■ **Hotel Ibis Budget Flensburg City**②, Süderhofenden 14, Tel. 48 08 920, www.ibis.com. Beste zentrale Lage, nur wenige Schritte zur City und zum Hafen. Französische Hotelkette mit funktionalem Komfort und minimalstem Service. So ist beispiels-

☐ Restaurant Borgerforeningen

weise die Rezeption erst ab 17 Uhr besetzt; wer früher kommt, checkt per Automat ein, im Preis-Leistungsverhältnis schwer zu toppen. WLAN.

■ **Flensbed**①-②, Bahnhofstr. 28, Tel. 80 72 85 10, www.flensbed.de. Liegt knapp außerhalb der City und bietet EZ, DZ aber auch Mehrbettzimmer zu Preisen ab 55 € (DZ) oder gar 18,50 € (Mehrbett). Einige Zimmer haben ein Bad und sogar eine Küchenzeile, andere teilen sich ein Bad, dann wird's noch günstiger. WLAN.

■ **JH**①, Fichtestraße 16, Tel. 37 74. Insgesamt 198 Betten (überwiegend in Sechs-Bett-Räumen) im Flensburger Stadtteil Murwik im Grünen neben dem Stadion. Zu erreichen: vom Bahnhof mit der Buslinie 5 bis zur Haltestelle „Stadion" fahren.

■ **Campingplatz Jarplund,** Europastraße, 15.3.–15.11. geöffnet, Tel. 97 90 24, an der B 76, drei Kilometer südlich von Flensburg, www.campingplatz-jarplund.de. Der Campingplatz verfügt über eine Cafeteria und einen Pool. Ganz in der Nähe liegen ein Supermarkt, der täglich geöffnet hat, und auch eine Bäckerei.

Gastronomie

■ **Borgerforeningen,** Holm17/Süderhofenden 12, Tel. 23 385, ein Haus aus dem Jahr 1835 mit dänischer und deutscher Küche. Stilvolles Interieur. Geöffnet: täglich 11.30–14.30, 18–22 Uhr.

■ **Hansens Brauerei,** Schiffbrücke 16, Tel. 22 210, täglich ab 11.30 Uhr bis etwa Mitternacht. Eine kleine Privatbrauerei, die herrlich süffiges Bier ausschenkt und deftige Speisen anbietet. Ein gemütlicher Laden, mit rustikalem Charme und Terrasse mit Fördenblick, serviert wird norddeutsche Küche.

■ **Piet Henningsen,** Schiffbrücke 20, Tel. 24 576, täglich 11.30–23.30 Uhr. Seit 1886 existiert das urige Haus am Hafen, natürlich Fischkarte und jede Menge Seemannssouvenirs. Der Namensgeber, ein alter Seebär, schleppte von seinen diversen Reisen allerlei Maritimes und Kurioses an, heute schmückt es das Lokal.

■ **Café Central,** Große Straße 83, Tel. 15 09 100. Eines von mehreren legeren Lokalen bei der St. Marienkirche. Im Sommer stellen sie den ganzen Platz mit Tischen voll. Tägl. ab 8 Uhr, So ab 9 Uhr.

■ **Café Extrablatt,** Große Straße 61, Tel. 18 29 874, ab 8 Uhr geöffnet bis 1 Uhr, am So ab 9 Uhr. Szenetreff, gemütlich-leger, große Auswahl, nettes Ambiente. 8–12 Uhr Frühstücksbüffet.

■ **Alte Senfmühle,** Holmhof 45, Tel. 80 72 636. Nennt sich „Schank- und Speisewirtschaft", bietet ab 11 Uhr (So ab 17 Uhr) Salate, Fleisch-, Fisch- und Nudelgerichte. Liegt in einer kleinen, gemütlichen Hofgasse.

■ **Im alten Speicher,** Speicherlinie 44, Tel. 12 018, geöffnet täglich 11.30–14.30, 17–22 Uhr. Restaurant in einem historischen Speichergebäude aus dem Jahr 1766. Heimelige Atmosphäre, geboten werden Steaks, norddeutsche und internationale Gerichte, aber auch Vegetarisches.

■ **Café K,** Südermarkt 15, Tel. 31 81 674, täglich 9.30–19 Uhr. Nettes Café direkt vor der Nikolai-Kirche am Südermarkt gelegen im Gewölbekeller vom Alten Pastorat. Frühstück und eine feine Bistrokarte wird geboten, die Gerichte tragen Namen wie „der Däne", oder „der Spanier", auch einige interessante Kaffee-Variationen. Bei gutem Wetter gibt's eine kleine Terrasse draußen.

■ **Marien-Café,** Ballastbrücke 22, Tel. 500 97 11, tägl. 8–18 Uhr. Traditionscafé mit heimeligem Ambiente, in dem es köstliche Torten und leckeres Frühstück gibt. Das Ganze unter einem Himmel voller Kaffee- und Teekannen, die von der Decke hängen.

MEIN TIPP: **Migge's Danish Bakery,** Norderstraße 9, Tel. 52 844, geöffnet: Mo–Fr 7–18, Sa 7.30–16, So 8–12 Uhr. Hier gibt es die unwiderstehlichen dänischen Backwaren, wie das himmlische Wienerbrød (Plundergebäck mit Füllung und meist Zimt).

■ **Die Weinstube,** Rote Straße 24, im Krusenhof, Tel. 12 786, Mo–Sa 12–23 Uhr. Urige Lage im engen, aber gemütlichen Krusenhof. Geboten werden deutsche Weine, Bier und original Elsässer Flammkuchen.

■ **Porterhouse im Gnomenkeller,** Holm 3, Tel. 221 16, geöffnet: ab 11.30 Uhr durchgehend, So ab

17 Uhr. Steak-Restaurant, das sich in einem historischen Gewölbekeller aus dem Jahr 1583 befindet. Dieser gotische Keller wurde als Weinkeller erbaut und später als Lagerraum genutzt. Die ursprüngliche, leicht gewölbte Decke und der Grundaufbau sind noch deutlich sichtbar und geben dem Lokal eine charmant-urige Atmosphäre.

Kapitänsweg

Kapitäne hatten früher viel zu erledigen, nachdem ihr Schiff im Hafen festgemacht hatte. Der Kapitänsweg begleitet einen fiktiven Kapitän zu insgesamt 14 Stationen. Die **Erlebnis-Tour** von fast 5 km führt zu wichtigen, historischen Gebäuden und zu weniger bekannten Plätzen. Beim Schifffahrtsmuseum geht's los. Dort gibt's auch ein Begleitheft.

⍓ Bei Braasch gibt es Flensburger Rum

Schiffstouren

- Zwischen Anfang April und Ende Oktober pendelt eine kleine Fähre zwischen 9.30 und 17.30 Uhr alle zwei Stunden rüber nach **Glücksburg.** Info: Tel. 255 20 oder www.viking-schifffahrt.de.
- Die Flora II legt ab von der Fördebrücke zu einer 45-minütigen **Hafen- und Förderundfahrt** mit Stopp an der Marineschule, außerdem gibt es spezielle Themenfahrten, wie eine Abendrundfahrt um die Ochseninseln. Flensburger Fährbetrieb, Am Kanalschuppen 6, Tel. (01739) 19 20 01, www.flensburger-faehr-betrieb.de.
- MS „Jürgensby" und MS „Möwe" legen ebenfalls von der Schiffbrücke Hafenspitze zur Großen **Förderundfahrt um die Ochseninseln** ab (Dauer: 1 Std. 45 Min.), Abfahrt: 12.30, 14.30, 16.30 Uhr zwischen April und Oktober. Reederei Ketelsen, Tel. 62 945, www.fahrgastschiffe-flensburg.de.
- Der historische Salondampfer „Alexandra" unternimmt regelmäßig am Sonntag **Fördefahrten** sowie zu besonderen Anlässen (Kieler Woche, Matjestage Glückstadt) längere Sonderfahrten. Infos: www.dampfer-alexandra.de, Tel. 212 32.

Einkaufen

In der Fußgängerzone gibt es sowohl große als auch kleine Geschäfte. Hier einige spezielle Tipps:

- **Johannsen Rum,** Marienstr. 8, Tel. 25 200, geöffnet: 10–18, Sa 10–15 Uhr. Kleiner Familienbetrieb, der seit 1878 Rum nach traditioneller Art herstellt. Hinten liegt der Rum-Hof, der auch besichtigt werden kann (zwischen 17. Mai und Ende September Fr ab 16 Uhr), vorne wird in der kleinen „Hökerei" (Laden) der Rum sowie Liköre und Aquavit verkauft.

■ **Braasch's Rum,** Große Str. 24 und Rote Straße 26–28, Tel. 14 16 00, geöffnet: Mo–Fr 10–18.30, Sa 10–16 Uhr. Winzige Läden mit hausgemachtem Rum.

■ Die **Rote Straße** liegt schräg hinter der Nikolai-Kirche. Hier zweigen **fünf kleine Höfe** ab, in denen eine Vielzahl von Lokalen und Geschäften zu finden sind.

■ **Markt:** Am Südermarkt, Mi und Sa 7–13 Uhr.

■ **Fischmarkt:** am Hafen von März bis Oktober jeweils am zweiten Sonntag im Monat 9–18 Uhr.

Post

■ **Hauptpost,** Bahnhofstraße 40.

Ausflüge nach Dänemark

Schusterkate

Die Schusterkate gilt als der **kleinste Grenzübergang in Nordeuropa.** Ein kurzer Ausflug ins Nachbarland Dänemark ist über dieses Kuriosum möglich. Es handelt sich um eine kleine Brücke, die einzige zwischen Deutschland und Dänemark übrigens. Wie hinkommen? Mit einem Stadtbus der Linie 1 oder 2 bis zur Haltestelle am Lachsbach fahren. Von dort führt ein Weg entlang der Flensburger Förde bis **Wassersleben** zum Grenzübergang Schusterkate. Ist

053sh mux

Gemütliches Sønderborg

die Grenze passiert, geht es etwa eine Stunde weiter durch den Flensburger Staatsforst nach Kollund. Wer weiterläuft, erreicht schließlich nach ca. zwei Stunden auch Annies Kiosk.

Annies Kiosk

Eine Institution! Weit und breit soll es keine besseren **Hot Dogs** geben als in dieser kleinen, gelben Bude von *Annie* in Sønderhavn, direkt an der Flensburger Förde gelegen. Nimmt man den großen Parkplatz als Maßstab, könnte das stimmen. Tatsächlich kommen jeden Tag zahllose Besucher hierher, entweder auf ihrem Weg nach Sønderborg, oder per Rad über den eben beschriebenen kleinsten Grenzübergang.

Per Auto/Motorrad fährt man so: Aus Deutschland auf der A 7 bei Flensburg die Grenze passieren und wenige Kilometer später über die Abfahrt Nr. 75 die Autobahn verlassen. Weiter auf der Schnellstraße Nr. 8 Richtung Sønderborg, kurz hinter Kruså rechts ab nach Kollund und dann immer entlang der Flensburger Förde bis links der Straße der Kiosk auftaucht. Geöffnet hat er täglich ab 10 Uhr.

Wanderung auf dem Gendarmenpfad

Eine schöne Wanderung verläuft immer entlang der Förde auf dänischer Seite. Dazu von Flensburg per Bus Richtung Sønderborg fahren bis kurz vor Rinkenæs. Dort aussteigen, runter zur Küste und immer entlang der schönen Küste bis Flensburg laufen, an Annies Kiosk vorbei. Man erreicht schließlich den Grenzübergang Schusterkate. Unmittelbar dort befindet sich eine Bushaltestelle, von wo es wieder direkt zurück in die Innenstadt von Flensburg geht. Der Weg ist gut zu laufen und durchgehend beschildert mit dem Symbol eines blauen Wachtmannes. Die Wegstrecke beträgt etwa 15 km.

Sønderborg

Wie wäre es mal mit einem kleinen Ausflug entlang der **Förde auf dänischer Seite?** Beispielsweise bis Sønderborg. Dazu bei Flensburg über die Grenze und zunächst bis Padborg fahren. Von dort führt die dänische Fernstraße Nr. 8 zum nicht einmal 50 Kilometer entfernten Sønderborg.

Eine viel schönere Strecke verläuft parallel zur Förde und gewährt fantastische Ausblicke. Dazu bei Kruså Richtung Kollund abbiegen. Die Straße ist zwar im Sommer gut befahren, aber selbst als Radfahrer kann man hier gemütlich auf einem Weg entlang der Förde pendeln. Kurz vor Sønderborg passiert man das **Gedenkmuseum Dybbøl** (Düppler Schanzen), wo 1864 eine fürchterliche Schlacht zwischen Deutschen und Dänen tobte.

Sønderborg selbst ist eine richtig gemütliche **Hafenstadt** mit ein paar richtig netten Kneipen am Hafen. Und ein Pølser mit kleckernder Remouladensauce muss einfach sein. Genau wie hinterher dieses leckere, sättigende Softeis ...

www.strandkorb-travem

424sh hj

8 Praktische Reisetipps

Am Strand von Travemünde

Info-Stellen

Infostellen in den Orten

Es gibt kaum einen Ferienort an der Ostseeküste, der nicht ein eigenes Informationszentrum unterhält. Diese werden unterschiedlich genannt, mal Fremdenverkehrszentrale oder Touristikamt, vielleicht auch Kurverwaltung. Sie machen alle aber das Gleiche, nämlich kräftig Werbung für „ihren" Ort. Wer sich an eine dieser Stellen wendet, erhält das übliche **Prospektmaterial,** endlose Hotel- und Ferienwohnungslisten, weiterhin Handzettel von Lokalen, Sehenswürdigkeiten oder Ausflugsdampfern. Wer Infos zu einem bestimmten Ort möchte, findet die Adresse bei der jeweiligen Ortsbeschreibung.

Ostsee-Holstein-Tourismus

Wer noch keine konkreten Vorstellungen hat und sich einen Überblick verschaffen möchte, dem hilft neben diesem Buch der Verein Ostsee-Holstein-Tourismus. Dort erhält man **Übersichten** und **allgemeine Infos** zur Ostseeküste Schleswig-Holsteins, sowie auch Prospekte einer ganzen Reihe von einzelnen Ferienorten.

- **Ostsee-Holstein-Tourismus e.V.,** Info-Telefon: (04503) 88 85 25, Mo–Do 9–17, Fr 9–15 Uhr, www.ostsee-schleswig-holstein.de.

Auch eine Art von Information ...

414sh hj

Weitere Internet-Adressen

- **www.luebecker-bucht-ostsee.de**
Vorstellung der Orte mit Tipps und Veranstaltungen und spezielle Tipps für Kinder
- **www.ostseeferienland.de**
Vielfältige Infos und Tipps über die Region zwischen Grömitz und Dahme
- **www.ostseefjordschlei.de**
Infos und Tipps zur Ferienregion Schlei

Transport

Anreise mit dem Auto

Die Reise an die Ostsee führt für viele über die Autobahn Richtung Hamburg und damit durch den **Elbtunnel,** was an manchen Tagen zu einer Nervenprobe werden kann (aber nicht muss!). Zunächst einmal muss nicht jeder Ostseeurlauber überhaupt dieses Hindernis passieren; alle, die zur Lübecker Bucht, nach Fehmarn oder in die Hohwachter Bucht wollen, fahren auf der **Autobahn A 1.** Diese führt über mehrere verschlungene Autobahnkreuze südöstlich an Hamburg vorbei, der Elbtunnel wird gemieden.

Diejenigen, die es mehr in den Raum Kiel, Eckernförde, Schleswig zieht, fahren über die **A 7** nach Norden und werden so durch den Elbtunnel geleitet. Meist fließt der Verkehr ja auch problemlos, und ruck-zuck hat man die 3,6 Kilometer lange Röhre passiert. Aber manchmal gibt es eben doch **kilometerlange Staus** vor dem Elbtunnel in Hamburg. Das passiert verstärkt an Wochenenden, wenn Ferien beginnen oder enden, vielleicht obendrein in Skandinavien Sommerferien sind, der Schwerlastverkehr noch schnell vor dem drohenden Sonntagsfahrverbot die dänische Grenze erreichen will. Wenn all diese Faktoren zusammentreffen, ist die Staugefahr vor Hamburgs Nadelöhr recht hoch.

Eine Möglichkeit gibt es, den Elbtunnel zu meiden: rechtzeitig im Autoradio die aktuellen Stau-Durchsagen verfolgen. Sollte die Durchsage mal wieder lauten: „A 7 Höhe Elbtunnel acht Kilometer Stau Richtung Norden“, ist der Zeitpunkt zum Abfahren gekommen.

Die Alternativstrecke führt östlich an Hamburg vorbei, dabei muss man nur rechtzeitig auf die A 1 wechseln in Richtung Lübeck und Fehmarn. Fahren Sie auf der A 1 bis zur Autobahnabfahrt Nr. 27 „Bargteheide“. Hier verlässt man die A1 wieder, und es geht jetzt auf der A 21, die später zur B 404 wird, in Richtung Bad Segeberg weiter. Kurz hinter Bad Segeberg zweigt die B 205 ab und verläuft in Richtung Neumünster. Dort erreicht man wieder die Autobahn A 7 und hat sich somit den Elbtunnel erspart.

Nach dem Passieren des Elbtunnels verläuft die A 7 zunächst weiterhin dreispurig, nach etwa vier bis fünf Kilometern verbreitert sie sich auf vier Spuren, und jetzt heißt es aufpassen. An dieser Stelle liegt die Autobahnauffahrt „Stellingen“. Hier rollt der Pendelverkehr nach Schleswig-Holstein von Hamburgs dichtest befahrener Straße auf die Autobahn. Nach nicht ganz drei Kilometern ist das **Autobahndreieck Nordwest** erreicht, hier gabeln sich die Verkehrsströme. Reisende in Richtung Nordsee folgen der Beschilderung „Pinneberg – Itzehoe – Heide“. Fahrer, die zur Ostsee wollen, folgen den Schildern „Kiel – Flensburg". Dazu muss eine der beiden **linken Fahrspuren** gewählt werden, also eine kurze Zeit auf der Überholspur bleiben und sich nicht nach rechts abdrängen lassen. Wer nach dem Passieren des Elbtunnels die mittlere Fahrbahn wählt, wird zielgenau Richtung Ostseeküste geleitet.

Anreise per Bahn und Bus

Es ist durchaus möglich, die Ostseeküste mit der Eisenbahn zu erreichen, vor allem die Lübecker Bucht, und besonders mit dem Wochenend-Ticket der Deutschen Bahn ist dies eine überlegenswerte Alternative.

Obwohl etliche Züge auch gleich bis Kiel oder Flensburg durchfahren, ist der zentrale **Umsteigebahnhof Hamburg.** Von Hamburg Hauptbahnhof haben Reisende stündlich Anschluss sowohl nach Lübeck als auch nach Kiel.

Von Lübeck geht es nach **Travemünde,** aber auch über eine reizvolle Nebenstrecke durch mehrere Ostseebäder bis nach Fehmarn.

Die weiter **nördlich gelegenen Orte** an der Ostsee sind nicht direkt per Bahn zu erreichen, man muss die letzten Kilometer von Kiel, Eckernförde, Süderbrarup, Schleswig oder Flensburg per **Taxi** zurücklegen – oder sich abholen lassen.

Viele Küstenorte werden per **Linienbus** angesteuert. Diese starten, wie beispielsweise in Kiel, direkt vom Bahnhofsvorplatz. Etliche Linien werden von der Deutschen Bahn bedient.

Ein Tipp für unsere Berliner Leser: Man mag es ja kaum glauben, aber es existiert eine regelmäßige **Busverbindung zwischen Berlin und der Ostsee** sowie nach Kiel und Flensburg.

■ **Infos:** Berlin Linien Bus GmbH, Tel. (030) 338 44 80, www.berlinlinienbus.de.

Unterwegs

Auto

Sie sind nun endlich angekommen, haben Quartier bezogen, sich orientiert. Der Strand ist gesichtet, ein Fischrestaurant getestet, die frische Luft genossen. Nun soll auch die Umgebung erkundet werden. Tatsächlich lassen sich einige Ziele auch schwerlich ohne Auto erreichen oder jedenfalls nicht ohne Mühe. Aber vielleicht wäre es ja ein Anfang, darüber nachzudenken, den Wagen einmal stehen zu lassen.

Denn Autofahren **entlang der Küste** in der Hochsommerzeit ist kein Vergnügen! Die kleinen Orte sind überflutet von Urlaubern, Kurzbesuchern aus Hamburg und Rest-Schleswig-Holstein und von Anlieferungswagen, die all diese Menschen versorgen. Autofahren im **Hinterland** ist dagegen (meist) entspannend, da Schleswig-Holstein von einer Vielzahl schmaler Straßen durchzogen ist, die, fernab vom Durchgangsverkehr, wenig frequentiert sind. Hier kann man tatsächlich ganz entspannt langrollen, eine detaillierte Landkarte ist einzige Voraussetzung. Es wird jedem schnell auffallen, dass hier ruhiger gefahren wird. Lohnt es sich nicht gerade deshalb, einmal eine Erkundungstour per Fahrrad zu wagen?

300sh hj

Der Besuch der **nächstgrößeren Stadt** kann per Auto erfolgen, muss aber nicht. Die meisten Badeorte sind durch eine **Buslinie** mit den größeren Städten verbunden, und zwar nach dem grundsätzlichen Fahrplan „morgens in die Stadt – mittags bzw. am späten Nachmittag zurück".

Von Hamburg kommend, führen zwei **Autobahnen** in das östliche Schleswig-Holstein. Die **A 1** verläuft über Lübeck bis Oldenburg i.H. und passiert etliche Orte der Ostseeküste. Die **A 7** zieht sich hoch über Neumünster, Rendsburg, Schleswig nach Flensburg, ziemlich weit entfernt von der Küste. Am Bordesholmer Dreieck zweigt die **A 215** Richtung Kiel ab. Alle drei Autobahnen sind stark befahren, neben dem alltäglichen Verkehr und dem Urlaubsverkehr fließt hier der Schwerlastverkehr nach Skandinavien.

Kaum ruhiger geht es auf den wichtigsten **Bundesstraßen** zu, die die größeren Orte verbinden. Sehr stauträchtige Strecken sind die **B 75, B 76** und die **B 207** im Bereich der Lübecker Bucht. Speziell am Wochenende flüchtet halb Hamburg hierher, und entsprechend voll sind die Straßen.

Auch per Segelboot könnte man anreisen

415sh hj

Bahn

Die Möglichkeiten, die Ostseeküste per Bahn zu erkunden, sind nur an der **Lübecker Bucht** gegeben. Nur hier verläuft eine Bahnlinie durch mehrere Ostseeorte, sodass man beispielsweise problemlos eben mal nach Lübeck fahren könnte.

Im **Hinterland** der Ostseeküste gibt es zwei landschaftlich sehr reizvolle Strecken, die aber von den Küstenorten nicht so ohne Weiteres zu erreichen sind: zum einen die Verbindung von **Flensburg** über Süderbrarup und Eckernförde nach **Kiel** und zum anderen von Kiel bis nach **Lübeck.** Diese sehr schöne Strecke verläuft quer durch die **Holsteinische Schweiz.** Teilweise führt der Schienenstrang unmittelbar an einem der vielen Seen entlang, herrliche Ausblicke sind garantiert!

Ein Tipp für Familien ist das **Schöne-Wochenende-Ticket** der Deutschen Bahn. Bis zu fünf Personen können damit an einem Tag am Wochenende reisen, allerdings nur in Nahverkehrszügen; Intercity und Interregios sind also tabu. Dennoch eine hervorragende Möglichkeit, beispielsweise einen Abstecher nach Hamburg zu machen. Stündlich fährt ein Zug von **Lübeck** bzw. **Kiel**

⌃ Die „Wappen von Schleswig" unterwegs auf der Schlei

⌃ Radler unweit von Travemünde

416sh hj

zum **Hamburger Hauptbahnhof,** und der liegt mitten im Zentrum. Einmal dort angelangt, ist sowohl die Alster als auch der Hafen (Hafenrundfahrt) spielend zu Fuß erreichbar, weitere Ziele problemlos mit der U-Bahn. Warum also nicht, zumal das Wochenend-Ticket auch für die Rückfahrt gilt.

Ähnliche Bedingungen wie das Wochenend-Ticket hat das **Schleswig-Holstein-Ticket.** Es gilt in allen Nahverkehrszügen der DB sowie in den Privatbahnen innerhalb der Bundesländer Schleswig-Holstein, Hamburg und Mecklenburg-Vorpommern von Montag bis Freitag ab 9 Uhr für maximal fünf Personen, am Wochenende schon früher (Informationen unter www.nah.sh).

Tipp Nummer drei betrifft eine regionale Besonderheit. In den Sommermonaten ist eine **Museumsbahn** auf der Strecke **Kappeln – Süderbrarup** mehrmals täglich in Betrieb. Mit Getute und Getöse dampft die nördlichste Museumsbahn Deutschlands durch die wunderschöne Landschaft Angelns. Zweifelsohne ein Heidenspaß, nicht nur für Kinder (Infos siehe Kappeln). Eine andere Museumsbahn fährt vom Ort **Schönberg** zum nahen **Strand.**

Bus

Schleswig-Holstein ist von einem **dichten Linienbussystem** durchzogen. Normalerweise orientiert sich der Fahrplan an den Bedürfnissen der Dorfbewohner, d.h. morgens wird in die Stadt und mittags zurückgefahren. Natürlich ist das

Angebot in touristisch stark frequentierten Orten deutlich gewachsen, es existieren sogar fahrplanmäßige Verbindungen bis nach Hamburg.

Schiff

Von etlichen Orten finden **Ostseetörns** statt, zumeist mit Verköstigung, so etwa von Damp aus, ebenso wie von Eckernförde und von Schönberg. Auch von den meisten Orten der Lübecker Bucht starten noch Ausflugsschiffe entlang der bezaubernden Küste. Detaillierte Infos sind unter den jeweiligen Ortsbeschreibungen zu finden. Auf der Schlei werden von Schleswig oder Kappeln noch Touren angeboten, und auf Fehmarn kann man kurze Angel- und Segeltouren unternehmen.

Von Kiel und Travemünde gibt es reguläre **Fährverbindungen** nach Finnland, Norwegen, Schweden, Dänemark und ins Baltikum. Selbst für Ostseeurlauber könnte dies ein interessanter Ausflugstipp sein, bieten doch fast alle Gesellschaften **Kurztrips** zu verbilligten Preisen mit Landgang in Oslo, Göteborg oder Malmö an. Kurzurlaub auf hoher See mit leckerem, skandinavischem Frühstücksbüffet und abendlicher Unterhaltung an Bord. Details siehe Kiel bzw. Travemünde.

Fahrrad

Kein Zweifel, das östliche Schleswig-Holstein eignet sich **hervorragend zum Radfahren.** Sobald man die Ferienorte verlassen hat und ein paar Kilometer ins **Hinterland** geradelt ist, beginnt die Entspannung. Dies ist keine Phrase aus einem Touristenprospekt, sondern meine eigene Erfahrung. Unzählige Kilometer haben wir heruntergestrampelt, selbst so weite Strecken wie von meinem Heimatort im südlichen Schleswig-Holstein bis hoch nach Kiel oder Arnis an der Schlei haben wir zurückgelegt. Ich kann also mit voller Überzeugung sagen: Es macht Spaß! Eigentlich. Eine Prämisse muss aber schon beachtet werden: Die **Bundesstraßen** sollte man meiden. Zwar verlaufen sie so schön zielgerichtet zur nächsten großen Stadt und verfügen auch meist über einen Radweg, aber viel gemütlicher ist eine Tour über die **kleinen Straßen,** wovon es viele gibt. Außerdem gilt: Je kleiner und unbedeutender, desto weniger Verkehr. Jeder wird sich wundern, welche winzigen Dörfer man entdecken kann. Ein Dorfgasthof ist meist nicht weit, und ein Schnack mit dem Bauern auf dem Feld ist auch immer drin.

Wer will, kann auch die gesamte hier vorgestellte Ostseeküste auf einem eigens für Radfahrer markierten **Fernradwanderweg** erkunden. Er heißt „Ostseeküsten-Radweg", misst 452 km und verläuft von Lübeck bis Flensburg. Überwiegend asphaltiert, mit wenigen kurzen Steigungen gesegnet und familienfreundlich, so die Eigenwerbung. Ein hellblaues Schild markiert den Weg.

Eine allerletzte Anmerkung noch, wieder aus eigenem Erleben. Schleswig-Holstein ist ein **flaches Land,** im Prinzip. Die höchste Erhebung misst gerade 168 Meter (der Bungsberg), die zweithöchste ist 'ne Kuh, lästern unsere bayerischen Freunde. Das stimmt zwar alles, aber jeder Radler wird überrascht feststellen, dass bei allen Radtouren etliche

417sh hj

nette **Steigungen** zu finden sind, Ostholstein ist in dieser Hinsicht ziemlich „wellig". Was sich vom Auto aus als lieblicher Hügel mit sanft ansteigenden Feldern darstellt, ist für den Radfahrer eine langgezogene Steigung.

⌃ Ferienwohnungen auf Fehmarn mit Blick auf Heiligenhafen

Unterkunft

Wenn alljährlich knapp drei Millionen Menschen an die Ostseeküste reisen, muss es eine Vielzahl von Betten geben. Dem ist auch so, und die Verschiedenheit könnte nicht größer sein. Kaum ein Ort, wo nicht Ferienwohnungen (FeWos) oder Apartments angeboten werden. Und genau hier liegt die Schwierigkeit, es ist schlichtweg unmöglich, einen halbwegs brauchbaren Überblick zu geben, die **Auswahl** ist einfach **zu groß.** An dieser Stelle kann nur eine Charakterisierung gegeben werden, ansonsten sei noch mal der Tipp gegeben, sich von der Kurverwaltung des ausgewählten Ortes das Unterkunftsverzeichnis schicken zu lassen. Das sind teilweise Kataloge von mehr als 100 Seiten, in denen sehr viele Häuser mit Foto und erklärendem Text beschrieben sind. Auf diese Weise bekommt man schon mal einen guten Eindruck von „seiner“ Unterkunft. Außerdem liefern diese Kataloge immer auch stimmungsvolle Bilder und viele praktische Tipps.

■ Über das **Internet** lassen sich Ostsee-Quartiere von vielen örtlichen Zimmervermittlungen buchen: www.ostsee-schleswig-holstein.de.

Preiskategorien

Die Übernachtungstipps in diesem Buch sind in fünf Preiskategorien eingeteilt, die sich wie folgt gestalten:

Hotels, Pensionen, Privatvermieter

(Die Preise gelten jeweils für ein Doppelzimmer)

- ① bis 30 €
- ② 30–50 €
- ③ 50–70 €
- ④ 70–100 €
- ⑤ über 100 €

Ferienwohnungen

- ① bis 50 €
- ② 50–75 €
- ③ 75–100 €
- ④ 100–125 €
- ⑤ über 125 €

Ferienwohnungen

Das **größte Kontingent** stellt die Kategorie der Ferienwohnungen dar, sie ist vor allem bei Familien beliebt. Kein Wunder, kann man sich doch selbst verpflegen, einkaufen, wo man will, und muss nicht zu festen Zeiten in den hoteleigenen Speisesaal.

Das **Angebot** an Ferienwohnungen ist förmlich herausgeschossen, als der Tourismus in Schleswig-Holstein im größeren Stil einsetzte. Jeder, der noch ein Zimmer unter dem Dach frei hatte, baute dieses zur Ferienwohnung oder zum Apartment um. Und genau hier muss ein kritisches Wort fallen. Leider sind schon noch etliche Ferienwohnungen, was den **Komfort** betrifft, auf diesem Stand geblieben. So ist es nicht eben selten, dass ein Hausbesitzer seine Gäste oben unter dem Dach einquartiert, manchmal mit separatem Eingang, aber nicht immer. Das hat in den 1950er Jahren wahrscheinlich nicht allzuviele Urlauber gestört, heute aber dürften viele doch etwas mehr Komfort und Eigenständigkeit suchen. Und es gibt auch diesen Ansprüchen genügende, ganz hervorragende Ferienwohnungen, z.B. im Reihenhausstil oder im kleinen Haus mit nur wenigen Wohnungen. Diese sind mit allem erdenklichen Komfort eingerichtet, der Vermieter wohnt meist sonstwo, jedenfalls nicht eine Etage tiefer. Die Unterschiede in der Qualität drücken sich aber nicht immer im Preis aus, hier gilt es also sorgfältig auszuwählen.

▷ Das erstklassige Strandhotel in Glücksburg in exponierter Lage

418sh mux

Ferienhäuser

Im Nachbarland Dänemark gibt es Tausende von Ferienhäusern, also einzeln stehende Häuser, die der Urlauber ganz alleine mietet. In Schleswig-Holstein sind sie nicht so verbreitet, wenngleich man sie auch finden kann, beispielsweise in Schönhagen, Travemünde und bei Neustadt.

Urlaub auf dem Bauernhof

Wer möchte seinen Kindern nicht mal etwas völlig anderes bieten? Die lieben Kleinen etwas näher an die Natur heranführen und ihnen das Leben der heimatlichen Tierwelt nahebringen. Dann empfiehlt sich ein Urlaub auf dem Bauernhof. Schleswig-Holstein ist ein Agrarland, unzählige Bauernhöfe sind zwischen den beiden Meeren zu finden. Es ist kein Geheimnis, dass viele Landwirte hart zu kämpfen haben. Kein Wunder, dass so mancher sich nach einer Nebenerwerbsquelle umschaut. Mittlerweile existiert eine Arbeitsgemeinschaft **Urlaub auf dem Bauernhof,** die ein **Anbieterverzeichnis** herausgebracht hat. Hier werden die Höfe nach strengen Qualitätsnormen vorgestellt. So wird beispielsweise darauf hingewiesen, ob es sich um einen landwirtschaftlichen Vollerwerbsbetrieb handelt oder ob die Landwirtschaft aufgegeben wurde. Im zweiten Fall finden Sie zwar ländliches Ambiente, können aber nicht mehr die alltägliche Arbeit eines Landwirts erleben. Auch wichtig: Ponyhöfe werden ebenfalls vorgestellt. Auf der Homepage finden Interessierte unter dem Menüpunkt „Landerlebnis" ergänzende Hinweise zu Heuherbergen, Bauernhofcafés und Kindererlebnissen. Das Anbieterverzeichnis ist über folgende Adresse zu beziehen:

- **Urlaub auf dem Bauerhof,** www.landsichten.de.

Hotels und Pensionen

In praktisch allen Ostseeorten gibt es Hotels oder Pensionen und hier zumeist eine ganz beachtliche Bandbreite, in kleineren Orten allerdings tendenziell eher weniger. Es existieren topmoderne Häuser in futuristischem Design im oberen Preis-Segment, diese sind jedoch eher die Ausnahme. Die **gute Mittelklasse dominiert** und so mancher Hotelbesitzer hat sein Haus in den letzten Jahren renoviert. Auch relativ preiswerte Pensionen lassen sich finden, wenngleich ein Trend zu Häusern mit mehr Komfort zu erkennen ist.

Campingplätze

Campingplätze sind entlang der ganzen Küste zu finden. Die meisten liegen **direkt am Meer,** sodass man auch Strandzugang hat.

Auf sehr vielen Plätzen dominieren **Dauercamper,** das sind Leute, die einen Jahresplatz gemietet haben und jedes Wochenende hier verbringen. Warum auch nicht, besser an der Ostseeluft als in der Großstadt. Auf manchem Campingplatz sind so bis zu 80% der Plätze vergeben, für die Urlauber oder Wochenendler bleibt da nicht viel.

Die **Ausstattung** der Plätze ist durchweg in Ordnung, aber der eine oder andere könnte ruhig mal über den Zaun schauen und sich Anregungen holen, mancher Platz ist nämlich seit vielen Jahren unverändert.

- **Verband der Campingunternehmer Schleswig-Holstein,** Kieferweg 14, 23829 Wittenborn, Tel. (04554) 70 56 533, www.vcsh.de.

Jugendherbergen

Jugendherbergen sind nicht einmal ein Dutzend zu finden, die überwiegende Mehrheit in den größeren **Städten.** Eine interessante Überraschung: Die Schlafsäle, wo ganze Fußballmannschaften Platz fanden, sind absolut out, **Zwei- bzw. Vierbettzimmer** mittlerweile die Regel, und Familien erhalten (meist) auf Wunsch auch einen eigenen Raum. Hat man einen **Jugendherbergsausweis,** schläft man hier zum günstigeren Tarif, sonst muss man eine Tagesmitgliedschaft erwerben (auch als Familie erhältlich).

- **Deutsches Jugendherbergswerk,** Landesverband Nordmark, Rennbahnstr. 100, 22111 Hamburg, Tel. (040) 65 59 95 66, www.djh-nordmark.de.

> Campingplatz auf Fehmarn

Essen und Trinken

Schon von den Wikingern hieß es, dass sie einen unstillbaren Hunger auf Met, Frauen und Schweinefleisch hatten. Falls das stimmt, ist uns Holsteinern zumindest die Grundrichtung der Speisen vererbt worden, nämlich dass die Küche **kräftig** sein muss. Bei allem Misstrauen gegenüber Vorurteilen, einen Hauch Wahrheit findet man schon in diesem Satz. Ein zweiter Merksatz, auch hier nicht ohne das berühmte Körnchen Wahrheit, deutet eine verstärkende Richtung an: „Wat de Buer nich kennt, dat fritt he nich" (Was der Bauer nicht kennt, das frisst er nicht). Bodenständigkeit ist eben ein Merkmal der Bewohner, das drückt sich auch in der Küche aus.

Aber es gibt auch **Sterne-Köche** im Land, an der Ostsee beispielsweise *Dirk Luther* mit zwei Michelin-Sternen („Alte Meierei", Glücksburg). Weitere 1-Stern-Köche arbeiten in Lübeck („Buddenbrooks" und „Wullenwever"), Timmendorf („Orangerie") und in Scharbeutz („DiVa").

Und auch auf anderer Ebene tut sich was. Unter dem **Gütesiegel „Feinheimisch"** werden regionale und saisonale Lebensmittel aus Schleswig-Holstein im Einzelhandel und in bestimmten Lokalen angeboten. Infos: www.feinheimisch.de.

Fisch

Seezunge, Scholle, Aal, Makrele, Hering bekommt man wohl überall an der Küste. Fisch wird gebraten, gedünstet, gekocht oder auch geräuchert serviert, so-

419sh hj

weit nichts Neues. Aber da taucht auch schon eine Besonderheit auf. Was ist **Grüner Aal?** Nichts weiter als in Wasser und Wein gekochter Aal, wer hätte das gedacht?

Oder wie wäre es mit **Kieler Sprotten?** Diese kleinen geräucherten Heringe kommen zumeist noch nicht mal aus der Landeshauptstadt, werden aber mit Haut und Haaren, soll heißen mit Gräten, verputzt (aber ohne Kopf und Schwanz).

Fleisch, Gemüse, Obst

Auch nicht jedermanns Sache ist **Swattsuer,** Schwarzsauer, eine Speise, bei der kleingeschnittene Fleischstückchen in Blut gekocht werden.

Rübenmus wird gerne im Herbst gegessen, wenn die Rüben geerntet worden sind. Man zerkleinert zunächst Steckrüben, lässt sie lange garen, kocht dann Möhren (oder auch Kartoffeln) und zermust schließlich das ganze Gemüse in einem Topf. Serviert wird das Rübenmus mit kleingewürfeltem Speck und Kochwurst.

Grünkohl mit Schweinebacke, Kochwurst und gezuckerten Kartoffeln, ein weiteres Gericht, das wohl auch den Wikingern gemundet hätte. Serviert wird es aber nur in der kalten Jahreszeit.

In der Sommerzeit wird gerne **Rote Grütze** angeboten, ein leckerer Nachtisch aus eingekochten Himbeeren, Johannisbeeren oder Kirschen mit Milch oder Vanillesauce.

Und dann wäre da noch **Labskaus,** ein eigenwilliges Essen, das nicht jeder mag. Das liegt aber mehr an seinem Äußeren, denn das Gericht leuchtet einem rot entgegen. Die Bestandteile sind: Pökelfleisch vom Rind oder Schwein, Gurken, Matjesfilets, Rote Bete (daher die Farbe) und Kartoffeln. Alles wird gut vermischt und mit einem Spiegelei garniert. Es schmeckt besser, als es aussieht.

Wer im Frühsommer kommt, der sollte einmal **Spargel** mit Katenschinken probieren, dazu ein paar Salzkartoffeln, fertig! (Katenschinken heißt so, weil der Schinken in einer Kate geräuchert wurde, einem kleinen Haus, zumeist unter Reet mit großem Kamin.)

Und wer auf der Speisekarte ein **Bauernfrühstück** entdeckt, ist endgültig überzeugt, dass die Schleswig-Holsteiner Bauern von den Wikingern abstammen. Dieses deftige Frühstück besteht nämlich aus Bratkartoffeln, Würfelschinken, Gurken und Rührei.

Ostseegerichte

Ein Tipp zum Schluss: Seit ein paar Jahren läuft eine interessante Aktion an der Küste: Unter dem Motto „Die Ostsee tischt auf“ veranstalten verschiedene Verbände einen **kulinarischen Wettbewerb.** Die Grundbedingung ist, dass die Gerichte das ganze Jahr über hergestellt werden und für einen attraktiven Preis angeboten werden können. Die Kalkulation muss bei der Endausscheidung des Wettbewerbs mit eingereicht werden. Die Gerichte werden in vielen Restaurants dann angeboten, es lohnt sich also, ruhig mal gezielt nach dem „Ostseegericht“ zu fragen.

420sh mux

Getränke

Schnaps, Bier und Wein

Wer so deftig isst, benötigt einen **Klaren** zum Nachspülen, einen „Verteiler", wie es schön an der Küste heißt, oder auch einen „Lütten". Gemeint sind Korn oder besser noch Aquavit, wobei die dänischen oder norwegischen Schnäpse von Kennern bevorzugt werden. Am besten eiskalt (das Glas muss noch eisbeschlagen sein), und dann heißt es: „Nich' lang schnacken – Kopf in Nacken", und weg damit!

Und dazu gibt es **Bier** und sonst nichts! Die Bügelflasche mit dem Plopp-Geräusch aus Flensburg hat ja mittlerweile fast Kult-Status, aber auch andere, meist recht kräftige Biere fließen aus dem Hahn.

Wein ist nicht so verbreitet, nur in Lübeck gibt es ganz ausgezeichneten Rotwein, „Rotspon" genannt (siehe Lübeck).

Grog mit Variationen

Wer im Winter die Küste besucht, kommt um einen **heißen Grog** nicht herum. Norddeutsch-trockene Beschreibung: „Rum mut, Water dörv, Zucker kunn" (Rum muss, Wasser darf, Zucker kann). Und damit sind die Bestandteile schon genannt. Wärmt herrlich durch nach einem ausgedehnten Spaziergang am winterlichen Strand. Serviert wird

Frischer Fisch vom „Futter-Kutter"

421sh hj

der Grog in dünnen, hohen Gläsern, ein Stößel steckt im Glas. Damit den Zucker zerkleinern und umrühren.

Harmloses mit Schuss

Tja, und dann gibt es noch so nette Getränke wie Pharisäer, Tee-Punsch oder „Tote Tante". Allen gemein ist, dass sie vermeintlich „nur" Tee oder Kaffee oder Schokolade beinhalten, aber in Wirklichkeit die Gläser immer einen Schuss Rum oder Korn verstecken.

Der Name **„Pharisäer"** soll entstanden sein, als früher einmal ein Pastor, der immer erbittert von der Kanzel gegen den Alkohol gewettert hatte, nach dem Kirchgang noch zum Mittagessen eingeladen worden war. Die männlichen Gäste tranken Kaffee mit Sahnehäubchen und wurden langsam, aber sicher immer lustiger. Was dem guten Pastor lange entging, war, dass sich die plietschen (plietsch bedeutet durchtrieben, hinterlistig, schlau) Bauern immer einen Schuss Rum unter die Sahnehaube ins Glas gossen. Als er es endlich bemerkte, rief er verzweifelt aus: „Ihr seid mir ja schöne Pharisäer!"

Eine **„Tote Tante"** besteht aus einer halben Tasse süßer Schokolade, in die ein großes Schnapsglas Rum gegossen wird, darauf kommt schließlich eine Haube geschlagene Sahne, die noch mit Schokostreuseln garniert wird.

Labskaus: Doch, doch, es schmeckt!

Festtagskalender

Februar

- **Fehmarn:** Inselkarneval, der Norden taut auf.
- **Kiel:** Kieler Umschlag, ein Markt in historischen Kostümen, am letzten Wochenende im Februar.

März

- **Laboe:** Dorschfestival.

April

- **Dahme:** Drachenfest.
- **Eckernförde:** Drachenfest.
- **Niendorf:** Drachenfest.

Mai

- **Eckernförde:** Aalregatta von Kiel nach Eckernförde, immer am Pfingstwochenende. Entspannte Segelregatta, bei der alle Teilnehmer im Ziel einen Aal bekommen.
- **Flensburg:** Rumregatta, immer am Himmelfahrtswochenende.
- **Kappeln:** Heringstage, werden vier Tage lang ab Himmelfahrt gefeiert.
- **Kellenhusen:** Plattfischtage.
- **Langballig:** Drachenfest.
- **Lübeck:** Markt „anno dazumal", auf dem Rathausplatz.
- **Petersdorf, Fehmarn:** Rapsblütenfest mit der Wahl der Rapsblütenkönigin.
- **Timmendorf:** Timmendorfer Kulturpromenade.

Das Schleswig-Holstein Musik Festival

Anno 1985 war es, als acht Menschen mit Visionen einen Verein gründeten, dessen Ziel es war, ein Musik-Festival mit „Ambiente-Spielorten" im Land zwischen den Deichen zu etablieren. Soll heißen, dass weniger Konzertsäle gefragt waren, sondern eher Kirchen, Herrenhäuser, Reitställe und einfache bäuerliche Scheunen. Eine Schnapsidee? Vielleicht, aber der Macher Justus Frantz ließ sich nicht beirren. Er schaffte es, sogar Leonard Bernstein zu locken, und der wiederum lockte Musiker und Zuschauer. So nahm alles seinen Lauf.

1986 ging das erste SHMF (Schleswig-Holstein Musik Festival) über die Bühne. Tatsächlich kamen 100.000 Besucher, im dritten Jahr sogar 300.000, später pendelten die Zahlen zwischen 100.000 und 200.000. An die 100 Konzerte finden nun in den Monaten Juli und August in vielen, auch kleineren Orten statt. Gefragt ist dabei nicht Größe, sondern Atmosphäre, also findet ein Konzert eher auf der urigen Diele eines Bauernhofes als in der Kieler Ostseehalle statt. Und diese Mischung zieht. Auch nachdem Justus Frantz die Intendanz abgegeben hat, bleibt der Grundtenor erhalten: Ambiente geht vor Halle.

In den Sommermonaten sind sie unübersehbar, die Plakate und Fahnen mit dem geschwungenen SHMF-Logo.

- **SHMF Kartenzentrale,** Tickets gibt es ab etwa April unter der Ticket-Hotline (0431) 23 70 70, Infos: www.shmf.de.

Juni

- **Fehmarn:** Altstadtfest, letztes Juni-Wochenende.
- **Grömitz:** Hafenfest.
- **Haffkrug:** Haffkruger Fischerdorf.
- **Heiligenhafen:** Dorschfestival.
- **Kiel:** Kieler Woche, größte Segelregatta der Welt, vom dritten Wochenende an tobt eine ganze Woche lang eine Party in der Innenstadt, nebenbei kämpfen 5000 Segler in 1000 Booten um Siege.
- **Schönberg:** Thing-Tag, historisches Gerichtsspektakel.

Juli

- **Dahme:** Seebrückenfest; Dahme-Trophy, ein Radsportveranstaltung mit Profis und Amateuren.
- **Eckernförde:** Sprottentage.
- **Fehmarn:** Beachvolleyball Masters Cup (kann auch mal im August stattfinden).
- **Flensburg:** Größtes Dampfertreffen Europas.
- **Grömitz:** Grömitzer Woche, Segelmeisterschaft.
- **Großenbrode:** Promenadenfest I.
- **Haffkrug:** Aalwoche.
- **Heiligenhafen:** Hafenfest; Mitternachtslauf.
- **Kellenhusen:** Seebrückenfest.
- **Kiel (u.a.):** Jazzbaltica, internationale Jazz-Größen spielen in Husum, Salzau und Kiel. Infos: www.jazzbaltica.de.
- **Lütjenburg:** Stadtfest.
- **Maasholm:** Hafentage.
- **Neustadt:** Europäisches Folklore Festival, Trachtenwoche (das nächste Mal 2016); Altstadtfest.
- **Niendorf:** Hafentage mit Showprogramm und Feuerwerk, Ende des Monats.
- **Schönberg:** Seebrückenfest.
- **Süderbrarup:** Ende Juli findet der Brarup-Markt statt, laut Eigenwerbung der größte ländliche Jahrmarkt in ganz Schleswig-Holstein, dessen Anfänge bis in die „heidnische Zeit" zurückreichen.
- **Travemünde:** Travemünder Woche, eines der größten Segelsportereignisse überhaupt mit etwa 2000 Seglern.

August

- **Dahme:** Weinfest.
- **Eckernförde:** Piratentage, für ein Wochenende erobern Piraten die Stadt und setzen sogar den Bürgermeister fest.
- **Fehmarn:** Fest der tausend Lichter.

⊻ Segler während der Kieler Woche

007sh hj

- **Flensburg:** Tummelum, Stadtfest mit Spaß-Olympiade (alle zwei Jahre, 2015 etc.).
- **Glücksburg:** Ostseeman Triathlon über die Ironman-Distanz mit Schwimmen in der Förde.
- **Grömitz:** „Ostsee in Flammen", ein tolles Feuerwerk; Klosterfest im Kloster Cismar.
- **Großenbrode:** Promenadenfest II.
- **Heiligenhafen:** Weinfest; Drachenbootrennen.
- **Laboe:** Seifenkistenrennen.
- **Maasholm:** Hafenfest.
- **Niendorf:** Störtebeker Kinderfest.
- **Scharbeutz:** Zehnteles Schlotzenfest (Schwäbisches Weindorf)
- **Schleswig:** Wikingertage, Anfang des Monats wird die Welt der Wikinger direkt an der Schlei wieder aufgebaut, legen Wikingerschiffe aus Skandinavien an, wird Alltagsgeschehen nachgestellt und auf historischen Instrumenten musiziert.
- **Schönberg:** Western- und Trapperlager am Museumsbahnhof.
- **Schönberg:** Fischerfest.
- **Travemünde:** St.-Lorenz-Markt.

September

- **Dahme:** Fischerbudenfest
- **Damp:** Drachenfest, alljährlich kommen sehr viele Menschen an den Strand von Damp, um die größten und ausgefallensten Drachen zu bestaunen.
- **Eckernförde:** Green Screen, einzigartiges kleines Festival internationaler Naturfilme. Ausgesuchte Filme werden sogar vorher in bestimmten Städten im Lande gezeigt. Infos: www.greenscreen-festival.de.
- **Fehmarn:** Drachenfest, Mitte des Monats, ein Riesenspektakel mit den fantasievollsten Drachen überhaupt; Harley-Davidson-Treffen.
- **Flensburg:** Fördewoche, tägliche Segelregatta mit anschließender Party; Herbstmarkt.
- **Heiligenhafen:** Hafengeburtstag.
- **Lübeck:** Altstadtfest, findet alle zwei Jahre statt (2014, 2016 etc.)

Tipps für Kinder

Immer nur im Sand buddeln? Den Möwen bei ihrem stolzen Spaziergang am Strand zuschauen? Ein Eis schlecken, morgens zum Strand und am Abend zurück? Das wird selbst den geduldigsten Kindern irgendwann einmal zu langweilig. Dem kann man vorbeugen und ein paar Ausflüge unternehmen, die gezielt Abwechslung und Unterhaltung nicht nur für die Kinder versprechen. Im Anschluss folgt eine Aufzählung von Ausflugstipps, genauere Erläuterungen sind bei den jeweiligen Orten zu finden.

Ausflugstipps

- **Segelkurse** in Travemünde, einige Veranstalter bieten Schnupperkurse für Kinder an.
- **Wasserskilaufen** in Süsel, nichts für ganz Kleine.
- **Ponyreiten** in Dahme, immer wieder ein Heidenspaß für die ganz Kleinen.
- **Kindertobestunde im Wellenbad** von Heiligenhafen, frei nach dem Motto: „Alle Macht den Kindern" können sie endlich mal nach Herzenslust herumtoben, ohne dass ein gestrenger Bademeister sie gleich zurückpfeift.
- **Eselspark** Nessendorf bei Hohwacht.
- **Museumsbahn** in Schönberg, eine historische Bahn dampft in den Sommermonaten durch die Landschaft zum Strand.
- **Kinderhafen** in Dahme, eine Spielscheune direkt am Strand.
- **Kindheitsmuseum** in Schönberg, ein Museum, das 100 Jahre Kindheit und Spielzeug reflektiert.
- **Erkundung der Stadt Lübeck** nur für Kinder, in historischen Trachten wird das alte Lübeck mit seinen Geheimnissen erforscht, eine Entdeckungsreise ins Mittelalter.

422sh mux

Piratentage in Eckernförde: Wer war nochmal Jack Sparrow?

- **Barfuß-Park** im kleinen Ort Schwackendorf (unweit von Kappeln). Auf einem insgesamt 1,5 km langen Tast-Pfad mit diversen Stationen und unterschiedlichen Untergründen können Besucher ihren Füßen eine völlig neue Erfahrung gönnen.
- **Tierpark** Gettorf bei Eckernförde, ein mittelgroßer Zoo, auch in Grömitz befindet sich ein kleiner Zoo namens „Arche Noah".
- **Tierpark Warder** bei Kiel, hier werden heimische und nordeuropäische Tiere gehalten.
- **Wikingermuseum** Haithabu in Schleswig, die Welt der Wikinger wird hier anschaulich dargebracht.
- **TolkSchau** in Tolk bei Schleswig, ein Freizeitpark mit einer Vielzahl von „kleinen" Attraktionen, also keinen spektakulären Fahranlagen.
- **Museumsbahn** Süderbrarup – Kappeln, tuckert in den Sommermonaten durch die wunderschöne Angelner Landschaft bis zum Hafen von Kappeln.
- **Hansa-Park** Sierksdorf, ein Freizeit- und Erlebnispark mit einer Vielzahl von spektakulären Attraktionen, nicht nur für Kinder ein Heidenspaß.
- **Abenteuerspielplatz** bei Wendtorf, auf 2,5 Hektar können sich die Kleinen austoben.
- **Karl-May-Spiele** in Bad Segeberg, im Sommer kämpfen Old Shatterhand und Winnetou gegen die Bösewichter des Wilden Westens, jedes Jahr ein anderes Programm.

Tipp: In praktisch jedem Zoo und auch in vielen Museen gibt es Kinder-Rallye-Bögen. Dort haben die Betreiber Fragebögen entwickelt, mit denen die Kinder geschickt durch die Anlage gelotst werden. Sie müssen unterwegs Fragen beantworten und dazu gezielt bestimmte Punkte anlaufen, der gefürchtete Langeweile-Quengel-Effekt kommt so gar nicht erst auf.

Tipps für Regentage

Spaßbäder

Wenn es draußen „pladdert", dann muss man sich irgendwo „drinnen" aufhalten, warum nicht in einem Spaßbad? Hier einige Anregungen, wo man baden und planschen kann, genauere Informationen finden Sie bei den jeweiligen Orten.

- **Grömitzer Welle** in Grömitz, bis Ende 2014 wegen Umbauarbeiten geschlossen.

- **Ostseetherme** in Scharbeutz.
- **Subtropisches Badeparadies** am Weissenhäuser Strand.
- **Meerwasserschwimmbad** in Niendorf.

Museen

Regentage kann man sich auch mit dem Besuch in einem der nachfolgend aufgeführten interessanten Museen vertreiben:

- **Figurentheater** in Lübeck, der Welt des Kasperltheaters, der Marionetten und anderer Spielfiguren wird hier ein eigenes Museum gewidmet, außerdem finden regelmäßig Vorführungen in einem kleinen Puppentheater statt.
- **Haus der Natur** in Cismar bei Grömitz, die größte Muschelsammlung weit und breit, außerdem werden viele heimische Tierarten erklärt.
- **Meereszentrum** in Burg auf Fehmarn, exotische Fische schwimmen in unzähligen Aquarien, Star des Zentrums ist aber eindeutig das Haibecken.
- **Schifffahrtsmuseum Kiel,** die Geschichte des Kieler Hafens wird anschaulich erklärt, die Ausstellung enthält viele Modelle, überdimensionale Bilder und original Handwerkszeug der Schiffsbauer.
- **Museumskomplex Schloss Gottorf** in Schleswig, Moorleichen und Kunsthistorisches gibt es hier zu sehen.
- **Sea Life Center** in Timmendorf, es werden exotische Fische gezeigt, die man hautnah betrachten kann, so beispielsweise durch Glaskuppeln, die ins Becken hereinragen. Spektakulär ist auch der Tunnel, durch den der Besucher auf dem Boden eines Beckens durchgehen kann, während oben die Fische über einem schwimmen.

Segeln – Bräuche und Begriffe

Klarer Fall, die Ostsee ist ein tolles Segelrevier. Tausende von Booten liegen in den Häfen, kaum ein Ostseeort ohne Hafen. Im Sommer sind alle **Liegeplätze** belegt, wenn nicht, ist der Platzinhaber selbst auf große Fahrt gegangen, und der Platz kann von einem anderen kurzfristig über Nacht genutzt werden. Das zeigen übrigens kleine Schilder an den Liegeplätzen an.

Man steht jedenfalls staunend vor all den **Segeljachten,** die teilweise ein Vermögen gekostet haben. Herrliche, alte Holzschiffe, Zwölf-Meter-Dickschiffe oder auch kleine, wendige 470er, erkennbar an eben dieser Zahl im Segel. Jedes Boot hat seinen eigenen Reiz.

Wer möchte da nicht einmal mitsegeln, einen kleinen Törn auf der Ostsee unternehmen oder wenigstens einmal die Schlei rauf und runter schippern? Vielleicht ergibt sich ja die Möglichkeit, denn in verschiedenen Häfen werden sogenannte **Schnuppertörns** angeboten. Allzu viele seglerische Vorkenntnisse muss dafür niemand haben, aber es ist sinnvoll, wenn man wenigstens die wichtigsten Grundbegriffe des Segelns kennt.

Wenn es dann endlich losgeht, muss auch eine „Landratte“ die seemännischen **Bräuche** beachten, sonst fängt man sich schnell einen deftigen Anpfiff ein.

Also, bereits beim **Einsteigen** aufpassen, besonders die kleinen Schiffe sind ziemlich „kabbelig“, soll heißen, sie schwanken sehr leicht. Mit forschem

Schritt schnellstmöglich **in die Mitte** gelangen, im Zweifel hinhocken, möglichst nicht zu weit außen langbalancieren. Die kleinen Jollen kippen dann sofort weg und Sie ins Wasser. Wichtig sind auch **Schuhe** ohne grobes Profil – hier können sich Steine festsetzen, die den Boden zerschrammen.

An Bord hat nur einer das Sagen – das ist der Mann, der das Ruder führt. Hier gibt es keine zwei Meinungen, also **Anweisungen befolgen** und nicht lange über Sinn und Unsinn diskutieren. Der Rudergänger muss freie Sicht haben, also **nicht im Weg stehen,** sondern brav an die Seite setzen, aber auch nicht alle Mann auf eine ...

Kein Mensch erwartet, dass ein Neuling all die **seemännischen Begriffe** kennt, aber eine Leine ist kein „Band" oder Ähnliches, und steue-R-bord (R-echts) sollte man schon von backbord (links) unterscheiden können. Außerdem: Vorne ist das Bug, hinten das Heck.

An Bord darf man **rauchen,** aber der Käpt'n muss seine Zustimmung geben. Und wenn es dann endlich „einen aus der Buddel" gibt, wird der erste Schluck immer über Bord gekippt und Rasmus (dem Meeresgott der Wikinger) geopfert. Und, ganz wichtig, ja nicht an Bord **pfeifen!** Das lockt nur den Klabautermann an und gibt starken Wind.

Fazit: Segeln vor der Ostseeküste mit einem Törn rüber nach Dänemark macht Spaß. Infos und Angebote finden Urlauber im Internet unter www.ostsee-schleswig-holstein.de/de/segeln. So beispielsweise Segelkurse für Einsteiger und Fortgeschrittene, Möglichkeiten zum Mitsegeln sowie Adressen, wo Freizeit-Kapitäne ein Boot chartern können.

Kosten

Unterkunft

Ist die Ostsee ein teures Pflaster? Im Prinzip nein, aber einige Punkte sollten bei der Planung bedacht werden, dann halten sich etliche Ausgaben in Grenzen. Wahrscheinlich wird eine Familie ihren zweiwöchigen Urlaub eher nicht in einem Hotel oder einer Pension verbringen, sondern auf einem Campingplatz oder in einer FeWo. Zum Thema **Camping** muss nichts gesagt werden, billiger kann man nur noch wild am Strand nächtigen. Eine **Ferienwohnung** kostet schon so um die 40 bis 80 € pro Tag, nach unten dürfte es wenig Spielraum geben, nach oben schon eher. Wer außerhalb der Ferienzeiten reisen kann, dürfte hier so manchen Euro sparen können.

Versorgung

Das klingt nach viel, aber wenn man es über den langen Zeitraum betrachtet, relativiert sich die Zahl. Denn FeWo-Urlauber versorgen sich selbst, und das klappt auch wunderbar. Praktisch jeder halbwegs größere Ort hat einen **Supermarkt** z.B. Aldi, Lidl oder Penny, dort kaufen die meisten Urlauber ein, und dann werden die Mahlzeiten selbst zubereitet.

Selbst wer sich ein Glas Bier an der Strandpromenade gönnt oder abends mal die örtliche Fischplatte probieren will, wird nicht erschrocken zurückzucken, „Sylter" Preise sind selten zu finden, alles bleibt im Rahmen. Die meisten

Restaurants glänzen nicht mit teuren Gerichten, sie wollen eher die breite Masse anlocken. Allerdings gibt es auch einige ganz hervorragende Landgasthöfe, die nicht selten traumhaft schön gelegen sind und für die es sich lohnt, ein paar Kilometer zu fahren.

Strandkorb

Der Strandbesuch fordert zweimal sein monetäres Recht, einen Strandkorb kann man mieten, die Kurtaxe muss bezahlt werden. Ist ein Strandkorb nötig? Nicht unbedingt, aber wenn es einmal bedeckten Himmel gibt und der Wind etwas stärker bläst, kühlt der Sonnenanbeter doch schnell aus. Dann den Strandkorb in den Wind drehen und sich hineinfläzen ist einfach göttlich. **Preis:** 5–8 € pro Tag, Wochenpreise bei ungefähr 35 €.

Kurtaxe

Und dann wäre da noch die Kurtaxe. Meere von Tinte sind bereits vergossen worden, sowohl von schimpfenden Kritikern als auch von sich rechtfertigenden Kurdirektoren. Wer die jeweiligen Prospekte durchblättert, gewinnt den Eindruck, dass die kleineren Orte den größten **Rechtfertigungsdruck** haben. Vielleicht, weil das Kurangebot doch manchmal arg dünn ausfällt.

Was, wenn nun der Gast sagt, er wolle all die **Kurangebote** gar nicht nutzen, er wolle nur baden. Ist nicht, belehrt §3, Absatz 2, der Kurabgabesatzung: „Die Kurabgabe ist ohne Rücksicht darauf zu zahlen, ob und in welchem Umfang die öffentlichen Kur- und Erholungseinrichtungen benutzt werden". Der „Stern" bezeichnete die Kurtaxe mal als „moderne Strandräuberei", das hagelte vielleicht Proteste!

Die Kurtaxe wird übrigens nicht überall erhoben, dort, wo man drauf verzichtet (Damp, Hasselberg), hat man ein neues Werbemittel gefunden: **„Kurtaxenfrei!"**

Wie viel beträgt denn nun die **Höhe** der Kurtaxe? Zwischen 1 und 3 Euro pro Tag und Person. Kinder zahlen immer weniger oder auch gar nichts. Ein **Verzeichnis** über die Höhe der Kurtaxe, die die einzelnen Orte fordern, ist übrigens im **Anhang** dieses Buches zu finden.

Hartnäckig hält sich übrigens noch jenes Gerücht, das besagt, dass die Kurdirektoren einmal im Jahr die Vertreter des **Preußischen Landtages** hochleben lassen. Diese hatten 1893 nämlich verfügt, dass Gemeinden von Bade- und Kurorten Vergütungen erheben dürfen, um Kureinrichtungen zu unterhalten. Und seitdem wird gemurrt und gezahlt.

Es gibt entlang der Schleswig-Holsteinischen Ostseeküste in 17 kurtaxepflichtigen Orten eine optisch einheitliche Ostseecard. Diese Karte ermöglicht den freien Strandbesuch in allen teilnehmenden Orten sowie weitere Leistungen wie Rabatte beim Einkauf oder in der Gastronomie. Wer möchte, kann außerdem weitere Pakete zusätzlich erwerben und auf die Karte buchen lassen. Er erhält dafür Ermäßigungen bei einer Vielzahl von Anbietern (Aquarien, Freizeitparks, Kultureinrichtungen). Die Höhe der Kurtaxe bleibt in den einzelnen Orten aber weiterhin unterschiedlich.

- **Infos:** www.ostseecard.de.

305sh hj

9 Menschen und Natur

< Gelbe Raps-Pracht in Ostholstein

Geschichte

Besiedlung des Gebiets

Die historischen Anfänge liegen gar nicht allzu lange zurück. Etwa um 600 wanderten **Slawen** in das östliche Gebiet vom heutigen Schleswig-Holstein ein, vor allem die Wagrier siedelten dauerhaft in Ostholstein. Etwa zwischen dem 7. und 10. Jahrhundert zog es **Friesen** an die Westküste. Von Norden her kamen im 9. Jahrhundert **Dänen** und **Jüten,** sie siedelten sich in der Umgebung von Schleswig an. Alle Völker hausten mehr oder weniger friedlich vor sich hin, bis dann die Weltpolitik auch zu ihnen schwappte und die Christianisierung begann.

Handelsplatz Haithabu

Vorher trat ein **dänischer König** auf den Plan, *Göttrik* genannt. Er herrschte in einem Dörflein namens Haithabu, am Ende der Schlei gelegen. Zufällig erkannte er, dass die Lage dieses Ortes hervorragende Möglichkeiten bot, immerhin ließ sich über kleine Zuflüsse recht schnell die Eider erreichen, und die fließt in die Nordsee. Somit war es also möglich, Handelswaren von der Ostsee über die Schlei nach Haithabu zu segeln, ein kurzes Stück über Land zu transportieren und dann wieder auf Schiffen via Eider in die Nordsee zu bringen. Haithabu nahm ganz schnell eine dominierende Stellung im **Transithandel** ein, obendrein verlief auch eine alte Nord-Süd-Straße unweit von Haithabu, noch ein Pluspunkt. Die Chronik vermeldet stolz, dass Haithabu im 9. und 10. Jahrhundert die **erste Stadt Nordeuropas** war und bedeutendster Handelsplatz, resultierend aus den beiden genannten Handelsrouten, die sich in Haithabu trafen.

Erste Missionierungsversuche

Der südliche Teil des Landes (d.h. die südlich des Flusses Eider gelegenen Gebiete) gehörte zum **Frankenreich,** und von dort wurden erste Missionierungsversuche unternommen. Eine der zu Anfang des 9. Jahrhunderts gegründeten Missionskirchen war ein Flecken namens Hamburg. Von dort brach um 850 der mutige **Mönch Ansgar** auf und erreichte schließlich Haithabu. Er schaffte es nach einigen Widerständen tatsächlich, eine **christliche Kirche** dort zu errichten. (Wie es *Ansgar* in Haithabu ergangen ist, bleibt in den Annalen der Historie, später taucht er als Erzbischof von Hamburg wieder auf – eine damals beeindruckende Karriere.) *Ansgars* Erfolg war keine Selbstverständlichkeit, waren doch dänische **Wikinger** nicht sonderlich erpicht auf missionierende Mönche. „Die Geschorenen" nannten sie die Mönche, weil diese bis auf einen spärlichen Kranz ihr Haar abrasiert hatten. Etliche Mönche fanden bei Missionierungsversuchen den Tod, huldigten die Wikinger doch weiterhin „Odins Tafel", an der sie sich nach dem Ableben alle versammeln wollten.

[>] Nahe dem Museum von Haithabu wurde eine Wikingersiedlung nachgebaut

436sh mux

Unterwerfung Haithabus

Haithabus Macht wuchs beständig, aus dem Handelsplatz wurde ein Sammelplatz für die Wikinger. Diese zogen zwar nicht ausschließlich auf **Raubfahrten,** aber allzu oft wurden die Mannschaften hier in Haithabu zusammengestellt. (845 z.B. erreichten die Wikinger Hamburg und schlugen den Ort kurz und klein.) Das ging so weiter, bis den anderen Herrschern der Kragen platzte. 934 schickte **Frankenkönig Heinrich II.** ein starkes Heer, und der Herrscher von Haithabu, *Knuba,* wurde besiegt. Als Strafe musste er Tribut zahlen, und, wahrscheinlich die damals schlimmere Strafe, er musste sich taufen lassen. Etwas später nahm auch **Dänenkönig Harald Blauzahn** das Christentum an, die fränkischen Missionare konnten ungestört weiter nach Norden zu den Dänen vordringen, Haithabu wurde 947 endgültig ein christliches **Bistum.**

Rückeroberung und Ende Haithabus

Keine hundert Jahre später verlor der neue Herrscher *Otto II.* seine Macht im Gebiet nördlich der Eider wieder an die **Dänen** und musste sich bis hinter die Eider zurückziehen. Gleichzeitig plünderten die dänischen Wikinger unter *Sven Gabelbart* große Landstriche, u.a. auch England. Das Gebiet um Haithabu war nun also erneut dänisch und wurde Südjütland genannt, bis sich das Blatt etwa ein halbes Jahrhundert später abermals wendete. 1050 wurde Haithabu von *Harald dem Harten* aus **Norwegen** überfallen, und ein paar Jahre später zerstörten es slawische Krieger endgültig.

Schauenburger in Holstein

Ein Zeitsprung ins Jahr 1111, die **Grafen von Schauenburg** treten auf. Denen wurde das Land nördlich der Elbe als Lehen zugesprochen, also sollte es auch unterworfen und besiedelt werden. Keine leichte Aufgabe, wer lässt sich schon gern unterjochen, wenn er von alters her die freien Tagungen aller Gemeindemitglieder gewohnt war? Obendrein sollten die immer noch in Ostholstein (Wagrien) lebenden **Slawen christianisiert** werden, auch das gelang nur mühsam. Wenn es aber mal wieder soweit war und ein kleiner Fürst sich zur Taufe überreden ließ, wurde sofort eine neue Siedlung und Festung errichtet. So entstand 1143 **Lübeck.** Etwa um 1150 galt Wagrien, also das Gebiet zwischen Kiel und der Lübecker Bucht, als befriedet, alles schien einen ruhigen Gang zu gehen.

Dänische Eroberungen

Aber dann schlugen die Dänen noch einmal kräftig zu. 1180 wurde der deutsche Kaiser **Heinrich der Löwe** gestürzt, ein Streit um Macht und Ländereien entbrannte, den die Dänen für sich ausnutzten. Sie schauten nicht lange zu, *König Knud IV.* marschierte los und eroberte Pommern, Mecklenburg und Rügen. Und da er gerade so schön in Fahrt war, ging es gleich weiter. Bis **Hamburg** fiel das gesamte Gebiet an die Dänen, die errangen schließlich sogar in Estland die Herrschaft.

Dänische Schwäche

Damit hatten sie ein riesiges Gebiet besetzt, das konnte nicht lange gutgehen, die Dänen waren zu schwach, dieses zu große Gebiet zu kontrollieren. Am 22. Juli 1227 kam es zu einer entscheidenden **Schlacht bei Bornhöved** (10 Kilometer östlich von Neumünster). Eine Gruppe lokaler Fürsten schloss sich zusammen und besiegte das Besatzungsheer, die Dänen mussten ihre Eroberungen preisgeben und zogen sich hinter die Eider zurück, die wieder die Grenze zu Dänemark bildete.

Stadtgründungen in Holstein

Die Schauenburger Grafen regierten wieder zwischen Elbe und Eider, besiedelten und verwalteten planmäßig. So **entstanden** im 13. Jahrhundert **etliche Orte** im östlichen Holstein, wie beispielsweise Segeberg, Rendsburg, Plön, Neustadt und 1242 die Holstenstadt „tom Kyle" (Kiel).

Aufruhr gegen die Dänen in Schleswig

Das nördlich der Eider gelegene Gebiet wurde Schleswig genannt. Hier regierten die dänischen Könige, aber im Laufe der

Zeit zerbröckelte deren Macht. Die **Herzöge von Schleswig** fühlten sich stark, Spannungen entstanden zum dänischen Königshaus. Es ging um Geld (Zölle und Abgaben), die **Schauenburger** flüsterten von Süden ein und schickten später Siedler in das wenig bewohnte Gebiet zwischen Schlei und Eider. Eine Heirat über die Grenze hinweg förderte schließlich noch die Bindungen. Das schauten sich die Dänen nicht allzu lange an, zu Beginn des 14. Jahrhunderts ließen sie wieder einmal die Muskeln spielen, und schon beugten die holsteinischen Grafen das Haupt, Lübeck unterwarf sich wieder einmal der dänischen Macht. Fast könnte man sagen: the same procedure as every year, denn auch diesmal konnten die Dänen sich nicht lange halten.

100 Jahre Streit um Schleswig

Es ging drunter und drüber in Schleswig-Holsteins Geschichte, wir verkürzen jetzt gewaltig. Die Schauenburger drehten nun erstmals den Spieß um, wehrten nicht nur die Dänen ab, sondern gingen zum Angriff über. Expansion nördlich der Eider war angesagt, und von nun an wurde es mächtig verworren. Kleine Fürsten und mächtige Herrscher stritten sich um Ländereien, die gefordert, verweigert, verschenkt und erobert wurden. *Manfred Jessen-Klingenberg* schreibt in *Ploetz'* „Geschichte Schleswig-Holsteins": „Seit 1340 beginnt ein hundertjähriges Ringen um Schleswig, das sich immer enger mit der gesamtnordischen Geschichte und mit dem Kampf der Hansestädte um ihre Vormacht im Handel der Ostsee und Nordeuropas verflicht". Über ziemlich genau hundert Jahre wurde erheblich gestritten, teilweise gekämpft, oft geschworen, das Land als Lehen weggegeben und später zurückgefordert. Die **Hansestädte** mischten auch mit, da sie Ruhe schaffen wollten, um günstige Bedingungen für ihre Handelstätigkeiten zu haben.

Schleswig und Holstein vereint

Als nichts mehr ging, gab es wieder einmal **Krieg.** Die Dänen verloren dabei Flensburg und noch mehr Gebiete, Dänenkönig *Erich* flüchtete, sein Nachfolger hieß *Christoph III.* Und der musste das Gebiet Schleswig am 13. April 1440 an den Schauenburger Herzog **Adolf VIII.** als Lehen abtreten, zum ersten Mal wurden Schleswig und Holstein von einem Herrscher regiert.

Wie gewonnen, so zerronnen, so könnte man über das bislang erfahrene Hin und Her der Geschichte sagen. So auch in diesem Fall. *Herzog Adolf VIII.* starb 1459, und leider hatte er **keinen Erben.** Das frisch vereinte Land stand erneut zur Disposition, wurde aber erstmalig nach friedlichen Verhandlungen einem Herrscher zugeschlagen, diesmal einem Dänen, **König Christian I.** (Die heutige dänische Königin *Margarethe II.* kann ihren Stammbaum bis zu diesem dänischen Herrscher zurückführen!)

Teilung des Landes

Er starb 1481, und da ging das Chaos erneut los. Diesmal stritten sich mehrere Parteien so lange, bis das Land geteilt wurde. Aber nicht, wie schon mehrfach geschehen, entlang der Eider, nein, diesmal wurde das **Land streifenförmig zerlegt.** Das war 1490, und diese eigenwillige Grenzziehung hielt genau 34 Jahre. Zwischenzeitlich gab es wieder verschiedene Kriege, und 1524 zog ein Herzog namens **Friedrich** in Kopenhagen ein, sorgte für Ruhe und Ordnung und wurde zum König gekrönt. Damit war die erste Teilung schon wieder aufgehoben.

Natürlich blieb es nicht dabei, der Streit ging weiter, und 1544 musste der jetzt regierende *Christian III.* **erneut** einer **Teilung** zustimmen, diesmal sogar in drei Teile. Auch das konnte natürlich nicht gutgehen, kleinere Ärgernisse prägten das Bild.

Schwedische Besetzung

Schließlich tauchte ein neuer Machthaber auf, die Schweden kamen, 1643 **besetzten** sie weite Teile des **südlichen Holsteins.** Jetzt wurde es gänzlich bunt, Kriege, Verbindungen, Geheimverträge, Friedensverhandlungen lösten einander ab, jeder kämpfte gegen jeden und verbündete sich mal hier, mal da. So sah es zumindest aus, folgte aber einer inneren Logik, die da hieß: Kampf um Machterhalt. Jeder Herrscher wollte seine Macht sichern und möglichst erweitern, der Ostseeraum war heiß umkämpftes Pflaster. 1720 kam es wieder einmal zu einem umfangreichen **Friedensvertrag,** die Schweden zogen sich zurück, Dänemark blieb ein mächtiger Staat mit großem Territorium.

Dänische Niederlage

Die **Napoleonischen Kriege** und die Kontinentalsperre, in die Dänemark auf verschlungenen Pfaden verwoben war, brachten dem Königreich Dänemark eine empfindliche Niederlage. 1814 wurde bei einem **Friedensvertrag** beschlossen, dass die Dänen das heutige Gebiet Norwegen an Schweden abtreten mussten. Später folgten weitere **Gebietsabtretungen** der Dänen, u.a. wurde Vorpommern mit Rügen gegen Lauenburg getauscht und die Insel Helgoland an England abgetreten. Schleswig blieb aber weiterhin dänisch.

Zwei Fraktionen in Schleswig

Nachdem der Frieden wieder eingekehrt war, kam die Politik zu Wort. Recht schnell bildeten sich im jetzt so benannten Herzogtum Schleswig zwei Positionen. Die eine wollte Schleswig in einen **dänischen Nationalstaat** integrieren, die andere hatte das Ziel, Schleswig und Holstein einem (damals noch nicht existierenden) **deutschen Nationalstaat** anzuschließen. Bei diesem Stand der Diskussion angelangt, hätte es in früheren Jahrhunderten Krieg gegeben, jetzt warben die beiden Fraktionen auf Kundgebungen **friedlich** für ihre jeweilige Position. So ging es einige Jahre, brachte aber keinen Fortschritt.

Revolution in Schleswig

Dann erreichen wir das Jahr 1848, Revolutionsjahr. Selbst im bedächtigen Norden breitete sich umstürzlerisches Gedankengut aus. Eine neu gegründete **schleswig-holsteinische Landpartei** griff zur Selbsthilfe und bildete am 24. März 1848 eine **provisorische Regierung,** Forderungen wurden gestellt, Reden gehalten und Fäuste geschwungen. Das ließen sich die Dänen nicht bieten, es gab wieder einmal **Krieg.** Und abermals folgten Waffenstillstände, die später gebrochen wurden, und Friedensverträge, die nicht eingehalten wurden.

Schleswig nicht mehr dänisch

Es dauerte vier lange Jahre, bis 1852 die sieben stärksten Nationen die Nase voll hatten und den Streit **vertraglich** lösten. Im Kern musste der dänische König anerkennen, dass das Herzogtum Schleswig kein Bestandteil des dänischen Königreiches war. Im Gegenzug sollten die Herzogtümer Schleswig und Holstein nicht mehr gemeinsam agieren. Wer nun geglaubt hatte, dass dies der letzte Streit war, unterschätzte die Dickköpfigkeit der Holsteiner – und der Schleswiger. Niemand wollte ernsthaft seine Positionen aufgeben, man warf sich weiterhin Knüppel zwischen die Beine.

Die Preußen kamen

Dann kam **Otto von Bismarck.** Er taktierte und verfolgte eine neue Idee, die **Eingliederung** der Herzogtümer Schleswig und Holstein in den **preußischen Staat.** Das konnte nicht ohne **Krieg** funktionieren, und so kam es, wie es kommen musste. 1864 wurde die Eider von preußischen Truppen überschritten, und mit der Erstürmung der Düppler Schanzen waren die Dänen geschlagen. Es folgte ein Friedensvertrag, in dem die Grenzen neu gezogen wurden.

Zunächst verwaltete Preußen gemeinsam mit Österreich die beiden Herzogtümer, eine endgültige Entscheidung über den abschließenden Status wurde vertagt. Es dauerte noch zwei Jahre, dann beschloss der preußische König am 24. Dezember, dass Schleswig und Holstein der **preußischen Monarchie** unterstellt werden. Ein „tolles" Weihnachtsgeschenk, fand die Bevölkerung, die die Preußen ebenso ablehnte wie einst die Dänen.

Preußische Neuerungen

Es gab einige **Änderungen für die Bürger,** so wurde die allgemeine Wehrpflicht eingeführt, ein neues Steuersystem erlassen und der Anschluss an den Zollverein beschlossen. Dadurch wurde der Handel mit den skandinavischen Ländern allerdings erschwert. Auch das Rechtssystem wurde neu definiert, alte Systeme, die jahrhundertelang galten, über Bord geworfen. Aber es gab auch erkennbare **Fortschritte,** Straßen wurden gebaut, Eisenbahnverbindungen geschaffen, der Nord-Ostsee-Kanal durchs

Land getrieben. **Wirtschaftlich** ging es der preußischen Kolonie gar nicht schlecht, die Protesthaltung der Bevölkerung nahm ab. Nicht aber im nördlichen Schleswig, hier fühlten sich immer noch viele Bürger als Dänen.

Volksabstimmung in Schleswig

Der **Erste Weltkrieg** brachte Leid und Elend über Europa, aber auch entscheidende Veränderungen im deutsch-dänischen Verhältnis. Im Versailler Vertrag wurde festgelegt, dass es zu einer **Volksabstimmung** kommen sollte. Die Bewohner in Nordschleswig sollten darüber abstimmen, ob sie zum Königreich Dänemark oder zum Deutschen Reich gehören wollten. Im Frühjahr 1920 wurde in zwei **Zonen** abgestimmt. Die Zone 1 reichte etwa 50 Kilometer ins heutige Dänemark hinein (bis Harderslev), Zone 2 teilweise 30 Kilometer ins heutige deutsche Gebiet. Die Abstimmung fiel weitestgehend einheitlich aus, Zone 1 wählte dänische, Zone 2 deutsche Zugehörigkeit. Ausnahmen waren die Städte Tondern, Sonderburg und Apenrade, aber die Mehrheit zählte nun mal.

Die südliche Grenze der Zone 1 war damit zur **neuen Staatsgrenze** geworden. Gleichzeitig entstanden auf beiden Seiten **Minderheiten,** aber sowohl Dänen als auch Deutsche gewährten ihnen weitestgehende Freiheiten und Unterstützung. 1920 wurde sogar ein Deutscher ins Folketing gewählt, die dänische Abgeordnetenversammlung.

⊡ Das Marine-Ehrenmal in Laboe erinnert an die gefallenen Seeleute beider Weltkriege

Nationalsozialismus

Die folgenden Jahre bescherten auch Schleswig-Holstein den Nationalsozialismus, besonders die **Landbevölkerung** begrüßte die neuen Machthaber. Bis 1933 konnte die NSDAP ihren Stimmenanteil auf 53,3% schrauben, im Reichsdurchschnitt errang sie dagegen zum damaligen Zeitpunkt nur 43,9%.

Überfall auf Dänemark

Die deutsch-dänischen Beziehungen hatten sich gerade etwas stabilisiert, da überfiel *Hitler* am 9. April 1940 das Königreich, die Nazi-Deutschen **besetzten Dänemark.** Eine schlimme Zeit, nicht bei allen Dänen bis heute vergessen.

Folgen des Zweiten Weltkriegs

Der Zweite Weltkrieg endete offiziell in Flensburg mit der **Kapitulation** von *Großadmiral Dönitz,* dem Nachfolger *Hitlers.* Allzu große **Schäden** wurden in Schleswig-Holstein nicht registriert, allerdings wurde Kiel zu mehr als 60% zerbombt, auch Lübeck erlitt große Zerstörungen.

Nach Kriegsende kamen Hunderttausende von **Flüchtlingen** ins Land aus den ehemaligen Ostgebieten des gerade untergegangenen Tausendjährigen Reiches. Eine Statistik spricht von 1,1 Mio.

323sh hj

Flüchtlingen, dies entsprach in etwa der damaligen Bevölkerungszahl Schleswig-Holsteins.

Geburt des Landes Schleswig-Holstein

Das Land war von den **Briten** besetzt, und die setzten bereits am 7. Februar 1946 wieder einen **provisorischen Landtag** ein. Vier Monate später wurde eine vorläufige Verfassung des Landes Schleswig-Holstein formuliert und von den Briten akzeptiert. Am 23. August 1946 verfügte die britische Militärkommandantur, dass die Provinzen des Landes Preußen (also auch Schleswig-Holstein) den **Status eines Landes** bekommen, dies ist die Geburtsstunde des späteren Bundeslandes Schleswig-Holstein. 1947 wurde erstmals der **Landtag gewählt.**

Dänische Minderheit in Schleswig

1946 wurde von der dänischen Minderheit der Südschleswigsche Verein gegründet, der ab 1948 als **Südschleswigscher Wählerverband** bis heute eine politische Rolle im Landtag spielt (siehe Exkurs).

Der Südschleswigsche Wählerverband

Der Südschleswigsche Wählerverband (SSW) ist eine **Regionalpartei,** die die Interessen der **dänischen Minderheit** vertritt. Gegründet wurde sie 1946. 1954 scheiterte der SSW jedoch an der **Fünf-Prozent-Klausel;** daraufhin bat die dänische Regierung die Bundesregierung, hier aktiv zu werden. Am 23. Mai 1955 beschloss daraufhin der Landtag, die dänische Minderheit von der Anwendung der Sperrklausel bei Landtagswahlen auszunehmen.

Die Partei tritt im Landesteil Schleswig an und versteht sich auch als Vertreter der **friesischen Bevölkerung** in Nordfriesland. Der SSW orientiert sich politisch an skandinavischen Ländern und versucht eine möglichst **bürgernahe Politik** zu gestalten.

Aktuell hat der SWW **vier Sitze im Landtag,** nachdem er bei der letzten Wahl 4,3% der Zweitstimmen bekam. Jahrelang vertrat der charismatische **Karl Otto Meyer** den SSW im Landtag alleine und hatte deshalb auf dem Briefpapier auch den Satz stehen: „SSW, der Abgeordnete".

Deutsche Minderheit in Dänemark

Mit der deutschen Minderheit in Dänemark wurde für die **Kollaboration mit den Nazis** abgerechnet, 2900 Mitmacher mussten ins **Gefängnis,** ihr Vermögen wurde beschlagnahmt. 1955 erließ die dänische Seite ein **Amnestiegesetz,** und schon 1953 wurde wieder ein Deutscher in das Folketing gewählt. Das war umso bemerkenswerter, da Deutsche noch 1952 ein Visum für die Einreise nach Dänemark benötigten.

Wiederaufbau

Der Wiederaufbau in Schleswig-Holstein nach dem Zweiten Weltkrieg beinhaltete vor allem, die Landwirtschaft zu organisieren, die Flüchtigen zu integrieren, Wohnungen zu bauen und das völlig zerstörte Kiel zu erneuern.

Parteien und Wahlen

Bei folgenden Wahlen erreichten Parteien wie der **BHE** (Bund der Heimatvertriebenen und Entrechteten) beachtliche Erfolge. Von Anfang an aber regierte die **CDU** 38 Jahre lang, bis sie 1988 in die Opposition gehen musste. 1967 konnte die rechte **NPD** vier Abgeordnete in den Landtag bringen, die **Grünen** schafften es erst 1996. Seit den Anfängen konstant dabei ist dagegen der **SSW.**

Politische Bomben

Das Land richtete sich ein, wirtschaftlich ging es einigermaßen, Tourismus und die Möglichkeit für viele Schleswig-Holsteiner, in Hamburg zu arbeiten, brachten bescheidenen Wohlstand. Fast darf man es langweilig nennen, da platzte die Bombe der **Barschel-Affäre.** In aller Kürze rekapituliert: 1987 wurde ein neuer Landtag gewählt. „Der Spiegel" veröffentlichte die Vorwürfe vom ehemaligen Pressereferenten von Ministerpräsident *Barschel,* dass *Barschel* im Wahlkampf unlautere Methoden unternommen hätte, um an der Macht zu bleiben. Insbesondere *Engholm* wäre das Ziel dieser unwürdigen Methoden gewesen. *Barschel* trat zurück vom Amt des Ministerpräsidenten und gab die Ehrenwort-Konferenz. Neun Tage später wurde er in einem Schweizer Hotel tot aufgefunden, die offizielle These vom Selbstmord *Barschels* wird von seiner Familie bis heute angezweifelt.

1988 fanden Neuwahlen statt, **Björn Engholm** gewann haushoch. Er schwamm auf einer Welle des Erfolges, seine SPD machte ihn zum Kanzlerkandidaten. Schließlich eine erneute politische Bombe: *Engholm* hatte doch schon früher über die Machenschaften gegen ihn Bescheid gewusst, sagte darüber aber nicht die Wahrheit aus. Die Folge: Rücktritt von Parteivorsitz und Kanzlerkandidatur, *Engholm* verschwand in der politischen Versenkung.

Heide Simonis, mittlerweile Ministerpräsidentin, gewann zwar mit der SPD, aber längst nicht mehr so hoch. Die Folge: Sie musste eine ungeliebte **rot-grüne Koalition** eingehen. Auch die Wahlen im Jahr 2000 gewann Rot-Grün, *Heide Simonis* blieb „Landesmutter". Dann aber kam es nach den Landtagswahlen 2005 zu einer Patt-Situation. Die rot-grüne Koalition wollte weiter regieren, toleriert vom SSW, der Partei der dänischen Minderheit. Aber bei der Wahl zur Ministerpräsidentin fiel die langjährige Regierungschefin *Simonis* viermal durch, es fehlte ihr jeweils eine Stimme aus dem eigenen Lager. Die Folge: Es bildete sich eine **Große Koalition** unter Führung von **Peter Harry Carstensen** (CDU), der sich rasch durch seine herzliche, zupackende Art viele Sympathien eroberte.

Diese Koalition hielt vier Jahre und wurde lange Zeit durch ständige Kabbeleien zwischen *Carstensen* und SPD-Chef *Stegner* geprägt. Im Sommer 2009 kam es dann zum Bruch der Koalition und Ende September zu Neuwahlen. Das Ergebnis fiel vor allem für die großen Parteien sehr schlecht aus: CDU 31,5% (minus 8,7%), SPD 25,4% (minus 13,4%), FDP 14,9%, Grüne 12,4%, Linke 6,0%, SSW 4,3%. Eine neue **schwarz-gelbe Regierung** konstituierte sich und bei der offiziellen Wahl des Ministerpräsidenten im Landtag gab es erneut eine handfeste Überraschung. *Carstensen* erhielt eine Stimme aus dem Oppositionslager. Sofort wurde vermutet, dass der „Heide-Mörder" wieder zugeschlagen habe, also derjenige, der auch schon bei der Abwahl von *Heide Simonis* „falsch" gestimmt hatte.

Im Januar 2010 dann die bislang letzte Überraschung: In einem Wahlkreis mussten die Stimmen neu ausgezählt werden und danach wurde tatsächlich das Ergebnis korrigiert. Die FDP verlor einen Sitz, die Linke gewann einen dazu. *Carstensen* regiert seitdem mit nur einer Stimme Mehrheit.

Im Mai 2010 wurde von der schwarz-gelben Regierung dem Land ein rigider **Sparkurs** verordnet, nach dem das Haushaltsdefizit von 1,25 Milliarden ab 2011 in zehn Jahren um jeweils 125 Millionen Euro gesenkt werden sollte. Was natürlich zu massiven Protesten führte.

2012 wählte Schleswig-Holstein einen neuen Landtag und erstmals kam es zu einer sogenannten **„Dänen-Ampel“,** einer Koalition aus SPD, Grünen und SSW, dem Südschleswigschen Wählerverband, der die dänische Minderheit vertritt.

Die neue Regierung steht vor gewaltigen Aufgaben, muss eine **Schuldenbremse** umsetzen und mehrere große **Infrastrukturprogramme** durchziehen. Beispielsweise müssen die Kanalschleusen in Brunsbüttel komplett saniert werden. Den Bau des Tunnels von der Insel Fehmarn zum dänischen Nachbarn finanzieren zwar die Dänen, aber die Bahnverbindung auf deutscher Seite muss deutlich verbessert werden. Und nicht zuletzt soll die Autobahn A20 quer durchs Land fortgeführt werden, mit einem möglichen neuen Tunnel unterhalb der Elbe. Alles Projekte, die ohne Unterstützung durch den Bund nicht zu realisieren sind.

150sh hj

Plattdeutsch und das Wesen der Schleswig-Holsteiner

Schweigen – kein Platt

Kennen Sie den: Zwei Fischer hocken am Tresen, schweigen sich an. Zum Nachbestellen werden nur zwei Finger gehoben – abwechselnd, weil das ja gerecht ist. Nach ein paar Stunden sagt einer der beiden: „Tjaaaa, neeech!“ Sagt der andere: „Wat sabbelst du bloß heut wieder so viel!“ So sind sie, oder besser gesagt, so sind sie auch, die Schleswig-Holsteiner, **schweigsam** und **nicht aus der Ruhe zu bringen.**

Reden auf Platt

Wenn sie dann aber mal reden, dann geht's vielfach noch op Platt. Plattdeutsch ist **an der Küste verbreitet,** keine Frage, mehr in den Dörfern als in den **Städten.** In Lübeck oder Kiel spricht die Jugend selten Platt, die Älteren sehr wohl. In den Dörfern sieht es noch anders aus, dort wächst die Jugend sozusagen zweisprachig auf.

[<] Rau und herzlich

[>] Plattdüütsch: „In Eckernförde, da haben sie es raus, aus Silber Gold zu machen“

437sh hj

Verstehen Sie Platt?

Plattdeutsch ist keine schwere Sprache, sie drückt viele Sachverhalte **knapp und bündig** aus. Und sie klingt **gemütlich,** selbst derbe Beleidigungen werden auf Platt abgefedert. Wer zum ersten Mal an die Küste kommt und zwei Fischer Platt schnacken hört, wird wohl kaum etwas verstehen. Hier ein paar Tipps zum Mitschnacken: **„Moin, moin“** ist ein Allerweltsgruß, je weiter man nach Norden kommt, desto verbreiteter ist er als Guten-Tag-Ersatz. Zuerst stutzt man sicherlich, wenn kurz vor der Tagesschau jemand mit „Moin“ grüßt, aber eine verbreitete These besagt, dass *moi* „gut, schön“ bedeutet, man sich also einen „Schönen Guten“ wünscht. Und die Gelassenheit drückt sich gern mit „Immer sutsche“ aus – schön ruhig, keine Panik, nicht herumstressen, in etwa so bewegt sich der Schleswig-Holsteiner. Das wäre schon mal ein guter Start in die Stimmungslage.

Schimpfwörter auf Platt

Schleswig-Holsteiner sind ruhige Genossen; wenn sie sich was zu sagen haben, dann meist ohne Schnörkel, eben **direkt** ins Gesicht. Auf Platt klingt das aber halb so schlimm, ein Schietbüdel wird nie übersetzbar sein, denn dann würde aus dem plattdeutschen Kosewort eine hochdeutsche Beleidigung, nämlich „Scheißbeutel“ – brrr, wie das klingt!

Hierzu passt eine reale **Anekdote:** 1994 beriet die Bürgerschaft in Hamburg (das Parlament der Hansestadt) über einen Antrag auf Aufnahme des Plattdeutschen in die Europäische Charta für Minderheitssprachen, natürlich op Platt.

Plattdüütsch – kleine Sprachhilfe

Wen es erstmalig nach Norddeutschland verschlägt, wird vielleicht manches Mal etwas verständnislos den Gesprächen der „Eingeborenen" lauschen und möglicherweise nur „Bahnhof verstehen". Das wäre auch kein Wunder, denn beispielsweise folgender, nicht untypischer Monolog, der die Küstenbewohner ein wenig charakterisiert, muss auch nicht auf Anhieb verstanden sein:

„Dat schall ober Minschen geben, de dat Stormwedder besonners geern möögt. De fort in Harvst an de See un freut sik, wennt so richdich störmt un jüm de stiebe Wind um de Ohrn haut. „Sleech Wedder gifft dat nich", seggt se, „ober falsche Kledasch". Un wenn denn noch'n poor nördliche Grogs mit wenich Woter achter de Binn kippt ward, kannt nich mehr schöner warrn."

Na, etwas verstanden? Ist doch gar nicht so schwer, oder? Falls doch nicht, die „Übersetzung" steht unten.

Platt ist weit verbreitet, mit einigen Begriffen wird auch ein Quiddje („Zugereister" – ein Hamburger Schnack) immer mal wieder konfrontiert werden. Damit es Ihnen nicht nur Spanisch vorkommt, hier eine kleine Übersicht:

Achtern	hinten
Adjüüs	Tschüss
Appeln	Äpfel
Beer	Bier
Börgermeister	Bürgermeister
Bug	vorderer Teil vom Schiff
Deern	(Dirne, ist aber nicht in dem heutigen Sinn zu verstehen) Mädchen
Dokter	Arzt
Dörpstrot	Dorfstraße
Duckdalben	Pfahl, an dem Boote festmachen
Eerdbeern	Erdbeeren
Fleesch	Fleisch
Fofftein moken	(Fünfzehn machen) Pause einlegen
Füürwehr	Feuerwehr
Gewidder	Gewitter
Goden Dag ok	Guten Tag auch
Gröönhöker	Gemüsehändler
Heck	hinterer Teil vom Schiff
Hitten	Hitze
Höker	Kaufmann
Kantüffeln	Kartoffeln
Kark	Kirche
Karkhoff	(Kirchhof) Friedhof
Kiek mol wedder in	Schau mal wieder rein
Klöben	Gebäck mit Rosinen
klönen	plaudern, reden
Klönschnack	ruhige Unterhaltung
Köm	(Kümmel) Schnaps
Kröger	Gastwirt
Krog	(Krug) Gastwirtschaft
de Luft ward bruddich	die Luft wird schwül
Melk	Milch
Moin moin	Guten Morgen, guten Tag
Muster	Senf
neerich	geizig
Paster	Pastor
Putz	Polizist
Putzbüdel	Frisör
Reet	zum Dachdecken genutztes getrocknetes Schilf
Reetdachkate	ein mit Reet eingedecktes Haus
Regenwedder	Regenwetter
Rundstückn	(Rundstück) Brötchen

schnacken	reden, unterhalten
Schüün	Scheune
Slachter	Schlachter
Sommerdach	Sommertag
Sprütenhuus	Spritzenhaus
de Sünn schient	die Sonne scheint
sutje	schön langsam
Stuten	Weiß- oder Rosinenbrot
dat is noch lang keen Schiet	(das ist noch lange kein Scheiß) das ist gut, so muss es sein
Schietbüdel	(Scheißbeutel) sagt man als Kosewort zu Kindern

Na, mal einen zarten Versuch der Kommunikation wagen? Probieren Sie es doch mal mit folgendem Gruß:

Moin moin, wo geid?	Guten Morgen (oder auch Hallo bzw. Guten Tag), wie geht's?

Die Antwort wird plattdeutsch-trocken ausfallen:

Mut jo!	Muss ja!

Damit ist alles gesagt, jetzt wäre das Wetter als Thema dran, und damit kommen wir zur Übersetzung unseres kleinen Monologes vom Beginn:

„Es soll aber Menschen geben, die das Sturmwetter besonders gerne mögen. Sie fahren im Herbst an die See und freuen sich, wenn es so richtig stürmt und Ihnen der steife Wind um die Ohren haut. „Schlechtes Wetter gibt es nicht", sagen sie, „aber falsche Kleidung". Wenn dann noch ein paar nördliche Grogs mit wenig Wasser hinter die Binde gekippt werden, kann es nicht mehr schöner sein."

Selten wurde bei einer Politikerdebatte so gelacht wie an diesem Abend, z.B. über Beiträge wie: „De Hamborger Senoot un sien Beamten sitt dor mit 'n breden Mors und kiekt nur to" (Der Hamburger Senat und seine Beamten sitzen auf ihrem breiten Arsch und gucken nur zu). Das war selbst auf Platt nicht mehr fein genug, und unter feixendem Gelächter ermahnte der Sitzungspräsident den Sprecher zur Ordnung: „Mors, dat geiht nich!" (Arsch, das geht nicht). Darauf der Sprecher: „Denn seg ik Achtersteven" (Dann sag ich Hinterteil). Natürlich wurde der Antrag angenommen, einstimmig.

Platt am Tresen

Wer in eine kleine Dorfkneipe kommt, hat manchmal nicht viel Auswahl an Sitzmöglichkeiten. Vielleicht sind alle Tische besetzt, vielleicht ist gerade noch ein Eckchen am Tresen frei. Egal, wo man sich niederlässt, eine schleswig-holsteinisch-kurze **Begrüßung** muss sein. Dazu dreimal kurz auf den Tisch klopfen und einfach sagen „Ik mok mol so" (Ich mach mal so), das kürzt das Begrüßen ab, man muss nicht jedem einzelnen die Hand geben, nicht lange „sabbeln" – und man wird sofort als Kenner ausgewiesen.

Zwei Sätze sind noch wichtig für das **Überleben am Tresen:** „Gif mi noch'n Lütt un Lütt" (Gib mir noch ein Kleines und einen Kurzen), gemeint ist ein kleines Bier und ein Schnaps. Der andere Satz lautet: „Gif mi noch een ut de Buddel" (Gib mir noch einen aus der Schnaps-Flasche). Und wer aus guter Laune heraus eine Runde Schnaps ausgibt, der muss diesen „freigeben", also zum Trinken auffordern. Dazu genügt eigentlich „Prost", aber plattdeutscher wäre „Nich lang schnacken – Kopf in Nacken", Übersetzung überflüssig oder?

Platt zum Lesen

Wer sich schon mal einstimmen will, kann es ja mal mit **Asterix** versuchen. Abenteuer des streitbaren Galliers gibt es auch op Platt, einer der Titel: „De Törn för nix", Original: „Die Odyssee". Kleine Kostprobe: „Wi schrievt dat Johr 50 v. Chr. Heel Gallien is in Römsche Hand." Das kommt einem bekannt vor, nicht wahr?

Und dann wären da ja noch die **Werner-Bücher.** Die Anarcho-Abenteuer der Motorrad fahrenden Langnase mit den vier Stoppelhaaren sind bis ins tiefste Bayern als Kult vorgedrungen. Werner, die unschlagbare Comicfigur, treibt seine Scherze mit der Polizei, seinen Saufkumpels und mit Meister Schurich, seinem alten Lehrherren. Der ist übrigens der einzige, der richtig Platt schnackt, bitte nicht Werners Jargon als Plattdeutsch auffassen, auch wenn Tass Kaff und Flasch Flens mittlerweile Umgangssprache sind, zumindest im Land zwischen den Deichen.

Die Ostsee

Entstehung und Charakteristika

Baltische Eissee

Die Ostsee ist ein Säugling – erdgeschichtlich betrachtet – kaum 12.000 Jahre jung und am Ende der letzten **Eiszeit** entstanden. Als durch die allmähliche Erwärmung Nordeuropas die Eismassen langsam schmolzen, sammelte sich dieses Schmelzwasser in der **Baltischen Senke.** Das Ganze erhielt den Namen „Baltische Eissee". Sie bildete in etwa die **Umrisse der heutigen Ostsee,** wenn auch mit teilweise deutlichen Unterschieden. Beispielsweise waren damals Dänemark und Südschweden eine zusammenhängende Landmasse.

Yoldiameer

Ein paar tausend Jahre später, mittlerweile schmolzen die Eismassen immer weiter ab, hatte die Baltische Eissee eine **Verbindung zum Meer** bekommen. Die Folge: **Salzwasser** floss in die noch junge Ostsee. Für dieses Stadium entstand der Name „Yoldiameer", abgeleitet von einer eingewanderten Atlantikmuschel. Das Wasser war jetzt brackig, also Süß- und Salzwasser waren vermischt. Befreit von der Last des Eises, das an bestimmten Stellen 3000 Meter dick gewesen war, **hob sich das Land an.** Dies bewirkte, dass das Yoldiameer, die spätere Ostsee, wieder zu einem **Binnensee** wurde, die Verbindung zum Meer wurde gekappt.

438sh mux

Verbindung zur Nordsee

Mittlerweile waren wieder 5000 Jahre vergangen. Das Eis schmolz weiter ab, und das Schmelzwasser füllte den Binnensee derart, dass weite Teile des Landes wieder **überflutet** wurden, und zwar für immer. Dadurch entstand die noch heute existierende Verbindung zwischen Norddänemark und Südschweden zur Nordsee.

Süßwasserüberschuss

Die Ostsee hat nur eine sehr enge Verbindung zur Nordsee, und das wirkt sich langfristig ungesund aus, denn langsam wird der **Sauerstoff** knapp. In der Ostsee bildet sich (langsam) ein Süßwasserüberschuss, was auch nicht verwunderlich ist, münden doch annähernd **200 Flüsse** in die Ostsee. Weiterhin sorgen die ständigen Regenfälle des Nordens für einen Süßwasseranstieg.

Austauschhindernisse

Ein Austausch mit dem salzhaltigeren Nordseewasser kann jetzt nur durch eine relativ enge und vor allem flache Stelle erfolgen, denn die Ostsee ist nur an **drei Stellen** mit der **Nordsee** verbunden – durch den Kleinen Belt, den Großen Belt und den Sund. Damit nicht genug, der gesamte **Ostseeboden** besteht aus mehreren riesigen Becken mit hohen Rändern. Diese Ränder werden „Schwellen" genannt, und genau an der schmalen Verbindung zur Nordsee liegt die **Dar-**

In Skagen (Nord-Dänemark) hat die Ostsee Verbindung mit der Nordsee

306sh hj

ßer Schwelle – ein echtes Hindernis für schweres Salzwasser, denn salzhaltiges Wasser ist schwerer als Süßwasser, fließt also nicht an der Oberfläche. Umgekehrt kann das salzarme Wasser „oben" relativ problemlos abfließen, das schwerere Salzwasser findet dagegen „unten" so manches Hindernis (u.a. die Darßer Schwelle), da die Ostsee an den entscheidenden Stellen ziemlich flach ist.

Sauerstoffgehalt

Und dies ist letztendlich fatal für die Ostsee, denn **zu wenig frisches Salzwasser** bedeutet zu wenig Sauerstoffzufuhr für das Tiefenwasser. Etwa alle 25 Jahre wird in der Ostsee das gesamte Wasser ausgetauscht, in der Nordsee passiert dies bereits nach drei Jahren. Vor allem die heftigen Herbststürme sorgten in der Vergangenheit für eine gehörige Sauerstoffzufuhr. Vielfach kam es dazu aber nicht, da die wirklich starken Stürme ausfielen. Das prägt langfristig die Situation der Ostsee, der Salz- und Sauerstoffgehalt sinkt. In bestimmten Gebieten ist der Sauerstoff bereits verschwunden, der Meeresboden gilt dort bereits als **Wüste.**

Verschmutzung

Leider wurde diese Situation jahrelang noch durch die von Menschen verursachte Verschmutzung verstärkt. Speziell über die Flüsse des ehemaligen Ostblocks gelangten große Mengen von **Phosphaten** und ungeklärte **Abwässer** in die Ostsee. Das hat sich aber deutlich gebessert.

Gegenmaßnahmen

Erkannt wurde diese Gefahr bereits 1974, als mit der **Helsinki-Konvention** zum ersten Mal ein Maßnahmepaket zum Schutz der Ostsee von den damals noch sieben Anrainerstaaten verabschiedet wurde. Die **Umsetzung** der Beschlüsse kostet allerdings viel Geld, und dadurch fällt deren Durchführung auch sehr uneinheitlich aus. Finnland beispielsweise wird als vorbildlich eingestuft, aber auch die ehemaligen Ostblockstaaten haben deutliche Fortschritte gemacht.

Seitdem trafen sich Regierungsvertreter der Ostsee-Anrainer-Staaten regelmäßig, um über Maßnahmen zu beraten. Dort wurden immerhin 138 einzelne Projekte beschlossen, um der bedrohten Ostsee zu helfen. So soll die **Landwirtschaft** stärker eingebunden werden und keine Stickstoffe und Phosphorverbindungen über lokale Flüsse in die Ostsee einleiten. Weiterhin sollen in den größten Häfen Anlagen zur Reinigung von Abwässern aus Schiffen gebaut werden, besonders die großen Kreuzfahrtschiffe sollen hier stärker eingebunden werden.

Weitere Gefahren

Als tickende Zeitbombe gelten die zum Ende des Zweiten Weltkrieges versenkten **Waffen und Munitionsreste.** So gehen Experten davon aus, dass 5000 Tonnen chemische Waffen in die Ostsee gekippt wurden. Aber auch die langsam dahinrostenden Munitionsbestände sorgen immer wieder für Unfälle, wobei der Kampfmittelräumdienst aber auch alljährlich bis zu 5000 Granaten entschärft.

◁ Ostseestrand unweit von Gelting

Küstenlandschaften

Förde

Ein Blick auf die Karte offenbart es: Die Küstenlinie der schleswig-holsteinischen Ostseeküste zeigt tiefe **Einschnitte** und **Buchten.** Diese Buchten, auch Förden genannt, stehen mit ihren Eigennamen für eine ganze Region: Flensburger Förde, Eckernförder Bucht, Kieler Förde und Lübecker Bucht. Die **Strände** sind durchweg recht schmal, kaum einmal breiter als 20 Meter, sie führen recht sacht ins Wasser, abrupte Absenkungen sind nur selten zu finden.

Steilküste

Kennzeichnend für die Landschaft sind zwei Küstensysteme, die sogenannte Steilküste und die Flachküste. Die Steilküste ragt steil auf, dieses Phänomen wird auch **Kliff** genannt. Wo sich eine Steilküste erhebt, ist nur ein schmaler, **steiniger Strand** vorhanden. Im Laufe der Zeit passiert es immer wieder, dass durch Sickerwasser und durch Anbrandungen das Kliff unterspült wird. Langsam, aber sicher wird so das Erdreich abgetragen, eine kleine Aushöhlung entsteht. Und dann bricht eines Tages die überstehende Kliffkante ab. Jetzt beginnt das Spiel wieder von vorn, langsam wird die Steilküste erneut unterhöhlt.

Flachküste

Die Flachküste zeigt ein anderes Merkmal, sie endet in einem kleinen **Strandwall,** den man auch mit etwas Fantasie als Deich bezeichnen kann. Hinter diesem Strandwall erstreckt sich eine flache Ebene, eine feuchte Senke oder eine flach-wellige Moränenlandschaft.

Nehrung

Eine weitere Besonderheit sind in einer Bucht **parallel zum Strand** verlaufende **Landzungen,** sogenannte Nehrungen. Diese entstanden durch **Ablagerungen,** die von der Strömung an die Küste getrieben wurden. Da die Küstenströmung konstant bleibt, lagern sich im Laufe der Zeit immer an derselben Stelle Partikel ab – eine Landzunge entsteht.

Haff und Strandsee

Passiert dies im größeren Stil, wird die Bucht langsam, aber sicher vom Meer abgeschnitten, sie verlandet. Die so entstandene **verkleinerte Bucht** wird Haff genannt. Sollte es so weit kommen, dass keine oder nur eine schmale Verbindung zum Meer bleibt, spricht man von einem **Strandsee.** Ein sehr schönes Beispiel für eine kilometerlange Nehrung ist der Ort Heiligenhafen, unweit von Fehmarn gelegen.

Strandtester

Und dann sind da noch die Strandtester. Kein Witz, rund 40 Mann sind unterwegs und begutachten die Ostseestrände durch die „Urlauberbrille" – nicht immer zum Gefallen der Kurdirektoren

439sh hj

übrigens. Ihre Ergebnisse findet man unter www.strandtester.de.

Lebensraum Ostsee

Die Ostsee gilt als **artenarm,** zumindest verglichen mit anderen Ökosystemen, wie beispielsweise der nahen Nordsee. Der Urlauber wird aber die Gelegenheit bekommen, auf seinen Spaziergängen bestimmte Tier- und Pflanzenarten immer wieder anzutreffen, und sei es im Bauch eines Fischkutters. Hier ein kleiner Überblick über die gängigsten Vertreter.

Krabben

Die **Strandkrabbe** wird auf Plattdeutsch launig „Dwarslöper" (Querläufer) genannt, wegen ihrer Eigenart, sich seitlich fortzubewegen. Sie ist häufig am Strand in Wassernähe unterwegs und sucht nach Nahrung. Bei Gefahr buddelt sie sich schnell ein oder spreizt ihre Scheren.

Muscheln

Die **Herzmuschel** kommt nur im westlichen Bereich der Ostsee vor und ist relativ klein, sie gräbt sich gern ein. Die blaugraue leere Schale ist oft am Strand zu finden.

Die blauschwarze Färbung macht eine **Miesmuschel** unverwechselbar, in der salzärmeren Ostsee fällt sie kleiner aus als sonst. Noch immer gilt die alte Warnung, dass man in den Monaten ohne den Buchstaben R keine Miesmuscheln essen darf, in dieser Zeit kann sich giftiges Plankton in den Muscheln sammeln.

☐ Steilküste bei Waabs

Quallen

Eine **Ohrenqualle** kann bis zu 40 Zentimeter groß werden und tritt, unangenehm für Badende, oft in riesigen Schwärmen auf. Vier bläuliche Punkte schimmern ohrenförmig durch, dies ist das markanteste Merkmal. Da ihre Nesselkappen nicht die menschliche Haut durchdringen, verursacht ein Kontakt glücklicherweise kein Brennen. Man kann diese Qualle oft angespült am Strand finden.

Die **Kompassqualle** wird bis zu 30 Zentimeter groß und weist 16 markante rötlichbraune Streifen auf, die sich zum Rand gabeln; mit etwas Fantasie erkennt man den namensgebenden Kompass.

Seesterne

Seesterne sind fünfarmige, geschickte Wesen, die hauptsächlich **Miesmuscheln aussaugen.** Die Farbe wechselt zwischen rotbraun, violett und gelb.

Fische

Aus der Familie des Herings kommt der **Ostseehering.** Er wird etwa 20 Zentimeter lang und wurde in früheren Jahren überfischt. Heute haben sich die Bestände wieder stabilisiert. Heringe laichen entweder im Frühjahr oder im Herbst, sodass es zweimal im Jahr in vielen Orten zu sogenannten Matjeswochen kommt. Dann wird junger Hering (Matjes) angeboten, schmeckt lecker, ist aber nicht jedermanns Sache.

Sprotten sind mittlerweile schon in den allgemeinen Sprachgebrauch eingegangen als „Kieler Sprotten". Sie sind kleiner als der Hering und werden gern als Räucherfisch angeboten.

Der **Dorsch** ist unverkennbar an seinem Bartfaden zu identifizieren, der an seinem Unterkiefer wächst.

Eine **Scholle** kann bis zu 50 Zentimeter groß werden, ist recht voluminös, dafür aber sehr dünn, oder, wie wir sagen, platt. Da sie in der ersten Jahreshälfte laicht, bieten viele Restaurants die sogenannte Mai-Scholle an, also eine sehr junge Scholle mit zartem Fleisch.

Der **Steinbutt** zählt ebenfalls zu den Plattfischen und gilt unter Fischkennern als Delikatesse. Markantes Merkmal sind kleine, raue Höcker.

Aale gibt es auch in der Ostsee, nicht zuletzt seit der drastischen Szene aus dem Buch/Film „Die Blechtrommel" als Aasfresser bekannt. (Sie kennen die Szene nicht? Nun, Autor *Günter Grass* ließ seinen Protagonisten einen Pferdekopf in der Ostsee versenken – nach ein paar Tagen hatten sich etliche Aale festgefressen.)

Seehunde und Wale

Seehunde und Wale **(Schweinswal)** gibt es zwar auch in der Ostsee, sie werden aber vom Urlauber in freier Natur kaum gesehen.

Wer einmal nach **Kiel** kommt, kann dort an der Uferpromenade, die „Kiellinie" genannt wird, ein **Seehundbecken** besuchen und den quicklebendigen Tieren beim Rumtollen zuschauen.

Vögel

Vögel werden an der Küste nach **echten** und **sekundären Seevögeln** unterschieden. Nur die „echten" holen sich ihre Nahrung ausschließlich aus dem Meer, die sekundären sind dagegen vermehrt an Flüssen oder Binnenseen zu finden.

Möwen wird wohl jeder einmal erspähen, sie treiben sich gern im Küstenbereich herum, stolzieren nicht selten im Sand pickend am Strand umher. Silbermöwen, Lachmöwen und Sturmmöwen sind die häufigsten Vertreter. Es sind gar nicht mal so kleine Vögel mit meist weißem Gefieder.

Kormorane sind dunkel, teilweise regelrecht schwarz gefiedert und weisen einen langen Hals mit einem an der Spitze hakenförmig gebogenen Schnabel auf. Kormorane erreichen gut und gerne die Größe einer Gans. Sie gelten als Meer-Rabe, sind also nicht sonderlich beliebt unter Fischern.

Seeschwalben sind nicht nur bei Gewitterluft mit ihren Flugkünsten zu bewundern. Sie weisen lange, spitze Flügel auf und haben einen markanten gegabelten Schwanz. Sie sind wahre Flugkünstler, sausen mal elegant, mal ruckartig hakenschlagend am Strand entlang. Und wieso der Hinweis auf Gewitter? Durch die dann entstehende „drückende" Luft halten sich Mücken in tieferen Regionen auf, und die Schwalbe fliegt auf der Nahrungssuche entsprechend tief, manchmal nur einen Meter über dem Boden. Daher auch die Bauernweisheit „Fliegen die Schwalben tief, gibt's Gewitter".

An den Binnenseen leben die sogenannten sekundären Vogelarten, das sind vor allem Schwäne, Enten und Gänse. Die **Kolbenente** ist mit ihrem auffäl-

107sh mux

lig rot leuchtenden Schnabel und Kopf ein besonders schönes Exemplar. Die **Tafelente** hat einen kastanienbraunen Kopf und hellgraues Rückengefieder. Beiden Arten ist gemein, dass die Weibchen schlichter gefärbt sind – eine Schutzfunktion, damit sie beim Brüten im Schilf nicht aufgestöbert werden.

Selbst der sehr seltene **Seeadler** siedelt hier noch, wird von Urlaubern aber praktisch nie gesichtet. Das ist auch kein Wunder, galt der Seeadler doch fast schon als ausgestorben. Um die Art zu erhalten, opfern etliche engagierte Leute einen großen Teil ihrer Freizeit und bewachen die Nistplätze von Seeadlerpärchen Tag und Nacht.

Geräucherte Heringe

Algen

Grob kann man **drei Arten** von Algen unterscheiden: Die Grünalgen, Braunalgen und Rotalgen. Jede Art weist teilweise Tausende von Untergruppen auf, völlig unmöglich, diese hier auch nur annähernd beschreiben zu wollen.

Algen sind wichtige Bestandteile der **Nahrungskette,** gibt es doch eine Vielzahl, die mit dem bloßen Auge nicht erkennbar sind. Aber auch die größeren sind natürlicher Bestandteil des Ökosystems Ostsee. So ist beispielsweise die **Braunalge** häufig zu finden, sie gedeiht gerne im flachen Wasser in Küstennähe. Am auffälligsten ist hier vielleicht der **Blasentang** mit seinen unübersehbaren Schwimmblasen.

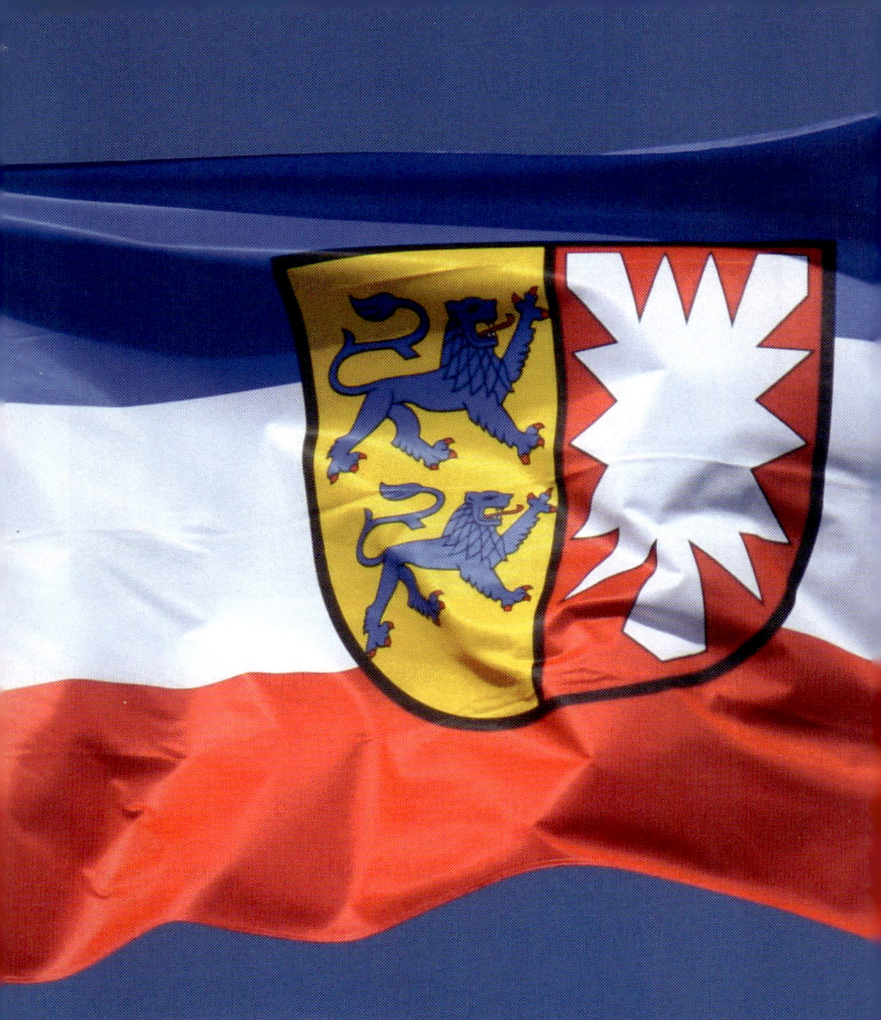

054sh hj

10 Anhang

Die Landesflagge Schleswig-Holsteins

Literaturtipps

■ **Engelsgrube.** *Almstädt, Eva.* Ein Lübeck-Krimi mit sehr viel Lokalkolorit. Zwei Menschen werden in der Lübecker Altstadt brutal ermordet, die Waffen sind ein antikes Stilett und ein alter Armeerevolver. Pia Korittki, Kommissarin bei der Lübecker Mordkommission und selbst mit ein paar privaten Problemen hadernd, ermittelt in der Hansestadt. *Eva Almstädt* hat mit Pia Korittki eine sympathische Ermittlerin entwickelt, die mittlerweile in mehreren Romanen auf Täterjagd gegangen ist. Schwungvoll und spannend geschrieben, der Leser wird viele Straßen und Plätze wiedererkennen.

■ **Das Buch vom Strandkorb.** *Holfelder, Moritz.* Unterhaltsames und Informatives zum „eigentümlich bergenden Sitzgehäuse" (Thomas Mann). Husum Verlagsgesellschaft.

■ **Die Abenteuer des Röde Orm.** *Bengtsson, Frans G.* Die Lebensgeschichte des Wikingers Röde Orm, der mit wechselvollem Glück die Küsten von Córdoba bis Kiew unsicher macht, gibt tiefe Einblicke in die Historie und zeigt das raue Leben der Nordmänner. dtv.

■ **Schattengold.** *Bührig, Dieter.* In Lübeck geschehen mehrere Morde, die zunächst völlig zusammenhangslos wirken. Aber dann erkennt Inspektor Kroll doch so langsam ein Muster, in dem auch ein geheimnisvoller Goldschmied eine wichtige Rolle spielt. Soweit so normal für einen Krimi, hier aber spielt die Musik eine tragende Rolle. Der Autor ist Tonmeister und Musikpädagoge und lässt seine Leser teilhaben an Proben, Aufführungen und baut das Romangeschehen wie eine Sonate auf. Gmeiner Verlag, Meßkirch.

■ **Osterfeuer.** *Danz, Ella.* In ihrer ostholsteinischen Wahlheimat trifft sich eine erfolgreiche Kochbuchautorin mit alten Freundinnen aus der Großstadt, um gemeinsam das Osterfest zu feiern und über alte Zeiten zu plaudern. Die Idylle platzt, als die nicht eingeladene Margot am Morgen nach dem Fest tot aufgefunden wird. Nun muss Kommissar Angermüller ermitteln. Unterhaltsamer Krimi mit viel Lokalkolorit. Gmeiner-Verlag, Meßkirch.

■ Die Autorin lässt Kommissar Angermüller in seinem zweiten Fall, **Steilufer,** diesmal an der Lübecker Bucht agieren. Es geht um eine nicht identifizierbare Leiche, um Fremdenhass und, wie immer, auch um gutes Essen.

■ Und in dem Band **Kochwut** kommt es zu einem Todesfall im Umfeld einer beliebten TV-Kochshow. Diesmal muss sich Kommissar und Hobbykoch Angermüller mit überdrehten Fernsehleuten herumschlagen und hat obendrein so seine liebe Mühe mit dem eigenen Privatleben.

■ **Wir hier im Norden.** *Haman, Piet und Tiedemann, Arne. Piet Haman,* genialer Cartoonist und *Arne Tiedemann,* Meister der spitzen Worte, haben ein „Handbuch für Norddeutschversteher" zusammengestellt. Sie gewähren Einblicke in die kleinen und großen Geheimnisse der Nordlichter, verraten beispielsweise was „Fofftein" bedeutet und charakterisieren liebevoll die Menschen nördlich vom Weißwurstäquator mit ihren Macken und Eigenarten. Eine wunderbare Strandkorblektüre! Und, ach ja. „Fofftein" bedeutet „Pause machen", ist Plattdeutsch und heißt eigentlich „Fünfzehn", bedeutet also eine kurze Pause von 15 Minuten machen.

■ **Fördemord.** *Hansen, Frank-Peter.* Flensburg in den 1970er Jahren. Ein junges Mädchen wird tot aufgefunden. Die Polizei erkennt schnell, dass ein Serienmörder es bevorzugt auf junge, blonde Schülerinnen abgesehen hat. Schlimm genug, nun steht aber auch noch ein Schneesturm bevor. Oberinspektor Ole Iwersen jagt den Mörder durchs winterliche Flensburg.

■ **Die Schleswig-Holsteiner, Unterhaltsam beschrieben von A bis Z.** *Maletzke, Erich.* Wissenswertes, Kurioses und Unterhaltsames hat der Autor zusammengetragen, viele historische Details werden anschaulich geschildert. Unentbehrlich für alle, die einen augenzwinkernden, aber vertiefenden Blick auf Schleswig-Holstein werfen wollen. Wachholtz Verlag.

Rungholts Ehre. *Meister, Derek.* Lübeck im ausgehenden 14. Jahrhundert: Rungholt, ein beleibter und bärbeißiger Kaufmann mit einem dunklen Geheimnis und einem ausgeprägten Hang zu Bier, stapft durch das spätmittelalterliche Lübeck und sucht einen Mörder gegen alle Widerstände. Denn im Gegensatz zu fast allen anderen glaubt Rungholt nicht an die Schuld seines Lehrlings, dem man vorwirft, einen Fremden erschlagen zu haben. Schon bald entpuppt sich der Tod des Fremden als höchst komplizierter Fall, in den auch scheinbar honorige Kaufleute und Ratsherren involviert sind. *Derek Meister* beschreibt die Szenerie des mittelalterlichen Lübecks atmosphärisch unglaublich dicht. Als Leser wandert man an Rungholts Seite über glitschiges Kopfsteinpflaster, hockt neben ihm auf knarzigen Bänken in stinkenden Pinten und schaut ihm bei Verhandlungen im Rathaus, wo der Hitzkopf regelmäßig ausrastet, über die Schulter. Den Titel sollte man unbedingt abends in einem Lübecker Hotel lesen, denn die Schilderungen der Straßen und Gänge haben höchsten Wiedererkennungswert! *Derek Meister* lässt Rungholt auch in weiteren Romanen ermitteln, wobei der Titel „Knochenwald" allerdings in München spielt.

Ostsee, das Meer in unserer Mitte. *Neidhart, Christoph.* Die Ostsee verbindet (mehr als sie trennt) Völker, Länder und – früher – politische Systeme. Das war schon immer so und der Autor wirft einen hochinteressanten Blick aufs Detail. Erklärt politische und historische Veränderungen der einzelnen Staaten, Orte und Inseln, bringt uns Sitten und Speisen näher und lässt den Leser an seinem fulminanten Wissen teilhaben. Mare Buchverlag.

Die Männer vom Meer. *Hansen, Konrad.* Eine Nordland-Saga um den Wikinger Björn Hasenscharte. Piper Verlag.

Simons Bericht. *Hansen, Konrad.* Eine nordische Odyssee. Der Lebensbericht des Simon Gronewech aus Lübeck, von ihm selbst erzählt im Jahr seines Todes 1402. Piper Verlag.

Geschichte der Ostsee. *Froese, Wolfgang.* Beschrieben wird nicht nur die Geschichte einzelner Ostsee-Anrainerstaaten, sondern auch die Beziehungen und Verflechtungen untereinander werden behandelt. Ein sehr kenntnisreiches Buch, das den Bogen spannt von den eiszeitlichen Anfängen bis zur Gegenwart. Casimir Katz Verlag.

Die Strandburg. *Kimpel, Harald* und *Werckmeister, Johanna.* Heute trifft man sie kaum noch, aber früher waren die Strände wie eine Mondlandschaft mit Kratern übersät. Die Autoren versuchen in diesem Buch den Gründen für die Buddelei nachzuspüren. Unterhaltsamer Text und viele historische Fotos. Jonas Verlag.

Kurtaxe

Orte	Hauptsaison (HS)	Nebensaison (NS)	Preis HS
Dahme	15.5.–14.9.	15.3.–14.5., 15.9.–31.10.	2,80 €
Eckernförde	15.5.–14.9	15.9.–14.5.	2 €
Fehmarn	15.5.–14.9.	restliche Zeit	1,80 €
Glücksburg	1.5.–30.9.	April und Oktober	2,15 €
Grömitz	15.5.–15.9.	16.9.–14.5.	2,80 €
Großenbrode	1.6.–15.9.	1.4.–31.5., 16.9.–30.9.	2,30 €
Haffkrug	15.5.–14.9.	15.3.–14.5., 15.9.–31.10.	2,80 €
Heiligenhafen	15.5.–14.9.	restliche Zeit	2,70 €
Hohwacht	1.6.–15.9.	1.4.–31.5., 16.9.–31.10.	2,20 €
Kellenhusen	15.5.–14.9.	15.3.–14.5., 15.9.–31.10.	3 €
Laboe	15.5.–14.9.	15.3.–14.5., 15.9.–31.10.	2 €
Niendorf	15.5.–15.9.	1.1.–14.5., 16.9.–31.12.	3 €
Pelzerhaken	1.6.–31.8.	1.5.–31.5., 1.9.–30.9.	2,50 €
Scharbeutz	15.5.–14.9.	15.3.–14.5., 15.9.–31.10.	2,80 €
Schönberger Strand	1.5.–30.9.	15.3.–30.4., 1.10.–31.10.	2,20 €
Schönhagen	1.4.–31.10.	–	1,50 €
Schwedeneck	1.5.–15.9.	–	1,50 €
Sierksdorf	1.6.–31.8.	1.5.–31.5., 1.–30.9.	2,50 €
Timmendorf	15.5.–15.9.	1.1.–14.5., 16.9.–31.12.	3 €
Travemünde	15.5.–14.9.	15.9.–14.5.	2,80 €

Preis NS	Bemerkungen
1,50 €	1.11.–14.3.: 1 €, unter 18 Jahren frei
1 €	unter 18 Jahren frei
0,90 €	unter 18 Jahren frei
1 €	unter 18 Jahren frei
1,50 €	unter 18 Jahren frei
1,30 €	unter 18 Jahren frei
1,50 €	1.11.–14.3.: 0,50 €
1,50 €	unter 18 Jahren frei
1,10 €	restliche Zeit 0,50 €
2 €	restliche Zeit: 1 €, unter 18 Jahren frei
1 €	unter 18 Jahren frei
1,70 €	
1,25 €	
1,50 €	1.11.–14.3.: 0,50 €
1,10 €	unter 18 Jahren frei
–	6–17 Jahre: 0,50 €
–	Höchstsatz: 22 €/Pers. unter 16 Jahren frei
1,20 €	unter 18 Jahren frei
1,70 €	
1,40 €	unter 18 Jahren frei

Termine der Sommerferien

Bundesland	2014	2015
Baden-Württemberg	31.7.–13.9.	30.7.–12.9.
Bayern	30.7.–15.9.	1.8.–14.9.
Berlin	10.7.–22.8.	15.7.–29.8.
Brandenburg	10.7.–22.8.	16.7.–28.8.
Bremen	31.7.–10.9.	23.7.–2.9.
Hamburg	10.7.–20.8.	16.7.–26.8.
Hessen	28.7.–5.9.	27.7.–5.9.
Mecklenburg-Vorpommern	14.7.–23.8.	20.7.–29.8.
Niedersachsen	31.7.–10.9.	23.7.–2.9.
Nordrhein-Westfalen	7.7.–19.8.	29.6.–11.8.
Rheinland-Pfalz	28.7.–5.9.	27.7.–4.9.
Saarland	28.7.–6.9.	27.7.–4.9.
Sachsen	21.7.–29.8.	13.7.–21.8.
Sachsen-Anhalt	21.7.–3.9.	13.7.–26.8.
Schleswig-Holstein	14.7.–23.8.	20.7.–29.8.
Thüringen	21.7.–29.8.	13.7.–21.8.

Register

I

J

K

L

M

HILFE!

Dieser Reiseführer ist gespickt mit unzähligen Adressen, Preisen, Tipps und Infos. Nur vor Ort kann überprüft werden, was noch stimmt, was sich verändert hat, ob Preise gestiegen oder gefallen sind, ob ein Hotel, ein Restaurant immer noch empfehlenswert ist oder nicht mehr, ob ein Ziel noch oder jetzt erreichbar ist, ob es eine lohnende Alternative gibt usw.

Unsere Autoren sind zwar stetig unterwegs und versuchen, alle zwei Jahre eine komplette Aktualisierung zu erstellen, aber auf die Mithilfe von Reisenden können sie nicht verzichten.

Darum: Schreiben Sie uns, was sich geändert hat, was besser sein könnte, was gestrichen bzw. ergänzt werden soll. Nur so bleibt dieses Buch immer aktuell und zuverlässig. Wenn sich die Infos direkt auf das Buch beziehen, würde die Seitenangabe uns die Arbeit sehr erleichtern. Gut verwertbare Informationen belohnt der Verlag mit einem Sprechführer Ihrer Wahl aus der über 220 Bände umfassenden Reihe „Kauderwelsch". Bitte schreiben Sie an:

Reise Know-How Verlag, Peter Rump GmbH | Postfach 140666 | D-33626 Bielefeld oder per E-Mail an: info@reise-know-how.de

Danke!

055sh mux

446sh hj

Der Autor

Hans-Jürgen Fründt ist waschechter Holsteiner, den es schon seit frühester Jugend jeden Sommer an die Ostseeküste zog – kaum ein Strand, den er nicht irgendwann einmal probegelegen hätte. Aber dann war die Neugierde auf die Fremde doch stärker, es zog ihn nach Hamburg und später zum Spanischstudium nach Madrid. Seit 1983 schreibt er Reiseführer. Mittlerweile sind 50 Bände entstanden, darunter in diesem Verlag weitere Bücher zu Schleswig-Holstein wie „Sylt“, „Fehmarn“ oder „Nordseeküste Schleswig-Holstein“, sowie diverse Bücher zu Spanien und ein Band zur Dominikanischen Republik (auf der ITB 2008 als bester Individual-Reiseführer ausgezeichnet). Daneben entstanden Reisereportagen, die u.a. in überregionalen Zeitungen und großen Reisemagazinen veröffentlicht wurden. Für diesen Band reiste er noch einmal mit Auto, Fahrrad und Bahn die gesamte Küste von Süd nach Nord ab, entdeckte Altbekanntes neu, aber auch viele unbekannte Seiten und ist immer noch erstaunt, wie schön die schleswig-holsteinische Küste sein kann.

Die Fotografin

Fotografin **Susanne Muxfeldt** begleitet den Autor seit vielen Jahren fotografisch. So hat sich seit Langem eine produktive Arbeitsteilung ergeben. Während Autor Fründt tagsüber mit Block und Diktiergerät die Fakten sammelt, sucht Susanne Muxfeldt frühmorgens oder spätabends das beste Licht für ein gelungenes Foto.